A AUTONOMIA DA CRIANÇA EM CUIDADOS PALIATIVOS PEDIÁTRICOS

UMA ABORDAGEM JURÍDICA E BIOÉTICA

FÁBIO DE HOLANDA MONTEIRO

Gabrielle Bezerra Sales Sarlet
Prefácio

Isabella Franco Guerra
Apresentação

A AUTONOMIA DA CRIANÇA EM CUIDADOS PALIATIVOS PEDIÁTRICOS

UMA ABORDAGEM JURÍDICA E BIOÉTICA

Belo Horizonte
FÓRUM
CONHECIMENTO JURÍDICO
2023

FÓRUM
CONHECIMENTO JURÍDICO

Luís Cláudio Rodrigues Ferreira
Presidente e Editor

Coordenação editorial: Leonardo Eustáquio Siqueira Araújo
Aline Sobreira de Oliveira

Rua Paulo Ribeiro Bastos, 211 – Jardim Atlântico – CEP 31710-430
Belo Horizonte – Minas Gerais – Tel.: (31) 99412.0131
www.editoraforum.com.br – editoraforum@editoraforum.com.br

Técnica. Empenho. Zelo. Esses foram alguns dos cuidados aplicados na edição desta obra. No entanto, podem ocorrer erros de impressão, digitação ou mesmo restar alguma dúvida conceitual. Caso se constate algo assim, solicitamos a gentileza de nos comunicar através do *e-mail* editorial@editoraforum.com.br para que possamos esclarecer, no que couber. A sua contribuição é muito importante para mantermos a excelência editorial. A Editora Fórum agradece a sua contribuição.

Dados Internacionais de Catalogação na Publicação (CIP) de acordo com ISBD

M775a Monteiro, Fábio de Holanda

A autonomia da criança em cuidados paliativos pediátricos: uma abordagem jurídica e bioética / Fábio de Holanda Monteiro. Belo Horizonte: Fórum, 2023.

286p.; 14,5cm x 21,5cm.
ISBN: 978-65-5518-548-5

1. Cuidado paliativo. 2. Medicina paliativa. 3. Pediatria. 4. Direito à saúde. 5. Enfermagem. 6. Bioética. I. Título.

CDD 616.029
CDU 616

Ficha catalográfica elaborada por Lissandra Ruas Lima – CRB/6 – 2851

Informação bibliográfica deste livro, conforme a NBR 6023:2018 da Associação Brasileira de Normas Técnicas (ABNT):

MONTEIRO, Fábio de Holanda. *A autonomia da criança em cuidados paliativos pediátricos*: uma abordagem jurídica e bioética. Belo Horizonte: Fórum, 2023. XXX p. ISBN 978-65-5518-548-5.

À Tomásia, à Thamires e ao Fábio Filho,
com amor.

Meus pacientes me ensinaram não como morrer, mas como viver.

Elizabeth Kluber-Ross

LISTA DE ABREVIATURAS E SIGLAS

ACP – Ação Civil Pública
AGCP – Atlas Global de Cuidados Paliativos
ANCP – Academia Nacional de Cuidados Paliativos
CADH – Convenção Americana de Direitos Humanos
CC/2016 – Código Civil de 2016
CC/2002 – Código Civil de 2002
CCeCN/2014 – Código Civil e Comercial da Nação de 2014
CDC – Convenção sobre os Direitos da Criança de 1989
CEDH – Corte Europeia de Direitos Humanos
CEM/09 – Código de Ética Médica de 2009
CEM/18 – Código de Ética Médica de 2018
CF/1988 – Constituição Federal de 1988
CFM – Conselho Federal de Medicina
CFT – Comissão de Finanças e Tributação
CNA/1994 – Constituição da Nação Argentina de 1994
CNS – Conselho Nacional de Saúde
CONEP – Conselho Nacional de Ética em Pesquisa
CP – Cuidados Paliativos
CPP – Cuidados Paliativos Pediátricos
DADH – Declaração Americana sobre os Direitos e Deveres do Homem
DAV – Diretivas Antecipadas de Vontade
DF – Distrito Federal
DUBDH – Declaração Universal sobre Bioética e Direitos Humanos de 2005
DUDC – Declaração Universal sobre os Direitos da Criança de 1959
DUDH – Declaração Universal dos Direitos Humanos de 1948
ECA – Estatuto da Criança e do Adolescente
EVP – Estado Vegetativo Persistente
FES – Fundo Estadual de Saúde
H1N1 – Novo Vírus Influenza A
INCA – Instituto Nacional do Câncer
LOS – Lei Orgânica da Saúde

MP	– Ministério Público
MPF/DF	– Ministério Público Federal junto ao Distrito Federal
MPF/GO	– Ministério Público Federal no estado de Goiás
MS	– Ministério da Saúde
OIT	– Organização Internacional do Trabalho (OIT)
OMS	– Organização Mundial de Saúde
ONU	– Organização das Nações Unidas
PISCP	– Pacto Internacional de Direitos Civil e Políticos
PIDESC	– Pacto Internacional sobre os Direitos Econômicos, Sociais e Culturais de 1996
PLS	– Projeto de Lei do Senado
SARS-CoV-2	– Novo Coronavírus
SBP	– Sociedade Brasileira de Pediatria
STF	– Supremo Tribunal Federal
SUS	– Sistema Único de Saúde
MDDS	– Síndrome de Depleção do DNA Mitocondrial Encefalopática Infantil
UTI	– Unidade de Terapia Intensiva
UTIP	– Unidades de Tratamento Intensivo Pediátrico

SUMÁRIO

PREFÁCIO

A responsabilidade, a acurácia e a delicadeza no trato das crianças infundem e nutrem as opções e os passos na edificação do futuro de um povo. A criança encerra, em si, um oceano de possibilidades.

Em face disso, já com alegria redobrada por ter acompanhado o processo criativo do autor, constata-se que uma intensa proporção de indignação, de sensibilidade e de empatia, de aprofundamento, de transversalidade e de espírito científico imprimem uma discursividade nova e autêntica à obra que vem a público pelas mãos de *Fábio de Holanda Monteiro*.

Em *A autonomia da criança em cuidados paliativos pediátricos: uma abordagem jurídica e bioética*, Fábio de Holanda faz emergir uma questão complexa que, amiúde, tem se tornado nuclear nos ambientes clínicos e hospitalares, visto a atual popularização dos cuidados paliativos aos quais as crianças têm sido submetidas, bem como, por outro lado, tem entrado na pauta dos tribunais brasileiros, uma vez que se trata de tema controverso que desvela um injustificável vácuo legislativo.

À guisa de introdução, é oportuno dizer que a criança, na qualidade de sujeito de direito, ainda se projeta em construção no plano nacional, caracterizando, em especial, a trajetória de países que, como o Brasil, estão ancorados em forte tradição paternalista.

No entanto, analisar com lucidez e argúcia os contornos e as fronteiras da autonomia das crianças, especificamente em situações nas quais são adensadas as condições de vulnerabilidade, e.g., casos em que, em face das enfermidades graves, ameaçadoras de vida, carecem de cuidados paliativos, torna-se não somente apropriado, mas, urgente e essencial.

Enfim, algo que urge em um cenário em que a saúde passa por uma clivagem radical, tornando-se cada vez mais preventiva, preditiva e, nesse sentido, mais consolidada no emprego das novas tecnologias que, em síntese, não podem ser manejadas para práticas fúteis e cruéis, gerando sofrimento indefensável.

Cumpre assinalar, diante desse panorama, que o cerne dos cuidados paliativos é a criação de mecanismos e de estratégias que sirvam para encetar e assegurar teias que propiciem conforto e, desta forma, garantam consolo e amparo tanto ao paciente quanto à família, razão pela qual devem ser prestados por equipe multidisciplinar de modo integral e personalizado.

Consistem, decerto, em uma abordagem, para além da ideia de dor física, que se presta a amparar o paciente e a família em um itinerário, no qual se busca aliviar e prevenir os sintomas físicos, sociais, espirituais e psicológicos. Manifestam-se, destarte, como um somatório de medidas terapêuticas que não se restringem à esfera da farmacologia, tradicionalmente aplicável aos pacientes graves ou terminais, tendo em vista, de fato, a manutenção e a melhoria da qualidade de vida de forma integral, uma vez que, por meio dessa perspectiva, a morte passa a ser compreendida como uma consequência natural e inexorável do processo da vida.

Para uma melhor percepção, interessa apontar os cuidados paliativos como um legado do pensamento bioético, que, em síntese, consiste igualmente em uma decorrência da marcha de profunda afirmação dos direitos humanos e fundamentais da pessoa do paciente e de sua família, dentro e fora do ambiente hospitalar.

Graças à implementação do discurso bioético, atualmente é possível constatar a adoção de novas molduras que propiciam formatos relacionais na área da saúde, as quais têm por princípio restabelecer e resguardar uma simetria, principalmente no que afeta às pessoas mais fragilizadas, sobretudo por meio da adoção, por todos os membros das equipes de profissionais, de parâmetros jurídicos e critérios biopsicossociais condizentes.

Em virtude desse contexto, salienta-se que a saúde pediátrica acompanha uma tendência que se solidifica no presente momento no sentido de uma ênfase na prevenção, na predição, na personalização e na participação, entabulando um formato de relação dialogal em que o paciente, a despeito da idade cronológica, assume o protagonismo de sua própria vida e, no esquadro das capacidades, apropria-se da terapêutica a qual será submetido.

A prevenção, v.g., em casos de enfermidade grave ou ameaçadora de vida, ganha em razão das múltiplas afetações que podem resultar em danos irreparáveis, caso não se tenha em vista uma prognose eficaz que indique com antecedência um protocolo apropriado ao quadro clínico e ao estilo de vida do paciente. A prevenção, por certo, passa a ser uma consequência de uma nova forma ética e médica de encarar o adoecimento, máxime em uma quadradura cada vez mais *high-tech*.

Já a predição, em uma conjuntura circunscrita pelo grande volume de dados, pelo tratamento algorítmico deles, pelas distintas e desafiadoras aplicações de inteligência artificial e pelo exponencial incremento da capacidade computacional, auxilia na produção de novos indicadores e, em vista disso, na produção de uma diagnose mais acurada em razão do tratamento de metadados, de dados pessoais, e, inclusive, de dados genéticos.

No que se refere à predição, por oportuno, deve-se mencionar a ausculta do paciente como um elemento primordial que não pode, em hipótese alguma, ser negligenciado em favor do mito da infalibilidade tecnológica, tampouco do paternalismo exacerbado.

Nessa linha argumentativa, em se tratando de personalização, faz maior sentido acentuar que, na contemporaneidade, é cada vez mais factível detectar, precoce e individualmente, as manifestações e a sintomatologia das enfermidades em cada paciente, considerando o seu estilo de vida, seu entorno, sua visão de mundo, seu mapeamento genético, o seu histórico familiar e as suas pegadas digitais.

Cada pessoa acometida por alguma enfermidade, portanto, pode e deve ser avaliada, examinada, acompanhada, amparada e empoderada a partir de um conjunto de características individualmente expressas de modo singular em um contexto único e granular, invertendo-se a lógica do enfoque voltado para a doença que, em um giro de Copérnico, passou a suceder o paciente no que toca à centralização.

Diante disso, a participação ocupa, gradualmente, um lugar central no debate sobre a efetivação do binômio saúde-dignidade, respaldando-se como elemento precípuo nas estratégias de cuidado, as quais passam a ser forjadas a partir do estabelecimento de diálogo simétrico entre os diversos atores das relações de saúde, gerando frutos tanto em relação ao acompanhamento eficaz quanto em relação à adesão por parte do paciente que, na medida das suas capacidades, passa a ser responsável pelo resultado da terapêutica, dos processos e, em particular, da tomada de decisão nas situações que envolvem o seu bem-estar, a expectativa e a realidade no que toca à qualidade de vida e as suas possibilidades de cura.

Situada nesse escopo, a investigação empreendida por Fábio de Holanda assinala e confirma a indeclinável sinergia entre a Bioética e o Direito no sentido de demonstrar a compreensão, a problematização e a concretização das dimensões da dignidade na área pediátrica. À vista disso, com efeito, a Bioética torna-se uma ferramenta irrenunciável no que se refere à efetividade dos direitos humanos e fundamentais das crianças, sobretudo quando acometidas de enfermidades ameaçadoras de vida.

Consequentemente, entende-se os cuidados paliativos pediátricos como uma indispensável segmentação da proteção multinível, constitucionalmente assegurada desde 1988, que, de modo arquimediano, foi urdida no compasso de uma melhor cognição, assimilação e manejo do princípio da dignidade da pessoa humana em face da insofismável força normativa do texto constitucional em vigor e dos tratados e convenções de direitos humanos.

Daí, em uma sintonia fina com o contexto atual, baseado em valiosa literatura, focando o cenário nacional sem perder de vista as lições e a profundidade das obrigações contraídas pelo Estado brasileiro no âmbito internacional no que diz aos direitos das crianças, o manuscrito insere-se em um mercado editorial carente de um posicionamento com esse quilate e lucidez.

Por certo, a escrita fluída e o equilíbrio no tracejo dos argumentos na forma de capítulos e de tópicos proporcionam uma produção acadêmica de uma contextura que culmina na pertinente consideração dos limites da autonomia e do protagonismo da criança em processos decisórios.

De mais a mais, convém advertir que o horizonte de possibilidades, inclusive no que é convergente no âmbito da Saúde e do Direito, expande-se ainda mais em indagações que tocam, direta e indiretamente, o tema do presente livro, visto a escalada vertiginosa do emprego da tecnologia que, pouco a pouco, amplia os níveis e a qualidade de vida dos pacientes, gerando outras zonas de inquietação e de conflitos, razão pela qual trata-se de uma leitura altamente recomendável para o público em geral.

Não é demasiado afirmar que, em se tratando de um manuscrito que apresenta uma contribuição inovadora, ricamente estruturada, que culmina com maestria o processo de doutoramento do autor no Programa de Pós-Graduação em Direito da Universidade Estácio de Sá (UNESA), torna-se obra medular para os profissionais da Saúde pediátrica e do Direito.

Porto Alegre (RS), abril de 2023.

Gabrielle Bezerra Sales Sarlet
Advogada. Pesquisadora
produtividade CNPQ. Professora
permanente do PPGD-PUCRS.

APRESENTAÇÃO

Apresentar a obra *A autonomia da criança em cuidados paliativos pediátricos: uma abordagem jurídica e bioética* é uma grande alegria, pois ela é fruto da pesquisa acadêmica realizada com seriedade, dedicação e competência, por Fabio de Holanda Monteiro, no período em que cursou o Doutorado no Programa de Pós-Graduação em Direito da Universidade Estácio de Sá-UNESA, tendo optado por desenvolver a investigação científica na linha de pesquisa Direitos Fundamentais e Novos Direitos. Como orientadora de tese, tive a grata oportunidade de acompanhar e ver, após a defesa exitosa perante qualificada Banca Examinadora – integrada pelo professor Eduardo Manuel Val (coorientador e coordenador adjunto do PPGD UNESA), professora Gabrielle Bezerra Sales Sarlet (PPGD PUC-RS), professor Plínio Lacerda Martins (coordenador do PPGDIN UFF), professor Fabio Correa Souza de Oliveira (PPGD UNESA); Ariane Trevisan Fiori Davidovich (PPGD UNESA) – ser agora coroada com a publicação.

O autor já havia demonstrado o perfil acadêmico pela dedicação ao magistério, pois é professor do curso de Graduação em Direito da Universidade Estadual do Piauí, e pela pesquisa desenvolvida na época em que cursou o Mestrado na PUC-RS, tendo publicado a dissertação que tratou do tema da internação psiquiátrica compulsória estudada à luz dos direitos fundamentais, sendo claro o seu grande interesse pela investigação científica, na área dos direitos fundamentais, com ênfase no direito à saúde. Registre-se a característica de Fabio de Holanda Monteiro de ser uma pessoa dedicada aos compromissos que assume e que conseguiu conciliar as atividades profissionais da advocacia pública, uma vez que é procurador do Estado no Piauí, e prosseguir em suas pesquisas, tendo sido um período de profícuos debates acadêmicos as etapas de investigação e elaboração da tese de Doutorado na UNESA, trazendo uma importante contribuição à temática concernente ao direito da criança à saúde e à dignidade.

Não há dúvida de que o direito à saúde é primordial para uma vida digna com qualidade, portanto, tem estreita relação com a ideia de bem viver.

Saúde caracterizada como direito fundamental de segunda dimensão não está desvinculada do direito à vida, ambos, em essência, expressam o que é necessário para que o indivíduo não apenas exista, mais que isso, possa fruir a vida com bem-estar.

As preocupações que envolvem o direito à saúde de vulneráveis, especificamente as crianças, norteou o estudo para a elaboração da tese de Doutorado de Fabio de Holanda Monteiro.

O tema é sem dúvida atual e instigante, propiciando a reflexão sobre o direito da criança a ser ouvida e a participar do processo de tomada de decisão quanto a cuidados paliativos relacionados à sua saúde, tendo como referencial os direitos fundamentais, destacadamente a dignidade humana.

A relevância da obra é logo sentida pelo leitor, pois o autor nos brinda com sua criteriosa e minuciosa revisão bibliográfica, com uma abordagem transdisciplinar, reflexão crítica e pela densidade de um trabalho que é inovador.

O autor não ficou em um lugar comum e nem se acomodou, optou por estudar um tema sensível e que requereu o esforço de buscar as interfaces entre o Direito e outras áreas do conhecimento – destacadamente do campo das ciências biomédicas, tendo, assim, concluído um estudo com sólidas bases no universo jurídico e apresentando as interfaces com a medicina, a enfermagem e a bioética.

Em razão da necessária abordagem transdisciplinar, o autor teve a preocupação em trazer, logo no primeiro capítulo, conceitos importantes no âmbito da bioética, estabelecendo de modo cuidadoso, a partir de referenciais teóricos, a concepção de cuidados paliativos, apresentando-o sob o viés analítico.

No segundo capítulo, o autor faz uma incursão ao Direito Internacional, o que lhe permitiu, com fundamento nos Tratados de Direitos Humanos, discutir a concepção de saúde enquanto direito humano fundamental e a respectiva obrigação do Estado em viabilizar o acesso aos cidadãos aos cuidados de saúde com qualidade, incluindo o alívio da dor, estando os cuidados paliativos inseridos nesse contexto.

Traz à luz, ainda nesse mesmo capítulo, os pilares dos cuidados paliativos e esclarece que estes: "encontram na busca do bem-estar físico, psíquico, social e espiritual, da pessoa enferma o fundamento do direito à saúde, e no alívio da dor, mediante o uso de medicamentos (opioides), o seu direito a não ser submetido a tratamento cruel, desumano e degradante".

Continuando na esfera do Direito Internacional, o autor introduz a temática do direito da criança ao gozo do mais alto nível de saúde, considerando as diretrizes da Convenção sobre os Direitos da Criança de 1989. Em seguida, faz a correlação com o Direito brasileiro e apresenta dados sobre a situação concernente a cuidados paliativos pediátricos no Brasil.

No terceiro capítulo, o autor aprofunda o estudo dos modelos da bioética e sob esse prisma abre a reflexão sobre a autonomia da criança nos cuidados paliativos.

No último capítulo, enfrenta a questão da autonomia da criança quanto aos cuidados paliativos sob o enfoque jurídico, demonstrando o pleno conhecimento da legislação brasileira e o domínio do tema; reconhece as contribuições que a pesquisa sobre o regramento da matéria por outros ordenamentos jurídicos pode oferecer e, nessa esteira, apresenta, no plano comparatista, o paralelo entre o regime concernente à capacidade civil no Brasil e na Argentina.

Fabio de Holanda Monteiro levanta questões relevantes e apresenta ao leitor casos concretos que contribuem para compreender a complexidade do tema concernente à saúde da criança, identifica os paradigmas inovadores presentes na Constituição de 1988 – que são verdadeiros nortes para a integração do Direito e caminhos para a solução de lacunas. É preciso registrar ainda, a dimensão axiológica presente na análise, bem como a reflexão crítica.

O tema certamente despertará o interesse de muitos leitores, que poderão verificar a acuidade do autor ao tratar o objeto estudado, o extenso levantamento de dados, a clareza das ideias, as conclusões bem articuladas e fundamentadas, o que certamente já indica que brevemente a obra será uma referência e que propiciará um norte para a produção legislativa sobre a matéria.

Parabenizando Fabio de Holanda Monteiro e a Editora – esta última pelo condão de proporcionar aos leitores o acesso a uma obra densa e de muita clareza, tenho a honra e o prazer de recomendar a todos que se interessam pelo tema dos direitos humanos, em especial no que se refere à efetivação dos direitos da criança na esfera da saúde, a leitura do livro *A Autonomia da criança em cuidados paliativos pediátricos: uma abordagem jurídica e bioética.*

Rio de Janeiro, março de 2023.

Isabella Franco Guerra

Professora do Programa de
Pós-Graduação em Direito da
Universidade Estácio de Sá.
Professora da PUC-Rio.

INTRODUÇÃO

Com a valorização dos direitos humanos, influenciada pelas atrocidades cometidas pelo regime nazista durante a Segunda Guerra Mundial, a pessoa humana passou a figurar como o centro das atenções da comunidade internacional, com a consequente inserção de normas asseguradoras de direitos e garantidoras de proteção firmadas mediante tratados, convenções e pactos internacionais. Tal mudança, ao menos a nível de compromisso assumido pelos Estados signatários, passou a considerar os direitos inerentes aos seres humanos como pertencentes a toda e qualquer pessoa, independente de raça, cor, sexo, idade, religião, entre outras condições.

E apesar da incorporação dos direitos humanos em normas de direito internacional do porte da Declaração dos Direitos Humanos de 1948 e da Convenção sobre os Direitos da Criança de 1989, assim como em normas internas, como a Constituição Federal de 1988 e o Estatuto da Criança e do Adolescente, à criança ainda não tem sido reconhecido o direito de decisão ou de participação na tomada de decisão nos assuntos relacionados à sua saúde.

A Constituição de 1988 incorporou os direitos humanos em suas diversas vertentes (civil, política, econômica, social, cultural), impondo ao Estado a promoção e a garantia da inclusão de todas as pessoas, indistintamente, sem discriminações ou distinções de qualquer natureza. Entre os direitos humanos (fundamentais) esculpidos expressamente no texto constitucional de 1988, estão o direito à vida, à saúde, à dignidade humana, à liberdade, à autodeterminação, ao respeito, os quais devem ser garantidos de forma absoluta e prioritária à criança.

O texto constitucional de 1988 não somente inovou, ao fazer constar explicitamente em seu texto direitos humanos que já eram atribuídos à criança por normas internacionais, mas também ao reconhecer a criança como um ser humano vulnerável e em constante desenvolvimento, que demanda, simultaneamente, proteção da família, da sociedade e do Estado.

É nesse contexto que se insere a abordagem da autonomia da criança nos cuidados paliativos pediátricos, tendo como diretriz maior o valor supremo da dignidade da pessoa humana, mediante enfoque jurídico conferido pelos ramos do direito que têm pertinência com a temática, notadamente o direito internacional dos direitos humanos, direito constitucional, direito civil, direito da criança e do adolescente e suas interações com a bioética, medicina, enfermagem.

Dessa forma, importa indagar se a criança com doença ameaçadora da vida tem o direito à saúde assegurado mediante a oferta e o acesso aos cuidados paliativos pediátricos.

Assim como o paciente adulto, a criança com doença ameaçadora da vida, comumente, passa por dores e sofrimento insuportáveis, demandando, por isso, uma abordagem terapêutica que vise aliviar a dor e o sofrimento, seu e de sua família. Balizada pelo conforto, bem-estar físico, psíquico, social e espiritual, referida abordagem constitui-se nos cuidados paliativos, que visam tratar o enfermo como pessoa, levando em conta suas particularidades, buscando ofertar-lhe tratamento adequado em cada fase da doença.

Por estarem relacionados à vida, à dignidade, à saúde, à liberdade, à autodeterminação, ao respeito da criança gravemente enferma, diversas controvérsias circundam os cuidados paliativos, não somente na seara médica e nas demais áreas da saúde, mas também nos campos da bioética e do direito.

Um dos principais problemas relacionados aos cuidados paliativos pediátricos, assim como a outros tratamentos em saúde, refere-se à autonomia do paciente, posto ser este, salvo algumas exceções, o detentor do poder de decisão, mesmo que sua posição seja contrária à opinião do médico e demais profissionais da saúde, família ou representante legal.

No Brasil, as decisões no âmbito dos cuidados paliativos pediátricos são, normalmente, tomadas pelos pais ou pelo representante legal, em conjunto com a equipe de saúde, sem que seja permitida qualquer manifestação do paciente. É nesse cenário que surge a problemática aqui levantada no texto, qual seja, se a criança possui autonomia para tomar decisões nos cuidados paliativos pediátricos.

Atualmente, a criança, assim como qualquer outra pessoa física, é considerada sujeito de direito, devendo ter sua autonomia para tomada de decisão respeitada, a fim de que faça suas próprias escolhas, mormente em assuntos relacionados a situações existenciais, como as que dizem respeito à assistência em saúde.

Afigura-se, pois, relevante analisar qual o alcance e os limites da autonomia da criança na tomada de decisão em cuidados paliativos pediátricos, visto que a criança é reconhecida como sujeito de direito nas normas internacionais ratificadas pelo Brasil, a exemplo da Convenção sobre os Direitos da Criança, bem como pela Constituição Federal de 1988 e pelo Estatuto da Criança e do Adolescente.

No regime jurídico atualmente vigente no Brasil, a criança, pessoa menor de 12 anos de idade, conforme o estabelecido pelo Estatuto da Criança e do Adolescente, é considerada, nos termos do Código Civil, absolutamente incapaz para a prática de atos da vida civil, inclusive para aqueles relacionados a seus próprios interesses (atos existenciais).

Em relação à autonomia ou à capacidade para consentir da criança nos cuidados paliativos pediátricos, procura-se estabelecer a correlação como a dignidade da pessoa humana e a liberdade, assim como sua estreita ligação com o direito à vida e à saúde, garantidos pela ordem jurídica internacional e pelo ordenamento jurídico nacional, constituindo-se ambos, a um só tempo, em direitos humanos e fundamentais.

O uso de aportes da bioética justifica-se pelo fato da autonomia da criança em cuidados paliativos pediátricos possuir ligação com a vida humana e seus valores, como a autonomia, a beneficência, a justiça, a equidade, a solidariedade, a responsabilidade, a individualidade e a emoção. Isso sem deixar de considerar as peculiaridades e a complexidade de cada caso, o contexto sócio-econômico-cultural e os recursos humanos e financeiros disponíveis.

Para uma melhor compreensão do texto, também se faz necessário uso de teorias e contributos da medicina e da enfermagem, visto estes ramos do conhecimento estarem diretamente envolvidos com o tratamento paliativo pediátrico, não somente pela contribuição teórica, como também por meio da equipe multidisciplinar, cujas ações têm relação direta com a autonomia e o bem-estar da criança.

A necessidade de compreensão da autonomia da criança para a tomada de decisão nos cuidados paliativos pediátricos advém, não somente do fato de inexistir, até a presente data, lei específica sobre cuidados paliativos no âmbito nacional, tanto para adultos como para crianças, mas também pelo fato de o tratamento paliativo ainda ser rejeitado e desconhecido por grande parte da sociedade, dos profissionais de saúde, do direito e de gestores públicos.

Nesse ínterim, faz-se necessário verificar as razões e os mecanismos que conferem autonomia à criança na tomada de decisão nos cuidados paliativos pediátricos, assim como analisar as situações excepcionais em que a autonomia é limitada ou restringida e quais as consequências que recaem sobre o poder parental e a representação legal.

Assim, o texto tem como objetivo geral analisar a autonomia da criança na tomada de decisão em cuidados paliativos pediátricos na perspectiva bioético-jurídica. Como objetivos específicos, cada um correspondente a um capítulo da pesquisa, têm-se: 1) estudar os cuidados paliativos, definição, filosofia, características, diretrizes, os cuidados paliativos pediátricos, bem como outros institutos relacionados à terminalidade da vida; 2) investigar os cuidados paliativos pediátricos nos âmbitos internacional e nacional; 3) identificar em que aspectos as bioéticas de princípios, de intervenção e do cuidado contribuem ou interferem nos cuidados paliativos pediátricos, em especial em relação à autonomia da criança; 4) analisar e discutir o alcance e os limites da autonomia e na tomada de decisão nos cuidados paliativos pediátricos e as consequências sobre o poder familiar ou do representante.

Para tanto, o texto será desenvolvido por meio de quatro capítulos. No primeiro capítulo, serão tratados a definição dos cuidados paliativos e dos cuidados paliativos pediátricos. Na sequência, são apresentadas as definições, diferenças e semelhanças entre eutanásia, suicídio assistido, distanásia, ortotanásia e mistanásia. Por fim, aborda-se a Covid-19 e os cuidados paliativos pediátricos e estes e a morte digna da criança.

O segundo capítulo trata dos cuidados paliativos pediátricos nas searas internacional e nacional, sob os aspectos ético e jurídico. Inicia-se por meio de considerações gerais para uma melhor situação e compreensão da temática, seguindo com a abordagem normativa dos cuidados paliativos no âmbito internacional. O fecho se dá com estudo dos cuidados paliativos pediátricos na esfera nacional, analisando a fundamentação constitucional, além das normas federais e estaduais atualmente aplicáveis e em discussão.

No terceiro capítulo, será estudada a relação entre a bioética e os cuidados paliativos pediátricos, valendo-se, para tanto, dos modelos da bioética de princípios, do cuidado e de intervenção, abordando a autonomia, não maleficência, beneficência, justiça, equidade, solidariedade, humanização e saúde, responsabilidade, individualidade e emoção, destacando-se a autonomia da criança para a tomada de decisão na perspectiva bioética.

No quarto e último capítulo, será dado ênfase à autonomia da criança na tomada de decisão em cuidados paliativos pediátricos sob o aspecto jurídico, amparando-se, para tanto, nos conhecimentos constantes dos capítulos anteriores; na análise comparativa das ordens jurídicas do Brasil e da Argentina, no tocante à autonomia da criança para a tomada de decisão nos assuntos relacionados à sua saúde; e no exame de casos ocorridos no estrangeiro e no Brasil. O capítulo visa verificar se regime de incapacidade estabelecido pelo Código Civil de

2002 respeita ou afronta os direitos humanos e fundamentais da criança, e se ela tem o direito a participar integral ou parcialmente das decisões relacionadas aos cuidados com sua saúde, especificamente em relação aos cuidados paliativos pediátricos. Para melhor análise e interpretação, estabeleceu-se um estudo comparativo entre os regimes de incapacidade do Brasil e da Argentina, por se tratarem, ambos os países, de repúblicas federativas, situadas no continente sulamericano, com características sócio-econômico-cultural semelhantes, além de terem raízes jurídicas no sistema romano-germânico. O capítulo também faz um exame do alcance e dos limites das decisões da criança em face do poder familiar e do representante legal.

CAPÍTULO 1

CUIDADOS PALIATIVOS

1.1 Considerações preliminares

A doença, assim como o acidente e a morte, tem-se feito presente na história da humanidade desde a antiguidade, com o homem valendo-se de todos os meios possíveis para libertar-se da doença e do sofrimento e afastar a morte iminente.[1]

Quando se percebeu um ser consciente e compreendeu a saúde como um valor positivo e essencial à vida, o homem passou a investigá-la como um bem maior, independentemente dos contextos culturais e das abordagens cognitivas distintas, fossem mitológica, religiosa, popular, filosófica e científica.[2]

Contudo, somente quando foi notado que o conceito de saúde passou a sofrer influência de fatores sociais, econômicos, políticos e culturais, chegando-se à conclusão de que a saúde não é igual para todas as pessoas, visto cada uma ser detentora de suas próprias experiências. Além do mais, o conceito de saúde também depende da época, do lugar, da classe social, de valores individuais, de concepções científicas, religiosas e filosóficas.[3] Assim, a conceituação de saúde deve ser apreendida como um processo dinâmico influenciável por múltiplos fatores, favoráveis ou não à ocorrência de uma doença.[4]

---

1 ZANCHI, Marco Túlio; ZUGNO, Paulo Luiz. *Sociologia da saúde*. 3. ed. Caxias do Sul: Educs, 2012. p. 19.

2 SOUSA, Antonio Bonifácio Rodrigues de. *Filosofia da saúde*: fundamentação para uma práxis educativa. Rio de Janeiro: Galenus, 2012. p. 3.

3 SCLIAR, Moacyr. História do conceito de saúde. PHYSIS: *Rev. saúde coletiva*, Rio de Janeiro, v. 1, n. 17, p. 30, 2007.

4 PORTO, Celmo Celeno; PORTO, Arnaldo Lemos (Co-editor). *Semiologia médica*. 6. ed. Rio de Janeiro: Guanaba Koogan, 2009. p. 3.

Atualmente, a concepção de saúde mais difundida e aceita pelos Estados é a da Organização Mundial de Saúde (OMS), que concebe a saúde como um estado de completo bem-estar físico, mental e social, e não apenas a ausência de doença ou enfermidade.[5] Tal definição ampliou a noção tradicional de saúde, antes pautada somente na higidez biológica, ao incluir também um estado de equilíbrio psíquico e das relações sociais do indivíduo.[6] Dessa forma, a saúde passou ser compreendida para além das searas curativa e preventiva, sendo integrada em uma dimensão positiva (promoção do bem-estar) e outra negativa de saúde (ausência de enfermidade).[7]

Em relação à vida do ser humano, os sentidos da saúde e da doença estão correlacionados a uma experiência, uma história singular, e não podem ser inteiramente expressos pela linguagem.[8] As doenças não se apresentam da mesma forma para as pessoas e possuem um sentido diferente para cada uma delas. Daí que seus critérios de definição e classificação não são capazes de contemplar todas as singularidades que expressam o adoecimento.[9]

De outra face, o modelo médico prevalecente até os dias de hoje tem sido o modelo biomédico, especialmente no Brasil, mediante o qual a doença pode ser entendida como a alteração do estado de saúde, normalmente manifestada por meio de sintomas ou sinais.[10] As funções normais de um ou mais órgãos ficam prejudicadas, cujas causas podem ou não serem conhecidas, expressando-se por um conjunto de sintomas ou sinais clínicos que orientam ou garantem o diagnóstico.[11] Observa-se, pois, um conceito de doença direcionado eminentemente a órgãos ou sistemas do organismo humano.

Ocorre que, ao se estabelecer o conceito de doença mediante uma redução do corpo humano, pensado este a partir de constantes

---

[5] WHO. World Health Organization. Disponível em: https://www.who.int/about/who-we-are/constitution. Acesso em: 01 nov. 2020.

[6] PORTO, Celmo Celeno; PORTO, Arnaldo Lemos (Co-editor). *Semiologia médica*. 6. ed. Rio de Janeiro: Guanaba Koogan, 2009. p. 3.

[7] PILAU SOBRINHO, Liton Lanes. *Direito à saúde*: uma perspectiva constitucionalista. Passo Fundo: UFP, 2003. p. 124.

[8] CZERESNIA, Dina; MACIEL, Elvira Maria Godinho de Seixas; OVIEDO, Rafael Antonio Malagón. Os sentidos da saúde e da doença. Rio de Janeiro: Editora Fiocruz, 2013. E-book. pos. 109.

[9] *Ibidem*. pos. 118.

[10] GARNIER, Marcel *et al. Dicionário andrei de termos da medicina*. 2. ed. São Paulo: Andrei Editora, 2008. p. 377.

[11] REY, Luís. *Dicionário de termos técnicos de medicina e saúde*. 2. ed. Rio de Janeiro: Guanabara Koogan, 2008. p. 269.

morfológicas e funcionais definidas por intermédio da anatomia e da fisiologia, termina-se por concebê-la como dotada de realidade própria, externa, anterior às relações concretas do próprio corpo do doente. Com isto, o corpo desliga-se do conjunto de relações que fazem parte da vida, sem levar em consideração que a prática médica entra em contato com pessoas e não apenas com seus órgãos e funções.[12]

Em um contexto mais atual, a doença é caracterizada por um "conjunto reconhecível de sinais e sintomas atribuíveis à hereditariedade, infecção, dieta ou ambiente".[13] Como se pode depreender, tal acepção da doença vai de encontro ao conceito de saúde estabelecido pela OMS, posto levar em consideração além do aspecto biológico (bem-estar físico, psíquico), também o social (ambiental).

A duração da doença, até o desfecho com a cura ou a morte do paciente, pode variar de um período curto a longo, caracterizando, com isso, a doença como aguda ou crônica.

A doença aguda é aquela que possui evolução rápida e duração curta, caracterizada, geralmente, por instalação súbita, manifestações sintomáticas intensas e resolução ou desfecho em curto prazo. Conforme sua duração e eventualmente sua intensidade, distingue-se em formas superagudas, agudas e subagudas, com estas últimas sendo uma transição para a forma crônica.[14]

Quando a doença mostra evolução lenta e duração indefinida, ou com recorrências que se estendem por muitos meses ou anos, ela é crônica ou incurável. Caracteriza-se pelo desenvolvimento de processos inflamatórios ou alérgicos de tipo crônico, como quando há formação de granulomas ou fibrose, ou quando há processos degenerativos de progressão lenta. O início pode ser insidioso e acompanhado de um agravamento discreto, que cresce com o tempo, chegando algumas vezes a ser grave e irreversível, com incapacitação parcial ou total para certas funções, consoante os órgãos afetados.[15]

Na doença terminal o quadro evolutivo apresenta-se irreversível, com a morte vindo a ser consequência direta e iminente. Situação

---

12 CZERESNIA, Dina; FERITAS, Carlos Machado de (Orgs.). *Promoção da saúde*: conceitos, reflexões e tendências. 2. ed. Rio de Janeiro: Editora Fiocruz, 2009. p. 45.

13 O'TOOLE, Marie T. (Ed.). *Mosby's dictionary of medicine, nursing & health professions*. 9th ed. St. Louis, Missouri: Elsevier Mosby, 2013. p. 545.

14 REY, Luís. *Dicionário de termos técnicos de medicina e saúde*. 2. ed. Rio de Janeiro: Guanabara Koogan, 2008. p. 269.

15 *Ibidem*. p. 269.

comum em doenças como câncer e AIDS.[16] A ocorrência da morte é esperada em até 6 meses.

No entanto, ainda que não se deva desconsiderar a existência de doenças agudas que, em algumas situações, podem levar a um quadro grave/crítico ou até mesmo à morte, são as doenças crônicas e terminais que demandam maiores cuidados específicos por parte dos profissionais de saúde, posto ocasionarem mais frequentemente dor e sofrimento ao paciente e à família.

Quando uma doença crônica[17] afeta uma criança, esta é influenciada em seu desenvolvimento físico e psicológico, ora atrasando certos aspectos ora acelerando aquisições, e nem sempre se dispondo de meios para aferir a influência e o seu resultado de maneira exata.[18] São os cuidados paliativos pediátricos (CPP) a serem oportunizados antecipadamente sempre que possível, que contribuem para que a criança fique livre dos sintomas angustiantes, minimizando os efeitos emocionais e psicossociais que podem acompanhar a condição de doença, o que permite maximizar a qualidade de vida.[19]

Outrossim, convém salientar que os cuidados paliativos[20] (CP) e os tratamentos que visam o controle da doença não excluem um ao outro, mais sim vão assumindo níveis de intervenção diferentes, acompanhando inclusive a família nos diversos locais de atendimento (domicílio, hospital, unidades de cuidados paliativos).[21] Destinam-se a todas as pessoas afetadas por uma doença aguda, crônica ou terminal, independentemente da idade, devendo serem ofertados a partir do diagnóstico da enfermidade, visando à melhoria da qualidade de vida do paciente e seus familiares. Quando o paciente é criança, não se pode deixar de levar em conta seu melhor interesse, o qual nem sempre coincide com o dos pais.

---

[16] LEONE, Salvino; PRIVITERA, Salvatore; CUNHA, Jorge Teixeira da (Coords.). *Dicionário de bioética*. Aparecida: Editora Santuário, 2001. p. 329.

[17] Também a doença aguda ou terminal.

[18] BARBOSA, Sílvia Maria de Macedo; LECUSSAN, Pilar; OLIVEIRA, Felipe Folco Telles de. Particularidades em cuidados paliativos: pediatria. *In:* OLIVEIRA, Reinaldo Ayer de (Coord.). *Cuidado paliativo*. São Paulo: CREMESP, 2008. p. 129.

[19] BARBOSA, Sílvia Maria de Macedo. Cuidados paliativos pediátricos. *In:* VELASCO, Irineu Tadeu; RIBEIRA, Sabrina Corrêa da Costa (Eds.). *Cuidados paliativos na emergência*. Barueri, SP: Manole, 2021. p. 72.

[20] A expressão cuidados paliativos (CP) é utilizada para se referir aos cuidados para adultos, cuja teoria geral, observadas as características particulares da criança, é aplicável aos cuidados paliativos pediátricos (CPP).

[21] CAPELAS, Manuel Luís. Cuidados paliativos: um direito humano. *Just News*, 26 dez. 2017. Disponível em: https://justnews.pt/artigos/cuidados-paliativos-um-direito-humano#.XNMt9I5Kg2w. Acesso em: 08 maio 2019.

A doença crônica (ou incurável), conforme o caso, pode comumente progredir para um quadro de doença terminal, mediante o qual paciente passa a encontrar-se em processo de morte, podendo vir a sofrer diversas complicações que lhe tragam dor e sofrimento. Em tal situação, mostra-se de primordial importância a utilização dos cuidados paliativos (CP),[22] abordagem terapêutica cujo objetivo não é a cura da doença, mas o cuidado para com o doente, visando aliviar a dor e o sofrimento, a fim de que lhe seja concedido qualidade de vida, desde o diagnóstico da enfermidade até à ocorrência da morte.

A ideia de CP surgiu, pela primeira vez, na Idade Média, especialmente devido à tradição dos *hospices*[23]*care,* em uma época em que a medicina voltava-se precipuamente para o cuidado de pobres, doentes, marginalizados e idosos.[24] Nesse período, além de darem refúgio e alimento aos peregrinos, os *hospices* também prestavam cuidados aos enfermos e moribundos.[25]

A concepção moderna de CP apareceu quando Cicely Saunders, assistente social, enfermeira e médica britânica, viu-se diante da necessidade de desenvolver cuidados especializados para doentes no fim da vida.[26] Cuidados estes pautados na combinação das habilidades de um hospital com a hospitalidade de uma pousada, com os centros de interesses voltados para o doente e sua família, e não para a doença.[27]

Um marco importante para o desenvolvimento dos CP foi a inauguração do St. Christopher's Hospice, por Cicely Saunders, em

---

22 Conforme será abordado posteriormente, convém esclarecer que os cuidados paliativos não são aplicáveis somente às doenças crônicas (incuráveis) ou terminais, mas às doenças ameaçadoras da vida, inclusive as agudas.

23 O termo "hospice" tem a mesma raiz latina que as palavras hospital e hospitalidade. Desde o início da Idade Média até o Iluminismo na Europa, precipuamente nas instituições, haviam instalações onde os doentes podiam ser tratados até se recuperarem ou morrerem. No século XII, havia distinções entre os hospitais, nos quais os pacientes poderiam potencialmente ser curados, e os hospícios, nos quais os pobres moribundos eram enviados (QUILL, Timothy E.; MILLER, Franklin G. *Palliative care and ethics.* New York: Oxford University Press, 2014. p. 17-18).

24 PEREIRA, Sandra Martins. *Cuidados paliativos*: confrontar a morte. Lisboa: Universidade Católica Editora, 2010. p. 24.

25 IGNACIA DEL RÍO, M.; PALMA, Alejandra. Cuidados paliativos: historia y desarrollo. *Boletín escuela de medicina u. c., pontificia universidad católica de chile,* vol. 32, nº 1, p. 117, 2007.

26 PEREIRA, Sandra Martins. *Cuidados paliativos*: confrontar a morte. Lisboa: Universidade Católica Editora, 2010. p. 24-25.

27 PESSINI, Leo. A filosofia dos cuidados paliativos: uma resposta diante da obstinação terapêutica. PESSINI, Leo; BERTACHINI, Luciana (Orgs.). *Humanização e cuidados paliativos.* 6. ed. São Paulo: Centro Universitário São Camilo; Edições Loyola, 2014. PESSINI, Leo. A filosofia dos cuidados paliativos: uma resposta diante da obstinação terapêutica. PESSINI, Leo; BERTACHINI, Luciana (Orgs.). *Humanização e cuidados paliativos.* 6. ed. São Paulo: Centro Universitário São Camilo; Edições Loyola, 2014. p. 188.

1967, na cidade de Londres, Inglaterra, como a primeira instituição destinada a cuidar de pacientes terminais.[28],[29] Porém, em que pese a importância do surgimento da Instituição, foram as ideias difundidas por Saunders, por meio de publicações e palestras, além do trabalho de destaque por ela realizado no St. Christopher's, que ajudaram a estabelecer as bases amplas sobre as necessidades de instituições específicas que oferecessem aos enfermos assistência e cuidados sensíveis, melhor controle dos sintomas, além de amparo às suas necessidades espirituais e religiosas.[30]

Na década de 1970, o movimento paliativista foi levado para os Estados Unidos por Elisabeth Kübler-Ross, psiquiatra suíça lá radicada, que teve contato com os trabalhos de Cicely Saunders. Entre 1974 e 1975, foi fundado um *hospice* na cidade de Connecticut, e a partir de então o movimento espalhou-se, passando a cuidar dos pacientes fora de possibilidade de cura em diversos países.[31]

Foi com o surgimento dos CP que se iniciou uma nova abordagem terapêutica, com oferecimento de maior suporte ao paciente e à sua família no período final dos tratamentos curativos e na fase de luto. Um novo conceito de cuidar foi introduzido e não apenas de curar, centrado no doente até a ocorrência de sua morte.[32]

No que se refere ao Brasil, existiam iniciativas isoladas e discussões acerca dos CP já na década de 1970, com as ideias de Cicely Saunders chegando ao país na década de 1980.[33] Entretanto, foi somente na década de 1990 que surgiram os primeiros serviços organizados, mesmo que de forma experimental.

---

[28] Pessoa afetada por uma doença incurável e que não é mais passível de ativar terapias etiológicas, mas somente tratamentos paliativos. (CINÁ, Giuseppe *et al* (Dirs.). *Dicionário interdisciplinar da pastoral da saúde*. São Paulo: Paulus, 1999. p. 352).

[29] MOREIRA, Raquel Veggi; CABRAL, Hildeniza Lacerda Tinoco Boechat; DADALTO, Luciana. Cuidados paliativos: origem e historicidade. *In*: CABRAL, Hildeniza Boechat; VON-HELD, Andréa Rodrigues; DADALTO, Luciana (Orgs.). *Cuidados paliativos*: estudos acadêmicos transdisciplinares. Campos dos Goytacazes: Brasil Multicultural, 2018. p. 57.

[30] STOLBERG, Michael. *A history of palliative care, 1500-1970*: concepts, practices, and ethical challenges. Cham, Switzerland: Springer, 2017. p. 180.

[31] GOMES, Ana Luísa Zaniboni; OTHERO, Marília Benso. Cuidados paliativos. *In: Estudos avançados n.*30. v. 88, 2016. Disponível em: http://www.scielo.br/pdf/ea/v30n88/0103-4014-ea-30-88-0155.pdf. Acesso em: 30 jun. 2019.

[32] MELO, Ana Georgia Cavalcante de; CAPONERO, Ricardo. Cuidados paliativos: abordagem contínua e integral. SANTOS, Franklin Santana (Org.). *Cuidados paliativos*: discutindo a vida, a morte e o morrer. São Paulo: Editora Atheneu, 2009. p. 259.

[33] SANTOS, André Filipe Junqueira dos; FERREIRA, Esther Amgélica Luiz; GUIRRO, Úrsula Bueno do Prado. *Atlas de cuidados paliativos no Brasil 2019*. Organização de Luciana Massa; coordenação de Stefhanie Piovesan. 1. ed. São Paulo: ANCP, 2020. p. 9. 1550 Kb; PDF.

De fato, embora o tratamento de pacientes com doenças incuráveis (incluindo a assistência paliativa) já ocorresse desde 1986, foi com a inauguração do Hospital Unidade IV, em 1998, no Instituto Nacional do Câncer – INCA, do Ministério da Saúde, que os CP assumiram a forma de prestação exclusiva. Posteriormente, outras unidades de CP foram criadas em São Paulo, havendo criação também nos estados-unidades da Federação, ainda que de forma precária.[34]

No mundo, cerca de 56,8 milhões de pessoas que necessitam de CP, com aproximadamente 7% delas sendo crianças, cuja grande maioria (> 97%), assim consideradas as com idade entre 0 e 19 anos,[35] vive em países de baixa renda. Entre as crianças que precisam de CPP, 46% são portadoras de HIV/AIDS e malformações congênitas, seguidas de crianças com extrema prematuridade e trauma de nascimento (quase 18%) e lesões (16%).[36]

A África figura como a região mais necessitada de CPP, sendo responsável por mais da metade da demanda, seguida pelo Sudoeste Asiático (20%), Mediterrâneo Oriental (12%) e Pacífico Ocidental (8%), enquanto a Europa e as Américas apresentam, conjuntamente, somente 9% da carência. Assim, em uma base per capita, como se pode perceber, a escassez por CPP apresenta-se maior na África e no Mediterrâneo Oriental seguidamente.[37]

Com relação ao Brasil, o mais recente mapeamento mundial sobre cuidados paliativos (CP), de 2020, aponta que o país deixou a categoria antes ocupada, 3a, caracterizada pela oferta isolada de CP, financiamento dependente de doações, disponibilidade limitada de morfina e um pequeno número de serviços comparado à população. O país passou a ocupar – ao lado de países como Gâmbia, Zâmbia, Albânia, Bulgária, Finlândia, Colômbia e Panamá –, o nível 3b. Nesse patamar, a prestação dos cuidados paliativos é generalizada, com fontes de financiamento diversificadas, maior disponibilidade de morfina e centros

---

34 ANCP. Academia Nacional de Cuidados Paliativos. *ANCP e cuidados paliativos no Brasil.* Disponível em: https://paliativo.org.br/cuidados-paliativos/cuidados-paliativos-no-brasil/. Acesso em: 02 ago. 2020.

35 Conforme já apontado, para fins do presente estudo adotou-se o conceito de criança estabelecido pelo Estatuto da Criança e do Adolescente (ECA), segundo o qual criança é a pessoa com até 12 anos de idade incompletos e como adolescente aquela entre 12 e 18 anos de idade (art. 2º).

36 WHPCA. World Hospice Palliative Care Alliance. *Global atlas of palliative care.* 2nd Edition. London, UK 2020. p. 17.

37 *Ibidem.* p. 17.

de formação e educação.[38] Isso demonstra ter havido evolução tanto quantitativa como qualitativa na oferta de CP no território brasileiro. No plano interno, levantamento realizado pela Academia Nacional de Cuidados Paliativos – ANCP, divulgado no "Atlas dos Cuidados Paliativos no Brasil 2019", indica a existência de 191 serviços de cuidados paliativos, com a maioria deles, 55%, situados na região Sudeste e a minoria, 3,7%, na região Norte. Entre os estados da Federação, São Paulo possui a maior quantidade, 66, seguido de Minas Gerais (19), Paraná (14), Rio de Janeiro (13), Rio Grande do Sul (13), Distrito Federal (10), Bahia (10), Espírito Santo (6), Ceará (7), Santa Catarina (6). Os demais estados somam 25 serviços.[39]

O número total de leitos de cuidados paliativos no país em 2019, de acordo com o Atlas da ANCP, é de 789, assim distribuídos: a) região Sudeste, 458: São Paulo, 284; Rio de Janeiro, 103; Minas Gerais 71; Espírito Santo, 0; b) região Nordeste, 120: Bahia, 45; Ceará, 38; Pernambuco, 16; Alagoas, 11; Maranhão, 10; Paraíba, 0; Piauí, 0; Rio Grande do Norte, 0; Sergipe, 0; c) região Sul, 102: Rio Grande do Sul, 43; Paraná, 32; Santa Catarina, 27; d) região Centro Oeste, 86: Distrito Federal, 68; Goiás, 10; Mato Grosso, 8; Mato Grosso do Sul, 0; e e) região Norte, 23: Pará, 19; Acre, 4; Amazonas, 0; Amapá, 0; Rondônia, 0; Roraima, 0; Tocantins, 0.[40]

Como se pode observar, mais de 50% do total de serviços e leitos de CPs então existentes no Brasil estão centralizados na região Sudeste, com a região Norte dispondo de um número consideravelmente inferior, revelando as disparidades existentes entre as diferentes regiões do país. Em relação aos CPP, a disponibilidade para acesso no país é ainda mais crítica,[41] conforme será discutido no capítulo seguinte.

Além da precariedade na prestação dos serviços, ainda não há, até a presente data, no ordenamento jurídico brasileiro, lei específica que discipline os CP no âmbito nacional, existindo apenas normas esparsas do Ministério da Saúde, normas éticas do Conselho Federal de Medicina (CFM),[42] perdurando o desconhecimento e o preconceito

---

[38] WHPCA. World Hospice Palliative Care Alliance. *Global atlas of palliative care*. 2nd Edition. London, UK 2020. p. 52.

[39] SANTOS, André Filipe Junqueira dos; FERREIRA, Esther Amgélica Luiz; GUIRRO, Úrsula Bueno do Prado. *Atlas de cuidados paliativos no Brasil 2019*. Organização de Luciana Massa; coordenação de Stefhanie Piovesan. 1. ed. São Paulo: ANCP, 2020. p. 22.

[40] *Ibidem*. p. 22-23.

[41] ANCP. Academina Nacional de Cuidados Paliativos. Disponível em: https://paliativo.org.br/ancp-divulga-panorama-dos-cuidados-paliativos-no-brasil. Acesso em: 06 nov. 2020.

[42] Parágrafo único do art. 41 do Código de Ética Médica: "Nos casos de doença incurável e terminal, deve o médico oferecer todos os cuidados paliativos disponíveis sem empreender

não somente entre os médicos,[43] profissionais e gestores da saúde, mas também entre parlamentares, membros do Poder Judiciário,[44] sociedade. Isso sem falar na consequente falta de padronização dos procedimentos, que pode ocasionar prejuízo na abordagem terapêutica.

Em que pese a inexistência de lei nacional tratando de CP, diversos Estados-membros e o Distrito Federal já contam com suas com leis específicas, como decorrência da competência legislativa concorrente para proteção e defesa da saúde, que lhes é concedida pela Constituição Federal de 1988 (CF/88) juntamente com a União e os Municípios (art. 24, XII).

A situação do Brasil no atinente aos CP também restou evidenciada por publicação da revista *The Economist*, mediante a análise da disponibilidade de acesso a opioide, existência de políticas públicas direcionadas a cuidados de paliativos e acesso a ele nos serviços de saúde, que avaliou a qualidade da morte em 80 países. O Brasil ficou em 42º lugar, atrás do Chile (27º), Costa Rica (29º), Panamá (31º), Argentina (32º), Uruguai (39º), África do Sul (34º), Uganda (35%), Mongólia (28º) ou Malásia (38º).[45]

Posteriormente, no ano de 2017, a Comissão Lancet de acesso a opioides e cuidados paliativos publicou levantamento mundial apontando que 90% dos opioides prescritos mundialmente são consumidos por 10% da população, enquanto o restante da população (90%) consome 10%.

---

ações diagnósticas ou terapêuticas inúteis ou obstinadas, levando sempre em consideração a vontade expressa do paciente ou, na sua impossibilidade, a de seu representante legal". (CFM. Conselho Federal de Medicina. *Código de ética médica*. Disponível em: https://portal.cfm.org.br/images/PDF/cem2019.pdf. Acesso em: 02 ago. 2020).

43 Causou desconforto e polêmica a fala proferida pelo Senador Otto Alencar, também médico, quando parlamentares membros da "CPI da COVID-19" ouviam o médico Pedro Benedito Batista Junior, diretor da Prevent Senior: "Ouvi muitos médicos dizendo, confirmando, que tiravam [o paciente com covid-19] da UTI, botavam na enfermaria e faziam a 'paliatização'. O seu hospital criou uma nova especialidade: 'paliatistas'. Perguntado sobre o significado do termo, o Senador explicou: "Ao contrário de fazer o tratamento correto dentro da UTI (...), o que acontecia? O paciente ficava sete dias. 'Esse aqui não vai ter jeito, vai para a enfermaria e vai tomar paliativos'. Por isso, chama-se 'paliatização' (...) Acredito que é um absurdo...". (BIERNATH, André. Cuidados paliativos: os erros e mitos no tratamento de doenças graves no Brasil. *Portal Uol*, 13 out. 2021. Disponível em: https://cultura.uol.com.br/noticias/bbc/58838202_cuidados-paliativos-os-erros-e-mitos-no-tratamento-de-doencas-graves-no-brasil.html. Acesso em: 18 jan. 2022.).

44 ANCP. Academia Nacional de Cuidados Paliativos. *ANCP e cuidados paliativos no Brasil*. Disponível em: https://paliativo.org.br/cuidados-paliativos/cuidados-paliativos-no-brasil/. Acesso em: 02 ago. 2020.

45 THE ECONOMIST. The 2015 quality of death index ranking palliative care across the world: a report by the economist intelligence unit. Disponível em: https://eiuperspectives.economist.com/sites/default/files/2015%20EIU%20Quality%20of%20Death%20Index%20Oct%2029%20FINAL.pdf. Acesso em: 23 abr. 2021.

A título de exemplo, pode-se citar as situações dos Estados Unidos e do Brasil. Enquanto os Estados Unidos têm um consumo de 551 mg/capita de equivalente de morfina (excesso de consumo), o Brasil consome 9 mg/capita (escassez).[46]

Pode-se concluir, pois, que muitos pacientes com doenças que ameaçam a vida (aguda, crônica ou terminal) não dispõem de um tratamento adequado para alívio da dor e sofrimento, assim como também não têm acesso a serviços de cuidados paliativos no Brasil, situação que se agrava mais ainda quando o paciente é uma criança, cujo tratamento deve ser diferenciado em função de seu desenvolvimento constante e de sua vulnerabilidade.

1.2 Definição de cuidados paliativos

A primeira definição de cuidados paliativos (CP), direcionada aos pacientes adultos com câncer, foi dada pela Organização Mundial de Saúde (OMS) em 1990, como cuidado ativo total dos pacientes com doença incurável, voltado ao controle da dor e de outros sintomas, cujos cuidados de problemas de ordem psicológica, social e espiritual são os mais importantes, e que tem como objetivo conferir a melhor qualidade de vida possível aos pacientes e suas famílias.[47]

Uma definição específica de cuidados paliativos para as crianças,[48] bem como assistência às suas famílias, somente foi atribuída a OMS em 1998, concebendo-os como cuidados totais ativos do corpo, mente e espírito da criança, que visam dar apoio à família a partir do diagnóstico da doença, continuando independentemente da criança receber ou não tratamento adequado, e tendo como objetivo avaliar e aliviar o sofrimento físico, psicológico e social da criança, mediante uma ampla abordagem multidisciplinar que inclua a família.[49]

Com as transformações socioeconômicas e as alterações do estilo de vida ocorridas nas últimas décadas do século XX (aumento do

---

[46] ANCP. Academia Nacional de Cuidados Paliativos. *Panorama dos cuidados paliativos no brasil*. São Paulo: Academia Nacional de Cuidados Paliativos, 2018. p. 4.

[47] WHO. World Health Organization. Expert Committee on Cancer Pain Relief and Active Supportive Care & World Health Organization. (1990). *Cancer pain relief and palliative care*: report of a WHO expert committee [meeting held in Geneva from 3 to 10 July 1989]. World Health Organization. Disponível em: https://apps.who.int/iris/handle/10665/39524. Acesso em: 30 jun. 2019.

[48] Embora a OMS tenha feito referência a cuidados paliativos em crianças, como já destacado, far-se-á uso da terminologia cuidados paliativos pediátricos (CPP).

[49] WHO. World Health Organization. *Definition of Palliative Care*. Disponível em: https://www.who.int/cancer/palliative/definition/en/. Acesso em: 12 maio 2020.

sedentarismo, estresse, mudança de hábitos alimentares etc.), associadas ao aumento da expectativa de vida, as doenças crônicas recrudesceram,[50] culminando com a necessidade de CP a elas relacionados.

Em face disso, uma nova definição de CP foi atribuída pela OMS em 2002, como uma abordagem terapêutica que visa à qualidade de vida de pacientes (adultos e crianças) e familiares em face de problemas associados a doenças que põem em risco a vida, por meio da prevenção e alívio do sofrimento, mediante a identificação precoce e de uma avaliação precisa e de tratamento da dor e de outros problemas físicos, psicossociais e espirituais.[51] Esta definição, diferentemente da primeira, que se direcionava somente aos adultos, fez menção expressa às crianças, além de ter conferido assistência paliativa a outras doenças graves e incuráveis, como a AIDS, doenças cardíacas, doenças degenerativas, diabetes, doenças hepáticas crônicas,[52] sendo dispensados aos pacientes cuidados por uma equipe interdisciplinar, com atuação multiprofissional, e garantidos por meio de uma política geral de assistência à saúde.

Embora a definição de CP faça alusão a adultos e crianças, não se pode perder de vista que as crianças são pessoas diferentes dos adultos, possuidoras de características próprias e que demandam atenção diferenciada no tocante às questões físicas, de desenvolvimento, psicossociais, éticas, espirituais e relacionais que lhes são exclusivas.[53]

Assim, os CP, que a princípio eram direcionados aos pacientes com câncer terminal, passaram a ter maior amplitude, abarcando outras doenças potencialmente fatais, desde o conhecimento do diagnóstico, com consequente convergência do foco e da prestação dos serviços de

---

50 FERRO, Ivis Andrea Marques; DIAS, Lílian Barbosa Ribeiro; FRAGA, Renata Caravaline Carvalhal Fraga. Doenças crônicas e cuidados paliativos. *In:* CABRAL, Hildeniza Boechat; VON-HELD, Adréa Rodrigues; DADALTO, Luciana (Orgns.). *Cuidados paliativos*: estudos acadêmicos transdisciplinares. Campos dos Goytacazes: Brasil Multicultural, 2018. p. 2752. E-book.

51 WHO. World Health Organization. *Palliative care*. Disponível em: https://www.who.int/es/news-room/fact-sheets/detail/palliative-care. Acesso em: 12 set. 2019.

52 Sandra Pereira destaca que: "São várias as situações de doença com carácter evolutivo que conduzem a um estado terminal e que beneficiam da prestação de cuidados paliativos, designadamente as doenças oncológicas em estado avançado, as patologias degenerativas e graves do sistema nervoso central, a síndroma da imunodeficiência adquirida em fase avançada, as designadas insuficiências de órgão avançadas (cardíaca, respiratória, renal, hepática), as demências em estado adiantado. Estas doenças, particularmente quando em situação adiantada e em rápida progressão, assumem grande complexidade e conduzem a uma debilitação progressiva do estado geral da pessoa, com o surgimento de múltiplos sintomas e problemas" (PEREIRA, Sandra Martins. *Cuidados paliativos*: confrontar a morte. Lisboa: Universidade Católica Editora, 2010. p. 14).

53 WHO. World Health Organization. *Integrating palliative care and symptom relief into pediatrics*: a WHO guide for health care planners, implementers and managers. Switzerland, 2018. p. 5.

CP para a saúde pública, a população e a comunidade, inserindo-se o conceito de sua abordagem em todos os ambientes de atendimento no contexto da cobertura e acesso universal à saúde.[54]

A mais recente definição de CP foi dada pela OMS em agosto de 2017, como uma conduta que visa à melhoria da qualidade de vida dos pacientes adultos e crianças, assim como suas famílias, que enfrentam problemas relacionados a doenças com risco de vida, por meio da prevenção e alívio do sofrimento, mediante identificação precoce e avaliação e tratamento da dor e de problemas físicos, psíquicos, sociais e espirituais.[55]

Exsurge, pois, da definição de CP, a necessidade de um modelo holístico de cuidado, centrado no doente e não na doença. Dessa forma, somente é possível aliviar o sofrimento, promover o bem-estar, a qualidade de vida e a dignidade da pessoa (adulto ou criança) com doença crônica ou terminal se esta for considerada em sua inteireza.[56] O mesmo é válido para as situações que envolvem doenças agudas que demandam assistência paliativa.

A nível nacional, a definição seguiu a linha da estabelecida pela OMS, com os CP sendo concebidos como uma abordagem terapêutica prestada por uma equipe multidisciplinar que tem como objetivo melhorar a qualidade de vida do paciente (adulto ou criança), bem como sua família, em face de doença de risco de vida, por meio da prevenção e alívio do sofrimento, a identificação precoce, avaliação impecável e tratamento da dor e demais sintomas físicos, sociais, psicológicos e espirituais.[57]

Posta assim a questão, é de dizer-se que da própria definição estabelecida pela OMS são extraídos os princípios fundamentais dos CP a seguir explicitados, que têm como foco o paciente e sua família, a fim de proporcionar-lhes bem-estar e qualidade de vida, desde o diagnóstico da doença até o luto.

---

54 GÓMEZ-BATISTE, Xavier *et al.* Development of palliative care: past, present, and future. *In:* MACLEOD, Roderick Duncan; BLOCK, Lieve Van Den (Eds.). *Textbook of palliative care.* Cham, Switzerland, 2019. p. 113.

55 WHO. World Health Organization. *Palliative care.* Disponível em: https://www.who.int/es/news-room/fact-sheets/detail/palliative-care. Acesso em: 12 set. 2019.

56 PEREIRA, Sandra Martins. *Cuidados paliativos*: confrontar a morte. Lisboa: Universidade Católica Editora, 2010. p. 28.

57 BRASIL. Ministério da Saúde. *Resolução MS-CIT nº 41, de 31 de outubro de 2018*. Disponível em: https://bvsms.saude.gov.br/bvs/saudelegis/cit/2018/res0041_23_11_2018.html. Acesso em: 28 jul. 2020.

Os CP valorizam atingir e manter um nível ótimo da dor e sua administração, exigindo uma avaliação criteriosa do doente a partir da anamnese, exame físico e pesquisas, com garantia de acesso imediato à medicação necessária, incluindo opioides e formulações.[58] O alívio da dor somente será possível se houver compreensão dos sintomas manifestados pelo doente.[59]

Afirmar a vida e encarar o morrer como um processo normal constitui outro princípio dos CP, que não devem ser vistos como uma falha médica, mas sim como uma medida que visa assegurar ao doente uma vida útil, produtiva e plena até o instante de sua morte. Isso sem descuidar do bem-estar físico, psíquico e espiritual.[60]

Depreende-se também, da definição, que os CP não devem abreviar o tempo de vida nem antecipar a ocorrência da morte. Os médicos não são obrigados a dar seguimento a tratamentos considerados fúteis e excessivamente onerosos para os pacientes, sendo a estes assegurados o direito de recusar a tratamentos. Os CP têm como objetivo atribuir qualidade de vida ao doente, por meio de conforto físico, psíquico e espiritual.[61]

Os CP oferecem um sistema de apoio para ajudar os pacientes a viver de forma ativa, tanto quanto possível, até a data da morte. Cabe ao profissional de saúde identificar os objetivos e prioridades estabelecidos pelo paciente para capacitá-lo e assisti-lo na consecução dos mesmos, com as prioridades podendo sofrer grandes mudanças com o tempo, o que demanda respostas por parte do profissional da saúde.[62]

Direcionar o cuidado ao paciente e à família, estendendo-o ao período de luto é outro princípio dos CP.[63] Como unidade de cuidado, a família deve ter as questões e dificuldades de seus membros identificadas e trabalhadas, com o cuidado com o luto se iniciando antes mesmo

---

58 PESSINI, Leo; BERTACHINI, Luciana. *O que entender por cuidados paliativos?* São Paulo: Paulus, 2006. p. 23.

59 CENTENO CORTÉS, Carlos *et al. Manual de medicina paliativa.* Branañáin, Navarra: EUNSA, 2009. pos. 616. E-book.

60 PESSINI, Leo; Luciana, Bertachini. Conhecendo o que são cuidados paliativos: conceitos fundamentais. In: BERTACHINI, Luciana; PESSINI, Leo. *Encanto e responsabilidade no cuidado da vida*: lidando com desafios em situações críticas e de final da vida. São Paulo: Paulinas: Centro Universitário São Camilo, 2011. p. 24.

61 PESSINI, Leo; BERTACHINI, Luciana. *O que entender por cuidados paliativos*? São Paulo: Paulus, 2006. p. 24.

62 PESSINI, Leo; BERTACHINI, Luciana. *O que entender por cuidados paliativos*? São Paulo: Paulus, 2006. p. 24.

63 BILLINGS, J. Andrew. What is palliative care? *Journal of palliative medicine,* volume 1, number 1, 1998. p. 79.

da morte.[64] O apoio e o conforto atribuído à família no transcurso da doença e durante o processo de morrer, além de permitir uma melhor compreensão da morte como algo natural ao ser humano, proporciona um luto com menos sofrimento.

Os CP também exigem um atendimento multidisciplinar integral, a fim de que a prestação de cuidados totais seja direcionada a todos os aspectos do sofrimento do paciente,[65] levando a uma maior eficácia. Para isso, é necessário que o grupo trabalhe de maneira coesa, estabelecendo e compartilhando metas e objetivos comuns, valendo-se de meios rápidos e efetivos de comunicação.[66]

Aliviar o sofrimento constitui o principal objetivo dos cuidados paliativos, a fim de melhorar a qualidade de vida do paciente e sua família.[67] Convém salientar, porém, que a qualidade de vida não pode ser reconhecida como medida de conforto físico ou capacidade funcional, mas sim como algo que somente pode ser definido pelo próprio doente, e que pode se alterar com o passar do tempo.[68]

A aplicação dos CP deve se dar desde a fase inicial da doença, quando do recebimento do diagnóstico, concomitantemente com o tratamento direcionado à doença de base, de modo que a abordagem tanto no controle dos sintomas como no tratamento de intercorrências com grande potencial de morbimortalidade.[69]

Pode-se concluir, pois, que os CP buscam prevenir e aliviar o sofrimento do paciente, adulto ou criança, com doença que ameace a vida (aguda, incurável ou terminal), mediante a identificação prévia da doença, sua evolução e o tratamento correto da dor e de outros problemas a ela inerentes, sejam estes de ordem física, psicológica, social ou espiritual.[70]

---

[64] PESSINI, Leo; BERTACHINI, Luciana. *O que entender por cuidados paliativos*? São Paulo: Paulus, 2006. p. 24.

[65] WOODRUFF, Roger. Palliative care: basic principles. *In:* BURERA, Eduardo *et al* (Eds.). *Palliative care in developing world principles and practice*. International Association for Hospice and Palliative Care. Houston: IAHPC Press, 2004. p. 8.

[66] PESSINI, Leo; BERTACHINI, Luciana. *O que entender por cuidados paliativos*? São Paulo: Paulus, 2006. p. 25.

[67] CONNOR, Stephen R. (Ed.). *Global atlas of palliative care*. 2nd edition. Whpca: London, UK 2020. p. 14.

[68] PESSINI, Leo; BERTACHINI, Luciana. *O que entender por cuidados paliativos*? São Paulo: Paulus, 2006. p. 25.

[69] GUIMARÃES, Regina Maria. Filosofia dos cuidados paliativos. *In:* SALTZ, Ernani; JUVER, Jeane (Orgs.). *Cuidados paliativos em oncologia*. 2. ed. Rio de Janeiro: Ed. Senac Rio de Janeiro, 2014. p. 18.

[70] ORGANIZACIÓN MUNDIAL DE LA SALUD. *Cuidados paliativos*. Disponível em: www.who.int/es/news-room/fact-sheets/detail/palliative-care. Acesso em: 12 set. 2019.

1.3 Cuidados paliativos pediátricos

Anualmente, das cerca de 56,8 milhões de pessoas que necessitam de cuidados paliativos no mundo, aproximadamente 7% são crianças, com a maioria delas (> 97%), assim consideradas as com idade entre 0 e 19 anos,[71] vivendo em países de baixa renda. Entre as crianças que precisam de cuidados paliativos (pediátricos), 46% são portadoras de HIV/AIDS e malformações congênitas, seguidas de crianças com extrema prematuridade e trauma de nascimento (quase 18%) e lesões (16%).[72]

A África figura como a região mais necessitada de cuidados paliativos pediátricos (CPP), sendo responsável por mais da metade da demanda, seguida pelo Sudoeste Asiático (20%), Mediterrâneo Oriental (12%) e Pacífico Ocidental (8%), enquanto a Europa e as América apresentam, conjuntamente, somente 9% da carência. Assim, em uma base per capita, como se pode perceber, a escassez por CPP apresenta-se maior na África e no Mediterrâneo Oriental seguidamente.[73]

Dentre as doenças que mais exigem CPP, estão as não malignas progressivas, que respondem pela maior necessidade em todas as regiões, exceto na África, em que os CPP estão diretamente associados ao HIV, com o câncer sendo responsável por uma menor percentagem das necessidades das crianças.[74] De igual modo, os CPP também podem ser oferecidos às crianças com doenças agudas, como a Covid-19.

Isso sem desconsiderar que o tipo e a gravidade do sofrimento que demanda CPP variam conforme a situação geográfica, política, social, econômica e cultural, e que as crianças e suas famílias em países de baixa renda normalmente enfrentam condições sociais insalubres, bem como têm menos acesso à prevenção, diagnóstico e tratamento de doenças, a apoios sociais e a especialistas e serviços especializados, diferentemente do que ocorre com as crianças de países de alta renda.[75]

---

71 Conforme já apontado, para fins do presente estudo, adotou-se o conceito de criança estabelecido pelo Estatuto da Criança e do Adolescente (ECA), segundo o qual criança é a pessoa com até 12 anos de idade incompletos e como adolescente aquela entre 12 e 18 anos de idade (art. 2º).

72 WHPCA. World Hospice Palliative Care Alliance. *Global atlas of palliative care*. 2nd Edition. London, UK 2020. p. 17.

73 *Ibidem*. p. 17.

74 *Ibidem*. p. 17.

75 WHO. World Health Organization. *Integrating palliative care and symptom relief into pediatrics:* a WHO guide for health care planners, implementers and managers. Geneva: World Health Organization, 2018. p. 5.

Para as crianças perdura, até os dias de hoje, a definição de cuidados paliativos estabelecida pela OMS em 1998, como cuidados ativo e total do corpo, mente e espírito, ofertados desde o recebimento do diagnóstico e que continuam mesmo que a criança receba ou não tratamento adequado, incluindo o apoio à família.[76]

É de ter-se em mente que as crianças, como pessoas em desenvolvimento contínuo, não podem pura e simplesmente serem equiparadas a adultos. Embora a definição e os princípios dos CP possam ser aplicados para qualquer pessoa, os CPP requerem atenção física, de desenvolvimento, psicossocial, ética, e de fenômenos espirituais e relacionais exclusivos para as crianças.[77]

Em face disso, convém destacar as seguintes diferenças que se sobressaem entre adultos e crianças no tocante à implementação dos CP: a) a passagem da criança pelos diferentes estágios de desenvolvimento, do nascimento à adolescência; b) a necessidade de comunicação com sensibilidade, levando em conta os estágios de desenvolvimento, a cultura, a doença e a família; c) a dependência de adultos, que varia desde a dependência total (recém-nascido) até a um alto grau de independência (adolescentes); d) o impacto nas famílias, que podem incorrer em sérias dificuldades financeiras pelos gastos com clínica, hospital e medicamentos; e) os tipos de condições de saúde, posto que as doenças infantis, como as genéticas ou congênitas, aumentam a dificuldade de fornecimento de CPP que atendam às necessidades da criança, podendo inclusive não haver um diagnóstico ou prognóstico claro; f) formulações pediátricas e dosagem de medicamentos essenciais, visto que, não havendo alternativa a um determinado medicamento para aliviar os sintomas de uma criança, cabe ao clínico, em particular, vigilância e critério necessários; g) grau de dificuldade da tomada de decisão clínica nas decisões relacionadas à doença, à manutenção da vida ou a benefício questionável, pois os pais geralmente têm mais dificuldade em compreender ou aceitar o mau prognóstico de uma criança do que de um membro idoso da família, assim como os médicos também podem achar mais difícil pesar os benefícios relativos e o estorvo de uma intervenção quando o paciente é uma criança; além do fato de que o ambiente clínico dos CPP deve ser o mais adequado e reconfortante

---

[76] WHO. World Health Organization. *Definition of Palliative Care*. Disponível em: https://www.who.int/cancer/palliative/definition/en/. Acesso em: 12 maio 2020.

[77] WHO. World Health Organization. *Integrating palliative care and symptom relief into pediatrics:* a WHO guide for health care planners, implementers and managers. Geneva: World Health Organization, 2018. p. 7.

possível para as crianças, permitindo-se a presença de pelo menos um membro da família.[78]

Registre-se ainda que muitas são as condições a serem observadas nos CPP, sem deixar de levar em consideração que o tratamento curativo é possível, mas pode falhar, como vem a ocorrer nos seguintes casos: a) doenças oncológicas e cardiopatias congênitas graves; b) doenças que necessitam de tratamento prolongado e cujo objetivo é manter a qualidade de vida, a exemplo da infecção por HIV, fibrose cística, epidermólise bolhosa, distrofia muscular progressiva e insuficiência respiratória crônica; c) doenças progressivas para as quais o tratamento é exclusivamente paliativo, como as metabólicas progressivas, anormalidades cromossômicas graves e osteogênese imperfeita; e d) condições com deficiência neurológica grave, não progressiva, causadoras de extrema vulnerabilidade e complicações, como paralisia cerebral grave, prematuridade extrema, sequelas neurológicas de doenças infecciosas, lesão cerebral hipóxica ou anóxica, acidentes vasculares cerebrais e malformações cerebrais.[79]

Além disso, enquanto nos adultos os CP são, em sua maioria, realizados em pacientes com câncer, em *hospices* ou no domicílio, nas crianças são as doenças congênitas e genéticas as maiores responsáveis por esses cuidados, seguidos das condições neurológicas crônicas e onco-hematológicas.[80]

O progresso tecnológico e científico da medicina, o surgimento de novos tratamentos, o aumento do número de Unidade de Terapia Intensiva Pediátrica (UTIP), assim como o aprimoramento profissional, tem proporcionado uma maior sobrevida a crianças antes consideradas inviáveis.[81] Contudo, o aumento da sobrevida das crianças com doenças crônicas, na maioria das vezes, tem tornado o processo

---

78 WHO. World Health Organization. *Integrating palliative care and symptom relief into pediatrics:* a WHO guide for health care planners, implementers and managers. Geneva: World Health Organization, 2018. p. 7-8.

79 BARBOSA, Silvia Maria de Macedo; HIRSCHHEIMER, Mário Roberto. Cuidados paliativos à criança e ao adolescente. *In:* CONSTANTINO, Clóvis Francisco; BARROS, João Coriolano Rego; HIRSCHHRIMER, Mário Roberto (Eds.). *Cuidando de crianças e adolescentes sob o olhar da ética e da bioética*. São Paulo: Editora Atheneu, 2009. p. 114-115.

80 SBP. Sociedade Brasileira de Pediatria. *Cuidados paliativos pediátricos*: o que são e qual a sua importância? Cuidando da criança em todos os momentos. Documento científico, n. 1, fev. 2017. p. 2.

81 CALASANS, Maria Thais de Andrade; AMARAL, Juliana Bezerra do. A enfermagem e os cuidados paliativos pediátricos. *In:* SILVA, Rudval Souza da; AMARAL, Juliana Bezerra do; MALAGUTTI, William. *Enfermagem em cuidados paliativos*: cuidando para uma boa morte. 2. ed. São Paulo: Martinari, 2019. p. 184.

de morrer demasiadamente prolongado e sofrido.[82] São nesses casos que se mostra pertinente o atendimento por meio de CPP, visando à prevenção, quando possível, e o alívio da dor e do sofrimento, além de outros problemas físicos, psíquicos, sociais e espirituais relacionados à enfermidade.[83]

Os CPP, bom dizer, devem ser implementados progressivamente e ajustados conforme as necessidades impostas pela doença e seu tratamento (evolução, complicações, limitações), individualizados a determinada criança, e em conformidade com os valores e anseios da família e da criança.[84] Portanto, o lugar da criança é único para cada situação, vinculada a seu estágio de desenvolvimento (físico, psicológico, social e cognitivo) e ao contexto da abordagem paliativa.[85]

Entretanto, malgrado a maior divulgação e conhecimento a respeito dos CPP, ainda existem barreiras a serem enfrentadas para que haja sua implementação nos serviços de saúde (público e privado), como a mudança de perspectiva no cuidar/cura, a implantação de práticas paliativas e de final de vida, a educação dos profissionais de saúde, a existência de barreiras pessoais (tabus, resistências a mudanças etc.) e no sistema de saúde (acesso e fragmentação da assistência em saúde).[86]

Desde o início, os CPP compartilham da mesma filosofia dos cuidados paliativos para adultos (CP), centrada fundamentalmente no controle da dor e sofrimento da pessoa com doença de risco de vida. Concretizam-se onde quer que paciente se encontre, seja em um lugar institucional, seja em sua própria residência.[87] Pautam-se em um enfoque holístico que inclui, além da dimensão física, preocupações de

---

82 BARBOSA, Silvia Maria de Macedo; HIRSCHHEIMER, Mário Roberto. Cuidados paliativos à criança e ao adolescente. *In:* CONSTANTINO, Clóvis Francisco; BARROS, João Coriolano Rego; HIRSCHHRIMER, Mário Roberto (Eds.). *Cuidando de crianças e adolescentes sob o olhar da ética e da bioética.* São Paulo: Editora Atheneu, 2009. p. 113.

83 BARBOSA, Silvia Maria de Macedo; HIRSCHHEIMER, Mário Roberto. Cuidados paliativos à criança e ao adolescente. *In:* CONSTANTINO, Clóvis Francisco; BARROS, João Coriolano Rego; HIRSCHHRIMER, Mário Roberto (Eds.). *Cuidando de crianças e adolescentes sob o olhar da ética e da bioética.* São Paulo: Editora Atheneu, 2009. p. 114.

84 SBP. Sociedade Brasileira de Pediatria. *Cuidados paliativos pediátricos*: o que são e qual a sua importância? Cuidando da criança em todos os momentos. Documento científico, n. 1, fev. 2017. p. 3.

85 FRANCHE, Sandra; SCHELL, Matthias. *Soins palliatifs du nouveau-né à l'adolescent.* Moulineaux, France: Elsevier Masson, 2019. p. 20. E-book.

86 SBP. Sociedade Brasileira de Pediatria. *Cuidados paliativos pediátricos*: o que são e qual a sua importância? Cuidando da criança em todos os momentos. Documento científico, n. 1, fev. 2017. p. 5.

87 PESSINI, Leo. A filosofia dos cuidados paliativos: uma resposta diante da obstinação terapêutica. PESSINI, Leo; BERTACHINI, Luciana (Orgs.). *Humanização e cuidados paliativos.* 6. ed. São Paulo: Centro Universitário São Camilo; Edições Loyola, 2014. p. 182.

ordens psicológicas, sociais e espirituais.[88] Afirmam a vida e reconhecem que o morrer é um processo normal do viver. Não buscam antecipar nem prolongar a morte. Não almejam a cura, mas rejeitam a eutanásia. Procuram aliviar a dor e outros sintomas causadores de angústia e sofrimento, bem como oferecer um sistema de apoio para ajudar o paciente a viver com qualidade, na medida, até a ocorrência da morte. Ofertam um sistema de suporte para a família lidar com doença do paciente e com o luto.[89] Não se restringem apenas a quem é cuidado, estendendo-se também à pessoa que cuida. Além disso, a combinação e a presença de vários sintomas ao mesmo tempo impõe a necessidade de cuidados multiprofissional e interdisciplinar centralizados no doente.[90]

Não se pode olvidar que as crianças, como dito antes, são pessoas em evolução contínua, demandando, por isso, um tratamento diferenciado em relação aos adultos, tanto em função das particularidades decorrentes do crescimento como pelas peculiaridades das enfermidades que as acometem, a exemplo das doenças genéticas e raras.

A filosofia dos CCP estende-se pela infância, adolescência, até à chegada da fase adulta, acompanhando as transferências para ambulatório de clínicas em momento no qual, muitas vezes, há uma grande deterioração da saúde, fase essa nomeada de transição.[91] Pode ser desenvolvida e oferecida em qualquer ponto da rede de atenção à saúde brasileira, especialmente na atenção básica, atenção domiciliar, atenção ambulatorial, urgência e emergência e atenção hospitalar.[92]

É no propiciar melhor qualidade de vida e cuidado à criança e sua família que está assentada a base filosófica dos CCP, aliada a permissão de que as famílias possam fazer as melhores escolhas sempre que possível.[93] A criança e a família devem ser ouvidas e encorajadas a manifestarem suas decisões e desejos, caso possível.[94]

---

88 PESSINI, Leo. A filosofia dos cuidados paliativos: uma resposta diante da obstinação terapêutica. PESSINI, Leo; BERTACHINI, Luciana (Orgs.). *Humanização e cuidados paliativos*. 6. ed. São Paulo: Centro Universitário São Camilo; Edições Loyola, 2014. p. 186.

89 *Ibidem*. p. 187.

90 PEREIRA, Sandra Martins. *Cuidados paliativos*: confrontar a morte. Lisboa: Universidade Católica Editora, 2010. p. 39.

91 BARBOSA, Sílvia Maria de Macedo. Cuidados paliativos pediátricos. *In:* VELASCO, Irineu Tadeu; RIBEIRA, Sabrina Corrêa da Costa (Eds.). *Cuidados paliativos na emergência*. Barueri, SP: Manole, 2021. p. 72.

92 BRASIL. Ministério da Saúde. *Resolução MS-CIT nº 41, de 31 de outubro de 2018*. Disponível em: Resolução MS-CIT nº 41, de 31 de outubro de 2018. Acesso em: 28 jul. 2020.

93 MACNAMARA, Katrina. Bases de la atención paliativa en los niños y jóvenes. *In:* ASTUDILLO, Wilson *et al. Medicina paliativa en niños y adolescentes*. San Sebastián, España: Paliativos Sin Fronteras, 2018. pos. 927. E-book.

94 *Ibidem*. pos. 927, 937.

Registre ainda que os CPP são caracterizados por acompanhamento diferenciado, consoante a faixa etária, abrangendo todas as especialidades pediátricas,[95] e dada à evolução indeterminada de certas doenças, envolvendo episódios de complicações agudas, devem ser iniciados a partir do conhecimento da enfermidade, a fim de que sejam proporcionados maiores benefícios para a criança e sua família.[96]

Assim como os CP direcionados para adultos, os CPP objetivam amenizar a dor, o sofrimento e outros sintomas angustiantes, quando a cura da doença não mais se mostra possível. Não buscam acelerar nem postergar o falecimento, mas sim permitir que a morte ocorra no momento certo.[97] É no cuidar da pessoa, integrando os aspectos físicos, psíquicos, sociais e espirituais, não na doença, que está a essência dos CP.

O foco dos CP deve ser a pessoa (criança, adulto, idoso) e não um determinado órgão ou sistema, o que exige do profissional competência técnica na realização do controle dos sintomas e sensibilidade para uma comunicação eficiente junto aos familiares.[98]

O ser humano não deve ser observado a partir de uma visão reducionista, fragmentada, parcial. Para que suas necessidades sejam atendidas, tanto na área de saúde como noutras áreas e setores, precisa haver conjugação de todos os recursos e conhecimentos possíveis e, mais que isso, ir além do próprio conhecimento racional. O homem, a mulher, a criança, o idoso, o que está em formação e o que está morrendo, pessoas de todas as culturas são seres complexos, integrais, que não podem ser abordados apenas biologicamente ou apenas socialmente, mas devem ser respeitados em sua integralidade. E esse respeito não é apenas uma forma integral de conhecê-lo (inter e transdisciplinarmente), mas também uma forma integral de lidar com ele, levando em conta a emoção e subjetividade, cultura e espiritualidade, entre outros fatores.[99]

Perante o ser humano que está morrendo, não se pode negar a necessidade de atendê-lo em suas diversas carências. O discurso positivista, cientificista e materialista da medicina havia relegado a

[95] FRANCHE, Sandra; SCHELL, Matthias. *Soins palliatifs du nouveau-né à l'adolescent*. Moulineaux, France: Elsevier Masson, 2019. p. 17. E-book.

[96] *Ibidem*. p. 17.

[97] CORTÉS, Carlos Centeno *et al*. *Manual de medicina paliativa*. Navarra, España: Ediciones Universidad de Navarra, 2009. pos. 162. E-book.

[98] BURLÁ, Cláudia; AZEVEDO, Daniel Lima; PY, Ligia. Cuidados paliativos. *In:* DADALTO, Luciana; TEIXEIRA, Ana Carolina Brochado. *Dos hospitais aos tribunais*. Belo Horizonte: Del Rey, 2013. p. 306.

[99] INCONTRI, Dora. Equipes interdisciplinares em cuidados paliativos – religando o saber e o sentir. *In:* SANTOS, Franklin Santana (Ed.). *Cuidados paliativos*: diretrizes, humanização e alívio dos sintomas. São Paulo: Atheneu, 2011. p. 143.

morte, e de quem está em processo de experimentá-la, como algo quase fora de sua alçada.[100] Passou-se a não pensar mais na morte e a falar dela o menos possível.[101]

Em meio a esse contexto, foi estabelecido o conceito de "dor total" por Cecily Saunders, que abrange a dor física, psíquica, social e espiritual do ser humano prestes a morrer, e traz o problema da necessidade de diferentes profissões, assim como do ponto de vista da sensibilidade, emoção e engajamento existencial de quem se envolve com tal cuidado.[102] Impõe-se, dessa forma, a necessidade de assistência por uma equipe de saúde especificamente treinada para lhe dar com as situações que demandam CP, os quais devem ser aplicados continuamente com os demais tratamentos pertinentes ao caso desde a obtenção do diagnóstico.[103]

O atendimento por equipe multiprofissional é componente essencial dos CP, posto ser ela empregada nas situações em que o paciente apresenta necessidades extensas e complexas.[104] A assistência ocorre de forma integrada, envolvendo a coordenação de esforços, facilitação e identificação dos recursos disponíveis e evitamento da duplicação de gastos.[105]

Outra vantagem do uso da equipe paliativista decorre do fato de que a situação do paciente pode ser percebida de forma mais abrangente, diferentemente do que ocorre com a participação de profissionais isolados.[106]

Composta por profissionais com diferentes formações profissionais, a equipe de CP pode ser multidisciplinar ou interdisciplinar.[107]

---

100 INCONTRI, Dora. Equipes interdisciplinares em cuidados paliativos – religando o saber e o sentir. *In*: SANTOS, Franklin Santana (Ed.). *Cuidados paliativos: diretrizes, humanização e alívio dos sintomas*. São Paulo: Atheneu, 2011. p. 143.

101 MARANHÃO, José Luís de Sousa Maranhão. *O que é morte*. Tatuapé, São Paulo: Editora Brasiliense, 2017. pos. 55. E-book.

102 INCONTRI, Dora. Equipes interdisciplinares em cuidados paliativos – religando o saber e o sentir. *In:* SANTOS, Franklin Santana (Ed.). *Cuidados paliativos*: diretrizes, humanização e alívio dos sintomas. São Paulo: Atheneu, 2011. p. 143.

103 BURLÁ, Cláudia; AZEVEDO, Daniel Lima; PY, Ligia. Cuidados paliativos. *In:* DADALTO, Luciana; TEIXEIRA, Ana Carolina Brochado. *Dos hospitais aos tribunais*. Belo Horizonte: Del Rey, 2013. p. 304-305.

104 HAUGEN, *Dagny Faksvåg*; NAUCK, Friedemann; CARACENI, Augusto. The core team and the extended team. *In:* CHERNY, Nathan *et al* (Eds.). *Oxford textbook of palliative medicine*. 5th Edition. Oxford, United Kingdom: Oxford University Press, 2015. p. 139.

105 TWYCROSS, Robert. Principios básicos de medicina paliativa y cuidados paliativos. *In:* PALMA, Alejandra; TABOADA, Paulina; NERVI, Flavio (Eds.). *Medicina paliativa y cuidados continuos*. Santiago, Chile: EDICIONES UC, 2010. pos. 264-276. E-book.

106 *Ibidem*. pos. 276.

107 Na interdisciplinaridade existe interação (inter-relação) entre os profissionais, enquanto na multidisciplinariedade há mero concurso de diversos profissionais para a solução

Na equipe multidisciplinar, embora cada um dos profissionais possa fornecer informações vitais para a tomada de decisões acerca do tratamento, estas somente são tomadas pelo médico ou a enfermeira. Quando a decisão for comum à toda equipe, exige-se uma abordagem interdisciplinar.[108]

Uma equipe multiprofissional em CP pode variar conforme as profissões e a quantidade de pessoas. O núcleo básico é constituído de um médico paliativista que, como chefe da equipe de saúde, é possuidor de autonomia para escolher o tratamento adequado para o paciente,[109] e de uma enfermeira especializada, podendo chegar a um total de mais de 15 pessoas, incluindo arteterapeutas e musicoterapeutas, responsáveis pelos cuidados da sensibilidade do doente; assistentes sociais, que se encarregam de cuidar das necessidades materiais, familiares e institucionais do paciente; cuidadores pastorais ou espirituais, responsáveis pela religião ou espiritualidade do enfermo e familiares; educadores, incumbidos de tomarem conta das crianças e adolescentes por meio de atividades pedagógicas, lúdicas, propondo biblioterapia, jogos, dialogando com pacientes e familiares; enfermeiros, que acompanham cada passo do processo de adoecimento e morte, com o encargo de aliviar, higienizar, proporcionar conforto físico e empatia; fisioterapeutas, aos quais cabe cuidar da qualidade de vida dos pacientes, mantendo o movimento, o conforto físico e o máximo de aproveitamento das funções motoras; médicos, que permanecem, necessariamente, do início (diagnóstico) ao fim dos cuidados (morte); nutricionista, que propiciam qualidade de vida, orientando a alimentação adequada ao estado de saúde ou estágio da doença, sem desconsiderar os gostos pessoais e razoáveis de cada um; psicólogos, encarregados de cuidar da dor psíquica dos doentes e familiares, atuando como confidente de conflitos e ansiedades, questionamentos existenciais, manifestações emotivas de revolta, descrença ou depressão; psiquiatras, aos quais competem tratar da saúde mental dos pacientes, observando possíveis manifestações de depressão, delírio ou outros distúrbios psíquicos,

---

de um problema (CORTÉS, Carlos Centeno *et al. Manual de medicina paliativa.* Burañáin (Navarra): EUNSA, 2015. pos. 6014-6024).

108 HAUGEN, Dagny Faksvåg; NAUCK, Friedemann; CARACENI, Augusto. The core team and the extended team. In: CHERNY, Nathan *et al* (Eds). *Oxford textbook of palliative medicine.* 5th Edition. Oxford, United Kingdom: Oxford University Press, 2015. p. 139.

109 HUPFFER, Haide Maria; BINEMANN, Cleice. Autonomia da relação médico-paciente sob o aspecto dos cuidados paliativos: um estudo nos códigos de conduta médica do Brasil e Portugal. *In: Revista prâksis,* Novo Hamburgo, a. 16, n. 2, maio/ago. 2019. p. 345.

preexistentes ou adquiridos ao longo do tratamento; e voluntários, pessoas experientes que possam contribuir sob a supervisão da equipe de cuidados paliativos.[110]

Tratando-se de CPP, em meio aos profissionais, assume especial destaque o pediatra, a quem compete, independentemente da fase da vida da criança, reconhecer e iniciar o tratamento, ainda que os problemas relacionados a doenças como o câncer, doença cardíaca congênita, fibrose cística e outras doenças com risco de vida possam ser tratadas pelo subespecialista, cuja tarefa consiste na determinação das opções de tratamento com intenção curativa. Com isso, o pediatra assume uma posição para discutir as decisões em um contexto mais amplo, cabendo-lhe manter um papel central na avalição do sofrimento físico, psíquico, espiritual e social, bem como na necessidade de intervenções por meio de cuidados paliativos. O pediatra deve também se mostrar capaz de facilitar a tomada de decisões e o planejamento de cuidados futuros; antecipar, avaliar e gerenciar com eficiência os sintomas da criança; fornecer cuidados de luto na linha de frente para a família; e avaliar quando o sofrimento requer encaminhamento para o especialista.[111]

Além da colaboração dos profissionais no atendimento das necessidades da criança enferma, a equipe de CPP também depende do auxílio de pais, avós, irmãos, colegas e professores, devendo acompanhar a criança e a família durante o curso da doença e no decorrer do luto.[112]

Não se pode olvidar, ainda, que a abordagem de uma equipe de CP (e de CPP) deve incluir aspectos físicos (controle de sintomas), psicológicos, sociais e espirituais, levando em conta questões éticas, processos de decisão compartilhada, planejamento avançado do cuidado, assistência no final da vida e suporte ao luto familiar.[113] Deve ter em vista o controle dos sintomas e a melhora na qualidade de vida do paciente.[114] Havendo falha da equipe, aliada à existência da causa

---

110 INCONTRI, Dora. Equipes interdisciplinares em cuidados paliativos – religando o saber e o sentir. *In:* SANTOS, Franklin Santana (Ed.). *Cuidados paliativos*: diretrizes, humanização e alívio dos sintomas. São Paulo: Atheneu, 2011. p. 144-145.

111 KLICK, Jeffrey C.; HAUER, Julie. Pediatric palliative care. *Curr probl pediatr adolesc health care*, July 2010. p. 126.

112 PAPADATOU, Danai; BLEUBOND-LANGER, Myra; GOLDMAN, Ann. The team. *In:* WOLFE, Joanne; HINDS, Pamela; SOURKES, Barbara. *Textbook of interdisciplinary pediatric palliative care*. Philadelphia, PA. 2011. p. 55.

113 SBP. Sociedade Brasileira de Pediatria. *Cuidados paliativos pediátricos*: o que são e qual a sua importância? Cuidando da criança em todos os momentos. Documento científico, n. 1, fev. 2017. p. 3.

114 TACHIZAWA, Takeshy *et al*. *Cuidados paliativos*: a pessoa, o cuidado e o cuidador. Cascavel: EITOR – OSNI HOSS, 2021. p. 16. E-book.

e do dano, resta configurada a responsabilidade civil, como já têm decidido os tribunais pátrios.[115]

Convém notar, outrossim, que os CP apoiam-se "em conhecimento científico inerente a várias especialidades e possibilidades de intervenção clínica e terapêutica nas diversas áreas de conhecimento da ciência médica". No entanto, o trabalho da equipe paliativista é pautado em princípios, que podem ser invocados em qualquer das atividades desenvolvidas.[116]

Nesse enfoque, têm-se os seguintes princípios básicos norteadores dos CPP:[117] a) o cuidado é centrado na criança, na família e no relacionamento; b) o cuidado tem como foco o alívio do sofrimento e na melhoria da qualidade vida da criança e da família; c) todas as crianças que sofrem de doenças crônicas,[118] com risco de vida e terminais são elegíveis; d) o cuidado é prestado à criança como um indivíduo único e à família como unidade funcional; e) os cuidados paliativos são incorporados à corrente principal dos cuidados médicos, independentemente da intenção terapêutica da terapia; f) o cuidado não visa encurtar a vida;

[115] EMENTA: APELAÇÃO CÍVEL – AÇÃO DE REPARAÇÃO DE DANOS – PLANO DE SAÚDE – CUIDADOS PALIATIVOS – PACIENTE EM ESTÁGIO TERMINAL– FALHA NA PRESTAÇÃO DO SERVIÇO – COMPROVAÇÃO – DANOS MORAIS – SENTENÇA REFORMADA. – A responsabilidade dos fornecedores, segundo o CDC (art. 14), é objetiva. Portanto, independentemente da culpa dos fornecedores, eles respondem pelos danos causados aos consumidores, em razão de defeitos nos serviços que prestam. – Tratando-se plano de saúde, a interpretação sobre a cobertura ou não de determinado procedimento, exame ou tratamento deve ser realizada à luz do Código de Defesa do Consumidor. – A falha na prestação de serviço em paciente em estado terminal é motivo para fixação de dano moral aos seus familiares. – Dano moral é o que atinge o ofendido como pessoa, não lesando o seu patrimônio. – A indenização pelo dano moral possui caráter punitivo, para que o causador do dano, diante de sua condenação, se sinta castigado pela ofensa que praticou; possui também caráter compensatório, para que a vítima receba valor que lhe proporcione satisfação como contrapartida do mal sofrido. – A quantificação da indenização pelo dano moral requer: (1) capacidade/possibilidade do que indeniza, pois este não pode ser levado à ruína, e (2) suficiência ao que é indenizado, pela satisfação diante da compensação obtida, sem que ocorra enriquecimento ilícito ou exploração do Poder Judiciário como nascedouro de proventos. (BRASIL. TJMG. *Apelação Cível nº 1.0000.19.050415-9/001*, Rel. Des. Ramon Tácio, 16ª Câmara Cível, julgamento em 07.11.2019, publicação da súmula em 08.11.2019).

[116] MACIEL, Maria Goretti Sales. Definições e princípios. *In:* OLIVEIRA, Reinaldo Ayer de (Coord.). *Cuidado paliativo.* São Paulo: Conselho Regional de Medicina do Estado de São Paulo, 2008. p. 19.

[117] HIMELSTEIN, Bruce P. Palliative care for infants, children, adolescents, and their families. *Journal of palliative medicine.* Volume 9, Number 1, 2006. p. 163.

[118] Conforme já visto quando da abordagem da definição, a concepção atual é de que os cuidados paliativos são direcionados a doenças ameaçadoras da vida ou potencialmente fatais, abrangendo, portanto, também as doenças agudas, não se atendo somente às doenças crônicas ou terminais.

g) o atendimento é coordenado em todos os locais de atendimento; h) o cuidado é direcionado a um objetivo e é consistente com as crenças e valores da criança e seus cuidadores; i) uma equipe interdisciplinar está sempre à disposição das famílias para dar continuidade; j) a defesa da participação da criança e dos cuidadores na tomada de decisões é fundamental; k) a facilitação e documentação da comunicação são tarefas críticas da equipe; l) cuidados necessários e apoio são essenciais para famílias e cuidadores; m) cuidados de luto devem ser fornecidos pelo tempo necessário; o) ordens de não ressuscitar não devem ser exigidas; e p) o prognóstico de sobrevida em curto prazo não é necessário.

Tal qual ocorre em relação aos adultos, os cuidados paliativos voltados para a infância devem oferecer atenção centrada na criança, cabendo à equipe proporcionar meios para que ela dê o melhor de si, de acordo com sua personalidade, família, cultura, crenças, idade, doença, sintomas, ansiedades e medos. A flexibilidade, que permite uma assistência individualizada, evidencia-se como uma prioridade, mediante a necessidade de saber-se em que contexto a criança doente está inserida física, psicológica, social, espiritual e culturalmente, dado inexistir paciente pediátrico típico.[119] Além disso, não se pode desconsiderar o efeito extraordinário provocado pelo diagnóstico de uma doença (aguda ou crônica) em criança, impondo mudança com um enorme impacto sobre a família.[120] No mais, tomar tempo para construir relacionamento e entender a criança e a família estabelece confiança, o que é essencial para possibilitar o cuidado ideal e promover a tomada de decisão clínica informada e eficaz.[121]

É no cuidar, visando o bem-estar, o alívio do sofrimento e a melhoria da qualidade de vida da criança e da família que reside o objetivo primordial dos CP. Cuidar esse que, além de incluir o controle de sintomas (medidas de alívio), define o local em que serão prestados[122]

---

119 TWYCROSS, Robert. Principios básicos de medicina paliativa y cuidados paliativos. *In:* PALMA, Alejandra; TABOADA, Paulina; NERVI, Flavio (Eds.). *Medicina paliativa y cuidados continuos*. Santiago, Chile: EDICIONES UC, 2010. pos. 256. E-book.

120 STEWART, Moira *et al. Medicina centrada na pessoa*: transformando o método clínico. Tradução de Anelise Burmeister, Sandra Maria Mallmann da Rosa; revisão técnica de José Mauro Ceratti Lopes. 3. ed. Porto Alegre: Artmed, 2017. e-PUB.

121 LEVETOWN, Marcia; MEYER, Elaine C.; GRAY, Dianne. Communication skills and relational abilities. *In:* CARTER, Brian S.; LEVETOWN, Marcia; FIEBERT, Sarah E. (Eds.). *Palliative care for infants, children, and adolescents*: a practical handbook. 2. ed. Baltimore: The Johns Hopkins University Press, 2011. p. 171. E-book.

122 Domicílio, hospitais ou serviços de cuidados paliativos.

e quem[123] efetuará os cuidados.[124] Para tanto, exige-se conhecimento específico para a prescrição de medicamentos, emprego de medidas não farmacológicas e a abordagem dos aspectos psíquicos, sociais e culturais.[125]

Além de serem centrados na criança, os CPP devem ter como principal objetivo a melhoria da qualidade de vida por meio do alívio dos sintomas físicos, psíquicos, sociais e espirituais da criança possuidora de doença que ponha em risco a vida e de sua família, podendo ser aplicados em qualquer estágio da enfermidade, inclusive junto com o tratamento curativo.[126] Abrangem também as complexas necessidades decorrentes da falta de esperança de cura ou da incerteza do prognóstico.[127]

Não se pode esquecer que é elegível para os CPP não somente a criança com doença crônica ou terminal, mas também a acometida de qualquer enfermidade ameaçadora da vida,[128],[129] inclusive a que

---

[123] Família ou equipe.

[124] BARBOSA, Silvia Maria de Macedo; HIRSCHHEIMER, Mário Roberto. Cuidados paliativos à criança e ao adolescente. *In:* CONSTANTINO, Clóvis Francisco; BARROS, João Coriolano Rego; HIRSCHHRIMER, Mário Roberto (Eds.). *Cuidando de crianças e adolescentes sob o olhar da ética e da bioética*. São Paulo: Editora Atheneu, 2009. p. 116.

[125] MATSUMOTO, Dalva Yukie. Cuidados paliativos: conceito, fundamentos e princípios. *In: Manual de cuidados paliativos*. Rio de Janeiro: Diagraphic, 2009. p. 16.

[126] BARBOSA, Sílvia Maria de Macedo; ZOBOLI, Ivete. Cuidados paliativos na terapia intensiva pediátrica. *In:* SCHVARTSMAN, Benita G. Soares; MALUF JR., Paulo Taufi; CARNEIRO-SAMPAIO, Magda (Eds.); CARVALHO, Werther Brunow de *et al*. *Terapia intensiva*. 2. ed., rev. e atual. Barueri: Manole. pos. 4152. E-book.

[127] GABRIELE MUÑIZ, Govanna. Cuidados paliativos em pediatria. *In:* ASTUDILLO, Wilson *et al.* (Eds.). *Medicina paliativa en niños y adolescentes*. San Sebastián – España: Paliativos Sin Fronteras, 2018. pos. 638. E-book.

[128] SBP. Sociedade Brasileira de Pediatria. *Cuidados paliativos pediátricos*: o que são e qual a sua importância? Cuidando da criança em todos os momentos. Documento científico, n. 1, fev. 2017. p. 2.

[129] Agravo de Instrumento. Tutela de urgência. Plano de saúde. Criança portadora de paralisia cerebral não progressiva da infância, do tipo quadriplégico com severo comprometimento motor e grave atraso global do desenvolvimento neuropsicomotor - não sustenta a cabeça e não fica sentada sem apoio; não engatinha e não desenvolveu a fala ou a linguagem, só se alimentando de líquido e pastoso. Decisão que deferiu a tutela para determinar que a ré preste assistência de fisioterapia e fonoaudiologia de forma mais ampla, conforme indicado nos laudos médicos (métodos Bobath, Pediasuit, PADOVAN, PNF Kabat, RTA, FES, Kinesiotaping e terapia crânio sacral). Alegação de ausência de previsão pela ANS. Rol de procedimentos elencados na Resolução Normativa da ANS que constitui apenas referência básica para a cobertura assistencial mínima obrigatória. Rol não limitativo aos procedimentos que possam ser oferecidos aos consumidores pelas respectivas operadoras. Súmulas 210, 211 e 340 deste TJRJ. Modalidades de terapia que visam à melhoria de qualidade de vida da criança. O conjunto de atividades prescritos trata-se de cuidados paliativos, o que demonstra a humanização do tratamento médico, cabendo à equipe médica que a acompanha avaliar a continuidade

se encontre na fase aguda da enfermidade. A assistência conferida à criança submetida ao tratamento deve ser ampla, integral e prioritária (art. 196, CF/88).

Os CPP são direcionados a crianças de todas as idades com doenças crônicas complexas (duração de pelo menos um ano)[130] ou incuráveis, bem como doenças terminais.[131] Esses cuidados podem coexistir com as intervenções que buscam a cura ou estabilização da doença com o prolongamento da vida.[132]

Cada criança constitui um indivíduo único, diferindo uma das outras em gênero, altura, peso, aparência física, saúde, nível de energia, temperamento, personalidade e reações emocionais. Suas vidas também se diferenciam conforme o lar, a comunidade e sociedade em que vivem, os relacionamentos, as escolas que frequentam e o uso que fazem do tempo livre.[133] Sendo, pois, um ser único, deve ser levado em consideração as particularidades da criança submetida à prestação de CPP, observando-se, dentre outros, suas necessidades, desejos e valores. Já a família deve ser tratada como uma unidade funcional, a qual é caracterizada não pela inexistência de problemas – que são muitos nas situações que envolvem criança com doença crônica ou terminal,[134] mas sim pela capacidade de resolvê-los conjuntamente,[135] posto que as famílias podem ser muito diferentes em função de sua experiência e capacidade no controle de uma enfermidade, em que pese a evidência de que são capazes de um controle adequado na adversidade.[136]

A assistência em saúde normalmente é prestada por meio da medicina preventiva e da medicina curativa. Entretanto, nem sempre

---

de todos ou de alguns desses métodos. Súmula 59 do TJRJ. Manutenção da decisão. NEGADO PROVIMENTO AO RECURSO, na forma do art. 932, IV, a do CPC. (TJ-RJ – AI: 00509854120188190000, Relator: Des(a). MARIA AGLAE TEDESCO VILARDO, Data de Julgamento: 14.05.2019, VIGÉSIMA PRIMEIRA CÂMARA CÍVEL).

130 GARROS, Daniel; CRUZ, Címtia Tavares. Cuidados paliativos e o fim da vida em unidade de terapia intensiva pediátrica. *In:* RUBIO, Andreza Viviane; SOUZA, Jussara de Lima e (Eds.). *Cuidado paliativo pediátrico e perinatal*. Rio de Janeiro: Atheneu, 2019. p. 336.

131 Assim como as doenças agudas ameaçadoras da vida.

132 BARBOSA, Sílvia Maria de Macedo; LECUSSAN, Pilar; OLIVEIRA, Felipe Folco Telles de. Pediatria. *In:* OLIVEIRA, Reinaldo Ayer de. *Cuidado paliativo*. São Paulo: Conselho Regional de Medicina do Estado de São Paulo, 2008. p. 131.

133 MARTORELL, Gabriela; PAPALIA, Diane E.; FELDMAN, Ruth Duskin. Tradução de M. Pinho; revisão técnica de Denise Ruschel Bandeira. *O mundo da criança*: da infância à adolescência. 13. ed. Porto Alegre: AMGH, 2020. p. 9. E-book.

134 A aguda que a ponha em risco a vida também.

135 ROLLAND, John S. *Familias, enfermidad y discapacidad*: una propuesta desde la terapia sistémica. Barcelona: Editorial Gedisa, 2000. p. 108.

136 *Ibidem*. p. 118.

é possível prevenir e tampouco curar, embora se faça necessário dar uma resposta ao paciente, mesmo que acometido de doença incurável ou terminal.[137] Os cuidados médicos não devem se ocupar apenas com a prevenção ou cura, mas também com o bem-estar, o alívio e o sofrimento quando a cura não se mostre possível, mediante os cuidados paliativos (medicina paliativa), independentemente da abordagem terapêutica adotada.

Nesse passo, convém salientar que estas três facetas da medicina (preventiva, curativa e paliativa) não se contrapõem entre si, mas sim se complementam. Inicialmente, deve-se envidar esforços no sentido de prevenir a doença. Esta, uma vez instalada, deve ser objeto de cura. Não sendo mais possível a cura, há de se buscar o bem-estar do paciente,[138] ainda mais tratando de criança, dada à sua condição de vulnerabilidade.

Igualmente como ocorre com os adultos, os CPP não visam abreviar a vida da criança e tampouco prolongar a ocorrência da morte, mas sim proporcionar-lhe bem-estar por meio de conforto físico, psíquico e espiritual.[139] Os médicos não são obrigados a dar seguimento a tratamentos considerados fúteis e onerosos em excesso para o paciente, sendo a este assegurado o direito de recusa.[140]

O atendimento deve ser coordenado em todos os locais de prestação, de forma a compreender as necessidades da criança e de sua família, mediante uma abordagem dos sintomas físicos, psíquicos, sociais e espirituais, devendo-se verificar, também, a disponibilidade de atendimento para a criança e sua família, a fim de que não ocorram problemas de acesso especializado aos CP.[141]

O cuidado deve ter como objetivo o bem-estar da criança gravemente enferma. É necessário que a atenção oferecida seja personalizada, com a equipe procurando fazer com que ela dê o melhor de si, conforme sua personalidade, sua família (ou seus cuidadores), suas crenças, sua enfermidade, seus sintomas, suas ansiedades e seus temores.

---

137 CORTÉS, Carlos Centeno *et al. Manual de medicina paliativa.* Burañáin (Navarra): EUNSA, 2015. pos. 116. E-book.

138 *Ibidem.* pos. 133. E-book.

139 PESSINI, Leo; BERTACHINI, Luciana. *O que entender por cuidados paliativos*? São Paulo: Paulus, 2006. p. 24.

140 A recusa de tratamento por parte de paciente criança, por envolver manifestação de vontade, somente se mostra possível conforme a idade, maturidade e discernimento.

141 BARBOSA, Sílvia Maria de Macedo. Cuidados paliativos pediátricos. *In:* VELASCO, Irineu Tadeu; RIBEIRA, Sabrina Corrêa da Costa (Eds.). *Cuidados paliativos na emergência.* Barueri, SP: Manole, 2021. p. 76.

A flexibilidade se faz essencial, a fim de que se saiba como encontrar o paciente, levando em conta os aspectos físico, psicológico, social, espiritual e cultural, posto inexistir doente crônico ou terminal típico.[142]

Em sendo a criança um ser em desenvolvimento, com direito à proteção integral por parte do Estado, especialmente quando doente, incumbe aos sistemas de saúde, em seus diversos níveis de complexidade, o dever de dispor de equipe interdisciplinar composta por profissionais de diferentes áreas, que oferte CPP de forma integrada e com competência técnica. A equipe deve assumir a responsabilidade pelo acompanhamento da evolução e do prognóstico do paciente nas unidades de internação ou nas visitas domiciliares,[143] ficando sempre à disposição da família.

Mister se faz ressaltar que é de fundamental importância a participação da criança na tomada de decisões em CPP, sendo-lhe proporcionado os meios necessários para que ela se manifeste por si mesma, em conformidade com a maturidade e o discernimento. A tomada de decisões pela família ou cuidadores mostra-se cabível nas situações em que a criança não pode manifestar sua vontade ante a inexistência de maturidade e a ausência ou insuficiência de discernimento. Não compete a uma pessoa a responsabilidade pelas decisões no que concerne à vida e ao corpo de outrem, exceto quando houver previsões normativas.[144] A realização de qualquer procedimento médico sem que seja considerada a vontade da criança possuidora de maturidade e discernimento afronta os princípios da dignidade humana e do melhor interesse da criança,[145] posto que esta deve seu ouvida nos assuntos que lhes digam respeito.

Os CPP não se restringem somente ao atendimento técnico, fazendo-se necessário também que haja uma boa comunicação entre cuidadores, pais e a própria criança. A comunicação deve dar importância o que significa conversar com a criança sobre conceitos como

---

142 TWYCROSS, Robert. Principios básicos de medicina paliativa y cuidados paliativos. *In:* PALMA, Alejandra; TABOADA, Paulina; NERVI, Flavio (Eds.). *Medicina paliativa y cuidados continuos*. Santiago, Chile: EDICIONES UC, 2010. pos. 256. E-book.

143 PINHO, Amanda Andrade Aguiar de *et al*. Repercussão dos cuidados paliativos pediátricos: revisão integrativa. *Rev. bioét.* (Impr.), v. 28, n. 4, p. 711, 2020.

144 CEDRAZ, Suzana Oliveira; SALGADO, Victória Gabriela Brito; LOPES, Liliane Nunes Mendes. My sister´s keeper: a autonomia da vontade de crianças e adolescentes sobre a vida e o corpo e os limites da autoridade parental. *Sitientibus*, Feira de Santana, n. 62, p. 10, jan./jul. 2020.

145 *Ibidem*. p. 14.

doença grave, sofrimento e morte.[146] É importante o que se diz e como se diz,[147] com as explicações sendo dadas de forma a serem compreendidas tanto pelo paciente como pela família.[148]

Uma boa comunicação faz com que a criança se sinta segura e com menos temores, além de ajudar seu envolvimento com o próprio tratamento, posto que a falta de informação pode levar a criança a criar fantasias diante de um ambiente que se apresenta modificado, diferente de sua rotina habitual.[149]

É de se verificar que, no ambiente pediátrico, existe a necessidade de se avaliar o desejo e a capacidade em desenvolvimento e em constante mudança da criança para que as informações clinicamente importantes sejam aprendidas.[150]

Não é apenas a criança que necessita de cuidados continuados, mas também sua família,[151] e durante todo o curso da enfermidade,[152] visto que o processo de adoecimento envolve toda a família que, por sofrer junto da criança, deve ser acolhida pela equipe[153] como parte integrante[154] dos CP. Uma família satisfeita, além de aumentar as possibilidades de satisfação do doente (pediátrico),[155] contribui com sua participação de maneira mais efetiva na abordagem terapêutica.

---

[146] FRANCHE, Sandra; SCHELL, Matthias. *Soins palliatifs du nouveau-né à l'adolescent*. Moulineaux, France: Elsevier Masson, 2019. p. 173. E-book.

[147] BIFULCO, Vera Anita; CAPONERO, Ricardo. *Cuidados paliativos*: conversas sobre a vida e a morte na saúde. Barueri, SP: Manole, 2016. p. 109.

[148] CORTÉS, Carlos Centeno *et al. Manual de medicina paliativa*. Burañáin (Navarra): EUNSA, 2015. pos. 616-625. E-book.

[149] ROSSA, Paola. Comunicação em cuidados paliativos pediátricos. *In:* CARVALHO, Ricardo. T. *et al.* (Eds.). *Manual de residência de cuidados paliativos*: abordagem multidisciplinar. Barueri: Manole, 2018. p. 56.

[150] LEVETOWN, Marcia; MEYER, Elaine C.; GRAY, Dianne. Communication skills and relational abilities. *In:* CARTER, Brian S.; LEVETOWN, Marcia; FIEBERT, Sarah E. (Eds.). *Palliative care for infants, children, and adolescents*: a practical handbook. 2. ed. Baltimore: The Johns Hopkins University Press, 2011. p. 170. E-book.

[151] KOVÁCS, Maria Julia. Cuidando do cuidador profissional. *In:* OLIVEIRA, Reinaldo Ayer de (Coord.). *Cuidado paliativo.* São Paulo: Conselho Regional de Medicina do Estado de São Paulo, 2008. p. 95.

[152] WHO. World Health Organization. *Integrating palliative care and symptom relief into pediatrics:* a WHO guide for health care planners, implementers and managers. Geneva: World Health Organization, 2018. p. 5.

[153] CALASANS, Maria Thais de Andrade; AMARAL, Juliana Bezerra do. A enfermagem e os cuidados paliativos pediátricos. *In:* SILVA, Rudval Souza da; AMARAL, Juliana Bezerra do; MALAGUTTI, William. *Enfermagem em cuidados paliativos*: cuidando para uma boa morte. 2. ed. São Paulo: Martinari, 2019. p. 189.

[154] TWYCROSS, Robert. *Cuidados paliativos*. 2. ed. Tradução de José Nunes de Almeida. Lisboa: Climepsi Editores, 2003. p. 54.

[155] *Ibidem*. p. 54.

Os profissionais de saúde igualmente necessitam de cuidados quando têm em seu cotidiano o tratamento de pacientes gravemente enfermos, sobretudo crianças, dado se encontrarem envolvidos em situações de estresse prolongado e de convivência com dor, sofrimento, impotência,[156] angústia, dificuldades para responder pacientes e familiares, mortes repetidas e o desconforto pessoal ante o sofrimento e a morte.[157]

Não é somente a doença que coloca o indivíduo em situação de vulnerabilidade, mas também o luto, o qual pode ocorrer em relação ao funcionamento da família, cujo cuidado deve ter como escopo a obtenção e o compartilhamento do reconhecimento da realidade da morte, o repartimento da perda, colocando-a em contexto e a reorganização do sistema familiar.[158]

O plano de cuidados no luto é dirigido pelos próprios membros da família, com a equipe se portando como guia e prestando apoio[159] ao processo de adaptação a uma realidade de vida diferente da existente antes da doença.[160] O luto associado à morte de uma criança começa antes mesmo de sua efetiva ocorrência, posto que os pais e demais membros da família antecipam e vivenciam a morte da criança, e continua mesmo após a morte.[161]

A morte de um filho é especialmente dolorosa e possivelmente uma das maiores perdas que se pode sofrer,[162] ainda mais quando se trata de criança que depende dos pais para as atividades de sustentação da vida (alimentação e proteção), com os cuidados paliativos tendo

---

156 KOVÁCS, Maria Julia. Cuidando do cuidador profissional. *In:* OLIVEIRA, Reinaldo Ayer de (Coord.). *Cuidado paliativo.* São Paulo: Conselho Regional de Medicina do Estado de São Paulo, 2008. p. 96.

157 VERRI, Edna Regina *et al.* Profissionais de enfermagem: compreensão sobre cuidados paliativos pediátricos. *Revista de enfermagem UFPE on line*, Recife, v. 13, n. 1, p. 131, jan. 2019.

158 FRANCO, Maria Helena Pereira. Luto em cuidados paliativos. *In:* OLIVEIRA, Reinaldo Ayer de (Coord.). *Cuidado paliativo.* São Paulo: Conselho Regional de Medicina do Estado de São Paulo, 2008. p. 566.

159 ORLOFF, Stacy F. *et al.* Bereavement. *In:* CARTER, Brian S.; LEVETOWN, Marcia; FRIEBERT, Sarah E. (Eds.). *Palliative care for infants, children, and adolescents: a practical handbook.* 2 nd. Baltimore: The Johns Hopkins University Press, 2011. p. 276. E-book.

160 RICOU, Miguel. Luto. *In:* NUNES, Rui; REGO, Francisca; REGO, Guilhermina (Coords.). *Enciclopédia luso-brasileira de cuidados paliativos.* Coimbra: Almedina, 2018. p. 367-369.

161 LIMBO, Rana; DAVIES, Betty. Grief and bereavement in pediatric palliative care. *In:* FERREL, Betty R. (Ed.). *Pediatric palliative care.* New York: Oxford University Press, 2016. p. 121.

162 BARROS, Elizabeth Nunes de. A proximidade da morte e do luto. *In:* KARASHIMA, Andrea Y. *et al. Cuidados paliativos em oncologia pediátrica*: o cuidar além do curar. 2. ed. São Paulo: Lemar & Goi, 2021. p. 335.

dentre seus objetivos a preparação da família, apoiando-lhe para que encontre uma maneira para que a morte ocorra de modo a refletir seus objetivos, valores, práticas culturais, crenças religiosas e espirituais.[163] Além dos pais, irmãos, avós, e as demais pessoas que fizeram parte da vida da criança precisam de apoio informado dos profissionais de saúde enquanto sofrem.[164]

Como anteriormente destacado, o aumento de locais possuidores de tecnologias avançadas e adequados para tratamento mais eficazes – as Unidades de Tratamento Intensivo Pediátrico (UTIP) – levou à alteração da evolução de diversas doenças, permitindo a sobrevivência de crianças consideradas inviáveis e que morriam de forma precoce.[165] Encontrando-se a criança em condição clínica grave e com iminente risco de morte, deve ela ser encaminhada à UTIP, onde uma equipe multiprofissional especializada em cuidados intensivos se encarregará de fornecer-lhe suporte enquanto se recupera, e não simplesmente para o prolongamento da vida em condições adversas.[166]

Em muitas ocasiões, a utilização das medidas de suporte nas UTIP mostra-se inapropriada, dado ser pautada no modelo de cuidado voltado para a doença e não para as necessidades do doente,[167] tendo a cura como o objetivo a ser alcançado, sem que seja levado em consideração o estado do paciente.

Não sendo mais possível a cura, deve-se buscar o uso de medidas que visem ao conforto e ao alívio do sofrimento, mediante a adoção de conduta precedida de ampla discussão e consenso dentro da equipe, e de comum acordo com o paciente[168] ou seu representante legal, figurando,

---

[163] ORLOFF, Stacy F. *et al.* Bereavement. *In:* CARTER, Brian S.; LEVETOWN, Marcia; FRIEBERT, Sarah E. (Eds.). *Palliative care for infants, children, and adolescents: a practical handbook*. 2 nd. Baltimore: The Johns Hopkins University Press, 2011. p. 275. E-book.

[164] *Ibidem*. p. 276.

[165] LAGO, Patrícia; PIVA, Jefferson. Cuidados paliativos em UTIs pediátricas. *In:* MORITZ, Rachel Duarte (Org.). *Cuidados paliativos nas unidades de terapia intensiva*. São Paulo: Editora Atheneu, 2012. p. 71.

[166] LOPES, Marcos Thomazin. Admissão e monitorização do paciente pediátrico grave. *In:* LOPES, Marcos Thomazin; TOMA, Edi; MAIA, Magda Maria (Eds.). *Cuidados intensivos pediátricos*. Rio de Janeiro: Atheneu, 2019. p. 1.

[167] BARBOSA, Silvia Maria de Macedo; HIRSCHHEIMER, Mário Roberto. Cuidados paliativos à criança e ao adolescente. *In:* CONSTANTINO, Clóvis Francisco; BARROS, João Coriolano Rego; HIRSCHHRIMER, Mário Roberto (Eds.). *Cuidando de crianças e adolescentes sob o olhar da ética e da bioética*. São Paulo: Editora Atheneu, 2009. p. 117.

[168] A criança deve ter sua vontade considerada conforme a maturidade e o discernimento, ou seja, conforme a autonomia progressiva. Sendo esta inexistente, cabe aos pais ou representante suprir a vontade.

dentre outras, a ordem de não reanimação[169] (ordem de não ressuscitação), permitindo que a morte ocorra de causa natural da doença.

Convém dizer que as ordens de não ressuscitação não implicam abandono aos cuidados necessários à criança doente. O que ocorre é que, à medida que é considerada um paciente incurável, os recursos terapêuticos ordinários (destinados ao "cuidado") passam a se sobrepor aos extraordinários (destinados à "cura").[170]

Outro ponto a ser observado é que não se faz necessário o estabelecimento de prognóstico de sobrevida em curto prazo para que os CPP sejam aplicados, visto que o prestamento deve ocorrer conforme haja a necessidade de alívio do sofrimento da criança gravemente enferma e sua família, a fim de que sejam eles proporcionados qualidade de vida.[171]

As medidas paliativas não devem ser mais aplicadas somente nos momentos imediatos à morte, como anteriormente se pensava, mas desde o recebimento do diagnóstico da enfermidade, devendo ser implementadas progressivamente e ajustadas de acordo com as necessidades impostas pela doença e o tratamento (evolução, complicações, limitações),[172] bem como as necessidades de cada criança e suas famílias.[173] Dessarte, deve-se compreender que os CPP são direcionados não somente à criança com doença em estágio terminal, mas também às situações que envolvem doenças crônicas progressivas e enfermidades agudas refratárias à terapêutica.[174]

1.4 Covid-19 e cuidados paliativos pediátricos

Doenças infecciosas de origem animal (zoonoses) têm aparecido em diferentes épocas ao longo da história da humanidade,[175] alastrando-se

---

169 KIPPER, Délio José; PIVA, Jefferson Pedro. Dilemas éticos e legais em pacientes pediátricos. *J Pediatr (Rio J)*, n.74, v. 4, p. 262, 1998.

170 PITHAN, Lívia Haygert. *A dignidade humana como fundamento jurídico das "ordens de não-ressuscitação" hospitalares*. Porto Alegre: EDIPUCRS, 2004. p. 40.

171 D'ALASSANDRO, Maria Perez Soares; PIRES, Carina Tischler; FORTE, Daniel Neves *et al*. *Manual de cuidados paliativos*. São Paulo: Hospital Sírio-Libanês; Ministério da Saúde, 2020.p. 17.

172 SBP. Sociedade Brasileira de Pediatria. *Cuidados paliativos pediátricos*: o que são e qual a sua importância? Cuidando da criança em todos os momentos. Documento científico, n. 1, fev. 2017. p. 3.

173 CERQUEIRA, Manuela. Cuidados paliativos pediátricos. *In:* NUNES, Rui; REGO, Francisca; REGO, Guilhermina (Coord.). *Enciclopédia luso-brasileira de cuidados paliativos*. Coimbra: Almedina, 2018. p. 181.

174 SBP. Sociedade Brasileira de Pediatria. *Cuidados paliativos pediátricos*: o que são e qual a sua importância? Cuidando da criança em todos os momentos. Documento científico, n. 1, fev. 2017. p. 3.

175 É de se mencionar, à propósito, as pestes Ateniense, Antonina e Justiniana. A peste Ateniense, documentada entre 430-411 a.C., atingiu a cidade de Atenas quando do conflito com

entre os seres humanos e ocasionando, não raras vezes, centena de milhares ou até mesmo milhões de mortes.

Uma das mais letais, a peste negra (peste bubônica), ocorreu entre os anos de 1348 e 1361, deixando vítimas na Europa, Ásia e África. Causada por uma bactéria encontrada em pulgas de ratos contaminados (*Yersinia pestis*), provocou a morte de 75 a 200 milhões de pessoas, ou aproximadamente um quarto da população,[176] com um grau de mortalidade de 60% considerado como "normal", e registro de 90% em algumas epidemias.[177]

No início do século XX, no ano de 1918, foi relatado oficialmente o primeiro caso de uma doença que acometeu um cozinheiro da base militar Camp Fuston, no estado do Kansas, Estados Unidos, chamado Albert Gitchell, e que veio a morrer em 04 de março.[178] Decorrente do surgimento de um novo vírus influenza, a enfermidade provocava uma gripe severa nos seres humanos, a nominada gripe espanhola,[179] que se disseminou para a América do Norte, Europa, América do Sul, Ásia e África,[180] causando a morte de 50 a 100 milhões de pessoas em menos de um ano.[181]

Esparta. Originou-se na Etiópia e expandiu-se para o Egito e a Grécia. Os sintomas iniciais eram a dor de cabeça, conjuntivite, erupção cutânea e febre. Os indivíduos afetados tossiam sangue e sofriam de fortes dores de estômago, ânsia e vômitos, com a morte vindo a ocorrer em 7 ou 8 dias. Mais de um quarto da população padeceu da epidemia. A peste Antonina aconteceu entre 161-180 d.C. e possivelmente causada por varíola, não se limitou a uma determinada área geográfica como a peste de Atenas, dado ter se espalhado por vastos territórios Romanos. Eliminou quase um terço da população de algumas áreas, dizimou o exército romano e vitimou o imperador Marco Aurélio. A peste Justiniana originou-se em meados do século VI na Etiópia, tendo avançado pelo Egito e as estepes da Ásia central, ao longo das rotas das caravanas, expandindo-se para além do mundo Romano. Os sintomas iniciais incluíam febre e fadiga. Bubões apareciam na área inguinal, axilas e, às vezes, atrás das orelhas. Enormes tumbas chegaram a serem cavadas para enterrar até 70.000 corpos. O próprio imperador Justiniano padeceu pela peste (BECKER, Rodrigo Leal. Breve historia de las pandemias. *Psiquiatria.com*, vol. 24. p. 3-5, 2020).

176 HARARI, Yuval Noah. *Na batalha contra o coravírus, faltam líderes à humanidade*. São Paulo: Companhia das Letras, 2020. pos. 11. E-book.

177 CARTWRIGHT, Frederick F.; BIDDIS, Michael. *Disease and history*: from ancient times to Covid-19. 4 th Edition. London: Lume Books, 2020. p. 32, 33. E-book.

178 ARIAS NIETO, Gloria. La dama española. *Medicina*, n. 42. Vol. 2, p. 270, 2020.

179 BARRY, M. John. *A grande gripe: a história da gripe espanhola, a pandemia mais mortal de todos os tempos*. Rio de Janeiro: Editora Intrínseca, 2020. p. 122. E-book.

180 *Ibidem*. p. 570.

181 HARARI, Yuval Noah. *Na batalha contra o coravírus, faltam líderes à humanidade*. São Paulo: Companhia das Letras, 2020. pos. 22. E-book.

Já no corrente século XXI, em 2009, surgiu a pandemia[182] motivada pelo novo vírus influenza A (H1N1). Originário de porcos, o vírus foi detectado em um menino de 10 anos e em uma menina de 09 anos de idade, que se encontravam acometidos de uma síndrome gripal leve.[183] Dados da OMS, de agosto de 2010, apontam que mais de 18.449 pessoas foram a óbito.[184]

Os casos acimas apontados são apenas alguns exemplos das graves consequências impostas por doenças com alta taxa de transmissibilidade e elevada letalidade para os seres humanos, e que não têm ficado adstritas somente a uma determinada época, lugar, cultura ou sociedade.

Mesmo com o avanço da medicina nas últimas décadas do século XX e primeiras do século XXI, bem como o desenvolvimento de novos medicamentos e vacinas capazes de curar ou controlar doenças, ainda é comum a aparição de agentes patogênicos capazes de causar adoecimento e provocar a morte de milhares de pessoas. As síndromes gripais, por exemplo, inclusive as que já dispõem de vacinas, podem causar, como se deu com a primeira pandemia do século XXI (pandemia de influenza A – H1N1), milhares de mortes.

Nada obstante o alerta de cientistas e da OMS para um possível aparecimento de novo surto epidêmico ou pandêmico motivado por vírus, as autoridades governamentais, de um modo geral, não demonstraram maior preocupação, e optaram por manter os sistemas de saúde direcionados para o atendimento individual e emergencial, ainda que de forma insatisfatória, a exemplo do Brasil.[185]

No início de dezembro de 2019, na cidade de Wuhan, capital da província de Hubei, China,[186] foram identificados os primeiros casos de uma doença até então desconhecida, cujo agente patogênico descobriu-se

---

182 A pandemia ocorre quando uma nova doença surge e a propagação se dá a nível global ou em uma área cuja extensão ultrapassa as fronteiras de países ou continentes, vitimando um número elevado de pessoas (SANZ MUÑOZ, Iván *et al. 50 preguntas y respuestas sobre el coronavírus (COVID-19)*. Zaragoza, España: Amazing Books, 2020. pos. 246. E-book).

183 VAQUÉ RAFART, Josep; GIL CUESTA, Julita; BROTONS AGULLÓ, María. Principales características de la pandemia por el nuevo virus influenza A (H1N1). *Med Clin (Barc)*, Vol 13, n. 133, p. 514, 2009.

184 WHO. World Health Organization. *2010 – India*. Disponível em: https://www.who.int/emergencies/disease-outbreak-news/item/2010_08_06-en. Acesso em: 29.06.2020.

185 OMS decreta pandemia do novo coronavírus. Saiba o que isso significa. *Veja Saúde*, 11 mar. 2020. Disponível em: https://saude.abril.com.br/medicina/oms-decreta-pandemia-do-novo-coronavirus-saiba-o-que-isso-significa/. Acesso em: 29 jun. 2020.

186 CARTWRIGHT, Frederick F.; BIDDIS, Michael. *Disease and history*: from ancient times to Covid-19. 4 th Edition. London: Lume Books, 2020. p. 300.

ser um novo coronavírus intitulado SARS-CoV-2. Com características altamente contagiosas, o vírus disseminou-se rapidamente entre a população de Hubei e outras partes do país.[187]

Quando o número de casos já ultrapassava 7.700 na China (170 mortes), e havia registro de casos em 18 países da Ásia, América do Norte e Europa, a OMS declarou, em 30 de janeiro de 2020, Emergência de Saúde Pública de Importância Internacional (ESPII),[188] anunciando que Covid-19 seria o nome da doença causada pelo SARS-Cov-2.[189] O reconhecimento da Covid-19 como pandemia[190] pela OMS deu-se em 11 de março de 2020, quando o vírus já havia se expandido para 114 países, com o número de 18.000 vítimas, sendo 4.291 delas fatais.[191]

No Brasil, o primeiro caso de Covid-19 notificado oficialmente ocorreu em 26 de fevereiro de 2020. Foi de um homem de 61 anos que retornou de viagem à Itália, e que deu entrada no Hospital Israelita Albert Einstein em 25 de fevereiro de 2020.[192] Pouco tempo depois, em 20 de março de 2020, foi declarado o estado de transmissão comunitária,[193] com a adoção do isolamento domiciliar para a pessoa com sintomas respiratórios e para as pessoas residentes no mesmo domicílio, devendo permanecerem em quarentena pelo período de até 14 dias, ainda que apresentassem sintomas.[194]

---

187 VO, Giau Van *et al.* SARS-CoV-2 (COVID-19): beginning to understand a new virus. *In:* GUEST, Paul C. (Ed.). *Clinical, biological and molecular aspects of covid-19.* Cham, Switzerland: Springer, 2021. p. 3-4.

188 WHO. World Health Organization. *Novel Coronavirus (2019-nCoV) Situation Report-10.* Disponível em: https://www.who.int/docs/default-source/coronaviruse/situation-reports/20200130-sitrep-10-ncov.pdf?sfvrsn=d0b2e480_2. Acesso em: 02 jun. 2020.

189 WHO. World Health Organization. Disponível em: https://www.who.int/about/who-we-are/constitution. Acesso em: 01 nov. 2020.

190 A afecção respiratória como a Covid-19, dado o caráter essencialmente migratório do ser humano, normalmente assume grandes proporções, alastrando-se por diversos países e continentes, sendo, em regra, causada pelo aparecimento de um novo subtipo de vírus, que, ante a ausência de imunidade das pessoas (inexistência de anticorpos), encontra condições propícias para sua propagação, assumindo a natureza de pandemia (GEORGE, Francisco; NUNES, Emília. *Pandemias no século XXI.* Disponível em: https://repositorio.ual.pt/handle/11144/1102. Acesso em: 07 jun. 2020).

191 WHO. World Health Organization. *Alocución de apertura del director general de la OMS en la rueda de prensa sobre la COVID-19 celebrada el 11 de marzo de 2020.* Disponível em: https://www.who.int/es/director-general/speeches/detail/who-director-general-s-opening-remarks-at-the-media-briefing-on-covid-19---11-march-2020. Acesso em: 19 ago. 2021.

192 BRASIL. Ministério da Saúde. *Brasil confirma primeiro caso da doença.* Disponível em: https://www.saude.gov.br/noticias/agencia-saude/46435-brasil-confirma-primeiro-caso-de-novo-coronavirus. Acesso em: 10 jun. 2020.

193 Portaria/MS nº 454, de 20 de março de 2020.

194 BRASIL. Ministério da Saúde. *Portaria nº 454, de 20 de março de 2020.* Disponível em: http://www.in.gov.br/en/web/dou/-/portaria-n-454-de-20-de-marco-de-2020-249091587. Acesso em: 15 jun. 2020.

Cerca de um mês após a confirmação do primeiro caso, todos os estados brasileiros apontavam casos de Covid-19, com registros de mortes nos estados do Amazonas, Goiás, Pernambuco, Rio de Janeiro, Santa Catarina e São Paulo.[195] Passados 50 dias, a infecção chegou a níveis alarmantes, e o Brasil passou a ser o único país do mundo a apresentar evolução progressiva no número de infectados e de mortos no decorrer desse período.[196]

Até o dia 05 de março 2023, haviam sido confirmados mais de 759 milhões de casos de Covid-19 no mundo, com um total de mais de 6,8 milhões de mortes. A nível regional, são 273.596.329 de casos e 2.196.232 mortes na Europa; 190.675.785 de casos e 2.934.318 de mortes nas Américas do Norte e do Sul; 201.463.348 de casos e 406.288 de mortes no Pacífico Ocidental; 23.263.099 de casos e 349.590 de mortes no Mediterrâneo Oriental; 60.769.937 de casos e 803.878 mortes no Sudeste da Ásia; e 9.500.642 casos e 175.305 mortes na África.[197]

Entre os países, até 31 de dezembro de 2022, os Estados Unidos da América (EUA) contam com o maior número de casos acumulados (100.749.041), seguido por Índia (44.679.873), França (39.344.073), Alemanha (37.369.806) e Brasil (36.331.281). No que se refere ao número de óbitos acumulados, até a mesma data, os EUA possuem a maior quantidade (1.092.674), seguido por Brasil (693.853), Índia (530.705), Rússia (385.789) e México (331.099).[198]

No Brasil, até a data de 06 de março de 2023, foram registrados um total de 37.085.520 casos e 699.310 mortes. A região Sudeste, com 14.137.156 de casos e 336.449 mortes contabiliza os maiores números, seguida das regiões Sul, com 7.869.038 casos e 110.646 mortes; Nordeste, com 7.312.482 casos e 134.711 mortes; Centro-Oeste, com 4.285.722 casos e 65.992 mortes; e Norte, com 2.881.122 casos e 51.522 mortes. [199]

---

195 FERREIRA NETTO, Raimundo Gonçalves; CORRÊA, José Wilson do Nascimento. Epidemiologia do surto de doença por coronavírus (COVID-19). *Revista desafios*, v. 7, n. Supl. COVID-19, p. 22, 2020.

196 DIAS, Roger. Brasil completa 100 dias de COVID-19 com maior curva ascendente no mundo. *Estado de Minas Nacional*, 04 jun. 2020. Disponível em: https://www.em.com.br/app/noticia/nacional/2020/06/04/interna_nacional,1153866/brasil-completa-100-dias-de-covid-19-com-maior-curva-ascendente-no-mun.shtml. Acesso em: 14 jun. 2020.

197 WHO. World Health Organization. *COVID-19 Weekly Epidemiological Update*. Edition 133 published 8 March 2023. Disponível em: file:///C:/Users/fabio/Downloads/20230308_Weekly_Epi_Update_133.pdf. Acesso em: 12 fev. 2023.

198 BRASIL. Ministério da Saúde. Secretaria de Vigilância Sanitária. *Boletim epidemiológico especial*: doença pelo novo coronavírus – Covid-19. Semana Epidemiológica 52 • 25/12 a 31.12.2022. Disponível em: https://www.gov.br/saude/pt-br/centrais-de-conteudo/publicacoes/boletins/epidemiologicos/covid-19/2022/boletim-epidemiologico-no-146-boletim-coe-coronavirus. Acesso em: 11 mar. 2023.

199 BRASIL. Ministério da Saúde. *COVID-19 no Brasil: dados até 06.03.2023*. Disponível em: https://infoms.saude.gov.br/extensions/covid-19_html/covid-19_html.html. Acesso em: 11 mar. 2023.

A pandemia de Covid-19 provocou uma crise sem precedentes no âmbito sanitário, afetando os setores social, cultural, econômico, educacional e sanitário. Sistemas de saúde de diversos países do mundo entraram em colapso devido à falta de leitos clínicos e de UTI's, equipamentos de proteção individual, respiradores, materiais hospitalares de uso contínuo, insuficiência de profissionais de saúde capacitados, medicamentos.

A situação apresentou-se ainda mais desafiadora no Brasil, posto que, aliado aos problemas de escassez de recursos, tem-se a desigualdade social como um elemento central, com parte considerável da população vivendo em condições precárias, sem saneamento e acesso à água potável, residindo, comumente, de forma aglomerada em pequenas moradias.[200] Isso tudo tem contribuído para que o Brasil se torne um país cada vez mais urbano, violento e desigual, notadamente no que diz respeito ao contingente populacional formado por pessoas negras e pobres.

É importante assinalar que, em situação de emergência e de crise humanitária,[201] como a acarretada pela pandemia de Covid-19, os esforços são concentrados no salvamento de vidas, fazendo com que o uso de medidas de alívio do sofrimento das vítimas fique negligenciado.[202] O paciente de Covid-19 é, quase sempre, esquecido em estado grave ou terminal, isolado e/ou entubado em leito de UTI, padecendo de dor e sofrimento desnecessários, em claro desrespeito aos direitos humanos e fundamentais, como a vida, a saúde, a autonomia, a autodeterminação, o tratamento humano que reconhece protagonismo à pessoa.[203]

Nada obstante salvar de vidas seja o foco principal na pandemia de Covid-19, aliviar o sofrimento das vítimas constitui o objetivo

---

200 WERNEK, Guilherme Loureiro. A pandemia de COVID-19 no Brasil: crônicas de uma crise sanitária. *Cadernos de saúde pública*, n. 36, v. 5, e00068820, p. 1, 2020.

201 "Emergências e crises humanitárias, ou HECs, são eventos de larga escala que afetam populações ou sociedades, causando uma variedade de consequências difíceis e angustiantes, que podem incluir perda maciça de vidas, interrupção dos meios de subsistência, colapso da sociedade, deslocamento forçado e outros efeitos políticos, econômicos, sociais, psicológicos e espirituais grave" (WHO. World Health Organization. *Integrating palliative care and symptom relief into pediatrics:* a WHO guide for health care planners, implementers and managers. Geneva: World Health Organization, 2018. p. 9).

202 WHO. World Health Organization. *Integrating palliative care and symptom relief into pediatrics:* a WHO guide for health care planners, implementers and managers. Geneva: World Health Organization, 2018. p. 23.

203 SARLET, Gabrielle Bezerra Sales; MONTEIRO, Fábio de Holanda. Cuidados paliativos em tempos de pandemia de COVID-19: uma abordagem do cenário brasileiro à luz da bioética e dos direitos humanos e fundamentais. *Revista brasileira de direitos fundamentais & justiça*, n. 14, v. 43, p. 391, 2021.

primordial, a fim de que haja respeito à dignidade da pessoa humana e demais direitos constitucionalmente erigidos. Isso sem esquecer que o uso das chamadas novas tecnologias tem servido para alentar a pessoa em isolamento, uma vez que propicia momentos de acolhimento e de reencontro com a família por meio de câmeras, ligações em celulares, chamadas de vídeo, criação de grupos virtuais de apoio.[204]

Embora os coronavírus sejam causadores de síndromes,[205] o SARS-CoV-2 tem apresentado um comportamento atípico, com elevada propagação e mortandade,[206] em comparação com outros vírus respiratórios já monitorados, demonstrando que o agir diferente do novo coronavírus constitui grande risco para o Sistema Único de Saúde brasileiro, que, não raras vezes, incorre em colapso ou paralisação.[207]

Entre os sintomas mais comuns da Covid-19 estão a febre, tosse seca e cansaço. Porém, outros sintomas menos frequentes podem aparecer em alguns pacientes, como dor, congestão nasal, cefalalgia, conjuntivite, dor de garganta, diarreia, perda de paladar ou de olfato e ainda erupções cutâneas ou alterações de cor nos dedos das mãos ou dos pés. Os sintomas normalmente são leves e começam gradualmente, reconhecendo-se casos de pessoas assintomáticas.[208] Essa complexidade comprometeu o diagnóstico precoce, o acompanhamento e a uniformização de protocolos das formas de terapias, principalmente no início da crise.

Convém notar, outrossim, que a maior parte das pessoas infectadas pelo SARS-CoV-2 se recupera sem complicação ou necessidade de internação hospitalar. Entretanto, cerca de 14% delas evoluem para

---

204 SARLET, Gabrielle Bezerra Sales; MONTEIRO, Fábio de Holanda. Cuidados paliativos em tempos de pandemia de COVID-19: uma abordagem do cenário brasileiro à luz da bioética e dos direitos humanos e fundamentais. *Revista brasileira de direitos fundamentais & justiça*, n. 14, v. 43, p. 391, 2021.

205 Síndrome. "Reunião de um grupo de sintomas (ou de sinais) que se reproduzem ao mesmo tempo em certo número de doenças" (GARNIER, Marcel *et al. Dicionário andrei de termos da medicina*. 2. ed. São Paulo: Andrei Editora, 2008. p. 1119).

206 A letalidade tem sido variável em países de diversas partes do mundo, por fatores cuja análise foge ao objetivo do presente estudo. A título de exemplo, citem-se: Estados Unidos (6%), Reino Unido (14,3%), Espanha (12,2%), Itália (14,3%), Alemanha (4,6%), França (19,6%) (BRASIL. Ministério da Saúde. *Boletim epidemiológico 17*. Disponível em: https://www.saude.gov.br/images/pdf/2020/May/29/2020-05-25---BEE17---Boletim-do-COE.pdf. Acesso em: 14 jun. 2020).

207 BRASIL. Ministério da Saúde. *Boletim epidemiológico 08*. p. 32. Disponível em: https://portalarquivos.saude.gov.br/images/pdf/2020/April/09/be-covid-08-final-2.pdf. Acesso em: 03 jun. 2020.

208 WHO. World Health Organization. *Q&A on coronaviruses (COVID-19)*. Disponível em: https://www.who.int/emergencies/diseases/novel-coronavirus-2019/question-and-answers-hub/q-a-detail/q-a-coronaviruses. Acesso em: 09 jun. 2020.

um quadro grave, com dificuldade para respirar e necessitando de oxigenoterapia.[209] Aproximadamente 5% precisarão de cuidados em unidade de terapia intensiva (UTI). Das que se encontram em estado crítico, a maioria carecerá de ventilação mecânica.[210],[211]

Especificamente em relação à população pediátrica, todas as faixas etárias são afetadas pela Covid-19, sem haver diferença significativa entre os sexos,[212] e normalmente apresentam manifestações clínicas leves, sem febre ou pneumonia.[213] As crianças infectadas podem parecer assintomáticas ou apresentar febre, tosse seca e fadiga; poucas expressam sintomas respiratórios superiores (congestão nasal, coriza); e algumas manifestam sintomas gastrointestinais, incluindo desconforto abdominal, náuseas, vômitos, dor abdominal e diarreia.[214] Diferente disso, as crianças em idade pré-escolar e os bebês mostram-se mais vulneráveis à infecção e mais propensos às manifestações clínicas mais graves.[215] Segundo estudos realizados, elas representam 2% dos casos registrados na China, 1,2% na Itália e 5% nos Estados Unidos.[216]

---

209 "A oxigenoterapia consiste na administração de oxigênio acima da concentração do gás ambiental normal (21%), com o objetivo de manter a oxigenação tecidual adequada, corrigindo a hipoxemia e conseqüentemente, promover a diminuição da carga de trabalho cardiopulmonar através da elevação dos níveis alveolar e sanguíneo de oxigênio." (SANCHO, Nelly Kazan. Oxigenoterapia e ventilação não invasiva. *Centro de Terapia Intensiva,* Hospital Municipal Miguel Couto. Disponível em: http://www.szpilman.com/CTI/protocolos/Oxig%C3%AAnio%20e%20ventila%C3%A7%C3%A3o%20n%C3%A3o%20invasiva.pdf. Acesso em: 16 jun. 2020).

210 "A ventilação mecânica (VM) se faz através da utilização de aparelhos que, intermitentemente, insuflam as vias respiratórias com volumes de ar (volume corrente - VT). O movimento do gás para dentro dos pulmões ocorre devido à geração de um gradiente de pressão entre as vias aéreas superiores e o alvéolo, podendo ser conseguido por um equipamento que diminua a pressão alveolar (ventilação por pressão negativa) ou que aumente a pressão da via aérea proximal (ventilação por pressão positiva)" (CARVALHO, Carlos Roberto Ribeiro de; TOUFEN JUNIOR, Carlos; FRANCA, Suelene Aires. Ventilação mecânica: princípios, análise gráfica e modalidades ventilatórias. *J Bras Pneumol,* n. 33. Supl 2. S 54-S 70. p. 54, 2007).

211 BRASIL. Ministério da Saúde. *Protocolo de manejo clínico da Covid-19 na atenção especializada.* Brasília: Ministério da Saúde, 2020. p. 11.

212 DONG, Yuanyuan *et al.* Epidemiology of COVID-19 among children in China. *Pediatrics.* n. 145, v. 6, 2020. p. 9.

213 SHEN, Kunling *et al.* Diagnosis, treatment, and prevention of novel coronavirus infection in children: experts' consensus statement. *World journal of pediatrics.* Jun; n. 13, vol 3, p. 224, 2020.

214 *Ibidem.* p. 224.

215 CRUZ, Andrea T.; ZEICHNER, Steven L. COVID-19 in children: initial characterization of the pediatric disease. *Pediatrics,* n. 145, v. 6, p. 1, 2020.

216 LUDVIGSSON, Jonas F. Systematic review of COVID-19 in children show milder cases and a better prognosis adults. *Acta pediátrica,* p. 5, 2020.

No que tange aos fatores de risco para a evolução da Covid-19 para um quadro mais grave, destacam-se a idade abaixo de 1 ano, a presença de comorbidade e a obesidade.[217] Em publicação que analisou 42 artigos, constatou-se a existência de 285.004 crianças com Covid-19, das quais 9.353 (3,3%) apresentavam pelos menos uma comorbidade. Tiveram quadro grave e/ou foram internadas em unidade de terapia intensiva (UTI) 481/9.353 (5,1%) das crianças com comorbidades e 579/275.661 (0,21%) das sem comorbidades, com um risco relativo (RR) de 1,79 (1,27-2,51). A presença de obesidade e a gravidade da doença em relação às crianças sem comorbidade revelou RR de 2,87 (1,16-7,07). O risco de morte foi de 134/8.960 (1,5%) e de 77/274.647 (0,03%), RR (1,31-6,02), respectivamente.[218]

No Brasil, a Sociedade Brasileira de Pediatria (SBP), baseada em dados do Ministério da Saúde (MS), comparou as taxas de hospitalizações e óbitos por Covid-19 na faixa etária de 0 a 19 anos, entre 2020 e 2021 (até o dia 01 de março), tendo constatado redução do número de hospitalizações de 14.638 (2,46%) em 2020 para 2.057 (1,79%) em 2021. Os óbitos em decorrência da doença também tiveram uma queda de 1.203 (0,62%) em 2020 para 121 (0,30%) em 2021.[219]

Cumpre obtemperar, todavia, que embora as crianças não correspondam à maioria dos pacientes com Covid-19, estratégias específicas de cuidados são necessárias para sua faixa etária, precipuamente nos casos graves.[220] As crianças possuidoras de problemas de saúde subjacentes, como condição cardíaca congênita, hipoplasia brônquica pulmonar, anomalia do trato respiratório, pressão alta, nível anormal de hemoglobina, deficiência imunológica ou estado de imunocomprometido, podem tornar-se casos graves.[221] O óbito, embora muito

---

217 MARQUES, Heloisa Helena de Sousa; GIBELLI, Maria Augusta Bento Cicaroni; LITVINOV, Nadia. Particularidades da infecção na criança e no recém-nascido e políticas públicas para a contenção da pandemia. *In:* MARQUES, Heloisa Helena de Sousa; CARVALHO, Werther Brunow de; SILVA, Clovis Artur Almeida da (Eds.). *Covid-19 em pediatria/neonatologia.* São Paulo: Editora dos Editores Eireli, 2021. p.28.

218 TSANKOV, Boyan K. *et al.* Severe COVID-19 infection and pediatric comorbities: a systematic review and meta-analysis. *Int J Infect Dis*, p. 9-10, 2021.

219 SÁFADI, Marco Aurélio; KFOURI, Renato de Ávila. *Dados Epidemiológicos da COVID-19 em Pediatria*: Nota Técnica. Sociedade Brasileira de Pediatria. Março, 2021.

220 MARCOVICI, Michelle; SEVERINI, Rafael da Silva Giannasi. COVID-19 na pediatria. *In:* CORREIA, Vinícius Machado *et al.* (Eds.). *Manual de condutas na COVID-19*. 2. ed. Santana de Paraíba: Manole; São Paulo: SIMM, 2021. pos. 5421. E-book.

221 SHEN, Kunling *et al.* Diagnosis, treatment, and prevention of novel coronavirus infection in children: experts' consensus statement. *World journal of pediatrics.* Jun; n.13, vol 3, p. 225, 2020.

baixo em comparação aos adultos, é mais comum na faixa etária dos 0 a 9 anos, o que é apontado inclusive por estudo realizado no Brasil.[222]

Um novo alento se deu a partir de janeiro de 2022, quando foi iniciada a vacinação em crianças de 5 a 11 anos com uso da vacina da Pfizer pediátrica,[223] com a cobertura vacinal, mais de um ano depois, de 71,62% para a primeira dose e de 51,58% para a segunda.

Também em janeiro de 2022, no dia 20, a Agência regulatória aprovou o uso da vacina CoronaVac para a faixa etária de 6 a 17 anos de idade, em não imunocomprometidos, no esquema de duas doses com intervalo de 28 dias. Posteriormente, no dia 14 de julho do mesmo ano, a Agência emitiu parecer favorável e aprovou, ampliando a aplicação da CoronaVac para crianças com idade entre 3 a 5 anos.[224]

No período compreendido entre 1º de janeiro e 11 de outubro de 2022, o Brasil registrou uma morte por dia entre crianças de 6 meses a 5 anos diagnosticadas com Covid-19, com um total 314 óbitos nessa faixa etária.[225] Em decorrência disso, a vacinação contra o Covid-19 foi ampliada para as crianças de 6 meses a menores de 5 anos de idade com a vacina Pfizer-BioNTech, após aprovação da recomendação pela Comissão Nacional de Incorporação de Tecnologias no Sistema Único de Saúde (Conitec), que deu parecer favorável à incorporação do imunizante no SUS.[226]

No entanto, em que pese as ações, a vacinação das crianças precisa avançar mais, posto que a imunização funciona como um importante fator de diminuição dos casos moderados e graves, e consequentemente do número de mortes.

Como antes salientado, os cuidados paliativos (CP) configuram uma abordagem terapêutica que busca amenizar a dor e o sofrimento[227]

---

222 ANDRADE, Márcia Reimol de *et al.* Letalidade por COVID-19 em crianças: uma revisão integrativa. *Residência pediátrica,* n. 11, v. 1, p. 5-7, 2021.

223 ALEGRETTI, Laís. Vacina contra covid para crianças: 6 fatos a favor. *BBC News Brasil,* 23 dez. 2021. Disponível em: https://www.bbc.com/portuguese/geral-59757768. Acesso em: 22 fev. 2022.

224 MINISTÉRIO DA SAÚDE. Secretaria de Vigilência em Saúde. NOTA TÉCNICA Nº 406/2022-CGPNI/DEIDT/SVS/MS. Disponível em: <https://sbim.org.br/images/files/notas-tecnicas/nt406-2022-reforco-pfizer-5a11anos.pdf>. Acesso em: 10.03.2023.

225 FIOCRUZ. Covid-19: Brasil registra uma morte por dia entre crianças de 6 meses a 5 anos em 2022. Disponível em: < https://portal.fiocruz.br/noticia/covid-19-brasil-registra-uma-morte-por-dia-entre-criancas-de-6-meses-5-anos-em-2022>. Acesso em: 12.03.2023.

226 BRASIL. Ministério da Saúde. Secretaria de Ciência, Tecnologia, Inovação e Insumos Estratégicos em Saúde. *Portaria SCTIE/MS nº 181, de 28 de dezembro de 2022.* Disponível em: https://www.in.gov.br/en/web/dou/-/portaria-sctie/ms-n-181-de-28-de-dezembro-de-2022-454529031. Acesso em: 10 mar. 2023.

227 Os sofrimentos mais comuns que foram observados nas epidemias de influenza e que podem servir de parâmetro para a pandemia de COVID-19 são: dor, dispneia, tosse,

com o objetivo de conferir qualidade de vida ao paciente com doença de risco de vida. Além disso, devem buscar atenuar os "efeitos patogênicos da pobreza nos pacientes e nas famílias", bem como ampará-los para que não passem por maiores dificuldades financeiras[228] em decorrência da doença ou da incapacidade. Assim, em função da necessária efetividade dos direitos constitucionalmente assegurados, é de suma importância a integração dos CP (incluído os CPP) nos sistemas públicos de saúde, tendo em vista a cobertura universal da saúde.[229]

Os CP (e os CPP) constituem um "componente fundamental de qualquer plano de cuidado durante a pandemia", cabendo aos profissionais de saúde prestá-los com o objetivo de atenuar o sofrimento do paciente. Em se tratando de paciente com doença incurável que já se encontra sob CP (ou CPP), mostra-se de grande relevância a continuidade da assistência, especialmente pelo fato de o doente encontrar-se entre a população de risco.[230]

O alívio de sintomas como dor, diarreia, entre outros, além de propiciar conforto, também pode vir a melhorar a sobrevida do paciente. Além disso, a relação médico-paciente assume uma perspectiva

---

estresse agudo, isolamento/estigmatização, luto complicado. (NEIVA, Carolina. Por que cuidados paliativos na pandemia de Covid-19? *Pebmed*, 26 mar. 2020. Disponível em: https://pebmed.com.br/por-que-cuidados-paliativos-na-pandemia-de-covid-19/. Acesso em: 14 jun. 2020.).

228 Por meio da Lei nº 13.982, de 02 de abril de 2020 – posteriormente modificada pela Lei nº 1998, de 14 de maio de 2020, foram estabelecidas medidas de proteção social para o enfrentamento da Covid-19, oportunidade em que foi criado o auxílio emergencial mensal de R$ 600,00 (seiscentos reais), a ser pago ao trabalhador que: seja maior de 18 (dezoito) anos de idade, salvo no caso de mães adolescentes; não tenha emprego formal ativo; não seja titular de benefício previdenciário ou assistencial ou beneficiário do seguro-desemprego ou de programa de transferência de renda federal, ressalvado, nos termos dos §§1º e 2º, o Bolsa Família; cuja renda familiar mensal per capita seja de até 1/2 (meio) salário-mínimo ou a renda familiar mensal total seja de até 3 (três) salários mínimos; que, no ano de 2018, não tenha recebido rendimentos tributáveis acima de R$ 28.559,70 (vinte e oito mil, quinhentos e cinquenta e nove reais e setenta centavos); e que exerça atividade na condição de: microempreendedor individual (MEI); contribuinte individual do Regime Geral de Previdência Social que contribua na forma do caput ou do inciso I do §2º do art. 21 da Lei nº 8.212, de 24 de julho de 1991; ou c) trabalhador informal, seja empregado, autônomo ou desempregado, de qualquer natureza, inclusive o intermitente inativo, inscrito no Cadastro Único para Programas Sociais do Governo Federal (CadÚnico) até 20 de março de 2020, ou que, nos termos de autodeclaração, cumpra o requisito do inciso IV.

229 WHO. World Health Organization. *Integrating palliative care and symptom relief into pediatrics:* a WHO guide for health care planners, implementers and managers. Geneva: World Health Organization, 2018. p. 15.

230 MAYARA, Jéssica. Cuidados paliativos são essenciais na pandemia. *Portal Estado de Minas*, 17 maio 2020. Disponível em: https://www.em.com.br/app/noticia/bem-viver/2020/05/17/interna_bem_viver,1147031/cuidados-paliativos-sao-essenciais-na-pandemia.shtml. Acesso em: 14 jul. 2020.

muito significativa no controle da infecção,[231] tendo em vista que a empatia e a alteridade, o profissionalismo e a expertise, bem como a prestação de informações de maneira clara e adequada, contribuem para o estabelecimento de uma relação de confiança e inclusiva que, por sua vez, propicia uma melhor aceitação do tratamento em um contexto emancipatório. Dessa forma, o profissional de saúde não pode fazer uso de qualquer medida terapêutica que possa causar dano ou prejuízo[232] à criança enferma, sob pena de incorrer na prática de tratamento desumano, malferindo a dignidade da pessoa, os direitos já substancialmente assegurados no ordenamento jurídico pátrio e a própria ética profissional.

Na perspectiva dos CP (e dos CPP), a morte é tida como uma etapa de um processo normal, ou seja, a morte expressa um momento intrinsecamente alinhavado com a vida. Cabe, então, ao médico envidar todos os esforços realizáveis/factíveis para salvar a vida do doente, exceto quando o paciente tenha se manifestado expressamente pela renúncia ao tratamento, devendo observar todas as diretrizes que perfaçam o planejamento vital do mesmo. A assistência paliativa e o controle de sintomas, nestes termos, devem ocorrer de maneira integrada com o tratamento que salva as vidas de pacientes com condições agudas de risco de vida ou com triagem em vermelho.[233],[234]

Desse modo, a fim de que sejam respeitados os direitos fundamentais da criança com Covid-19 que se encontre em estado grave ou terminal, as diretrizes básicas estabelecidas para os CPP devem ser observadas por todos que fazem parte da rede assistencial do SUS, mediante uma equipe multidisciplinar composta por médico, enfermeiro, assistente social, psicólogo, terapeuta ocupacional, fisioterapeuta, dentre outros.

As crianças contaminadas pelo SARS-Cov-2 podem necessitar de internação hospitalar, com o direito à companhia de um familiar

---

[231] WHO. World Health Organization. *Integrating palliative care and symptom relief into pediatrics:* a WHO guide for health care planners, implementers and managers. Geneva: World Health Organization, 2018. p. 23.

[232] BEUCHAMPI, Tom L.; CHILDRESS, James F. *Princípios de ética biomédica.* Tradução de Luciana Pudenzi. 3. ed. São Paulo: Edições Loyola, 2013. p. 212.

[233] Segundo o Protocolo de Manchester, paciente com triagem em vermelho é o paciente para emergência, que necessita de atendimento imediato (Protocolo de Manchester: conheça a aplicação, na prática, do processo. *Artmed,* 14 set. 2017. Disponível em: https://www.secad.com.br/blog/enfermagem/protocolo-de-manchester/. Acesso em: 15 jun. 2020).

[234] WHO. World Health Organization. *Integrating palliative care and symptom relief into pediatrics:* a WHO guide for health care planners, implementers and managers. Geneva: World Health Organization, 2018.p. 15-16.

que lhe seja importante, posto encontrar-se em fase de crescimento e desenvolvimento, com poucos recursos para lidar com situações adversas. Porém, na atual conjuntura de pandemia, nem sempre o acompanhamento familiar é possível, o que exige dos profissionais de saúde a adoção de medidas que mantenham a prática dos CPP, valorizando a presença física dos familiares à beira do leito para promover a confiança, comunicação, o envolvimento no cuidado e nas tomadas de decisões.[235]

Acontece que, a exemplo do que ocorreu com outros sistemas de saúde, a Covid-19 expôs as limitações do Sistema Único de Saúde (SUS), como a falta de recursos humanos, medicamentos essenciais, ventiladores, equipamento de proteção individual e leitos de UTI's. Tal situação, consequentemente, leva às escolhas difíceis[236] e à necessidade de reconfiguração dos serviços existentes, com base em diretrizes éticas e jurídicas, a fim de que seja garantido um "tratamento e atendimento humano e respeitoso" e em consonância com a vontade e com a vida da criança doente.[237]

Por outro lado, não se pode deixar de levar em conta que, embora o vírus da Covid-19 afete todas as pessoas, a população que vive em condições sanitárias insalubres possui maior risco de contrair a doença,[238] expressando-se, à guisa de exemplo, no contingente da população que vive nas comunidades das grandes cidades brasileiras, habitando em moradias minúsculas, destituídas de saneamento básico, de água potável.

A pandemia, oportuno destacar, tem provocado impactos diferenciados conforme a raça, etnia, idade e região. As pessoas pardas

[235] MANDETTA, Míriam Aparecida; BALIEIRO, Maria Magda Ferreira Gomes. A pandemia da COVID-19 e suas implicações para o cuidado centrado no paciente e família em unidade pediátrica hospitalar. *Revista da sociedade brasileira de enfermeiros pediatras*, v. 20, p. 78, 2020.

[236] As escolhas difíceis, dado envolverem dilemas éticos, demandam o estabelecimento de critérios ou procedimentos prévios, de forma a permitir ao médico tomada de decisão adequada ao caso concreto. Cite-se como exemplo, a Resolução CFM nº 2.156/2016, que estabelece critérios para a admissão e alta em unidade de terapia intensiva (UTI), cujo preâmbulo estabelece que "nos casos de doença incurável e terminal, deve o médico oferecer todos os cuidados paliativos disponíveis, sem empreender ações diagnósticas ou terapêuticas inúteis ou obstinadas, levando sempre em consideração a vontade expressa do paciente ou, na sua impossibilidade, a de seu representante legal". Desse modo, caso a decisão envolva paciente terminal com Covid-19, sem que haja possibilidade de sobrevida, os cuidados paliativos se mostram a medida terapêutica ética e legalmente a ser adotada.

[237] JUNQUEIRA, André. Coronavírus: desafios éticos no tratamento e com os cuidados paliativos. *Veja saúde*, 10 maio 2020. Disponível em: https://saude.abril.com.br/blog/com-a-palavra/coronavirus-tratamento-cuidados-paliativos/. Acesso em: 07 jun. 2020.

[238] PORTO, Dora. Bioética de intervenção nos tempos da covid-19. *In:* DADALTO, Luciana (Coord.). *Bioética e covid-19*. Indaiatuba: Editora Foco, 2020. pos. 735. E-book.

e negras, e.g., especialmente do Norte e Nordeste, são mais propensas a morrer de Covid-19. As pardas figuram como o segundo fator de risco depois da idade, além de apresentarem maior comorbidade.[239]

Nas regiões Norte[240] e Centro-Sul[241], os sobreviventes tendem a ser os mais jovens, brancos e do sexo feminino, enquanto os não sobreviventes recaem mais sobre pretos e pardos. Dentre o total de hospitalizados, a mortalidade tem sido maior no Norte, com prevalência entre negros e pardos.[242]

O ser humano, indistintamente, bom lembrar, deve ser visto na sua integralidade, sobretudo na sociedade em que convive, e não como um simples indivíduo apartado pelos malefícios sociais e pela omissão estatal. Daí advém a necessidade do reconhecimento e, mais especificamente, da concretização do direito à inclusão social e à não discriminação, particularmente para que todas as pessoas tenham assegurado não somente o acesso à saúde, mas também as "condições de vida que, de modo geral, garantam a todos o exercício da cidadania plena".[243]

Assim, à parte da cronicidade de desamparo social que persiste no cenário brasileiro, a criança com Covid-19 em estado grave ou terminal deve ser tratada com respeito, mormente no que toca a sua autonomia (progressiva), ou seja, à capacidade de decisão sobre as medidas terapêuticas adotadas a partir das informações prestadas pelos profissionais de saúde.[244] E, mesmos nos casos em que não haja mais resposta ao tratamento, não pode ser relegada à própria sorte.

Por tais razões, não se pode perder de vista que a vontade e a autonomia da criança são pressupostos básicos, sendo necessário, em caso de existência, que se faça constar do prontuário médico o testamento vital.[245]

---

[239] Disponível em: https://www.uol.com.br/vivabem/noticias/rfi/2020/05/27/estudo-internacional-diz-que-covid-19-no-brasil-mata-mais-pardos-e-negros.htm. Acesso em: 19. jul. 2020.

[240] Embora o texto faça uso de Norte, em realidade está a expressar as regiões Norte e Nordeste.

[241] Refere-se às regiões Centro-Oeste, Sudeste e Sul.

[242] BAQUI, Pedro *et al. Ethnic and regional variation in hospital mortality from covid-19 in Brazil. p. 4.* Disponível em: https://www.medrxiv.org/content/10.1101/2020.05.19.20107094v1.full.pdf. Acesso em: 20 jul. 2020.

[243] SARLET, Gabrielle Bezerra Sales. Da ética Hipocrática à bioética: notas acerca da teoria do consentimento livre e esclarecido e o teor da Lei nº 13.146/2015. *Revista da AJURIS* – Porto Alegre, v. 44, n. 1433, dez. 2017. p. 194.

[244] WHO. World Health Organization. *Integrating palliative care and symptom relief into pediatrics:* a WHO guide for health care planners, implementers and managers. Geneva: World Health Organization, 2018. p. 59.

[245] DADALTO, Luciana. *Testamento vital.* 5. ed. Indaiatuba, SP: Editora Foco, 2020. pos. 4353. E-book.

O testamento vital retrata a manifestação de vontade do paciente enquanto ainda possuidor de discernimento, cujos efeitos normalmente se produzem diante de um quadro de irreversibilidade.[246] Restando, pois, demonstrado não mais ser possível o uso medidas curativas para a criança doente de Covid-19 que se encontre inconsciente, cabe ao médico decidir de acordo com a vontade externada anteriormente no testamento vital, ainda que contrária à da família ou à do representante legal, desde que observados os padrões científicos e as normas legais.

Sob outra perspectiva, quando a criança não tiver manifestado ou não puder manifestar sua vontade ao médico, ou ante a inexistência de testamento vital, e estando ela em situação aguda de risco de vida em decorrência de insuficiência respiratória ocasionada pela Covid-19,[247] entubada e isolada, compete ao médico e aos responsáveis a tomada de decisão, sem deixar de levar em conta o legado da bioética, notadamente no que se refere ao cuidado com o máximo de bem-estar, com a minimização do sofrimento, evitando tratamentos inúteis e com cuidado estrito em relação à dignidade da pessoa humana.

A conjuntura da pandemia de Covid-19 implica, a despeito do que se pensara no seu início, que as ações e serviços de saúde busquem cada vez mais o bem-estar coletivo e não individual, visando, inclusive com base na bioética da intervenção, suprimir as desigualdades,[248] o que se torna mais difícil em países cuja biografia encontra-se pautada por práticas de corrupção e, de todo modo, carentes de alocação coerente de recursos financeiros e humanos como o Brasil, que, em função da dificuldade de uso de medidas interventivas mais adequadas ao controle da pandemia, como a testagem em massa, o controle de infectados, vem apostando no isolamento social e na quarentena como os principais meios de enfrentamento.[249]

Deve-se admoestar que, em uma sociedade na qual perdura uma grande desigualdade social, as medidas de contenção vão além de uma questão meramente técnica ou mesmo teórica, perpassando também pelo âmbito social, uma vez que considerável parcela da população brasileira não dispõe sequer de condições mínimas de alimentação,

246 DADALTO, Luciana. A tomada de decisão em fim e vida e a covid-19. *In:* DADALTO, Luciana (Coord.). *Bioética e covid-19*. Indaiatuba: Editora Foco, 2020. pos. 9041. E-book.

247 CORADAZZI, Ana Lucia; CALLEGARI, Lívia. Cuidados paliativos, covid-19 e as escolhas de todos nós. *Slow Medicine*, 1º set. 2022. Disponível em: https://www.slowmedicine.com.br/cuidados-paliativos-covid-19-e-as-escolhas-de-todos-nos/. Acesso em: 14 jul. 2020.

248 DADALTO, Luciana. A tomada de decisão em fim e vida e a covid-19. *In:* DADALTO, Luciana (Coord.). *Bioética e covid-19*. Indaiatuba: Editora Foco, 2020. pos. 628. E-book.

249 PORTO, Dora. Bioética de intervenção nos tempos da covid-19. *In:* DADALTO, Luciana (Coord.). *Bioética e covid-19*. Indaiatuba: Editora Foco, 2020. pos. 670-671. E-book.

de moradia, de saneamento e de esgotamento sanitário, além de uma situação cada vez mais precária no ambiente de trabalho.[250] Isso sem esquecer dos moradores de rua (entre eles crianças), que vivem em condições de extrema vulnerabilidade e se encontram mais propensos ainda a contrair a Covid-19 e incorrerem em risco de morte.[251]

Relevante mencionar que, neste cenário, mesmo sem desconsiderar os avanços nos sistemas de normas protetivas, nacionais e internacionais, a criança que necessita de CPP ainda não é, no Brasil, assistida de forma adequada, posto que, para além do fosso existente entre as classes sociais, o modelo médico usual ainda é paternalista e muito centrado na cura da doença e não no doente, em claro desrespeito à dignidade da pessoa humana, à paleta das liberdades e à autodeterminação. Há de se pontuar igualmente uma tendência muito significativa no ambiente nacional de centralizar a saúde apenas na perspectiva médica e biomédica e, nesta medida, produz-se uma espécie de reducionismo muito danoso, em particular quando se enfoca nos aspectos que tracejam os CP (CPP).

Assim, por estar intrinsecamente atrelado ao direito à saúde, os CP e os CPP devem ser estendidos na forma de tratamento isonômico da população, buscando, de fato, garantir os meios apropriados para viver e para conviver com felicidade e com harmonia em uma ambiência digna em todas as fases da vida que oportunize a experiência de viver e de morrer conforme um projeto integral.

1.5 Eutanásia, distanásia, suicídio assistido, ortotanásia, cuidados paliativos e mistanásia: conceitos, diferenças e semelhanças

As discussões em torno do paciente com doença de risco de vida[252] vão além das atinentes ao uso ou não dos CP, posto abrangerem também outras questões relacionadas ao dilema da terminalidade da vida. Assim, não somente em função do liame com o estado terminal do doente, mas também para que haja uma melhor compreensão dos CP e CPP, mostra-se pertinente apontar os conceitos e discutir as diferenças e semelhanças entre eutanásia, distanásia, suicídio assistido, ortotanásia, cuidados paliativos e mistanásia.

---

[250] PORTO, Dora. Bioética de intervenção nos tempos da covid-19. *In*: DADALTO, Luciana (Coord.). *Bioética e covid-19*. Indaiatuba: Editora Foco, 2020. pos. 681.

[251] *Ibidem*. pos. 692.

[252] A qual pode, a depender da situação, ser aguda, crônica ou terminal.

A eutanásia já existia desde os tempos mais longínquos, embora com compreensão diversa da atual, ocasião em que, além de buscar dar fim ao sofrimento do doente, era utilizada para findar a vida dos que eram considerados incapazes de viver.[253]

Na Grécia Antiga, em Esparta, a criança recém-nascida era levada pelos pais a uma comissão oficial de anciãos com responsabilidade para examiná-la e tomar conhecimento oficial de sua existência. Feito o exame, seu destino era então determinado. Caso fosse considerada normal, forte e bonita, cabia à família criá-la até cerca de sete anos de idade, ocasião em que era entregue ao Estado para a preparação militar. Do contrário, fosse ela tida como feia, disforme e franzina, os anciãos a sacrificavam, arremessando-a do cume do monte Taígetos.[254] Em Atenas, igualmente na Grécia Antiga, cabia ao Senado decidir pela eliminação dos anciãos e dos considerados incuráveis. Em Roma, o gladiador que estivesse em estado agonizante tinha sua morte autorizada por César mediante a movimentação de um dedo. Na Índia, os doentes incuráveis tinham a boca e as narinas obstruídos pela lama do rio Ganges, para em seguida serem jogados em suas águas. Na Idade Média, os guerreiros feridos podiam ter o sofrimento aplacado por meio de uma morte com punhal.[255]

A palavra eutanásia é oriunda dos termos gregos *eu*, bem, bom e *thanatos*, morte. No seu sentido original, a eutanásia pode ser entendida como morte doce, sem sofrimento, o que não significa, necessariamente, uma morte provocada ou antecipada. Inicialmente, as condutas eutanásicas tinham por objetivo a facilitação da morte, sem qualquer intento em sua antecipação. Em face disso, os CP, para amenizar o sofrimento e controlar a dor, assim como a interrupção de tratamentos inúteis, eram considerados medidas eutanásicas.

Como se pode notar, a eutanásia não tinha como objetivo provocar a morte do doente, mas sim fazer com que ela ocorresse com o menor sofrimento possível.[256] Em suas origens, a eutanásia assemelha-se

---

253 MARREIRO, Cecília Lôbo. *O direito à morte digna*: uma análise ética e legal da ortotanásia. Curitiba: Appris, 2014. p. 145.

254 DICHER, Marilu; TREVISAM, Elisaide. *A jornada histórica da pessoa com deficiência*: inclusão como exercício do direito à dignidade da pessoa humana. Disponível em: http://publicadireito.com.br/artigos/?cod=572f88dee7e2502b. Acesso em: 08 out. 2020).

255 MARREIRO, Cecília Lôbo. *O direito à morte digna*: uma análise ética e legal da ortotanásia. Curitiba: Appris, 2014. p. 145.

256 BORGES, Roxana Cardoso Brasileiro. Direito de morrer dignamente: eutanásia, ortotanásia, consentimento informado, testamento vital, análise constitucional e penal e direito comparado. *In:* SANTOS, Maria Celeste Cordeiro Leite (Org.). *Biodireito*: ciência da vida, novos desafios. São Paulo: Revista dos Tribunais, 2001. p. 285.

à ideia atual concebida para os CP, cujo foco é centrado na oferta de qualidade de vida ao enfermo, para que este tenha uma morte sem dor e sofrimento e no seu devido tempo, sem abreviamento ou adiamento.

Atualmente, contudo, diferentemente dos CP, que buscam amenizar a dor e o sofrimento do paciente com doença crônica (ou aguda) ou terminal,[257] conferindo-lhe qualidade de vida até a ocorrência da morte, sem que haja antecipação ou postergação da mesma (morte natural), a concepção da eutanásia é pautada em ação ou omissão médica que leva o doente à morte antecipadamente deliberada, como se dá, por exemplo, nos casos de aplicação de injeção letal, retirada de tratamento, desligamento de equipamentos médicos.[258] Além da ação ou omissão, deve haver também intenção para dar cabo aos sofrimentos ou preveni-los por compaixão.[259]

Além disso, a eutanásia exige atuação de médico, sendo indispensável que haja manifestação de vontade do paciente, que deve se encontrar consciente. Sem deixar de levar em conta que a pessoa deve estar acometida de doença incurável ou terminal e em sofrimento físico, psíquico ou espiritual, e sem possibilidade de tratamento regularmente praticado.[260]

Especificamente em relação à criança menor de 12 anos, somente a Bélgica permite, desde fevereiro de 2002, a eutanásia, ocasião em que a Lei da Eutanásia de maio de 2002 passou por mudanças, exigindo-se, para tanto, o pedido voluntário da criança com doença terminal e o consentimento formal dos pais, cujo prosseguimento do pedido depende de decisão a ser analisada por equipe multidisciplinar.[261] Outro país europeu que admite a eutanásia para os menores idade é a Holanda, porém para os que possuem idade acima dos 12 anos.[262]

Nesse contexto, cumpre-nos assinalar que há exigências negativas instituídas para a preservação da vida, de forma que não se possa

---

257 Doença ameaçadora da vida aguda, crônica ou terminal.

258 LOMBARD, John. *Law, palliative care and dying*: legal and ethical challenges. New York: Routledge, 2018. l. 7.

259 HOTTOIS, Gilbert; PARIZEAU, Marie-Hélène. *Dicionário de bioética*. Tradução de Maria de Carvalho. Lisboa: Instituto Piaget, 1998. p. 225.

260 CASTILLO, Álvaro Gándara del. Eutanasia y cuidados paliativos en el sistema de salud español. *In:* MONTERO, José María Puyol (Coordinador). *Dignidad humana, vida y derecho*. Valencia: Tirant Lo Blanch, 2017. p. 153.

261 APPEL, Jacob M. Pediatric euthanasia. *In:* CHOLBI, Michael J. (Ed.). *Euthanasia and assisted suicide*: global views on choosing to end of life. Santa Barbara, California: Praeger, 2017. p. 336.

262 SAMANTA, Jo. Children and euthanasia: Belgium's controversial new law. *Diversity and equality in health and care*, n.12, v.1, p. 4, 2015.

matar uma pessoa inocente intencionalmente. Nem o paciente nem o médico podem matar propositadamente. Ademais, tanto o paciente como o médico também se submetem a demandas positivas com vistas à preservação da vida humana e da saúde. Estas, ao contrário das demandas negativas, que admitem um absoluto negativo, não impõem a preservação da vida a todo custo, independentemente do impacto que tratamento possa causar ao paciente. O que deve ser observado são os encargos e benefícios que o tratamento pode proporcionar, a fim de que não reste violada uma obrigação negativa ou positiva em detrimento da vida humana.[263] Nesse caso, a utilização de medidas proporcionais assume primordial importância não apenas na ponderação do uso de medidas que possam ocasionar benefícios ou danos para o paciente, mas também no que se refere a encargos e custos desnecessários para um tratamento que não traga nenhum proveito para o paciente, e em prejuízo da sociedade como um todo.

Dessa forma, pode-se concluir que o ponto em comum entre os CP e a eutanásia é o fato de ambos estarem relacionados a paciente com doença crônica ou terminal, divergindo, contudo, quanto ao objetivo. Enquanto os CP buscam aliviar a dor e o sofrimento, propiciando qualidade de vida ao doente do diagnóstico da doença até à ocorrência da morte, a eutanásia pressupõe uma ação ou omissão médica proposital que intenta dar fim à dor e à angústia por meio de uma morte deliberadamente antecipada.

A eutanásia pode ser classificada em voluntária, não voluntária e involuntária, bem como em ativa e passiva. Na eutanásia voluntária, o paciente em sofrimento solicita a prática do ato que ceifa sua vida, havendo suposição da ausência de coerção e da existência de consentimento informado. A eutanásia não voluntária ocorre quando há o cometimento de um homicídio intencional, dado ao fato de ser praticada em uma pessoa incapaz, que não deu seu consentimento. Já a eutanásia involuntária está relacionada à prática de homicídio intencional contra a pessoa que manifestou expressamente o seu não assentimento.[264] Na eutanásia ativa, ocorre a prática de uma ação que tem o condão de provocar a morte do doente. A eutanásia passiva, por sua vez, está associada à ausência ou retirada de tratamento médico (ou alguma combinação) que leve ao resultado morte. Neste caso, não

---

263 PATERSON, Craig. *Assisted suicide and euthanasia*: a natural law ethics approach. New York: Routledge, 2017. p. 110.

264 *Ibidem*. p. 11.

se pode deixar de observar que a retenção ou retirada do tratamento não deve ocorrer por meio de simples apelo de passividade, mas também mediante avaliação das partes envolvidas (médico e paciente ou representante legal).[265]

Enquanto a eutanásia tem como escopo o abreviamento da vida mediante a antecipação deliberada da morte, a distanásia, diferentemente, constitui-se no prolongamento desnecessário da morte da pessoa gravemente enferma.

A distanásia é uma palavra originária do grego, cujo significado é "morte difícil ou penosa".[266] No sentido etimológico, constitui-se no prolongamento despropositado da angústia, sofrimento e morte. É o mesmo que um tratamento fútil e inútil, cuja consequência é uma "morte medicamente lenta, prolongada e com sofrimento". Não há alongamento da vida, mas sim do processo de morrer. É nomeada como "obstinação terapêutica" na Europa, "futilidade médica", "tratamento fútil", ou "futilidade" nos Estados Unidos.[267] No Brasil, são de maior uso os termos "obstinação terapêutica" e "futilidade terapêutica". Também reconhecida como "encarniçamento terapêutico".

Com o progresso técnico-científico, a distanásia (obstinação terapêutica) passou a interferir decisivamente na fase final da vida, posto que, nas situações em que não há mais nada fazer e a morte torna-se inevitável, o uso da tecnologia avançada termina por infligir mais sofrimento.[268] Ao paciente é acrescido tão somente aflição e vida quantitativa (vida biológica), em detrimento de sua dignidade.[269]

Tenha-se presente que a preocupação com o momento da morte tem ocorrido de acordo com as transformações de cada fase evolutiva da humanidade, passando a ter um prazo cada vez maior em função dos avanços tecnológicos alcançados pela medicina em meados do Século XX, propiciando maior longevidade à vida humana, ainda que de forma artificial. Somados a isso, a adoção da Convenção de Viena pelo Brasil e a utilização do parâmetro de morte cerebral para o conceito de morte culminou no processo de medicalização da morte.[270]

---

265 PATERSON, Craig. *Assisted suicide and euthanasia*: a natural law ethics approach. New York: Routledge, 2017. p. 12.

266 ABEL, F. Distanásia. *In:* LEONE, Salvino; PRIVITERA, Salvatore; CUNHA, Jorge Teixeira da (Coords.). *Dicionário de bioética*. Aparecida, SP: Editora Santuário, 2001. p. 314.

267 PESSINI, Leo. *Distanásia*: até quando prolongar a vida. São Paulo: Editora do Centro Universitário São Camilo: Edições Loyola, 2001. p. 30.

268 *Ibidem*. p. 32.

269 PESSINI, Leo; BARCHIFONTAINE, Christian de P. de. *Problemas atuais de bioética*. 11. ed. São Paulo: Centro Universitário São Camilo, 2014. p. 455.

270 CASTRO, Tamara da Costa de *et al.* Cuidados paliativos: uma resposta humanizada à obstinação terapêutica. *In:* CABRAL, Hildeniza Boechat; VON-HELD, Andréa Rodrigues;

A morte, que até então ocorria no seu tempo natural quando da cessação das atividades cardiorrespiratórias, dada à inexistência de tecnologia capaz de provocar o alongamento desmedido da vida.[271] Com o progresso técnico-científico, tornou-se possível prolongar artificialmente a vida humana por período de tempo cada vez mais longo, incorrendo na prática da distanásia, que tem se revelado uma conduta de benefício duvidoso para o paciente e sua família.[272]

A distanásia, entendida como excesso terapêutico, leva a consequências jurídicas permanentes, como lesão à dignidade da pessoa humana, precipuamente nos casos em que a manifestação por esse tipo de tratamento não tenha sido consignada expressamente por meio das diretivas antecipadas de vontade (DAV). Resta, entretanto, à família, a difícil tarefa de aceitar os limites para a introdução ou suspensão de certos tratamentos quando eles se tornam futilidade médica na incessante busca pela cura e os problemas advindos de tal conduta.[273]

Para os defensores do direito ao suicídio, ao suicídio assistido e à eutanásia voluntária (algumas delas), o direito existe quando fatores relacionados ao motivo e ao consentimento se fazem presentes.[274]

No que diz respeito ao suicídio assistido, convém antes apontar a diferença entre suicídio (ou suicídio patológico) e suicídio racional (ou suicídio assistido). O suicídio é decorrente de um descontrole emocional ocasionado pela depressão ou angústia excessiva. Já o suicídio assistido, que leva a uma morte voluntária, exige que haja capacidade para raciocinar, visão real do mundo, informação adequada, ato capaz de poupar a pessoa de passar por mal maior, e ser um ato que atenda a seus valores fundamentais.[275] O ato causador da morte é praticado pelo próprio paciente, com orientação ou auxílio de terceiros ou do profissional da medicina.[276]

DADALTO, Luciana (Orgs). *Cuidados paliativos*: estudos acadêmicos transdisciplinares. Campos dos Goytacazes, RJ: Brasil Multicultural, 2018. pos. 2905. E-book.

271 *Ibidem*. pos. 2905.

272 *Ibidem*. pos. 2922.

273 CASTRO, Tamara da Costa de *et al.* Cuidados paliativos: uma resposta humanizada à obstinação terapêutica. *In:* CABRAL, Hildeniza Boechat; VON-HELD, Andréa Rodrigues; DADALTO, Luciana (Orgs). *Cuidados paliativos*: estudos acadêmicos transdisciplinares. Campos dos Goytacazes, RJ: Brasil Multicultural, 2018. Pos. 2923. E-book.

274 PATERSON, Craig. *Assisted suicide and euthanasia*: a natural law ethics approach. New York: Routledge, 2017. p. 111.

275 SANTOS, Laura Ferreira dos. *A morte assistida e outras questões de fim-de-vida*. Coimbra: Almedina, 2015. p. 103-104.

276 MALUF, Adriana Caldas do Rego Freitas Dabus. *Curso de bioética e biodireito*. 4. ed. São Paulo: Almedina, 2000. pos. 7665. E-book.

Alguns países do mundo admitem tanto a eutanásia como o suicídio assistido, enquanto outros somente admitem o suicídio assistido ou a eutanásia voluntária. Entre os que aceitam tanto a eutanásia voluntária como o suicídio assistido, tem-se a Holanda e a Bélgica. Já dentre os que permitem apenas o suicídio assistido, estão a Suíça, o Canadá, os Estados Unidos (Oregon, Washington, Vermont, Califórnia, Colorado, Washington DC, Havaí, Nova Jersey e Maine), e a Austrália (Victoria). Por fim, os que só permitem a eutanásia voluntária, Luxemburgo e Colômbia.[277]

Outro instituto que tem relação com a terminalidade da vida é a ortotanásia, que provém dos radicais gregos *orthos* (correto) e *thanatos* (morte), significando morte certa, no tempo correto. A morte não é antecipada, como ocorre com a eutanásia, nem postergada, como se dá com a distanásia. Não há interferência médica em relação ao momento da morte, seja para antecipá-lo, seja para adiá-lo. O período vital não é encurtado, uma vez que já se encontra em esgotamento. Mantém-se, contudo, os cuidados básicos com a saúde do paciente.[278]

Cumpre-nos assinalar que a morte ainda não ocupou seu lugar na sociedade contemporânea, constituindo-se em um verdadeiro tabu. Isso tem implicado em entendimentos equivocados entre a eutanásia passiva e a ortotanásia. Enquanto na eutanásia passiva há abreviamento da vida pela morte intencionalmente antecipada, na ortotanásia a morte não é antecipada, posto ocorrer pelo esgotamento da vida (morte natural). Na ortotanásia, não há omissão da intervenção terapêutica, como defendem os que a consideram eutanásia passiva, mas sim uma alteração desta, dado não se buscar a cura da doença, mas sim o bem-estar do paciente por intermédio do uso de cuidados paliativos até que a morte ocorra. A prática da ortotanásia não é considerada crime, conquanto não haja previsão legal no Brasil, ao passo que a prática da eutanásia passiva, tal como a ativa, constitui crime de homicídio.[279]

A mistanásia, neologismo cunhado no Brasil em 1989 pelo bioeticista Márcio Fabri dos Anjos, vem a expressar uma morte indireta, decorrente de abandono, omissão ou negligência social e também pessoal. Geralmente é mais comum entre a população pobre, resultado de

---

[277] CASTRO, Mariana Parreiras Reis de *et al.* Eutanásia e suicídio assistido em países ocidentais: revisão sistemática. *Revista bioética* (Impr.), v. 24, n. 2, p. 357, 2016.

[278] VILLAS-BÔAS, Maria Elisa. *Da eutanásia ao prolongamento artificial*: aspectos polêmicos na disciplina jurídico penal do final da vida. Rio de Janeiro: Forense, 2005. p. 73.

[279] FÜRST, Henderson. *No confim da vida*: direito e bioética na compreensão da ortotanásia. Belo Horizonte: Letramento: Casa do Direito, 2018. p. 144.

uma vida precária.[280] Trata-se de uma morte adjetivada, de conotação ética, não natural ou normal, precoce e evitável.[281]

Impende observar que o ser humano, embora seja um ser temporal, posto sua morte ser inevitável, não deve ser compreendido apenas como um ser para a morte, mas sim como um ser possuidor de dignidade até a morte. O viver em sofrimento quase sempre leva à morte antes do tempo (morte precoce). Necessário se faz, pois, afastar o sofrimento e as mortes evitáveis (mortes mistanásicas), causada por abandono, negligência social e também pessoal.[282]

A morte nas ruas, por não acesso à saúde, pela ausência de atendimento, decorrente de erro médico, e a causada pela prática inadequada de CP são exemplos de morte mistanásica, o que vem a exigir medidas políticas, econômicas, sociais e de promoção e proteção à saúde voltadas precipuamente para a população menos favorecida.

Como a atual situação de pandemia de Covid 19 vivenciada pela sociedade, a morte por mistanásia também sofreu elevação, não somente em decorrência da falta de assistência à saúde ocasionada pela infecção, mas também pelo não acesso a materiais de higiene pessoal, itens de proteção como máscaras, e restrições de isolamento.

1.6 Cuidados paliativos pediátricos e morte digna da criança

A morte, nos dias atuais, afigura-se temida pela sociedade e ocorre, comumente, com o doente isolado em um leito de UTI, afastado da família e de amigos. Foi transformada em um verdadeiro tabu. No passado, ao contrário, era pública e aceita pela sociedade, com o moribundo aguardando sua chegada calmamente no leito de seu quarto, cercado de parentes, amigos, vizinhos e crianças. Não era uma morte repentina, visto ser preparada pelo morrente.[283]

Significativas mudanças no tocante à morte e ao morrer podem ser identificadas na alta Idade Média (século V ao XII) e na baixa Idade

280 RICCI, Luiz Antônio Lopes. *A morte social*: mistanásia e bioética. São Paulo: Paulus, 2015. pos. 558. E-book.

281 PESSINI, Leo; RICCI, Luiz Antônio Lopes. O que entender por mistanásia? *Tratado brasileiro sobre direito fundamental à morte digna*. São Paulo: Almedina, 2017. p. 168.

282 RICCI, Luiz Antônio Lopes. *A morte social*: mistanásia e bioética. São Paulo: Paulus, 2015. pos. 556. E-book.

283 KELLEHEAR, Allan. *Uma história social da morte*. Tradução de Luiz Antônio Oliveira de Araújo. São Paulo: Editora Unesp, 2016. p. 170.

Média (século XII ao XV). Na alta Idade Média, a morte era "domesticada", "familiar", concebida como algo natural da vida e que fazia parte do cotidiano da sociedade. É esperada no leito pelo moribundo, que, ao pressentir sua chegada, realiza o ritual final de despedida e reconciliação com a família e amigos, expondo suas últimas vontades na esperança do juízo final, quando então alcançaria o paraíso celeste.[284] Morrer em segredo, longe, inesperadamente, sem testemunha, sem cerimonial, era algo execrável.[285] Nessa época, a morte apresentava-se de forma lenta, sendo considerada o que há de mais importante na vida de um homem. Tudo que não leve a uma morte feliz é vão, como é o caso da morte repentina,[286] da morte do condenado, do suicida e dos desviantes, que passam ao largo da morte feliz.[287] Somente se morre se houver tido tempo de saber se vai morrer.[288]

Na baixa Idade Média, a morte, que antes era uma certeza, passar a ser considerada uma incerteza, uma vez que o acesso da alma ao paraíso era intermediado pela Igreja, com o julgamento final ocorrendo logo após a morte e não mais nos Tempos finais. Conforme a conduta do moribundo antes da morte, este desceria ao inferno (sofrimento eterno) ou ascenderia aos céus (alegria eterna). A morte deixa de ser algo natural e passa a ser uma provação.[289]

Até o século XVIII, a morte apenas interessava a quem ela ameaçava, e somente a este.[290] É um período em que ela passa a ser romantizada e o homem passa a ter complacência com a ideia de morte. O morrer passa a ser um momento de ruptura, com o homem sendo arrancado de sua vida cotidiana e lançado num mundo irracional, violento e cruel. Passa a existir uma separação radical entre a vida e a morte, com esta tornando-se laicizada.[291]

---

[284] CAPUTO, Rodrigo Feliciano. O homem e suas representações sobre a morte e o morrer: um percurso histórico. *Revista multidisciplinar da uniesp*, Saber acadêmico, n. 06, p. 76, dez. 2008.

[285] RODRIGUES, José Carlos. *Tabu da morte*. 2. ed. Rio de Janeiro: Eitora FIOCRUZ, 2006. pos. 1589. E-book.

[286] Dias de hoje, modo contrário, a morte repentina é considerada morte boa por não causar sofrimento ao enfermo. (KOVÁCS, Maria Júlia. *Educação para a morte*: temas e reflexões. São Paulo: Casa do Psicólogo: Fapesp, 2003. p. 29).

[287] RODRIGUES, José Carlos. *Tabu da morte*. 2. ed. Rio de Janeiro: Eitora FIOCRUZ, 2006. pos. 1599. E-book.

[288] ARIÈS, Philippe. *História da morte no ocidente*: da idade média aos nossos tempos. Tradução de Priscila Viana de Siqueira. Rio de Janeiro: Nova Fronteira, 2017. p. 29.

[289] CAPUTO, Rodrigo Feliciano. O homem e suas representações sobre a morte e o morrer: um percurso histórico. *Revista multidisciplinar da uniesp*, Saber acadêmico, n. 06, p. 76, dez. 2008.

[290] ARIÈS, Philippe. *História da morte no ocidente*: da idade média aos nossos tempos. Tradução de Priscila Viana de Siqueira. Rio de Janeiro: Nova Fronteira, 2017. p. 69.

[291] CAPUTO, Rodrigo Feliciano. O homem e suas representações sobre a morte e o morrer: um percurso histórico. *Revista multidisciplinar da uniesp*, Saber acadêmico, n. 06, p. 77, dez. 2008.

A partir do final do século XIX, os médicos assumem um papel importante no agravamento das doenças, dedicados à busca do alívio dos sintomas. Com a evolução da medicina, o interesse pelos sintomas e pelo diagnóstico da doença aumentou, ainda que não fosse dado conhecimento ao doente. Os sintomas e a doença eram abordados, sem, entretanto, fazer-se qualquer referência à proximidade da morte.[292]

Mas é entre 1930 e 1950 que há uma aceleração no processo de escamoteamento da morte, que deixou de ocorrer em casa, em meio a parentes e amigos, para acontecer no hospital.[293] Morre-se no hospital porque este é o local onde podem ser prestados os cuidados que não mais podem ser realizados em casa. Morre-se no hospital porque os médicos não conseguiram curar. E vai-se ao hospital não mais para ser curado, mas sim para morrer.[294] A morte no hospital, diversamente da morte com uma cerimônia ritualística presidida pelo moribundo entre parentes e amigos, é uma morte técnica, ocasionada pela falta de cuidados e declarada por decisão do médico e da equipe hospitalar.[295]

Hodiernamente, a morte, que antes possuía caráter público e era sentida e aceita naturalmente pelo enfermo, é escondida, com a família e o médico ocultando do doente grave seu estado de saúde. A morte passa a ser um objeto interdito.[296]

Com a medicalização, a morte é desconstruída, não sendo mais um momento, mas sim um processo definido por meio de parâmetros. Há ocasiões em que não é possível saber se a pessoa está viva ou morta, embora ainda existam parâmetros considerados vitais, cujo prolongamento não significa, necessariamente, haver vida. Qual seja, o avanço da técnica médica permite a sobrevivência de pessoas que podem estar mortas do ponto de vista fenomenológico, dada a necessidade de uso de equipamentos de suporte vital e cuidados básicos de outras pessoas. Nesta situação, morrem com a consciência rebaixada, sem sequer se despedirem dos entes queridos.[297]

---

292 KOVÁCS, Maria Júlia. *Educação para a morte*: temas e reflexões. São Paulo: Casa do Psicólogo: Fapesp, 2003. p. 67.

293 ARIÈS, Philippe. *História da morte no ocidente*: da idade média aos nossos tempos. Tradução de Priscila Viana de Siqueira. Rio de Janeiro: Nova Fronteira, 2017. p. 83-84.

294 *Ibidem*. p. 84.

295 *Ibidem*. p. 84.

296 CAPUTO, Rodrigo Feliciano. O homem e suas representações sobre a morte e o morrer: um percurso histórico. *Revista multidisciplinar da uniesp*, Saber acadêmico, n. 06, p. 78, dez. 2008.

297 KOVÁCS, Maria Júlia. *Educação para a morte*: temas e reflexões. São Paulo: Casa do Psicólogo: Fapesp, 2003. p. 78.

Foi em meio a esse contexto que o desenvolvimento do movimento dos CP terminou por reumanizar a morte, ao não se prolongar o processo de morrer quando não há mais vida, criando um ambiente favorável para as despedidas, separação e pensamento em relação à vida dos que sobreviverão.[298] Isso sem deixar de rememorar que os CP têm o condão de proporcionar qualidade de vida ao doente crônico ou terminal, aliviando a dor e a angústia, considerando seu estado de saúde e os aspectos físico, psicológico, social e espiritual.

As transformações socioeconômicas e as alterações do estilo de vida ocorridas nas últimas décadas do século XX, associadas ao aumento da expectativa de vida, resultaram no aumento das doenças crônicas, que têm sido um sério problema de saúde pública. Fora isso, o avanço científico e tecnológico da medicina moderna vem tornando doenças anteriormente fatais em doenças crônicas, as quais têm se constituído na maior causa de morte em todo o mundo, com as doenças cardiovasculares, diabetes, câncer e doenças respiratórias crônicas, representando 65% das mortes.[299]

O processo de morte passou a ter um prazo cada vez mais longo, pois a utilização de novas tecnologias a serviço da saúde possibilitou considerável aumento da vida humana, ainda que de modo artificial,[300] restringindo ou retirando a qualidade de vida e com desrespeito à integridade física e psíquica, bem como à dignidade da pessoa humana.

O uso de medidas insistentes – obstinação terapêutica[301] e tratamento fútil – que não sejam capazes de evitar a morte mostram-se em descompasso com a dignidade da pessoa humana, posto que esta considera a existência do ser humano, apesar de doente e independentemente de quem seja o doente. Ser humano é que vive e quem morre.[302]

---

[298] KOVÁCS, Maria Júlia. *Educação para a morte*: temas e reflexões. São Paulo: Casa do Psicólogo: Fapesp, 2003. p. 78.

[299] FERRO, Ivis Andrea Marques; DIAS, Lílian Barbosa Ribeiro; FRAGA, Renata Caravaline Carvalhal Fraga. Doenças crônicas e cuidados paliativos. *In:* CABRAL, Hildeniza Boechat; VON-HELD, Adréa Rodrigues; DADALTO, Luciana (Orgns.). *Cuidados paliativos*: estudos acadêmicos transdisciplinares. Campos dos Goytacazes: Brasil Multicultural, 2018. p. 2752. E-book.

[300] CASTRO, Tamara da Costa de *et al.* Cuidados paliativos: uma resposta humanizada à obstinação terapêutica. *In:* CABRAL, Hildeniza Boechat; VON-HELD, Andréa Rodrigues; DADALTO, Luciana (Orgs). *Cuidados paliativos*: estudos acadêmicos transdisciplinares. Campos dos Goytacazes, RJ: Brasil Multicultural, 2018. pos. 2906. E-book.

[301] Também reconhecida como futilidade terapêutica ou encarniçamento terapêutico.

[302] ARAÚJO, Cynthia Pereira de; MAGALHÃES, Sandra Marques. Obstinação terapêutica: um não direito. *In:* DADALTO, Luciana (Coord.). *Cuidados paliativos*: aspectos jurídicos. Indaiatuba, SP: Editora Foco, 2021. p. 493. E-book.

Cumpre observar que tanto a obstinação terapêutica como o tratamento fútil estão umbilicalmente ligados à distanásia, sendo considerados sinônimos por parte de alguns autores. A obstinação terapêutica ocorre quando se busca evitar a morte de todas as formas, como se fosse possível curá-la, sem que sejam observados os sofrimentos e os custos humanos gerados. Está relacionada à "obsessão médica" de manter o paciente vivo a todo custo, impondo-lhe um tratamento desumano e degradante, em clara afronta à dignidade da pessoa humana.[303] O prolongamento da vida biológica ocorre devido ao uso da "tecnologia médica".[304] Já o tratamento fútil se dá quando se faz uso de técnicas e métodos extraordinários e desproporcionais de tratamento, que não trazem melhora ou cura, mas sim agravamento dos sofrimentos.[305]

É possível a cura de uma doença classificada como mortal, mas não a cura da mortalidade, cujo esquecimento leva à tecnolatria e à absolutização da vida biológica. A obstinação terapêutica adia o inevitável, acrescentando sofrimento a uma vida quantitativa em detrimento da dignidade da pessoa humana.[306]

Noutro prisma, convém salientar que a obstinação terapêutica encontra objeção na dignidade da pessoa humana (art. 1º, III, CF/88), na vedação à tortura e ao tratamento desumano ou degradante (art. 5º, III, CF/88), bem como no art. 1º da Resolução CFM nº 1.805/2006, o qual estabelece que ao médico pode limitar ou suspender procedimentos e tratamentos que prolonguem a vida do doente em fase terminal, de enfermidade grave e incurável, respeitada sua vontade ou a do representante legal.[307]

Entretanto, somente o tratamento reconhecido como fútil e desproporcional pode ser limitado ou suspenso, e desde que não haja contribuição para encurtamento da vida da criança enferma, o que configuraria a prática de eutanásia passiva. A permissão tem em vista a limitação ou suspensão de procedimentos médicos que possam

---

303 SANTORO, Luciano de Freitas. *A morte digna*: o direito do paciente terminal. Curitiba: Juruá, 2012. p. 139-140.

304 CARDOSO, Juraciara Vieira. *Eutanásia, distanásia e ortotonásia*: o tempo certo da morte digna. Belo Horizonte: Mandamentos Editora, 2010. p. 197.

305 MARTEL, Letícia de Campos Velho. Limitação de tratamento, cuidado paliativo e suicídio assistido: elementos para um diálogo sobre os reflexos jurídicos da categorização. *In:* BARROSO, Luís Roberto (Org.). *A reconstrução democrática do direito público no Brasil.* Rio de Janeiro: Renovar, 2007. p. 374.

306 PESSINI, Leo; BARCHIFONTAINE, Christian de P. de. *Problemas atuais de bioética.* 11. ed. São Paulo: Centro Universitário São Camilo, 2014. p. 455.

307 CFM. Conselho Federal de Medicina. *Resolução CFM nº 1.805/2006*. Disponível em: https://sistemas.cfm.org.br/normas/visualizar/resolucoes/BR/2006/1805. Acesso em: 03 nov. 2020.

configurar a prática da distanásia,[308] que somente prolongariam o sofrimento do doente.[309]

Para que os tratamentos possam ser reconhecidos como fúteis, deve-se levar em consideração os objetivos particulares que pretendiam atingir ou pelos quais possam ser utilizados como instrumentos. A busca por uma definição de futilidade faz com que os objetivos em relação aos quais os tratamentos podem ser caracterizados como fúteis sejam examinados. Uma grande variedade de objetivos tem sido apresentada pela literatura contemporânea sobre o debate. Os tratamentos têm sido qualificados como fúteis quando: não atingem os objetivos de adiar a morte; são incapazes de prolongar a vida; não podem melhorar, manter ou restaurar a qualidade de vida; inapto para beneficiar o paciente em parte ou como um todo; não se mostra capaz de melhorar o prognóstico; incapaz de melhorar o conforto do paciente, bem-estar ou estado geral de saúde; não possibilita alcançar certos efeitos fisiológicos; não pode restaurar a consciência; incapaz de acabar com a dependência de cuidados médicos intensivos; não é possível prevenir ou curar a doença; for incapaz de amenizar o sofrimento, aliviar os sintomas, restabelecer determinada função, e assim por diante.[310]

Não há dúvidas de que o apreço pela vida e a tendência em considerá-la como um dos bens mais valiosos garantem um lugar privilegiado ao direito à vida, cuja defesa e proteção constituem uma obrigação prioritária e inadiável do Estado em relação aos indivíduos.[311] Entretanto, o respeito pelo direito à vida não quer dizer que a morte venha a ser adiada indefinidamente ou que se possa pôr termo à finitude para que a imortalidade seja alcançada, mas sim permitir que a vida tenha seu curso natural, livre de violência ou arbitrariedade por parte de outros seres humanos.[312]

Previsto expressamente pela Constituição de 1988 (art. 5º, *caput*) como um direito fundamental inviolável, o direito à vida é garantido aos

---

[308] GODINHO, Adriano Marteleto. Ortotanásia e cuidados paliativos: o correto exercício da prática médica no fim da vida. *In:* GODINHO, Adriano Marteleto; LEITE, George Salomão; DADALTO, Luciana (Coords.). *Tratado brasileiro sobre o direito fundamental à morte digna.* São Paulo: Almedina, 2017. p. 144-145.

[309] PESSINI, Leo; BERTACHINI, Luciana. *O que entender por cuidados paliativos?* São Paulo: Paulus, 2006. p. 5.

[310] PESSINI, Leo. *Distanásia*: até quando prolongar a vida. São Paulo: Editora do Centro Universitário São Camilo: Edições Loyola, 2001. p. 62.

[311] PAPACCHINI, Angelo. *Derecho a la vida.* Cali: Editorial Universidad de Valle, 2010. p. 15. E-book.

[312] PAPACCHINI, Angelo. *Derecho a la vida.* Cali: Editorial Universidad de Valle, 2010. p. 17. E-book.

brasileiros e aos estrangeiros residentes no país,[313] cabendo ao Estado assegurá-lo tanto na acepção do direito de continuar vivo como na de ter uma vida digna quanto à subsistência.[314]

Contudo, no contexto constitucional, a vida deve ser compreendida não somente no seu "sentido biológico de incessante autoatividade funcional, peculiar à matéria orgânica, mas também na sua mais ampla acepção biográfica". A riqueza significativa da vida é de difícil apreensão por ser algo dinâmico, que se transforma continuamente sem que haja perda de sua própria identidade. A vida é um processo (processo vital) que se inicia com a concepção, modificando-se, progredindo e mantendo sua identidade até que mude de qualidade, quando, então, deixa de ser vida para ser morte. Tudo que interfira "em prejuízo deste fluir espontâneo e incessante contraria a vida".[315]

O entendimento exposto acima, vale ressaltar, é aplicável mesmo quando a situação envolver criança, em que pese seu direito à vida, tal como à saúde, possuir a garantia constitucional de prioridade absoluta (art. 227, *caput*, CF/88). Ou seja, o direito à vida da criança não é absoluto, de modo a não ser admitido o uso de medidas terapêuticas ou aparelhos de suporte vital tão somente para postergar o curso natural da morte, em clara afronta à dignidade da pessoa humana.

Uma situação de obstinação terapêutica em criança e que chegou à Justiça brasileira foi analisado por Débora Diniz, cujo caso envolveu um bebê de oito meses, com um quadro clínico degenerativo e incurável, que exigia sessões diárias de intervenção em seu corpo para que continuasse vivo. Por não haver mudança no quadro clínico, nem possibilidade de conter o avanço da doença, o uso de práticas invasivas, como a sonda nasogástrica, era tolerado. O quadro foi ocasionado por uma doença genética rara, a Amiotrofia Espinhal Progressiva Tipo I, em relação à qual a medicina não oferece medida terapêutica ou paliativa para aliviar a situação clínica, e cuja estimativa de vida era de poucos

---

313 Ingo Sarlet acentua que o princípio da universalidade, fortemente fundamentado no princípio da dignidade da pessoa humana, não permite que os estrangeiros não residentes sejam excluídos de forma generalizada da titularidade dos direitos fundamentais, o que inclui induvidosamente o direito à vida. (SARLET, Ingo Wolfgang. *A eficácia dos direitos fundamentais*: uma teoria geral dos direitos fundamentais na perspectiva constitucional. 12. ed. Porto Alegre: Livraria do Advogado: Porto Alegre, 2015. pos. 5137. E-book).

314 MORAES, Alexandre de. *Direitos humanos fundamentais*: teoria geral: comentários aos arts. 1º a 5º da Constituição da República Federativa do Brasil: doutrina e jurisprudência. 12. ed. São Paulo: Atlas, 2021. p. 180. E-book

315 SILVA, José Afonso da. *Curso de direito constitucional positivo*. 43. ed. São Paulo: Malheiros, 2020. p. 199.

anos. O bebê havia sobrevivido a paradas cardiorrespiratórias graças ao cuidado incondicional dos pais.[316]

A morte do bebê era tida como certa, com ou sem ventilação mecânica, e os pais, tendo consciência disso, ingressaram na Justiça para garantir que ele não seria submetido à ventilação nem internado em UTIP, evitando, dessa forma, a obstinação terapêutica. A ventilação mecânica, caso utilizada, não seria um ato médico necessário ao tratamento do bebê, mas sim uma intervenção definitiva que impediria sua morte.[317]

Situação diferente, e que teve alcance mundial, aconteceu na Inglaterra, o caso do bebê Charles Gard, cujos pais, diversamente do ocorrido no Brasil, divergiram da equipe médica, que decidiu pela retirada do suporte vital e pela prestação de CP. Os pais, ao contrário, manifestaram-se pelo tratamento experimental.

Charlie Gard nasceu com aparência saudável, em Londres, na Inglaterra, em 04 de agosto de 2016. Passadas algumas semanas, seus pais, Chris Gard e Connie Yates, perceberam que ele, comparado a outras crianças de sua idade, tinha dificuldade em levantar a cabeça e em sustentar seu corpo. Aos dois meses de vida, após perda de peso e força, foi levado para o Great Ormond Street Hospital, em Londres, onde, após passar por diversos exames, foi diagnosticado com doença genética grave e rara, a síndrome de depleção do DNA mitocondrial encefalopática infantil (doravante MDDS), cuja principal consequência são danos muscular e cerebral.[318]

A MDDS afeta o DNA, que é uma organela encontrada, normalmente, nas mitocôndrias[319] das células, local onde ocorrem a respiração e a produção de energia. O prejuízo no envio da energia para os músculos, rins e cérebro faz com que o paciente fique incapaz de movimentar braços e pernas, bem como impossibilitado de se alimentar e respirar sem auxílio de aparelhos. O surgimento da doença ocorre nos primeiros anos de vida, sendo incurável, conquanto existam

---

[316] DINIZ, Debora. Quando a morte é um ato de cuidado: obstinação terapêutica em crianças. *Cad. saúde pública*, Rio de Janeiro, n. 22, v. 8, p. 1744, 2006.

[317] *Ibidem*. p. 1745.

[318] SÁ, Maria de Fátima Freire de; OLIVEIRA, Lucas Costa de. O caso Charlie Gard: em busca da solução adequada. *Revista m.*, Rio de Janeiro, v. 2, n. 4, p. 458, jul./dez. 2017.

[319] As mitocôndrias são encontradas na maioria das células do corpo humano. Cada célula possui centenas delas e são responsáveis pela liberação de grande parte da energia necessária à atividade celular. Possuem seu próprio material genético (DNA). (WILKINSON, Dominic *et al. Ethics, conflict and medical treatment for children*: from disagreement to dissensus. Oxford: Elsevier, 2019. p. 433-434).

tratamentos que possam amenizar os sintomas.[320],[321] As manifestações clínicas variam conforme o comprometimento dos órgãos, tais como a "fraqueza muscular, neuropatia periférica, encefalopatia, atraso no desenvolvimento neuropsicomotor, convulsões de difícil controle, cegueira cortical, oftalmoplegia e insuficiência hepática".[322]

A síndrome de depleção do DNA mitocondrial que acometeu Charlie é um subtipo associado à "mutação do gene mitocondrial RRM2B", constituindo-se em uma alteração genética raríssima, com a doença progredindo em poucos meses, levando o paciente à morte.[323]

Após o diagnóstico médico, Connie Yates (a mãe), por meio de buscas na internet, descobriu a existência de tratamento para quadros menos graves que o de Charlie nos Estados Unidos e questionou junto aos médicos de Great Ormond Street Hospital se o tratamento seria aplicado em Charlie.[324] Depois da realização de novos exames, foi constatado que o cérebro da criança havia sido gravemente afetado pela MDDS, com constantes convulsões, função de que foi decidido que o tratamento por terapia de nucleosídeos seria inútil e prolongaria o sofrimento de Charlie, o que causou descontentamento, que divergiu da equipe médica.[325]

Pautado na avaliação dos especialistas, o Great Ormond Street Hospital ingressou na justiça solicitando o desligamento dos equipamentos de suporte vital e que fossem prestados cuidados paliativos a Charlie. Os pais contestaram o pedido do Hospital, sob o argumento de que havia um tratamento experimental.[326]

A Alta Corte inglesa (High Court) concedeu, em 11 de abril de 2017, o pedido do Hospital, sob o fundamento de que "o melhor

---

320 Entenda a doença de Charlie Gard, bebê britânico que está comovendo o mundo. *IG São Paulo*, 05 jul. 2017. Disponível em: https://saude.ig.com.br/2017-07-05/charlie-gard-doenca.html. Acesso em: 09 nov. 2019.

321 A síndrome de acometeu Charlie (MDDS) não possui cura nem tratamento comprovado. (WILKINSON, Dominic *et al. Ethics, conflict and medical treatment for children*: from disagreement to dissensus. Oxford: Elsevier, 2019. p. 1.453).

322 DADALTO, Luciana; AFFONSECA, Carolina de Araújo. Considerações médicas, éticas e jurídicas sobre decisões de fim de vida em pacientes pediátricos. *In: Revista bioética*, Brasília, v. 26, n. 1, p. 14, jan./mar. 2018.

323 *Ibidem*. 2018, p. 14.

324 WILKINSON, Dominic *et al. Ethics, conflict and medical treatment for children*: from disagreement to dissensus. Oxford: Elsevier, 2019. l. 450.

325 *Ibidem*. l. 527.

326 BARBOZA, Heloísa Helena; CORRÊA, Marilena Cordeiro Dias Villela; ALMEIDA JÚNIOR, Vitor de Azevedo. Morte digna na Inglaterra: análise do caso Charles Gard. *In:* SÁ, Maria de Fátima Freire de; DADALTO, Luciana (Coords). *Direito e medicina*: a morte digna nos tribunais. Indaiatuba: Editora Foco, 2018. pos. 4.278. E-book.

interesse da criança compreende sua situação médica, emocional e todas as outras questões relativas ao bem-estar, o qual deve prevalecer sobre o poder dos pais de consentir no tratamento de seus filhos".[327]

Os pais, então, recorreram à Corte de Apelação (*Supreme Court*), invocando, dentre outras argumentações, a interferência indevida do Estado no poder familiar, tendo sido o pedido rejeitado em decisão datada de 08 de junho de 2017. Em seguida, os genitores apresentaram recurso junto à Corte Europeia de Direitos Humanos (CEDH) que, em 28 de junho de 2017, declarou o pedido inadmissível por não existência de violação aos direitos humanos.[328]

Após discordância entre a equipe de saúde e os genitores, a justiça inglesa deferiu o pedido formulado pelo Great Ormond Street Hospital, reconhecendo que o tratamento experimental ocasionaria mais sofrimento a Charlie, permitindo, então, que os equipamentos médicos fossem desligados e oferecidos cuidados paliativos.

Embora os pais do bebê brasileiro e de Charles Gard tenham concordado e divergido da posição assumida pela equipe médica, respectivamente, as Justiças brasileira e inglesa tiveram como fundamento principal em suas decisões o melhor interesse da criança, visto ser este um mandamento para a família, para o Estado-Juiz, o Estado legislador e o Estado-administrador.[329]

Em que pese a morte de uma criança ser extremamente impactante, não somente pela desestruturação e pela dor ocasionadas à família, mas também pelo sentimento de impotência impingido aos profissionais de saúde que a acompanharam até o desfecho final com a morte, não se pode fazer uso de medidas terapêuticas desproporcionais, inúteis e meramente protelatórias do processo natural de morrer.

À criança com doença que ameace a vida devem ser aplicados CPP, como medida terapêutica necessária ao alívio do sofrimento, juntamente com a família, a fim de que lhe seja conferida qualidade durante o tempo de vida que lhe resta, tendo uma morte natural, nem antecipada nem adiada, em observância à dignidade da pessoa humana.

---

[327] BARBOZA, Heloísa Helena; CORRÊA, Marilena Cordeiro Dias Villela; ALMEIDA JÚNIOR, Vitor de Azevedo. Morte digna na Inglaterra: análise do caso Charles Gard. *In:* SÁ, Maria de Fátima Freire de; DADALTO, Luciana (Coords). *Direito e medicina*: a morte digna nos tribunais. Indaiatuba: Editora Foco, 2018. l. 4278-4289.

[328] *Ibidem*. pos. l. 4290. E-book.

[329] AMIN, Adréa Rodrigues. Princípios orientadores do direito da criança e do adolescente. *In:* MACIEL, Kátia Regina Ferreira Lobo Andrade (Coord.). *Curso de direito da criança e do adolescente*: aspectos teóricos e práticos. 13. ed. São Paulo: Saraiva Educação, 2021. p. 89.

CUIDADOS PALIATIVOS PEDIÁTRICOS NOS ÂMBITOS INTERNACIONAL E NACIONAL: ASPECTOS ÉTICOS E JURÍDICOS

2.1 Considerações preliminares

Embora a doença, real ou imaginária, tenha acompanhado o ser humano ao longo da história,[330] e a concepção de saúde e de doença já seguissem rumos diferentes no Oriente,[331] um conceito universalmente aceito de saúde somente veio aparecer após a Segunda Guerra Mundial, quando foi enunciado pela primeira vez, em 1946, pelo preâmbulo da Constituição da Organização Mundial de Saúde (OMS),[332] como "um estado de completo bem-estar físico, mental e social e não apenas a ausência de doença ou enfermidade", constituindo-se em um dos direitos fundamentais do ser humano, ao qual cabe o gozo no mais alto padrão alcançável.[333]

A saúde passou, então, a ser considerada um direito humano fundamental e a integrar diversas normas internacionais, tais como: a) a Declaração Universal dos Direitos Humanos de 1948 (DUDH), cujo artigo 25.1 estabelece ser toda pessoa possuidora do direito a um

330 SCLIAR, Moacyr. História do conceito de saúde. *Physis: Rev. saúde coletiva*, Rio de Janeiro, v.1, n. 17, p. 30, 2007.

331 *Ibidem*. p. 33.

332 NEGRI, Stefania. Saúde e direito internacional: algumas reflexões sobre a tardia afirmação de um direito fundamental. *Bol. saúde*, Porto Alegre, v. 24, n. 2, p. 64, jul./dez. 2010.

333 WHO. World Health Organization. *Constitution of the World Health Organization*. Disponível em: https://apps.who.int/gb/bd/PDF/bd47/EN/constitution-en.pdf?ua=1. Acesso em: 17 out. 2021.

nível de vida que lhe garanta, juntamente com a família, saúde e bem-estar;[334] b) a Declaração Americana sobre os Direitos e Deveres do Homem (DADH), que, no artigo 11, fixa que toda pessoa tem direito à preservação da saúde e ao bem-estar;[335] c) o Pacto Internacional sobre os Direitos Econômicos, Sociais e Culturais (PIDESC), de 1996, o qual dispõe, no artigo 12.1, que toda pessoa tem direito ao gozo do mais alto padrão possível de saúde física e mental;[336] d) a Convenção sobre os Direitos das Crianças (CDC), de 1989, que atribui à criança, no artigo 24.1, o direito ao mais alto padrão de saúde possível.[337]

Como se pode perceber, os documentos internacionais acima elencados adotam o conceito amplo de saúde, que vai desde o direito individual subjetivo à assistência médica em caso de doença até a constatação do direito ao desenvolvimento do Estado, cuja personificação se dá com promoção de um nível de vida adequado (bem-estar) à preservação da dignidade da pessoa humana.[338]

Isto posto, a compreensão da saúde como um direito humano fundamental impõe aos Estados a obrigação de garantirem cuidados de saúde de qualidade, adequados, aceitáveis e accessíveis, inclusive com o dever de promoção de ações que interfiram nos determinantes subjacentes da saúde, como a garantia de água potável, saneamento, informação, educação, segurança alimentar, moradia e igualdade de gênero.[339]

É nesse contexto que os cuidados paliativos (CP) surgem como uma nova dimensão do direito humano fundamental à saúde,[340] ou seja, cuidados integrais destinados à melhoria da qualidade de vida do paciente (criança, adulto e idoso) e sua família, e a atender os problemas

---

334 UN. *Universal Declaration of Human Rights*. Disponível em: https://www.un.org/en/about-us/universal-declaration-of-human-rights. Acesso em: 21 out. 2021.

335 OEA. Declaración Americana de los Derechos y Deberes del Hombre. Disponível em: http://www.oas.org/es/cidh/mandato/Basicos/declaracion.asp. Acesso em: 17 out. 2021.

336 UN. International Covenant on Economic, Social and Cultural Rights. *Article 12.2*. Disponível em: https://www.ohchr.org/EN/ProfessionalInterest/Pages/CESCR.aspx. Acesso em: 22 out. 2021.

337 UN. Convention on the Rights of the Child. Disponível em: https://www.ohchr.org/en/professionalinterest/pages/crc.aspx. Acesso: 17 out. 2021.

338 DALLARI, Sueli Gandolfi; NUNES JÚNIOR, Vidal Serrano. *Direito sanitário*. São Paulo: Verbatim, 2010. p. 19/20.

339 OLIVEIRA, Maria Helena Barros de *et al.* Direitos humanos e saúde: 70 anos após a declaração universal de direitos humanos. *Revista eletrônica de comunicação, informação e inovação em saúde*, v. 4, n. 12, p. 373, out./dez. 2018.

340 BLENGIO VALDÉS, Mariana. Las nuevas dimensiones del derecho humanos a la salud: cuidados paliativos. *Revista de derecho público*, año 28, número 55, p. 28, julio 2019.

físicos, psíquicos, sociais, legais e espirituais relacionados com doença ameaçadora da vida[341] em fase aguda, crônica ou terminal.

2.2 Os cuidados paliativos pediátricos no âmbito internacional

Consoante o direito internacional, entre as principais fontes dos cuidados paliativos (CP[342]) estão o direito à saúde e o direito a não sofrer tratamentos cruéis, desumanos e degradantes.[343] O direito à saúde tem sua principal declaração contida no artigo 12.1 do Pacto Internacional de Direitos Econômicos Sociais e Culturais (PIDESC), de 1966, o qual assegura que todos os indivíduos têm o direito de usufruir do maior nível de saúde física e mental possível,[344] cabendo aos Estados a responsabilidade pela adoção das medidas necessárias para sua realização, inclusive com a criação de condições que garantam a todos os serviços e cuidados médicos no caso de doença.[345] Já o direito a não ser submetido a tratamentos cruéis, desumanos e degradantes tem amparo no artigo 5º da Declaração Universal dos Direitos Humanos (DUDH),[346] no artigo 7º do Pacto Internacional de Direitos Civis e Políticos (PIDCP)[347] e no

341 OPEN SOCIETY. *Cuidados paliativos como un derecho humano*. Disponível em: https://www.opensocietyfoundations.org/uploads/656b2ab4-b9cd-433d-849f-0151bcc8b0a9/palliative-care-human-right-fact-sheet-sp-20161209.pdf. Acesso em: 21 out. 2021.

342 Conforme salientado no capítulo anterior, a definição e os princípios dos cuidados paliativos (CP) podem ser aplicados a qualquer pessoa (criança, adulto ou idoso). Porém, as crianças são pessoas que passam por desenvolvimento contínuo, razão pela qual não podem ser equiparadas aos adultos. A elas devem ser aplicados os cuidados paliativos pediátricos (CPP), posto estes requererem atenção física, de desenvolvimento, psíquica, social, espiritual e relacional voltados especificamente para crianças. Assim, far-se-á uso do termo cuidados paliativos (CP) no sentido genérico, ofertado à pessoa independentemente da idade. A menção à expressão cuidados paliativos pediátricos (CPP) será utilizada para fazer referência à população infantil.

343 WPCA. WHO. *Global atlas of palliative care*. 2nd edition. p. 15. Disponível em: https://cdn.who.int/media/docs/default-source/integrated-health-services-(ihs)/csy/palliative-care/whpca_global_atlas_p5_digital_final.pdf?sfvrsn=1b54423a_3. Acesso em: 22 out. 2021.

344 UN. International Covenant on Economic, Social and Cultural Rights. *Article 12.2*. Disponível em: https://www.ohchr.org/EN/ProfessionalInterest/Pages/CESCR.aspx. Acesso em: 22 out. 2021.

345 UN. International Covenant on Economic, Social and Cultural Rights. *Article 12.2*. Disponível em: https://www.ohchr.org/EN/ProfessionalInterest/Pages/CESCR.aspx. Acesso em: 22 out. 2021.

346 UN. *Universal Declaration of Human Rights*. Disponível em: https://www.un.org/en/about-us/universal-declaration-of-human-rights. Acesso em: 21 out. 2021.

347 UN. International Covenant on Civil and Political Rights. Disponível em: https://www.ohchr.org/en/professionalinterest/pages/ccpr.aspx. Acesso em: 22 out. 2022.

artigo 5º da Convenção Americana de Direitos Humanos (CADH),[348] todos relacionados à obrigatoriedade dos Estados propiciarem alívio da dor das pessoas submetidas à abordagem paliativa.

Posta assim a questão, os CP encontram na busca do bem-estar físico, psíquico, social e espiritual, da pessoa enferma o fundamento do direito à saúde, e no alívio da dor, mediante o uso de medicamentos (opioides), o seu direito a não sofrer tratamento cruel, desumano e degradante. Estes são os pilares de sustentação dos CP, cujo fim último é a qualidade de vida da pessoa com doença ameaçadora da vida e sua família.

Outrossim, convém salientar que, embora se possa encontrar alicerces para os CP no art. 12.1 do PIDESC, no art. 5 da DUDH e no art. 7 do PIDCP, não há, no âmbito internacional, nenhuma referência expressa a eles, cuja definição ampla, tal qual a de saúde, é dada pela Organização Mundial de Saúde (OMS), conforme visto no capítulo 1. Dessarte, sendo os CP adequados parte dos cuidados continuados em saúde para todas as pessoas, incluindo as doenças que ameaçam a vida, pode-se compreendê-los como implícitos no direito humano internacional geral à saúde[349] e parte integrante desse direito.

Não se pode esquecer que a Declaração Universal de 1948 constitui uma recomendação,[350] desprovida de força vinculante (*soft law*),[351] que

---

[348] BRASIL. *Decreto nº 678, de 06 de novembro de 1992*. Promulga a Convenção Americana sobre Direitos Humanos (Pacto de São José da Costa Rica), de 22 de novembro de 1969. Disponível em: http://www.planalto.gov.br/ccivil_03/decreto/d0678.htm. Acesso em: 15 jul. 2022.

[349] BRENNAN, Frank. Palliative care as an international human. *Journal of pain and symptom management*, Vol. 33, nº 5, p. 495, may 2007.

[350] UN. Carta de las Naciones Unidas. *Artículo 10*. Disponível em: https://www.un.org/es/about-us/un-charter/full-text. Acesso em: 24 out. 2021.

[351] A Declaração Universal de Direitos Humanos (DUDH) e outras normas internacionais, para parte da doutrina, está inserida no conceito da chamada *soft law* (direito plástico, direito flexível ou direito maleável). Segundo Valério Mazzuoli, a *soft law* se diferencia das demais normas jurídicas por duas razões: i) ser um produto inacabado no tempo, voltada para aceitação de compromisso futuro (programático); e ii) por estabelecer sanções que se diferenciam das previstas pelas normas tradicionais, sendo seu cumprimento mais uma recomendação que uma obrigação diregida aos Estados. Em relação à Declaração Universal de Direitos Humanos (DUDH), Mazzuoli tem entendimento diverso, ao ressaltar que a expressão *declaração*, em Direito Internacional Público, possui diversos vários, podendo inclusive designar um tratado internacional *sticto sensu*, uma vez que, segundo a Convenção de Viena sobre o Direito dos Tratados de 1969, a denominação mostra-se irrelevante quando da elaboração de instrumentos internacionais. Para o referido autor, a Declaração Universal de Direitos Humanos de 1948 não está revestida da natureza de *tratado* nem constitui uma *soft law*. Em realidade, a Declaração Universal de Direitos Humanos estabelece um código de ética universal para a proteção internacional dos direitos humanos, integrando o *jus cogens* internacional, prevalececendo "à vontade

a Assembleia Geral das Nações Unidas faz aos Estados Membros no sentido de consubstanciar uma ética internacional de proteção dos direitos humanos, ao consagrar um consenso sobre os valores de cunho universal a serem seguidos pelos Estados.[352] O documento tem como objetivo projetar uma ordem pública mundial fundada no respeito à dignidade humana,[353] constituindo-se em instrumento de interpretação e integração do sistema de normas de direitos fundamentais, a exemplo das normas pertinentes ao direito à saúde.[354]

O caráter não cogente da Declaração Universal de Direitos Humanos (DUDH) deu surgimento ao Pacto Internacional de Direitos Civis e Políticos (PIDCP) e ao Pacto Internacional de Direitos Econômicos Sociais e Culturais (PIDESC), de 1966, com a finalidade de conceder-lhe dimensão técnico-jurídica, com o primeiro pacto tendo regulamentado os artigos 1º ao 21 e o segundo os artigos 22 a 28. Ambos compõem, nos dias atuais, o núcleo-base da estrutura normativa do sistema global de proteção dos direitos humanos na medida em que atribuíram caráter jurídico, sob a forma de tratado internacional, aos direitos previstos pela Declaração.[355]

Embora não faça referência expressa ao direito à saúde, o Pacto Internacional de Direitos Civis e Políticos (PIDCP) menciona outros direitos relacionados à saúde e aos CP, como o direito à vida, o primeiro e principal direito, reconhecido como inerente à pessoa humana, protegido por lei, não podendo ninguém ser privado dela arbitrariamente (art. 6.1). Nesse ponto, é de dizer-se que só existe vida digna, com qualidade, se houver saúde, dado serem tais direitos umbilicalmente ligados.

O Pacto Internacional de Direitos Civis e Políticos (PIDCP) também ressalta que ninguém poderá ser submetido à tortura, a tratamentos ou penas cruéis, desumanos ou degradantes e, particularmente, não ser sujeitado a experiências médicas ou científicas sem seu livre consentimento (art. 7). Essa disposição garante expressamente o direito ao alívio da dor e do sofrimento, essencial ao indivíduo submetido à abordagem paliativa.

---

dos Estados e aos seus respectivos direitos internos" (MAZZUOLI, Valério de Oliveira. *Curso de direito internacional público*. 13. ed. Rio de Janeiro: Forense, 2020. p. 208-209-210).

352 PIOVESAN, Flávia. *Direitos humanos e o direito constitucional internacional*. 19. ed. São Paulo: Saraiva Educação, 2021. p. 205. E-book.

353 *Ibidem*. p. 207.

354 ESTORNINHO, Maria João; MACIEIRINHA, Tiago. *Direito da saúde*. Porto: Universidade Católica Editora, 2014. p. 23.

355 MAZZUOLI, Valerio de Oliveira. *Curso de direito internacional público*. 12. ed. Rio de Janeiro: Forense, 2019. p. 1.322.

No que diz respeito à criança, o Pacto Internacional de Direitos Civis e Políticos (PIDCP) garante o direito às medidas de proteção que sua condição de menor requeira, tanto por parte de sua família como da parte da sociedade e do Estado, sem discriminação em razão de raça, cor, sexo, língua, religião, nacionalidade ou origem social, condição econômica ou nascimento (art. 24.1). O Pacto já põe a salvo a condição especial da criança como ser humano em desenvolvimento, o que a leva não somente aos cuidados em saúde diferenciados, como aos cuidados paliativos pediátricos (CPP).

A necessidade de adoção de medidas especiais de proteção e assistência a favor de todas as crianças, sem discriminação por motivo de filiação ou de qualquer outra condição, é igualmente reconhecida pelos Estados Partes do Pacto Internacional de Direitos Econômicos Sociais e Culturais (art. 10.3),[356] o que inclui o direito à saúde de modo amplo e integral, mediante promoção, proteção e recuperação.

Adotada pela Assembleia Geral da ONU em 20 de novembro de 1989, a Convenção sobre os Direitos da Criança (CDC) entrou em vigor em 02 de setembro de 1990, contando com a ratificação de 196 países, à exceção dos Estados Unidos e Somália. Figura como o instrumento de direitos humanos mais aceito na história universal, tendo sido ratificada pelo Brasil em 24 de setembro de 1990.

A CDC estabelece que a criança possui direito ao gozo do mais alto nível de saúde realizável e aos serviços de tratamento de doenças e reabilitação da saúde, cabendo aos Estados Partes envidarem esforços para assegurar que nenhuma criança seja privada do direito de usufruir desses serviços de saúde. Para que seja garantida a plena aplicação do referido direito, devem ser adotadas as medidas adequadas, além de outras, para possibilitar a prestação dos cuidados médicos e de saúde necessários a todas as crianças (art. 24).[357] Entre os cuidados de saúde garantidos pela Convenção, estão os cuidados paliativos pediátricos (CPP), cujo início se dá com o recebimento do diagnóstico, havendo ou não tratamento específico para a doença.[358]

---

356 UN. International Covenant on Economic, Social and Cultural Rights. *Article 12.2*. Disponível em: https://www.ohchr.org/EN/ProfessionalInterest/Pages/CESCR.aspx. Acesso em: 22 out. 2021.

357 UN. *Convention on the Rights of the Child*. Disponível em: https://www.ohchr.org/en/professionalinterest/pages/crc.aspx. Acesso: 17 out. 2021.

358 ALBUQUERQUE, Aline *et al.* Direitos humanos de grupos vulneráveis em cuidados paliativos: crianças e adolescentes. *In:* ALBUQUERQUE, Aline (Org.). *Cuidados paliativos e direitos humanos*: observatório de direitos dos pacientes. p. 31. . Disponível em: https://www.researchgate.net/publication/329999924_Cuidados_Paliativos_e_Direitos_Humanos/citation/download. Acesso em: 25 out. 2021.

A CDC também dispõe que os Estados-Partes reconhecem o direito de toda criança a um nível de vida adequado ao seu desenvolvimento físico, mental, espiritual, moral e social (art. 27.1). Dessa maneira, independentemente das condições de saúde em que se encontre, à criança devem ser assegurados o bem-estar e a qualidade de vida.

A responsabilidade para propiciar condições de vida necessárias ao desenvolvimento da criança, na medida possível, é igualmente atribuída pela CDC aos pais ou responsáveis (art. 27.2). Ou seja, assim como mencionado no parágrafo anterior, mesmo que a criança seja padecente de doença aguda ou crônica grave que ameace a vida, deve lhe ser proporcionado as melhores condições de vida possíveis, por ser este o principal objetivo dos CPP, conforme visto no capítulo antecedente.

2.3 Os cuidados paliativos pediátricos no âmbito nacional

Como salientado no capítulo 1, o Brasil, até recentemente ocupava, no mapeamento mundial de cuidados paliativos (CP), a categoria 3a, em que prestação dos serviços se dá de forma isolada, com deficiência na oferta de morfina e limitação na quantidade de serviços. A mais recente edição do Atlas Global de Cuidados Paliativos (AGCP), de 2020, aponta que o Brasil passou a ocupar o nível 3b, caracterizado pela a prestação dos CP generalizada, financiamento diversificado, maior oferta de morfina e centros de treinamentos.

Contudo, se em relação aos CP em geral o Brasil alcançou alguns avanços, revelando um salto quantitativo e qualitativo, no que se refere aos cuidados paliativos pediátricos (CPP) a realidade nacional tem sido outra, com somente 40,3% dos serviços qualificados para a assistência da população infantil, compondo um total de 77 unidades assim distribuídas: São Paulo, 27; Rio Grande do Sul, 8; Minas Gerais, 8; Rio de Janeiro, 5; Ceará, 4; Santa Catarina, 4; Bahia, 3; Distrito Federal, 3; Espírito Santo, 3; Goiás, 2; Pernambuco, 2; Amazonas, 2; Paraná, 2; Rio Grande do Norte, 1; Mato Grosso do Sul, 1; Maranhão, 1; Mato Grosso, 1.[359] Não dispõem de nenhum serviço de cuidados paliativos pediátricos os estados de Sergipe, Alagoas, Paraíba, Piauí, Tocantins, Pará, Amapá, Roraima, Acre e Rondônia.[360]

---

359 SANTOS, André Filipe Junqueira dos; FERREIRA, Esther Amgélica Luiz; GUIRRO, Úrsula Bueno do Prado. *Atlas de cuidados paliativos no Brasil 2019*. Organização de Luciana Massa; coordenação de Stefhanie Piovesan. 1. ed. São Paulo: ANCP, 2020. p. 31.

360 *Ibidem*. p. 31.

Em 2022, foi publicado na forma o Mapeamento dos Cuidados Paliativos Pediátricos no Brasil pela Rede Brasileira de Cuidados Paliativos Pediátricos – RBCPPed, apontando a existência de 90 serviços de CPP, com 10 serviços tendo sido criados até 2009 e os outros 80 serviços criados a partir de 2010 (destes, 32 serviços foram criados nos últimos 4 anos). Segundo o Mapeamento, o estado de São Paulo possui a maior quantidade de serviços, 38 (42,22%), seguido de Minas Gerais com 8 (8,89%) serviços. Roraima, Pará, Goiás, Sergipe e Rio Grande do Norte foram os estados com o menor número, apresentando um serviço registrado em cada um deles (1,11% do total em cada estado).[361]

Como se pode notar, o atual quadro dos CPP no Brasil apresenta-se em total descompasso com os direitos fundamentais da criança previstos no art. 227 da CF/88, em especial o direito à vida, à saúde, à dignidade, que devem lhe ser assegurados com absoluta prioridade de modo a garantir a proteção integral.

Faz-se necessário, então, que o Estado faça cumprir a norma disposta no art. 227, §1º, da CF/88, promovendo assistência integral à saúde da criança, inclusive mediante a oferta e a implantação de políticas públicas para a melhoria dos serviços de CPP a essa parcela vulnerável da população.

O Brasil, que, segundo pesquisa por amostra em domicílio realizada pelo Instituto Brasileiro de Geografia e Estatística (IBGE) no ano de 2018, tem um número estimado de 35,5 milhões de crianças, representando 17,1% de uma população total de aproximadamente 207 milhões,[362] o que vem a reforçar mais ainda a necessidade da assistência paliativa pediátrica.

2.3.1 Fundamentação constitucional dos cuidados paliativos

Uma das questões mais difíceis que envolvem o direito à vida diz respeito aos debates quanto à licitude da interrupção voluntária da

---

[361] FERREIRA, Esther Angélica Luiz; BARBOSA, Silvia Maria de Macedo; COSTA, Graziela de Aaraújo *et al*. *Mapeamento dos cuidados paliativos pediátricos no Brasil*: 2022. 1. ed.. São Paulo: Rede Brasileira de Cuidados Paliativos Pediátricos - RBCPPed, 2022. p. 10-11.

[362] IBGE educa crianças. *O perfil das crianças no Brasil*. Disponível em: < https://educa.ibge.gov.br/criancas/brasil/2697-ie-ibge-educa/jovens/materias-especiais/20786-perfil-das-criancas-brasileiras.html#:~:text=A%20Pesquisa%20Nacional%20por%20Amostra,de%20cerca%20de%20207%20milh%C3%B5es.>. Acesso em: 14.07.2022.

existência em algumas circunstâncias críticas e peculiares,[363] a exemplo da que ocorre com o paciente com doença grave, aguda ou crônica, que ponha em risco a vida.

A doença ameaçadora da vida normalmente impinge ao paciente dor e sofrimento insuportáveis, demandando, com isso, uma assistência terapêutica que busque lhe conferir conforto e alívio da dor e do sofrimento. Diversamente do tratamento voltado para a cura da doença, a abordagem paliativa é direcionada ao doente, visando seu bem-estar físico, psíquico, social e espiritual.

Os cuidados paliativos (CP), convém relembrar, têm como objetivo principal a diminuição da dor e sofrimento do paciente com doença de risco à vida, com fins de proporcionar-lhe qualidade de vida desde o diagnóstico até a ocorrência da morte. Na busca de uma morte digna, o doente pode recusar qualquer tratamento fútil ou inútil que vise tão somente aumentar seu tempo de vida, fazendo opção pela terapêutica paliativa.

Por serem partes do direito à saúde, os CP também se relacionam com o direito à vida, além de terem vinculação direta com a dignidade da pessoa humana,[364] a qual impõe seja dado a todos os seres humanos um tratamento isonômico, com vistas a lhes garantir meios para viver e conviver com felicidade e harmonia. Desse modo, a criança com doença ameaçadora da vida é possuidora de mesma dignidade que as demais pessoas, sendo merecedora de viver da melhor forma possível, inclusive nos últimos momentos antes de sua morte.

A nível constitucional, os CP encontram fundamento no artigo 1º, inciso III (princípio da dignidade da pessoa humana) e no artigo 5º, inciso III (ninguém deve ser submetido à tortura, nem a tratamento desumano ou degradante), da Constituição Federal de 1988 (CF/88). Referidos cuidados são resguardados no texto constitucional como direito fundamental à vida, e, por consequência, à morte digna, à morte natural, em seu tempo certo, sem sofrimento, competindo ao Estado seu resguardo.[365]

---

363 BRANCO, Paulo Gustavo Gonet. Direitos fundamentais em espécie. In: MENDES, Gilmar Ferreira; BRANCO, Paulo Gustavo Gonet. *Curso de direito constitucional*. 15. ed. São Paulo: Saraiva Educação, 2020. p. 336.

364 Art. 1º A República Federativa do Brasil, formada pela união indissolúvel dos Estados e Municípios e do Distrito Federal, constitui-se em Estado Democrático de Direito e tem como fundamentos:
(...)
III – a dignidade da pessoa humana;

365 VARGAS, Rodrigo Gindre *et al.* Cuidados paliativos e direitos fundamentais. *In:* CABRAL, Hildeniza Boechat; VON-HELD, Andréa Rodrigues; DADALTO, Luciana (Orgs.).

Como mencionado antes, os CP, além de terem correlação com o direito à vida e à morte dignas, também integram o direito à saúde (arts. 6º, *caput* e 196, *caput*, da CF/88), sendo, portanto, um direito de todos e que deve garantido a qualquer indivíduo que precise.

Quando o paciente é uma criança, os cuidados paliativos pediátricos (CPP) devem ser prestados com prioridade absoluta, cabendo à família, à sociedade e ao Estado a responsabilidade pela garantia desse direito (art. 227, *caput*, CF/88; art. 4º, "a", "b" e "c" e art. 7º, ECA).[366] Além disso, bom relembrar, a criança é uma pessoa em constante evolução e um ser humano vulnerável, o que faz com que a abordagem paliativa a ela direcionada seja específica, com diretrizes e práticas que a diferencia, em parte, da voltada para os adultos.

2.3.2 A saúde e a Federação brasileira

O Brasil, conforme a Constituição Federal de 1988 (CF/1988), é um Estado Federal formado pela "união indissolúvel dos Estados e Municípios e do Distrito Federal" (art. 1º), cuja organização político-administrativa é composta pela União, Estados, Distrito Federal e Municípios, todos autônomos (art. 18).

É de se concluir, então, que o constituinte de 1988 instituiu uma forma de Estado Federal que, diferentemente do modelo clássico, que é composto por um poder central (Federação) e por poderes periféricos (Estados-Membros, doravante estados), tem, além da União e dos estados, os municípios como entes federativos autônomos dotados de poderes locais.[367]

A autonomia atribuída às entidades federativas pressupõe a repartição de competências (administrativas, legislativas e judiciais),[368] acrescida e desenvolvida pelo constituinte de 88 por meio da competência comum, de caráter cooperativo, conferida à União, aos estados, ao Distrito Federal e aos municípios (art. 23), e da competência

---

Cuidados paliativos: estudos acadêmicos transdisciplinares. Campos dos Goytacazes: Brasil Multicultural, 2018. pos. 1809. E-book.

366 BRASIL. ECA – Estatuto da Criança e do Adolescente. *Lei nº 8.069, de 13 de julho de 1990*. Dispõe sobre o Estatuto da Criança e do Adolescente e dá outras providências. Disponível em: Acesso em: 25 maio 2023.

367 FERREIRA FILHO, Manoel Gonçalves. *Curso de direito constitucional*. 38. ed. São Paulo: 2012. p. 67-68. BASTOS, Celso Ribeiro. *Curso de direito constitucional*. 22. ed. São Paulo: Malheiros, 2010. p. 429.

368 Os municípios não são possuidores de competência judicial em face da ausência de previsão constitucional.

concorrente, de natureza legislativa, atribuída à União, aos Estados e ao Distrito Federal (art. 24).[369]

Por meio da competência comum, todas as unidades federativas assumem a responsabilidade pelo desempenho das tarefas administrativas discriminadas no artigo 23 da CF/1988. Dentre as matérias lá especificadas, estão as que envolvem o interesse público no cumprimento de metas de alcance social que demandam soma de esforços, a exemplo da competência para cuidar da saúde (art. 23, II),[370] cuja concretização por cada ente federado deve dar-se conforme as regras do Sistema Único de Saúde (SUS).[371]

No exercício da competência comum, União, estados, Distrito Federal e municípios devem atuar de acordo com a amplitude de seus interesses administrativos. Em se tratando de interesse nacional, a responsabilidade pertence à União; regional, aos estados; local, aos municípios.[372] Ao Distrito Federal cabe o exercício tanto da competência comum estadual (regional) como da municipal (local).[373]

À vista disso, é de compreender-se que todos os entes integrantes da Federação brasileira são responsáveis pela prestação dos serviços públicos de saúde.[374] Entretanto, não se faz necessário que a atuação ocorra concomitantemente, podendo até mesmo ser prestada unitariamente por cada um deles, devendo-se observar, porém, a predominância do interesse, sob pena de incorrer na prática de inconstitucionalidade.

---

369 HORTA, Raul Machado. As novas tendências do federalismo e seus reflexos na constituição brasileira de 1988. *Revista do legislativo*, Belo Horizonte, n. 25, p. 17, jan./mar. 1999.

370 ALMEIDA, Fernanda Dias Menezes de. *Competências na constituição de 1988*. 6. ed. São Paulo: Atlas, 2013. p. 59. E-book.

371 WEICHERT, Marlon Alberto. *Saúde e federação na constituição brasileira*. Rio de Janeiro: Lumen Juris, 2004. p. 139.

372 AGRAVO DE INSTRUMENTO – DIREITO À SAÚDE – Pretensão do autor de que o Município de São José do Rio Preto forneça dieta hipercalórica e hipoproteica, isenta de sacarose, lactose e glúten; 250 unidades de fraldas descartáveis geriátricas tamanho G por mês; técnica de enfermagem 24 horas ou internação em leito de cuidados paliativos; fisioterapia 2 vezes por semana – Indeferimento do pedido liminar – Insurgência – Acolhimento em parte – Preenchimento dos requisitos necessários à antecipação da tutela no que tange à dieta enteral líquida e às fraldas geriátricas – Demais pleitos devem ser apreciados após a dilação probatória – Inteligência do art. 300, caput, do CPC – Decisão parcialmente reformada – Recurso provido em parte. (SÃO PAULO. Tribunal de Justiça. TJ-SP. *AI: 22503183720218260000 SP 2250318-37.2021.8.26.0000*, Relator: Rubens Rihl, Data de Julgamento: 13.01.2022, 1ª Câmara de Direito Público, Data de Publicação: 13.01.2022).

373 LOPES FILHO, Juraci Mourão. *Competências federativas na constituição e nos precedentes do STF*. 2. ed. Salvador: Editora JusPodivm, 2019. p. 47.

374 WEICHERT, Marlon Alberto. *Saúde e federação na constituição brasileira*. Rio de Janeiro: Lumen Juris, 2004. p. 138.

Além disso, não se pode perder de vista que não há subordinação de um ente em relação ao outro no âmbito da competência comum, dado que suas atividades administrativas são executadas conforme a esfera de atribuição de cada ente federativo.[375]

Na competência concorrente,[376] a CF/1988 confere poder a mais de um ente federativo para legislar sobre determinada matéria,[377] a exemplo do que se dá com a proteção e defesa da saúde (art. 24, XII). Nesse caso, à União compete o estabelecimento de normas gerais, aos estados, a elaboração de normas complementares (às normas gerais) necessárias à execução de seus serviços e à sua função de direção estadual, e aos municípios, a edição de normas complementares (às normas gerais e às normas estaduais) necessárias à sua esfera de atuação (art. 24, §§1º e 2º c.c art. 30, II).[378]

Convém salientar que as normas gerais[379] editadas pela União devem se ater ao estabelecimento de diretrizes nacionais sobre as matérias a que se referem, cuja observância pelos estados, Distrito Federal e municípios, é obrigatória quando da elaboração de suas respectivas legislações para atender suas particularidades, de modo que possam ser aplicadas, direta e imediatamente, às relações e situações concretas a que se destinam, em suas respectivas áreas de atuação.[380]

Tem-se, pois, que a preservação e proteção da saúde é uma imposição constitucional à União, aos estados, ao Distrito Federal e aos municípios, com a finalidade de proporcionar bem-estar físico, mental, social e (espiritual) à população, mediante ações e prestações administrativas e edição de normas legislativas (e administrativas), atuando de modo cooperativo e coordenado.

---

[375] SILVA, José Afonso da. *Curso de direito constitucional positivo*. 43. ed. São Paulo: Malheiros, 2020. p. 482.

[376] Embora não sejam indicados pelo artigo 24 como titulares da competência concorrente, os Municípios não foram dela alijados, posto constar no inciso II do artigo 30 da Constituição a competência de suplementar a legislação federal e estadual no que couber (ALMEIDA, Fernanda Dias Menezes de. *Competências na constituição de 1988*. 6. ed. São Paulo: Atlas, 2013. p. 59. E-book).

[377] FERREIRA FILHO, Manoel Gonçalves. *Comentários à constituição brasileira de 1988*. 2. ed. São Paulo: Saraiva, 1997. p. 182.

[378] WEICHERT, Marlon Alberto. *Saúde e federação na constituição brasileira*. Rio de Janeiro: Lumen Juris, 2004. p. 141.

[379] Em que pese o "prestígio quanto à forma, uma norma geral pode vir a ser veiculada por lei complementar ou lei ordinária". (LOPES FILHO, Juraci Mourão. *Competências federativas na constituição e nos precedentes do STF*. 2. ed. Salvador: Editora JusPodivm, 2019. p. 331).

[380] MOREIRA NETO, Diogo de Figueiredo. Competência concorrente limitada. *Revista de informação legislativa*, Brasília, ano 25, n. 100, p. 159, out./dez. 1988.

2.3.3 Normatização federal

Em consonância com os dispositivos constitucionais que concedem à União competência para editar normas gerais sobre a proteção e defesa da saúde (art. 24, XII e §1º); para regulamentar, fiscalizar e controlar as ações e serviços de saúde (art. 197); e para organizar um sistema único descentralizado, com atendimento integral e com participação da comunidade, financiado com recursos do orçamento da seguridade social, da União, dos estados, do Distrito Federal e dos municípios, além de outras fontes (art. 198), foi publicada, em 19 de setembro de 1990, a Lei nº 8.080.[381] Posteriormente, em 28 de dezembro de 1990, foi publicada a Lei nº 8.142, que veio disciplinar a participação da comunidade na gestão do Sistema Único de Saúde (SUS) e a transferência de recursos financeiros relacionados à saúde.[382] Ambas as leis são reconhecidas como Leis Orgânicas da Saúde. Porém, dada à sua importância na organização e no estabelecimento de diretrizes para o SUS, será referenciada como Lei Orgânica da Saúde (d'agora pra frente LOS) somente a Lei nº 8.080/1990.

A Lei nº 8.080/1990 (LOS) estabelece as condições para a promoção, proteção e recuperação da saúde, a organização e o funcionamento dos serviços correspondentes.[383] Tem como objeto regular, em todo o território nacional, as ações e serviços de saúde, prestados isolada ou conjuntamente, em caráter permanente ou eventual, por pessoas naturais ou jurídicas de direito público ou privado (art. 1º). Trata-se de uma lei que disciplina as prestações e serviços de saúde nos níveis federal, estadual e municipal, impondo ao poder público a responsabilidade pela garantia de acesso à saúde, além de delinear a estrutura e a finalidade do SUS.[384]

---

381 DALLARI, Sueli Gandolfi; NUNES JÚNIOR, Vidal Serrano. *Direito sanitário*. São Paulo: Verbatim, 2010. p. 110.

382 BRASIL. Presidência da República. *Lei nº 8.142, de 28 de dezembro de 1990*. Dispõe sobre a participação da comunidade na gestão do Sistema Único de Saúde (SUS) e sobre as transferências intergovernamentais de recursos financeiros na área da saúde e dá outras providências. Disponível em: http://www.planalto.gov.br/ccivil_03/leis/l8142.htm. Acesso em: 16 jan. 2022.

383 BRASIL. Presidência da República. *Lei nº 8.080, de 19 de setembro de 1990*. Dispõe sobre as condições para a promoção, proteção e recuperação da saúde, a organização e o funcionamento dos serviços correspondentes e dá outras providências. Disponível em: http://www.planalto.gov.br/ccivil_03/leis/l8080.htm. Acesso em: 16 jan. 2022.

384 MAPELLI JÚNIOR, Reynaldo; COIMBRA, Mário; MATOS, Yolanda Alves Pinto Serrano de. *Direito sanitário*. São Paulo: Ministério Público, Centro de Apoio Operacional das Promotorias de Justiça Cível e Tutela Coletiva, 2012. p. 29.

No que diz respeito à LOS, é de interesse para o presente tópico abordar a competência comum e a competência específica dos entes federativos dentro do SUS.

A competência geral no âmbito do SUS, da União, estados, Distrito Federal e municípios está disciplinada pelos artigos 5º e 6º da LOS. Conforme o artigo 5º, compete aos entes federativos conjuntamente: a) identificar e divulgar os fatores condicionantes e determinantes da saúde; b) formular política de saúde que vise promover a redução de riscos de doenças e de outros agravos, além do estabelecimento de condições que assegurem acesso universal e igualitário às ações e aos serviços para a sua promoção, proteção e recuperação; e c) executar ações de promoção, proteção e recuperação da saúde, com a realização integrada das ações assistenciais e das atividades preventivas. Também constitui competência comum na seara do SUS a execução de ações de vigilância epidemiológica e de assistência integral, inclusive farmacêutica (art. 6, I, "a" e "d", LOS).[385]

A repartição da competência comum entre os entes federativos, no âmbito do SUS, é tratada detalhadamente nos artigos 15 a 19 da LOS[386] como atribuições e competências, embora ambas tenham a conotação de atuações administrativas. Os encargos a serem assumidos pela União, estados, Distrito Federal e municípios, em seus respectivos âmbitos administrativos, encontram-se previstos nos incisos I a XXI do artigo 15.

As competências específicas da direção nacional, estadual e municipal no domínio do SUS encontram-se disciplinadas nos artigos 16 a 19.[387] Ao Distrito Federal, cabe exercer as competências dos estados e municípios.

Embora as atribuições estabelecidas na LOS sejam, de certa maneira, genéricas, elas contribuem para que todas as unidades federativas possam conjugar esforços a fim de que, juntas ou isoladamente, implementem medidas para a efetivação da saúde no Brasil.

---

[385] BRASIL. Presidência da República. *Lei nº 8.080, de 19 de setembro de 1990*. Dispõe sobre as condições para a promoção, proteção e recuperação da saúde, a organização e o funcionamento dos serviços correspondentes e dá outras providências. Disponível em: http://www.planalto.gov.br/ccivil_03/leis/l8080.htm. Acesso em: 16 jan. 2022.

[386] WEICHERT, Marlon Alberto. *Saúde e federação na constituição brasileira*. Rio de Janeiro: Lumen Juris, 2004. p. 212.

[387] BRASIL. Presidência da República. *Lei nº 8.080, de 19 de setembro de 1990*. Dispõe sobre as condições para a promoção, proteção e recuperação da saúde, a organização e o funcionamento dos serviços correspondentes e dá outras providências. Disponível em: http://www.planalto.gov.br/ccivil_03/leis/l8080.htm. Acesso em: 16 jan. 2022.

2.3.3.1 Legislação infraconstitucional federal

Não obstante ainda não tenha sido publicada lei específica disciplinando os cuidados paliativos (CP) no plano nacional, já se encontram em trâmite no Congresso Nacional projetos de lei versando sobre a temática e sobre outros institutos relacionados à terminalidade da vida, como os que buscam regulamentar a ortotanásia e as diretivas antecipadas de vontade.

A crescente evolução da proteção dos Direitos Humanos desde as atrocidades cometidas pelo Nazismo tem sido constantemente reconhecida e inserida em diversas normas internacionais, gerais e específicas, tendo sido introduzidas por diversos Estados em sua legislação interna, notadamente a Constituição como normas asseguradoras de direitos e garantias fundamentais.

É nesse contexto que estão inseridas as normas que garantem o respeito à dignidade humana, à vida e à morte dignas, à saúde, à autodeterminação, à liberdade, ao tratamento humano e não degradante, e, por via de consequência, os CP.

2.3.3.1.1 Projetos de Lei

Em 13 de março de 2008 foi apresentada, pelos deputados Hugo Leal e Otavio Leite, a primeira proposta de lei relacionada aos CP, resultando no Projeto de Lei nº 3.002, de 13 de março de 2008,[388] que tem como objetivo disciplinar a prática da ortotanásia no território brasileiro.

A ortotanásia encontra-se definida no inciso I do artigo 2º do Projeto de Lei supracitado, como a suspensão de tratamentos ou procedimentos extraordinários que têm como única finalidade a manutenção artificial da vida do paciente terminal com doença grave e incurável. Nesse mesmo artigo, também constam as definições de procedimento ou tratamento extraordinário, procedimento ou tratamento ordinário, doente terminal, médico assistente e junta médica especializadas (incisos II, III, IV, V, VI e VII).[389]

---

388 BRASIL. Câmara dos Deputados. *Projeto de Lei nº 3.002, de 13 de março de 2008*. Regulamenta a prática da ortotanásia no território nacional brasileiro. Disponível em: https://www.camara.leg.br/proposicoesWeb/prop_mostrarintegra?codteor=544137. Acesso em: 20 jan. 2022.

389 BRASIL. Câmara dos Deputados. *Projeto de Lei nº 3.002, de 13 de março de 2008*. Regulamenta a prática da ortotanásia no território nacional brasileiro. Disponível em: https://www.camara.leg.br/proposicoesWeb/prop_mostrarintegra?codteor=544137. Acesso em: 20 jan. 2022.

Não é o caso, aqui, de expor e discutir cada uma das definições dos incisos I a VII do artigo 2º do Projeto de Lei nº 3.002 acima mencionados. Todavia, não se pode deixar de reconhecer a elevação delas ao patamar legal não somente permite que médicos e profissionais de saúde tenham segurança e proteção jurídica para a realização dos procedimentos e tratamentos, como também tem o condão de diminuir a prática da medicina defensiva, voltando o foco de atenção única e exclusivamente para a pessoa gravemente enferma.

Para que a ortotanásia possa ser praticada, o paciente ou seu representante legal deve solicitar, por escrito, ao médico responsável, na presença de duas testemunhas, dentre as quais não podem figurar o médico e os demais profissionais de saúde, cabendo à junta médica especializada a tomada de decisão (art. 3º, I, II e III, do Projeto de Lei nº 3.002).[390] Noutro dizer, a realização da ortotanásia está condicionada ao pedido escrito do paciente ou representante ao médico, ou seja, o doente deve ser capaz e se não for será representado, o que torna a criança inapta para a solicitação mesmo que possuidora de idade, maturidade e discernimento que lhes permitam a compreensão do diagnóstico, prognósticos, riscos e benefícios do procedimento ou tratamento médico.

Feito o pedido e sendo este referendado pela junta médica, deverá haver submissão à apreciação de membro do Ministério Público (MP), a fim de que sejam avaliadas a regularidade e a legalidade do procedimento de solicitação da ortotanásia, que somente poderá ser efetuada após pronunciamento favorável do Ministério Público. Na existência de dúvida, cabe ao membro do Ministério Público provocar o Poder Judiciário, para que este se manifeste a respeito do pedido (art. 6º, §§1º e 2º, Projeto de Lei nº 3.002).[391]

Por fim, o Projeto nº 3.002/2008 ressalta que morte decorrente da ortotanásia e praticada com observância dos requisitos legais estabelecidos não será reconhecida como morte violenta, não natural ou inesperada (art. 10).[392] Não se pode esquecer, porém, que, mesmo que se encontre em fase terminal, o médico e profissionais de saúde não

---

[390] BRASIL. Câmara dos Deputados. *Projeto de Lei nº 3.002, de 13 de março de 2008*. Regulamenta a prática da ortotanásia no território nacional brasileiro. Disponível em: https://www.camara.leg.br/proposicoesWeb/prop_mostrarintegra?codteor=544137. Acesso em: 20 jan. 2022.

[391] BRASIL. Câmara dos Deputados. *Projeto de Lei nº 3.002, de 13 de março de 2008*. Regulamenta a prática da ortotanásia no território nacional brasileiro. Disponível em: https://www.camara.leg.br/proposicoesWeb/prop_mostrarintegra?codteor=544137. Acesso em: 20 jan. 2022.

[392] BRASIL. Câmara dos Deputados. *Projeto de Lei nº 3.002, de 13 de março de 2008*. Regulamenta a prática da ortotanásia no território nacional brasileiro. Disponível em: https://www.camara.leg.br/proposicoesWeb/prop_mostrarintegra?codteor=544137. Acesso em: 20 jan. 2022.

podem pura e simplesmente não iniciar os procedimentos e tratamentos, ou os interromper, para em seguida deixar que a morte ocorra.

A prática da ortotanásia demanda, necessariamente, a prestação de serviços de CP, posto que o paciente deve continuar a receber toda assistência de saúde cabível para a amenização de sua dor e sofrimento, a fim de que possa dispor do máximo de qualidade de vida possível até a chegada de sua morte.[393],[394]

Impende observar, porém, que o Projeto de Lei nº 3.002/2008 apresenta em sua justificação que a problemática em torno da terminalidade da vida tem causado angústia aos profissionais de saúde, especialmente aos médicos. Destaca ainda que o avanço científico e tecnológico tem prolongado artificialmente o tempo de vida do doente grave, por meio de procedimentos e tratamentos extraordinários que levam a situações éticas e filosóficas que demandam regulamentação própria e específica. Além disso, a justificativa também dá ênfase à Resolução nº 1.805/2006 do Conselho Federal de Medicina, que dispõe sobre a suspensão de procedimentos e tratamentos que prorroguem a vida do paciente com doença grave incurável ou terminal.[395]

Como se pode notar, o objeto do Projeto nº 3.002 é centrado na regulamentação da prática da ortotanásia, estabelecendo os procedimentos e requisitos e serem observados para que a morte dela

---

393 Art. 41. Omitido.
Parágrafo único. Nos casos de doença incurável e terminal, deve o médico oferecer todos os cuidados paliativos disponíveis sem empreender ações diagnósticas ou terapêuticas inúteis ou obstinadas, levando sempre em consideração a vontade expressa do paciente ou, na sua impossibilidade, a de seu representante legal (CFM. Conselho Federal de Medicina. *Código de ética médica*. Disponível em: https://portal.cfm.org.br/images/PDF/cem2019.pdf. Acesso em: 02 ago. 2020).

394 APELAÇÃO CÍVEL. TRATAMENTO MÉDICO. CÂNCER DE BEXIGA. ESTÁGIO TERMINAL. CUIDADOS PALIATIVOS. EXISTÊNCIA DE POLÍTICA PÚBLICA ESPECÍFICA. 1 – Tratando-se de pretensão que também envolve a condenação da parte ré a viabilizar o tratamento necessário à manutenção da integridade física da parte autora, ainda que meramente paliativo, a desnecessidade de sua internação, em razão do avançado estágio da doença, não justifica seja o processo extinto por falta de interesse de agir. 2 – Consubstancia ofensa a direito subjetivo público, a demandar pronta atuação do Poder Judiciário, a negativa de concessão à paciente, portador de neoplasia, de cuidados paliativos, expressamente compreendidos na Política Nacional de Atenção Oncológica (art. 1º da Portaria GM/MS nº 2.439/2005). 3 – Recurso de apelação provido e, nos termos do §3º do art. 515 do CPC, pedido inicial julgado parcialmente procedente. (BRASIL. Tribunal Regional Federal – TRF-2. *AC: 200851010197044*, Relator: Desembargador Federal Guilherme Diefenthaeler, Data de Julgamento: 10.07.2012, Quinta Turma Especializada, Data de Publicação: 23.07.2012).

395 BRASIL. Câmara dos Deputados. *Projeto de Lei nº 3.002, de 13 de março de 2008*. Regulamenta a prática da ortotanásia no território nacional brasileiro. Disponível em: https://www.camara.leg.br/proposicoesWeb/prop_mostrarintegra?codteor=544137. Acesso em: 20 jan. 2022.

decorrente seja considerada não violenta, não natural ou inesperada, assim como no receio dos médicos quanto à acusação de cometimento de crimes, como o homicídio e os maus-tratos.

A normatização da ortotanásia, além de estabelecer diretrizes, procedimentos e requisitos para sua prática, também proporciona segurança jurídica para o paciente, familiar ou representante legal e o médico e demais profissionais de saúde, posto estabelecer os poderes e limites das pessoas envolvidas na tomada de decisão para a suspensão de tratamentos extremos de manutenção da vida do paciente, ou seja, informação (médico e profissionais de saúde) e escolha e tomada de decisão (paciente). Não sendo possível o paciente manifestar sua vontade, a escolha e a decisão cabe ao familiar ou representante legal, estando excluídas do processo decisório, portanto, as crianças.

Embora o Projeto nº 3.002/2008 aponte como objeto principal a regulamentação da ortotanásia, com destaque para os requisitos e procedimentos, a prática da ortotanásia deve ter como objetivo último o resguardo da dignidade do paciente gravemente enfermo,[396] posto que dignidade da pessoa humana, além de constituir o principal direito fundamental, é também o primeiro comando a ser considerado quando da interpretação de todos os direitos e garantias assegurados pela CF/1988.

Após aprovado na Comissão de Seguridade Social e Família pelo Relator, deputado José Linhares, em 17 de novembro de 2009, o Projeto de Lei nº 3.002/2008 foi apensado ao Projeto de Lei nº 6.715/2009, em 21 de janeiro de 2010, cujo foco é alterar o Decreto-Lei nº 2.848, de 07 de dezembro de 1940 (Código Penal), com fins de excluir de ilicitude a ortotanásia.[397]

Passado pouco mais de ano da proposta que deu surgimento ao Projeto de Lei nº 3.002/2008, o deputado Dr. Talmir, entregou, em 07 de abril de 2009, a proposição que resultou no Projeto de Lei nº 5.008/2009,[398] que tem por finalidade a proibição da suspensão de cuidados de pacientes em estado vegetativo persistente.

---

[396] NUNES, Rizzatto. *O princípio constitucional da dignidade da pessoa humana*: doutrina e jurisprudência. 3. ed. São Paulo: Saraiva, 2010. p. 59-60.

[397] BRASIL. Câmara dos Deputados. *Projeto de Lei nº 3.002, de 13 de março de 2008*. Regulamenta a prática da ortotanásia no território nacional brasileiro. Disponível em: https://www.camara.leg.br/proposicoesWeb/prop_mostrarintegra?codteor=544137. Acesso em: 20 jan. 2022.

[398] BRASIL. Câmara dos Deputados. *Projeto de Lei nº 5.008, de 07 de abril de 2009*. Proíbe a suspensão de cuidados de pacientes em Estado Vegetativo Persistente. Disponível em: https://www.camara.leg.br/proposicoesWeb/fichadetramitacao?idProposicao=429346. Acesso em: 23 jan. 2022.

Pela Proposta de Lei, são considerados em estado vegetativo persistente (EVP)[399] os pacientes cujas funções fisiológicas, como os ciclos dormir-despertar, controle autônomo e respiração, persistem, mas que se encontram desprovidos do estado de consciência, incluindo as funções e emoções cognitivas (art. 1º, §1º).[400] Tais pacientes também se mostram incapazes de interagir com os outros, não apresentam evidência de expressão ou compreensão da linguagem e sofrem de incontinência intestinal e vesical.[401]

Havendo suspensão dos cuidados de saúde, aquele que realizar incorrerá na prática do crime de maus tratos (art. 2º),[402] assim considerado "expor a perigo a vida ou a saúde de pessoa sob sua autoridade, (...), para fim de (...) tratamento (...), quer privando-a de alimentação ou cuidados indispensáveis (...)" (art. 136, CP).

Na justificativa, o autor da Proposta cita o caso da italiana Eluana Englaro, que viveu durante 17 anos em Estado Vegetativo Persistente (EVP), em decorrência de sequelas provocadas por um acidente automobilístico ocorrido em 18 de janeiro de 1992. Mantida viva por meio de nutrição e hidratação artificial, seu pai ingressou com ação judicial solicitando a retirada do tubo de alimentação. Após apreciação do pleito por tribunais inferiores e um conflito de atribuição levantado pelo parlamento, a Suprema Corte italiana aceitou o último pedido e decidiu pela retirada da nutrição e da hidratação artificial.[403] Retirada a alimentação, Eluana veio a morrer aos 38 anos, em 09 fevereiro de 2009, em decorrência de parada cardiocirculatória, após uma crise de natureza eletrolítica ocasionada pela desidratação.[404]

---

399 Embora o Projeto de Lei nº 5008/2009 faça referência ao estado vegativo persistente (EVP), na seara médica já é corrente o uso das terminologias persistente e permanente para o estado vegetativo (EV). Se o EV continuou ou durou pelo menos um mês, usa-se o termo persistente. Nesse caso, pode haver uma melhora para um estado de recuperação parcial ou raramente para recuperação total.

400 BRASIL. Câmara dos Deputados. *Projeto de Lei nº 5.008, de 07 de abril de 2009*. Proíbe a suspensão de cuidados de pacientes em Estado Vegetativo Persistente. Disponível em: https://www.camara.leg.br/proposicoesWeb/fichadetramitacao?idProposicao=429346. Acesso em: 23 jan. 2022.

401 HEALY, J. The vegetative state: life, death and consciousness. *JICS*, Volume 11, Number 2, April 2010. p. 119.

402 BRASIL. Câmara dos Deputados. *Projeto de Lei nº 5.008, de 07 de abril de 2009*. Proíbe a suspensão de cuidados de pacientes em Estado Vegetativo Persistente. Disponível em: https://www.camara.leg.br/proposicoesWeb/fichadetramitacao?idProposicao=429346. Acesso em: 23 jan. 2022.

403 SOLARINO, Biagio *et al*. A national survey of italian physicians attitudes towards end-of-life decisions following the death Eluana Englaro. *Intensive care med*, p. 543, 2011.

404 Autópsia de Eluana confirma morte por desidratação. *BBC Brasil*. 2014. Disponível em: https://www.bbc.com/portuguese/lg/noticias/2009/02/090211_eluanaautopsiaaquinorw. Acesso em: 31 jan. 2022.

Também foi apontado como justificação o argumento de que a pessoa em EVP, embora desprovida de atividade cognitiva e de autoconsciência, não pode ser tida como morta nem considerada em estado terminal, de modo que a remoção da alimentação e da hidratação artificial importa em desrespeito à vida.[405]

O Estado Vegetativo Persistente (EVP) não se confunde com o estado terminal. Este se baseia na confirmação médica de uma deterioração clínica progressiva e irreversível, com um prognóstico de vida de horas, dias, semanas ou meses, embora não se possa precisar o momento final da vida.[406] Aquele traduz um estado de não consciência de si mesmo e do ambiente externo,[407] em que o paciente pode respirar espontaneamente e ter uma circulação estável, podendo ser um estágio transitório na recuperação do coma ou persistente até a morte.[408]

Se nutrição e a hidratação forem adequadas, o paciente em EVP pode sobreviver por um longo período de tempo.[409] Porém, por ser desprovido de consciência, ele é incapaz de manifestar sua própria vontade, sendo comum nessa situação de alheamento, em países como os Estados Unidos e a Inglaterra, que o pedido de retirada do suporte de manutenção artificial de sua vida seja feito pelos pais, cônjuge, familiar, representante ou pessoa próxima, embora não esteja morrendo.[410]

Em havendo discordância entre pais ou responsável e a equipe médica, acerca da retirada do suporte vital, é admitida a interveniência do Judiciário, cuja decisão deve pautar-se no bem-estar e na dignidade

---

[405] BRASIL. Câmara dos Deputados. *Projeto de Lei nº 5.008, de 07 de abril de 2009*. Proíbe a suspensão de cuidados de pacientes em Estado Vegetativo Persistente. Disponível em: https://www.camara.leg.br/proposicoesWeb/fichadetramitacao?idProposicao=429346. Acesso em: 23 jan. 2022.

[406] PALMA, Alejandra. Cuidados en la fase terminal. *In:* PALMA, Alejandra; TABOADA, Paulina; NERVI, Flavio. *Medicina paliativa y cuidados continuos*. Santiago, Chile: Ediciones UC, 2010. pos. 3667-3677. E-book.

[407] POSNER, Jerome P. *et al*. *Plum and Posner's diagnoses and treatment of stupor and coma*. Fifth edition. New York: Oxford University Press, 2019. p. 687.

[408] CLINICAL GUINDANCE. The vegetative state: guindance on diagnosis and management. *Clinical medicine*, p. 259, 2003.

[409] ISSUES IN CLINICAL NEUROSCIENCE: ANA Committee on Ethical Affairs: PVS. *Annals of neurology*, Vol 33, No 4, p. 387, April 1993.

[410] A Suprema Corte do Reino Unido firmou entendimento, em 30 de julho de 2018, que os juízes não precisam mais ser consultados quando médicos e familiares de pacientes em estado vegetativo ou de consciência mínima concordarem que os aparelhos ou tratamentos de suporte viltal devam ser retirados. (Justiça do Reino Unido deixa para famílias decisão de desligar aparelhos em pacientes em estado vegetativo. *Uol Notícias*, 31 jul. 2018. Disponível em: https://noticias.uol.com.br/internacional/ultimas-noticias/2018/07/31/suprema-corte-do-reino-unido-decide-que-eutanasia-pode-ser-realizada-sem-autorizacao-judicial.htm. Acesso em: 16.07.2022).

do paciente, como se deu na Inglaterra, em caso envolvendo criança de um ano e nove meses que padecia de doença neurológica degenerativa não diagnosticada e vivendo em estado semivegetativo. O juiz da Alta Corte inglesa entendeu que a criança precisava de "paz e silêncio".[411]

É aí que reside a questão controvertida, ou seja, enquanto a suspensão do tratamento para aplicação dos CP dá-se, normalmente, quando o paciente está no final da vida, a supressão da hidratação e da alimentação da pessoa em EVP acontece quando ela não se encontra em processo de morte.

Quando se tratar de paciente com doença terminal, bom lembrar, a supressão do tratamento para a aplicação dos CP encontra amparo na dignidade da pessoa humana e na proibição do tratamento desumano e degradante (art. 1º, III e art. 5º, III, CF/88), visto que seu objetivo é a ocorrência de uma morte natural e digna. Modo diverso, tratando-se de paciente em Estado Vegetativo Persistente (EVP), a retirada da hidratação e da alimentação artificial antecipa a morte, cuja causa é desidratação, o que não é admitido pela ordem jurídica pátria, ainda que tenha havido aquiescência do doente, familiar ou representante legal, devendo-se, necessariamente, fazer uso dos CP.[412] Havendo suspensão ou retirada da hidratação e da alimentação, o praticante do ato comete homicídio privilegiado por motivo de relevante valor moral (art. 121, §1º, Código Penal).

Dentre as figuras típicas dos maus-tratos relacionadas à suspensão da manutenção artificial da vida do paciente em EVP, temos a privação de alimentos ou cuidados indispensáveis (art. 126, *caput*, Código

---

411 Justiça manda desligar aparelhos de bebê que vive com doença degenerativa na Inglaterra. *Portal R7 – Fala Brasil*, 21 fev. 2018. Disponível em: https://recordtv.r7.com/fala-brasil/videos/justica-manda-desligar-aparelhos-de-bebe-que-vive-com-doenca-degenerativa-na-inglaterra-06102018. Acesso em: 16 jul. 2022.

412 AGRAVO DE INSTRUMENTO – OBRIGAÇÃO DE FAZER – PLANO DE SAÚDE – PACIENTE DIAGNOSTICADO COM TRAUMATISMO CRANIANO, COM QUADRO CLÍNICO IRREVERSÍVEL, EM CUIDADOS PALIATIVOS – PRESCRIÇÃO DE TRATAMENTO HOME CARE PELA MÉDICA ASSISTENTE – TUTELA ANTECIPADA CONCEDIDA – EXTENSÃO DOS EFEITOS DA TUTELA, PARA O FORNECIMENTO DE ENFERMEIRO (A) ESTOMATOTERAPEUTA – POSSIBILIDADE – ORDEM JUDICIAL QUE VISA GARANTIR INTEGRALMENTE O TRATAMENTO DOMICILIAR EM FAVOR DO BENEFICIÁRIO – SERVIÇO, ALIÁS, DISPONIBILIZADO ADMINISTRATIVAMENTE PELA RÉ E RECUSADO POSTERIORMENTE À CONCESSÃO DA MEDIDA – ABUSIVIDADE – PRESENÇA DOS REQUISITOS AUTORIZADORES PARA ESTENDER OS EFEITOS DA TUTELA DE URGÊNCIA. RECURSO DESPROVIDO. (TJPR – 10ª C. Cível – 0020628-57.2021.8.16.0000 – Iporã – Rel.: DESEMBARGADOR LUIZ LOPES – J. 01.08.2021) (PARANÁ. Tribunal de Justiça. TJ-PR. *AI: 00206285720218160000 Iporã 0020628-57.2021.8.16.0000* (Acórdão), Relator: Luiz Lopes, Data de Julgamento: 01.08.2021, 10ª Câmara Cível, Data de Publicação: 02.08.2021).

Penal). A privação de alimentos pode ser absoluta ou relativa. Esta, é permanente e a caracteriza maus-tratos. Aquela, pode constituir meio de execução do homicídio.[413] Os cuidados indispensáveis referem-se a uso de medicações para controle de sintomas gerais e neurológicos específicos, cuidado com a alimentação, higiene, prevenção de feridas e atrofia muscular, e, em alguns casos, o uso de suporte ventilatório.[414]

Destarte, no cenário jurídico nacional atual, a tipificação da retirada ou suspensão da alimentação ou cuidados essenciais do paciente em EVP pode caracterizar maus-tratos se não causar morte. Vindo esta acontecer, a conduta será tipificada como homicídio privilegiado (art. 121, §1º, Código Penal).

O Projeto de Lei nº 5.008/2009 foi apensado ao Projeto de Lei nº 3.002/2008 em 15 de abril de 2009, com passagem pela Comissão de Seguridade Social e Família em 23 de abril de 2009.[415] Encontra-se atualmente, junto ao Projeto de Lei nº 3.002/2008, na Comissão de Finanças e Tributação, onde deu entrada em 01 de abril de 2019.[416]

Em 02 de dezembro de 2009, igualmente de autoria do deputado Dr. Talmir, foi apresentada a proposta que deu origem ao Projeto de Lei nº 6.544,[417] que tem como escopo a regulamentação dos cuidados paliativos (CP) para pacientes com doença terminal, a serem prestados de forma proporcional e adequada, sem prejuízo de outros tratamentos cabíveis (art. 1º).

Da data da redação original do Projeto de Lei nº 6.544/2009 até a presente transcorreram mais de 12 (doze) anos, tendo havido mudança não somente na definição, mas também na compreensão e abrangência dos CP, não mais aplicáveis somente ao paciente terminal, mas a qualquer pessoa com doença ameaçadora da vida, aguda ou crônica.

---

[413] JESUS, Damásio de. *Direito penal vol. 2*: parte especial: crimes contra a pessoa e crimes contra o patrimônio. 36. ed. Atualização de André Estefam. São Paulo: Saraiva Educação, 2020. p. 273-274. E-book.

[414] AUMA, Paul Okoth. Tratamento e cuidado dos pacientes em estato vegetativo persistente: um debate de vida e morte. *Revista eletrônica espaço teológico*, n. 17, v. 10, p. 268, jan./jun. 2016.

[415] BRASIL. Câmara dos Deputados. *Projeto de Lei nº 5.008, de 07 de abril de 2009*. Proíbe a suspensão de cuidados de pacientes em Estado Vegetativo Persistente. Disponível em: https://www.camara.leg.br/proposicoesWeb/fichadetramitacao?idProposicao=429346. Acesso em: 23 jan. 2022.

[416] BRASIL. Câmara dos Deputados. *Projeto de Lei nº 3.002, de 13 de março de 2008*. Regulamenta a prática da ortotanásia no território nacional brasileiro. Disponível em: https://www.camara.leg.br/proposicoesWeb/prop_mostrarintegra?codteor=544137. Acesso em: 20 jan. 2022.

[417] BRASIL. Câmara dos Deputados. *Projeto de Lei nº 6.544, de 02 de dezembro de 2009*. Dispõe sobre cuidados devidos a pacientes que se encontrem em fase terminal de enfermidade. Disponível em: https://www.camara.leg.br/proposicoesWeb/fichadetramitacao?idProposicao=462837. Acesso em: 05 fev. 2022.

As definições de paciente com doença terminal, cuidados paliativos, cuidados básicos, procedimentos e tratamentos proporcionais, procedimentos e tratamentos desproporcionais e procedimentos e tratamentos extraordinários são dispostas nos incisos I a VI do artigo 2º do Projeto de Lei nº 6.544/2009.[418] Estas definições, caso o Projeto seja transformado em lei, vão contribuir para que haja padronização dos procedimentos e tratamentos, permitindo que médicos e profissionais de saúde desempenhem suas atividades sob auspício da lei e com segurança, propiciando ao paciente alívio da dor e sofrimento, melhorando sua qualidade de vida.

O paciente deve ter sua autonomia resguardada (art. 3º, Projeto de Lei nº 6.544/2009), assim como devem ser prestados esclarecimentos à família ou representante legal a respeito das modalidades terapêuticas adequadas e proporcionais para o tratamento que o caso requer (art. 4º, Projeto de Lei nº 6.544/2009).[419] Não somente a família e representante, mas sobretudo a pessoa enferma deve ser informada sobre os cuidados ofertados para que possa tomar a decisão, como decorrência do respeito à autonomia.

Havendo manifestação da vontade, ou na sua impossibilidade, da família ou do representante legal, é permitida a limitação ou suspensão de procedimentos e tratamentos desproporcionais ou extraordinários que visem prolongar artificialmente a vida do paciente, que continuará a receber os cuidados básicos necessários à manutenção de sua vida e sua dignidade, além de CP (art. 5º e parágrafo único e art. 6º, Projeto de Lei nº 6.544/2009).[420] Neste dispositivo, a proposta deixa consignado a possibilidade de não utilização ou interrupção de medidas terapêuticas fúteis, que apenas prorroguem a vida biológica do paciente em prejuízo de uma vida com dignidade até a data da morte.

Ao voltar-se somente para o paciente terminal, reafirma-se, o Projeto de Lei nº 6.544/2009 já surge em descompasso com a atual filosofia

---

418 BRASIL. Câmara dos Deputados. *Projeto de Lei nº 6.544, de 02 de dezembro de 2009*. Dispõe sobre cuidados devidos a pacientes que se encontrem em fase terminal de enfermidade. Disponível em: https://www.camara.leg.br/proposicoesWeb/fichadetramitacao?idProposicao=462837. Acesso em: 05 fev. 2022.

419 BRASIL. Câmara dos Deputados. *Projeto de Lei nº 6.544, de 02 de dezembro de 2009*. Dispõe sobre cuidados devidos a pacientes que se encontrem em fase terminal de enfermidade. Disponível em: https://www.camara.leg.br/proposicoesWeb/fichadetramitacao?idProposicao=462837. Acesso em: 05 fev. 2022.

420 BRASIL. Câmara dos Deputados. *Projeto de Lei nº 6.544, de 02 de dezembro de 2009*. Dispõe sobre cuidados devidos a pacientes que se encontrem em fase terminal de enfermidade. Disponível em: https://www.camara.leg.br/proposicoesWeb/fichadetramitacao?idProposicao=462837. Acesso em: 05 fev. 2022.

dos CP, os quais deve abranger também as doenças crônicas e agudas. Além disso, não faz nenhuma referência aos cuidados paliativos pediátricos (CPP), de modo a ressaltar seus princípios e particularidades, e conferindo maior efetividade ao seu direito fundamental à saúde.

Embora busque normatizar os CP, trazendo definições que contribuem para padronização de procedimentos e tratamentos, o Projeto de Lei nº 6.544 não vai além das práticas médicas atuais e do estabelecido por normas éticas do Conselho Federal de Medicina (CFM), e que serão objeto de análise mais à frente.

O Projeto de Lei nº 6.544/2009 foi apensado ao Projeto de Lei nº 3002/2008 em 09 de dezembro de 2009, encontrando-se na Comissão de Finanças de Tributação da Câmara dos Deputados desde 01 de abril de 2019.

Está também em trâmite na Câmara dos Deputados o Projeto de Lei nº 6.715,[421] de 23 de dezembro de 2009, originário do Projeto de Lei do Senado nº 116/00 (PLS nº 116/00), de autoria do Senador Gerson Camata. Tem como objeto a alteração do Código Penal, acrescentando o art. 136-A de forma a excluir de ilicitude a ortotanásia.

Segundo o disposto na Proposta, não constituirá crime, no âmbito dos CP aplicados a paciente terminal, a não utilização de meios desproporcionais e extraordinários, em situação de morte iminente e inevitável, desde que haja consentimento do paciente ou, na sua impossibilidade, do cônjuge, companheiro, ascendente, descendente ou irmão (art. 1º). Assim, para que o desuso de procedimentos inúteis não seja tido como ilícito, devem ser obedecidos os seguintes requisitos: a) a obrigatoriedade da abordagem terapêutica pelos CP; b) os meios não usados para manter a vida devem ser desproporcionais e extraordinários; c) situação de morte iminente e inevitável; d) consentimento do paciente, familiar ou representante legal; e e) quadro do paciente atestado por dois médicos.[422]

O Projeto de Lei nº 6.715/2009 almeja afastar a incidência do art. 136 do Código Penal no caso da prática de ortotanásia em paciente submetido a CP. Consoante o retrocitado artigo, constitui crime de maus-tratos expor a perigo a vida ou a saúde de pessoa sob sua autoridade

---

[421] BRASIL. Câmara dos Deputados. *Projeto de Lei nº 6.715, de 23 de dezembro de 2009*. Altera o Decreto-Lei nº 2.848, de 7 de dezembro de 1940 (Código Penal), para excluir de ilicitude a ortotanásia. Disponível em: https://www.camara.leg.br/proposicoesWeb/fichadetramitacao?idProposicao=465323. Acesso em: 05 fev. 2022.

[422] BRASIL. Câmara dos Deputados. *Projeto de Lei nº 6.715, de 23 de dezembro de 2009*. Altera o Decreto-Lei nº 2.848, de 7 de dezembro de 1940 (Código Penal), para excluir de ilicitude a ortotanásia. Disponível em: https://www.camara.leg.br/proposicoesWeb/fichadetramitacao?idProposicao=465323. Acesso em: 05 fev. 2022.

(...), para fim (...) de tratamento (...), quer privando-a de alimentação ou cuidados indispensáveis (...).

Não custa lembrar que, na ortotanásia, a não utilização de tratamentos desproporcionais tem como finalidade o controle da dor e do sofrimento, de modo a evitar que terapias inúteis prorroguem a agonia e a morte do doente, cuja causa provém de doença previamente existente e não da conduta médica omissiva ou comissiva.[423]

O Projeto de Lei nº 6.715/2009 foi apensado, em 21 de outubro de 2010, ao Projeto de Lei nº 3002/2008, encontrando-se na Comissão de Finanças e Tributação desde 04 de julho de 2019, com o deputado Enio Verri designado relator.

Com vistas a disciplinar o consentimento informado e diretivas antecipadas de vontade relacionados ao tratamento de enfermidade em fase terminal, foi apresentada pelo deputado Alexandre Padilha a proposta que deu surgimento ao Projeto de Lei nº 352/2019.[424]

O Projeto de Lei nº 352/2019 tem como objeto regular e proteger o exercício do direito das pessoas quanto à informação e à tomada de decisão durante o processo de doença terminal, os deveres e direitos dos profissionais de saúde e as garantias que os serviços de saúde públicos e privados estão obrigados (art. 1º).[425] Desta redação, extrai-se que a proposta de norma não faz alusão nem à doença crônica nem à doença aguda que ponha em risco a vida.

O Projeto de Lei nº 352/2019 fundamenta-se no respeito à dignidade da pessoa humana, na autonomia, na intimidade, na proteção dos dados de saúde e liberdade de expressão da vontade, com o paciente podendo manifestar sua vontade expressamente no decorrer do processo de doença terminal ou de modo antecipado, para aceitar ou recusar tratamentos, interrompê-los, mediante informação adequada dos profissionais de saúde (art. 2º e parágrafo único).[426]

---

423 CARDOSO, Juraciara Vieira. *Eutanásia, distanásia e ortotonásia*: o tempo certo da morte digna. Belo Horizonte: Mandamentos Editora, 2010. p. 251.

424 BRASIL. Câmara dos Deputados. *Projeto de Lei nº 352/2019*. Dispõe sobre o consentimento informado e instruções prévias de vontade sobre tratamento de enfermidade em fase terminal de vida. Disponível em: https://www.camara.leg.br/proposicoesWeb/fichadetramitacao?idProposicao=2190904. Acesso em: 15 jul. 2022.

425 BRASIL. Câmara dos Deputados. *Projeto de Lei nº 352/2019*. Dispõe sobre o consentimento informado e instruções prévias de vontade sobre tratamento de enfermidade em fase terminal de vida. Disponível em: https://www.camara.leg.br/proposicoesWeb/fichadetramitacao?idProposicao=2190904. Acesso em: 15 jul. 2022.

426 BRASIL. Câmara dos Deputados. *Projeto de Lei nº 352/2019*. Dispõe sobre o consentimento informado e instruções prévias de vontade sobre tratamento de enfermidade em fase terminal de vida. Disponível em: https://www.camara.leg.br/proposicoesWeb/fichadetramitacao?idProposicao=2190904. Acesso em: 15 jul. 2022.

Além disso, também traz ainda as definições de consentimento informado no processo terminal, cuidados paliativos, diretivas antecipadas de vontade, adequação do esforço terapêutico, obstinação terapêutica e diagnóstica, processo terminal de vida, prontuário clínico do paciente (art. 3º, I, II, III, IV, V, VII e VIII).[427]

As disposições contidas nos incisos I a V e VII e VIII, do artigo 3º, têm especial relevância por estarem diretamente relacionados à vida, dignidade, autonomia, saúde e morte do paciente, permitindo que realize suas próprias escolhas e tome suas próprias decisões em relação à terapêutica ofertada.

Um dos pontos de destaque é o direito conferido ao paciente com doença terminal de receber toda informação necessária sobre seus diagnóstico e prognóstico, de acordo com suas condições cognitivas e sensoriais. Se o diagnóstico apontar para a existência de enfermidade irreversível e progressiva, com possibilidade de perda progressiva da autonomia ou de vir a falecer em consequência do mal que a acomete, ele tem o direito de ser informado prontamente sobre a possibilidade de formular diretivas prévias de vontade acerca de sua saúde (art. 4º, §1º).[428] Não há menção alguma às situações em que o paciente fica impossibilitado de manifestar sua vontade, como no caso do estado de coma e do estado vegetativo persistente.

Entretanto, o que há de mais relevante no Projeto nº 352/2019 para a temática objeto de análise é a referência expressa à participação da criança com enfermidade terminal nas decisões relacionadas à sua saúde, ao dispor que é possuidora, fora outros, dos seguintes direitos: a) receber informações, conforme a idade, maturidade, desenvolvimento intelectual e psicológico, sobre o tratamento médico e os cuidados paliativos; b) ser atendido de maneira individualizada e, sempre que possível, pela mesma equipe de saúde; c) a pessoa adulta que a representar somente poderá opinar depois que houver escutado a opinião da criança; e d) as decisões dos representantes da criança devem ser tomadas a favor de sua vida e saúde, e quando pairar qualquer dúvida ao contrário, deverá ser dado conhecimento à autoridade competente (art. 5º, I, II, VI e VII).[429]

---

[427] BRASIL. Câmara dos Deputados. *Projeto de Lei nº 352/2019*. Dispõe sobre o consentimento informado e instruções prévias de vontade sobre tratamento de enfermidade em fase terminal de vida. Disponível em: https://www.camara.leg.br/proposicoesWeb/fichadetramitacao?idProposicao=2190904. Acesso em: 15 jul. 2022.

[428] BRASIL. Câmara dos Deputados. *Projeto de Lei nº 352/2019*. Dispõe sobre o consentimento informado e instruções prévias de vontade sobre tratamento de enfermidade em fase terminal de vida. Disponível em: https://www.camara.leg.br/proposicoesWeb/fichadetramitacao?idProposicao=2190904. Acesso em: 15 jul. 2022.

[429] BRASIL. Câmara dos Deputados. *Projeto de Lei nº 352/2019*. Dispõe sobre o consentimento informado e instruções prévias de vontade sobre tratamento de enfermidade em fase

As normas dispostas nos incisos I, II, VI e VII do artigo 5º, além de reafirmarem a condição da criança como sujeito de direito, em conformidade com a CF/88 (art. 227), também ressaltam o direito à autonomia (progressiva), consoante a Convenção sobre os Direitos da Criança (art. 12.1), e a capacidade de manifestar sua vontade (assentimento), ainda que não lhe tenha conferido participação na tomada de decisão nos assuntos relacionados à sua saúde e à terminalidade da vida.

Ao paciente com doença terminal devem ser prestadas as informações relacionadas à sua saúde para que possa aceitar ou recusar os tratamentos oferecidos e que visem tão somente prolongamento de sua vida (art. 7º, Projeto de Lei nº 352/2019).[430] Informações estas, convém frisar, a serem fornecidas também à criança possuidora de maturidade e discernimento de modo a permitir uma compreensão adequada de sua situação de saúde. No entanto, reconhecendo o médico que o paciente não é capaz de tomar decisão, ou que seu estado físico e psíquico não lhe permite compreender as informações para dar o consentimento, a vontade deve ser suprida pelo representante legal, cônjuge ou companheira, parentes próximos (art. 9º, Projeto de Lei nº 352/2019).[431] Em tal situação, tem-se a representação por substituição.

A Proposta também disciplina as diretivas antecipadas de vontade (DAV) da pessoa capaz, referente ao direito de planejar antecipadamente suas decisões, mediante instruções prévias a respeito de condutas terapêuticas no caso de impossibilidade de manifestação da vontade, deixando expressa suas escolhas sobre consentimento ou recusa em relação a testes diagnósticos, terapias, procedimentos, medicamentos, tratamentos e outras condutas terapêuticas (art. 10, Projeto de Lei nº 352/2019).[432] Ao deixar expresso que o uso das DAV só é permitido à pessoa capaz, o Projeto de Lei nº 352/2019 exclui da

---

terminal de vida. Disponível em: https://www.camara.leg.br/proposicoesWeb/fichadetramitacao?idProposicao=2190904. Acesso em: 15 jul. 2022.

430 BRASIL. Câmara dos Deputados. *Projeto de Lei nº 352/2019*. Dispõe sobre o consentimento informado e instruções prévias de vontade sobre tratamento de enfermidade em fase terminal de vida. Disponível em: https://www.camara.leg.br/proposicoesWeb/fichadetramitacao?idProposicao=2190904. Acesso em: 15 jul. 2022.

431 BRASIL. Câmara dos Deputados. *Projeto de Lei nº 352/2019*. Dispõe sobre o consentimento informado e instruções prévias de vontade sobre tratamento de enfermidade em fase terminal de vida. Disponível em: https://www.camara.leg.br/proposicoesWeb/fichadetramitacao?idProposicao=2190904. Acesso em: 15 jul. 2022.

432 BRASIL. Câmara dos Deputados. *Projeto de Lei nº 352/2019*. Dispõe sobre o consentimento informado e instruções prévias de vontade sobre tratamento de enfermidade em fase terminal de vida. Disponível em: https://www.camara.leg.br/proposicoesWeb/fichadetramitacao?idProposicao=2190904. Acesso em: 15 jul. 2022.

criança a possibilidade de elaborar suas DAV, ainda que conte com assistência dos pais ou representante legal.

Conquanto tenha como objeto o consentimento informado e as DAV, o Projeto nº 352/2019 também visa garantir ao paciente com doença terminal, no âmbito do SUS ou de serviço privado de saúde, CP integrais, respeitada sua dignidade e vontade livremente manifestada (art. 13). Além disso, devem ser prestadas ao paciente as informações sobre seu estado de saúde, assim como os objetivos dos CP aplicados, conforme suas necessidades e preferências (art. 14).

Antes de proporem qualquer intervenção médica à pessoa com enfermidade terminal, os médicos e demais profissionais de saúde devem se assegurar de que a mesma está de acordo com estado da ciência, levando em conta a evidência científica disponível, conhecimento profissional, experiência, estado clínico, gravidade e prognóstico da pessoa afetada (art. 18).[433] Assim, embora os médicos e demais profissionais de saúde possuam autonomia profissional, suas escolhas e decisões em relação ao diagnóstico, prognóstico, procedimentos e tratamentos apresentados devem estar de acordo com o estado atual da ciência, serem adequados ao caso e capazes de proporcionar o melhor resultado possível na consecução do bem-estar do paciente.

Quando o profissional concluir pela indicação de uma intervenção, deverá informar e obter o consentimento livre e voluntário da pessoa que poderá aceitar ou eleger outras opções clínicas disponíveis, ou recusá-las na forma desta lei (art. 19). Ao médico e demais profissionais de saúde competem prestar as informações necessárias ao entendimento da doença e da terapêutica, cabendo ao doente aceitar, escolher outras opções ou recusar.

A equipe profissional deverá adequar e limitar o esforço terapêutico de modo proporcional à situação do paciente, evitando intervenções e medidas carentes de utilidade clínica, sem descuidar de atuações que garantam o devido cuidado e bem-estar do paciente (art. 20).

Para uma avaliação segura da incapacidade do exercício do direito de tomada de decisão de modo autônomo, o profissional de saúde deverá contar com a opinião de outros profissionais implicados diretamente na atenção do paciente, bem como consultar a família para tomar conhecimento de sua opinião (art. 24, Projeto de Lei nº 352/2019).

---

[433] BRASIL. Câmara dos Deputados. *Projeto de Lei nº 352/2019*. Dispõe sobre o consentimento informado e instruções prévias de vontade sobre tratamento de enfermidade em fase terminal de vida. Disponível em: https://www.camara.leg.br/proposicoesWeb/fichadetramitacao?idProposicao=2190904. Acesso em: 15 jul. 2022.

Neste artigo, restou assentado que, se encontrando o paciente incapaz de manifestar sua vontade, devem ser ouvidos outros profissionais envolvidos com os cuidados do paciente, além da família para fins de obter informações acerca de opiniões manifestadas antes da incapacidade.

O Projeto de Lei nº 352/2019 foi apensado ao Projeto de Lei nº 3.002/2008 em 22 de fevereiro de 2019, encontrando-se na Comissão de Finanças e Tributação (CFT) da Câmara dos Deputados desde 01 de abril de 2019.

Atualmente, encontra-se em tramitação no Senado Federal o Projeto de Lei nº 883/2020, que busca regulamentar a prática de cuidados paliativos direcionados a paciente em fase terminal da vida nos sistemas de saúde públicos e privados, em todo território nacional.[434]

Ponto de destaque do Projeto de Lei nº 883/2020 é a permissão da prática da ortotanásia, sendo autorizado ao médico e demais profissionais de saúde que assistem ao paciente em fase terminal limitar ou suspender procedimentos ou tratamentos desproporcionais ou extraordinários que vise à manutenção artificial da vida, desde que haja consentimento informado do paciente ou, na sua falta, de familiar ou de seu representante legal.[435]

O Projeto de Lei nº 883/2020, em que pese avanço no sentido da regulamentação e implementação dos cuidados paliativos (CP) no Brasil, de fundamental importância para a efetivação e concretização do direito fundamental à saúde, é, equivocadamente, dirigido somente ao paciente terminal, quando já está amplamente assente na comunidade científica e para entidades internacionais como a Organização Mundial de Saúde (OMS), que os CP abrangem todas as formas de doença que causem dor, sofrimento e mal-estar ao paciente e à sua família, seja ela, terminal, crônica ou aguda.

Mais recentemente, a deputada Luisa Canziani apresentou a proposta que deu origem ao Projeto de Lei nº 2460/22, que cria o Programa Nacional de Cuidados Paliativos, tendo como foco aliviar o sofrimento físico, psicológico, social e espiritual, na melhoria da qualidade de vida e no apoio ao paciente e seus familiares, quando associados à doença que ameace a vida.[436]

---

434 BRASIL. Senado Federal. *Projeto de Lei nº 883, de 2020*. Regulamenta a prática de cuidados paliativos nos serviços de saúde, no território nacional. Disponível em: https://www25.senado.leg.br/web/atividade/materias/-/materia/141187. Acesso em: 15 jul. 2022.

435 BRASIL. Senado Federal. *Projeto de Lei nº 883, de 2020*. Regulamenta a prática de cuidados paliativos nos serviços de saúde, no território nacional. Disponível em: https://www25.senado.leg.br/web/atividade/materias/-/materia/141187. Acesso em: 15 jul. 2022.

436 BRASIL. Câmara dos Deputados. *Projeto de Lei nº 2460, de 2022*. Institui o Programa Nacional de Cuidados Paliativos e dá outras providências. Disponível em: https://www.camara.leg.br/proposicoesWeb/prop_mostrarintegra?codteor=2206617. Acesso em: 18 mar. 2023.

O artigo 2º, incisos I e V, do Projeto de Lei nº 2460/2022, traz a definição de cuidados paliativos (CP) e obstinação terapêutica. Os CP, segundo dispõe, consistem nos cuidados ativos multiciplinares aplicados a pacientes em intenso sofrimento, às suas famílias e cuidadores, com vistas a melhorar a qualidade de vida e alívio do sofrimento. A obstinação terapêutica consiste nos procedimentos diagnósticos e terapêuticos desproporcionais, fúteis e desnecessários, prolongando o sofrimento e a agonia do paciente.[437]

Outro ponto do Projeto de Lei nº 2460/2022 que merece destaque são os direitos do paciente elencados no art. 5º, I a V: a) obter cuidados paliativos integrais adequados à complexidade da situação e às suas necessidades; b) ser informado acerca de seu estado clínico, conforme sua vontade; c) participar das tomadas de decisão; d) garantia de privacidade e confidencialidade dos dados pessoais guardados por sigilo médico; e) ter resguardada sua autonomia decisória por meio das diretivas antecipadas.[438]

Os direitos dos familiares (art.6º) e os deveres do paciente e familiares (art. 7º) também são enumerados pelo Projeto de Lei nº 2460/2022, bem como as situações que constituem dever do Programa Nacional de Cuidados Paliativos.

2.3.3.1.2 Normas administrativas

Nada obstante a inexistência de lei federal dispondo sobre a matéria, o Programa Nacional de Assistência à Dor e Cuidados Paliativos no âmbito do SUS foi instituído por meio da Portaria MS nº 19/2002, editada pelo Ministério da Saúde em 03 de janeiro de 2002.

Por estabelecer regras gerais e abstratas, visando à correta aplicação da lei, possui a natureza de ato administrativo normativo, necessariamente subordinada aos "limites jurídicos definidos na lei".[439] Em face disso, deve compreender-se que a Portaria MS nº 19/2002 não pode extrapolar as normas estabelecidas pela Lei nº 8.080/1990 (LOS).

---

[437] BRASIL. Câmara dos Deputados. *Projeto de Lei nº 2460, de 2022*. Institui o Programa Nacional de Cuidados Paliativos e dá outras providências. Disponível em: https://www.camara.leg.br/proposicoesWeb/prop_mostrarintegra?codteor=2206617. Acesso em: 18 mar. 2023.

[438] BRASIL. Câmara dos Deputados. *Projeto de Lei nº 2460, de 2022*. Institui o Programa Nacional de Cuidados Paliativos e dá outras providências. Disponível em: https://www.camara.leg.br/proposicoesWeb/prop_mostrarintegra?codteor=2206617. Acesso em: 18 mar. 2023.

[439] MEIRELLES, Hely Lopes. *Direito administrativo brasileiro*. 42. ed. São Paulo: Malheiros, 2016. p. 203.

Entre seus objetivos gerais, a Portaria nº 19 busca (art. 1º): a) estimular a organização de serviços de saúde e de equipes multidisciplinares para a assistência a pacientes com dor e que necessitem cuidados paliativos, de maneira a constituir redes assistenciais que ordene esta assistência de forma descentralizada, hierarquizada e regionalizada; b) desenvolver diretrizes assistenciais nacionais adaptadas/adequadas à realidade brasileira, de modo a oferecer cuidados adequados a pacientes com dor e/ou sintomas relacionados a doenças fora de alcance curativo e em conformidade com as diretrizes internacionalmente preconizadas pelos órgãos de saúde e sociedades envolvidas com a matéria.[440]

Uma melhor compreensão acerca dos objetivos e fins propostos pela Portaria nº 19/2002 se dá quando se leva também em consideração algumas das justificativas apresentadas quando da sua criação, quais sejam: a) estudos epidemiológicos, nacionais e internacionais dão conta que a ocorrência de dor é a razão principal pela qual 75 a 80% das pessoas procuram os serviços de saúde; b) estima-se que a dor crônica acometa entre 30 e 40% da população brasileira, representando a principal causa de absenteísmo, licenças médicas, aposentadorias por doença, indenizações trabalhistas e baixa produtividade no trabalho; c) a dor constitui uma das principais causas do sofrimento humano, gerando incapacidades, comprometimento da qualidade de vida e imensuráveis repercussões psicossociais e econômicas, constituindo-se, desta forma, em grave problema de saúde pública; d) necessidade de prosseguir e incrementar as políticas já implementadas pelo Ministério da Saúde nas áreas de cuidados paliativos e de assistência aos pacientes com dor; e) necessidade de aprimorar a organização de ações voltadas para a assistência às pessoas acometidas por dor – crônica ou aguda e para os cuidados paliativos.[441]

É de observar-se que a Portaria MS nº 19 foi publicada em 03 de janeiro de 2002, portanto, há 22 (vinte e dois) anos, época em que o contexto social, econômico e social era outro. Fora isso, doenças que eram então consideradas fatais passaram a contar com tratamentos mais avançados e com o surgimento de novos medicamentos, prorrogando inclusive o tempo de vida.

---

440 BRASIL. Ministério da Saúde. *Portaria nº 19, de 03 de janeiro de 2002*. Disponível em: https://bvsms.saude.gov.br/bvs/saudelegis/gm/2002/prt0019_03_01_2002.html. Acesso em: 17 jul. 2022.

441 BRASIL. Ministério da Saúde. *Portaria nº 19, de 03 de janeiro de 2002*. Disponível em: https://bvsms.saude.gov.br/bvs/saudelegis/gm/2002/prt0019_03_01_2002.html. Acesso em: 17 jul. 2022.

Em realidade, quando a Portaria MS nº 19 foi criada, a definição de cuidados paliativos (CP) estabelecida pela OMS em 1990, como antes abordado, era direcionada somente aos pacientes adultos com doença incurável (câncer), voltada precipuamente ao controle da dor, embora também visasse ao manejo de outros sintomas. Daí advém a necessidade do acesso à morfina oral, amplamente recomendada para o tratamento da dor oncológica moderada a grave, que é sofrida por mais de 80% das pessoas com câncer em fase terminal.[442]

Impende observar que, a Portaria MS nº 19/2002, embora restrita ao alívio da dor e ao cuidado de pacientes adultos com câncer incurável, além de introduzir os CP no âmbito do SUS, estabeleceu que a assistência deve ser prestada por meio de equipe multidisciplinar, e de acordo com a realidade brasileira e os padrões internacionais dos órgãos e sociedades de saúde que tratam da temática.

A principal norma administrativa que trata do regramento dos CP no âmbito do SUS, a Resolução do Ministério da Saúde nº 41[443] (Resolução MS nº 41), foi publicada em 31 de outubro de 2018, a qual estabelece as diretrizes para sua organização, à luz dos cuidados continuados integrados, devendo aqueles fazerem parte dos cuidados continuados integrados ofertados no âmbito da Rede de Atenção à Saúde – RAS (art. 1º e parágrafo único).[444]

Tal qual a OMS, a Resolução MS nº 41/2018 define os CP como assistência promovida por uma equipe multidisciplinar, com o objetivo de melhorar a qualidade de vida do paciente e sua família, em face de uma doença com risco de vida, por meio da prevenção e alívio do sofrimento, da identificação precoce, avaliação impecável e tratamento de dor e demais sintomas físicos, sociais, psicológicos e espirituais (art. 1º).[445]

Da própria definição acima, extrai-se que os CP não devem ficar adstritos somente ao paciente com enfermidade terminal, bastando que

---

[442] WHO. World Health Organization. Health topics. *Cancer*. Disponível em: https://www.who.int/news-room/fact-sheets/detail/cancer. Acesso em: 06 mar. 2022.

[443] Resolução é um ato administrativo normativo, expedido pelas altas autoridades do Poder Executivo – com exceção do Chefe do Executivo, ao qual compete a expedição de decretos, com a finalidade de disciplinar competência específica. (MEIRELLES, Hely Lopes. *Direito administrativo brasileiro*. 42. ed. São Paulo: Malheiros, 2016. p. 208).

[444] BRASIL. Ministério da Saúde. *Resolução nº 41, de 31 de outubro de 2018*. Dispõe sobre as diretrizes para a organização dos cuidados paliativos, à luz dos cuidados continuados integrados, no âmbito Sistema Único de Saúde (SUS). Disponível em: https://bvsms.saude.gov.br/bvs/saudelegis/cit/2018/res0041_23_11_2018.html. Acesso em: 15 mar. 2022.

[445] BRASIL. Ministério da Saúde. *Resolução nº 41, de 31 de outubro de 2018*. Dispõe sobre as diretrizes para a organização dos cuidados paliativos, à luz dos cuidados continuados integrados, no âmbito Sistema Único de Saúde (SUS). Disponível em: https://bvsms.saude.gov.br/bvs/saudelegis/cit/2018/res0041_23_11_2018.html. Acesso em: 15 mar. 2022.

a doença ponha em risco à vida, independentemente de ser terminal, crônica ou aguda, cuja prestação deve ocorrer já quando do conhecimento do diagnóstico (art. 2º e parágrafo único).[446] Nesse ponto, a norma mostra-se em sintonia à concepção mais atual dos CP, cuja prática deve se dar com base na necessidade e não no prognóstico.[447] Ou seja, os CP têm que ser direcionados tanto à pessoa com doença terminal como àquela com doença aguda ou crônica que precise aliviar a dor e o sofrimento, buscando a melhoria de sua qualidade de vida e de sua família.

Dentre os objetivos dos CP estabelecidos pela Resolução nº 41/2018, merecem ser destacados: a) a integração dos cuidados paliativos na rede de atenção à saúde; b) a promoção à melhoria da qualidade de vida dos pacientes; c) o trabalho por equipe multidisciplinar; d) oferta de medicamentos para o controle dos sintomas; e e) uma atenção à saúde humanizada, baseada em evidências, com acesso equitativo e custo efetivo, abrangendo toda a linha de cuidado e todos os níveis de atenção, com ênfase na atenção básica, domiciliar e integração com os serviços especializados (art. 3º, I, II, III, VII e VIII).[448]

Os objetivos apontados nos incisos I, II, III, VII e VIII, do art. 3º, da Resolução nº 41, estão de acordo com as diretrizes estabelecidas pela Constituição (CF/88) e pela Lei Orgânica da Saúde (LOS ou Lei do SUS). A inclusão dos CP na rede de atenção à saúde, além de ser uma imposição constitucional (art. 196, CF/88), também constitui uma obrigação legal, juntamente com a de fornecer medicamentos (art. 6º, I, "d", LOS). Já a prestação dos CP, nas situações de menor gravidade e complexidade, pode ser realizada por médico e profissionais de saúde não especializados, porém, nas de maior gravidade e complexidade a atenção por uma equipe multidisciplinar é essencial para melhor atendimento e resultado.

A Resolução MS nº 41/2018, como não poderia deixar de abordar, também faz constar em seu texto os princípios que norteiam os CP, entre os quais convém destacar o que se seguem: a) iniciar os cuidados

---

[446] BRASIL. Ministério da Saúde. *Resolução nº 41, de 31 de outubro de 2018*. Dispõe sobre as diretrizes para a organização dos cuidados paliativos, à luz dos cuidados continuados integrados, no âmbito Sistema Único de Saúde (SUS). Disponível em: https://bvsms.saude.gov.br/bvs/saudelegis/cit/2018/res0041_23_11_2018.html. Acesso em: 15 mar. 2022.

[447] RADBRUCH, Lukas. Redefining palliative care: a new consensus-based definition. *Journal of pain and symptom management*. Vol. 60, N 4, p. 760, October 2020.

[448] BRASIL. Ministério da Saúde. *Resolução nº 41, de 31 de outubro de 2018*. Dispõe sobre as diretrizes para a organização dos cuidados paliativos, à luz dos cuidados continuados integrados, no âmbito Sistema Único de Saúde (SUS). Disponível em: https://bvsms.saude.gov.br/bvs/saudelegis/cit/2018/res0041_23_11_2018.html. Acesso em: 15 mar. 2022.

paliativos o quanto antes, junto com o tratamento modificador da doença; b) promover o alívio da dor e de outros sintomas físicos, do sofrimento psicossocial, espiritual e existencial; c) afirmar a vida e aceitar a morte como um processo natural; d) aceitação da evolução natural da doença, não acelerando nem retardando a morte e repelindo as futilidades diagnósticas e terapêuticas; e) promover a qualidade de vida por meio da melhoria do curso da doença; f) integração dos aspectos psicológicos e espirituais no cuidado ao paciente; g) trabalho em equipe multiprofissional e interdisciplinar para abordar as necessidades do paciente e de seus familiares; h) comunicação sensível e empática, com respeito à verdade e à honestidade em todas as questões que envolvem pacientes, familiares e profissionais; respeito à autodeterminação do indivíduo (art. 4º, I, II, III, IV, V, VII, IX e XI).[449]

Embora vistos no capítulo antecedente, convém frisar que os princípios dos CP têm como objetivo primordial a melhoria da qualidade de vida do paciente, o que deve ser buscado desde o diagnóstico e prosseguir juntamente com o tratamento modificador da doença, de modo a estabilizá-la e evitar sua progressão. É na busca do conforto do paciente e sua família com amenização da dor e sofrimento que reside a essência dos CP, e não na cura da doença, mediante um tratamento humanizado que proporcione a maior autonomia possível.

2.3.3.2 Normas do Conselho Federal de Medicina

Antes de discorrer especificamente sobre as normas do Conselho Federal de Medicina, no tocante aos temas vida, saúde, doença e terminalidade da vida, o que inclui os cuidados paliativos (CP), faz-se necessário compreender sua natureza jurídica, a aplicação, a eficácia e o alcance das normas por ele expedidas, em especial as resoluções e recomendações.

O Conselho Federal de Medicina (d'agora em diante CFM) foi instituído, juntamente com os Conselhos Regionais, pelo Decreto-Lei nº 7.955/1945, posteriormente revogado pela Lei nº 3.268/1957,[450] regulamentada pelo Decreto nº 44.045/1958, a qual lhe atribuiu a

---

[449] BRASIL. Ministério da Saúde. *Resolução nº 41, de 31 de outubro de 2018*. Dispõe sobre as diretrizes para a organização dos cuidados paliativos, à luz dos cuidados continuados integrados, no âmbito Sistema Único de Saúde (SUS). Disponível em: https://bvsms.saude.gov.br/bvs/saudelegis/cit/2018/res0041_23_11_2018.html. Acesso em: 15 mar. 2022.

[450] Alterada pela Lei nº 11.000, de 15 de dezembro de 2004.

natureza de autarquia com personalidade jurídica de direito público,[451] dotada de autonomia administrativa e financeira.[452]

As autarquias são pessoas jurídicas de direito público criadas por lei específica[453] para o desempenho de atividades tipicamente administrativas, descentralizadas da entidade estatal que as criou, para funcionarem e operarem de acordo com a lei que as instituiu e seu regulamento.[454] Manifestam-se por meio de atos administrativos, sendo estes revestidos de presunção de legitimidade, exigibilidade e executoriedade.[455]

As resoluções e recomendações editadas pelo CFM afiguram-se como atos administrativos gerais e abstratos, portanto atos administrativos normativos, destinados a regulamentar a fiscalização e o exercício da atividade profissional médica, de caráter ético e não cogente (*soft law*). Dessa forma, referidas normas devem observar tanto a lei que dispõe sobre os Conselhos de Medicina (Lei nº 3.268/57) como seu respectivo regulamento (Decreto nº 44.045/1958).

---

451 CONSTITUCIONAL E ADMINISTRATIVO. ORGANIZAÇÃO DO ESTADO. REGIME JURÍDICO ADMINISTRATIVO. NATUREZA SUI GENERIS DOS *CONSELHOS* DE *FISCALIZAÇÃO PROFISSIONAL*. (...). 1. Os *Conselhos Profissionais*, enquanto *autarquias* corporativas criadas por lei com outorga para o exercício de atividade típica do Estado, tem maior grau de autonomia administrativa e financeira, constituindo espécie sui generis de pessoa jurídica de direito público não estatal, a qual não se aplica a obrigatoriedade do regime jurídico único preconizado pelo artigo 39 do texto constitucional. 2. Trata-se de natureza peculiar que justifica o afastamento de algumas das regras ordinárias impostas às pessoas jurídicas de direito público. (...). (BRASIL. Supremo Tribunal Federal. *ADI nº 5367 / DF*, Tribunal Pleno, Red. do acórdão Min. Alexandre de Moraes, j. 08.09.2020, p. 16.11.2020).

452 Art . 1º O Conselho Federal e os Conselhos Regionais de Medicina, instituídos pelo Decreto-lei nº 7.955, de 13 de setembro de 1945, passam a constituir em seu conjunto uma autarquia, sendo cada um dêles dotado de personalidade jurídica de direito público, com autonomia administrativa e financeira. (BRASIL. Presidência da República. *Lei nº 3.268, de 30 de setembro de 1957*. Dispõe sôbre os Conselhos de Medicina, e dá outras providências. Disponível em: http://www.planalto.gov.br/ccivil_03/LEIS/L3268.htm#art36. Acesso em: 03 abr. 2021).

453 Art. 37. A administração pública direta e indireta de qualquer dos Poderes da União, dos Estados, do Distrito Federal e dos Municípios obedecerá aos princípios de legalidade, impessoalidade, moralidade, publicidade e eficiência e, também, ao seguinte:
(...)
XIX – somente por lei específica poderá ser criada autarquia e autorizada a instituição de empresa pública, de sociedade de economia mista e de fundação, cabendo à lei complementar, neste último caso, definir as áreas de sua atuação; (BRASIL. Constituição Federal de 1988. Disponível em: http://www.planalto.gov.br/ccivil_03/constituicao/constituicao-compilado.htm. Acesso em: 03 abr. 2021).

454 MEIRELLES, Hely Lopes. *Direito administrativo brasileiro*. 42. ed. São Paulo: Malheiros, 2016. p. 70.

455 MELLO, Celso Antônio Bandeira de. *Curso de direito administrativo*. 32. ed. São Paulo: Malheiros, 2014. p. 169.

Posta assim a questão, convém tecer algumas considerações acerca do processo legislativo brasileiro, a fim de verificar a adequação das resoluções e recomendações do CFM em face da ordem jurídico-constitucional brasileira.

O processo legislativo nacional constitui-se no conjunto de atos realizados pelos órgãos legislativos na elaboração de emendas constitucionais, leis complementares, leis ordinárias, leis delegadas, medidas provisórias, decretos legislativos e resoluções (art. 59, CF/88).[456] Tem como finalidade "a elaboração democrática do Direito, constitucionalmente estruturada".[457]

A emenda à Constituição, a primeira das normas elencadas, deve ser objeto de discussão e votação em cada casa do Congresso Nacional (Câmara e Senado), em dois turnos, considerando-se aprovada se obtiver, em ambos, três quintos dos votos dos respectivos membros (art. 60, §2º, CF/88). Não podem ser objeto de deliberação a proposta de emenda tendente a abolir a forma federativa de Estado, o voto direto, secreto, universal e periódico, a separação dos Poderes e os direitos e garantias individuais (art. 60, §4º, CF/88). Após a aprovação, as emendas constitucionais passam a ter a mesma hierarquia das normas constitucionais originárias.[458]

A segunda, a lei complementar, encontra-se situada, na hierarquia dos ato normativos, entre a lei ordinária (e os atos de igual força[459] – a lei delegada e o decreto-lei[460]) e a Constituição (e suas emendas),[461], [462]

---

[456] Segundo Alexandre de Moraes, a enumeração trazida pelo art. 59, da Constituição Federal, refere-se às "espécies normativas primárias", posto retirarem seu fundamento de validade diretamente do texto constitucional (MORAES, Alexandre de. *Direito constitucional*. 36. ed. São Paulo: Atlas, 2020. p. 1273. E-book).

[457] STRECK, Lenio Luiz; OLIVEIRA, Marcelo Andrade Cattoni de. Art. 59. *In:* CANOTILHO, J. J. Gomes *et al. Comentários À Constituição do Brasil*. 2. ed. São Paulo: Saraiva Educação, 2018. p. 1.210.

[458] MORAES, Alexandre de. *Direito constitucional*. 36. ed. São Paulo: Atlas, 2020. pos. 1274. E-book.

[459] Além da lei delegada e dos decretos-leis em vigor, as medidas provisórias também possuem força de lei (art. 62, CF/88). Ato normativo com "força de lei" é aquele que, mesmo não sendo proveniente do Poder Legislativo, disciplina matéria de competência da lei, criando direito e impondo obrigações. Tal qual a lei, inova o ordenamento jurídico (SILVA, José Afonso da. *Processo constitucional de formação das leis*. 2. ed. São Paulo: Malheiros, 2006. p. 36-37).

[460] Possui força de lei e foram expedidos por Presidentes da República entre 1937 a 1946 e de 1965 a 1988, não encontrando previsão na atual Constituição. (Decretos-leis. Disponível em: http://www4.planalto.gov.br/legislacao/portal-legis/legislacao-1/decretos-leis. Acesso em: 09 abr. 2021).

[461] FERREIRA FILHO, Manoel Gonçalves. *Do processo legislativo*. 6. ed. São Paulo: Saraiva, 2007. p. 248.

[462] Entendimento diverso é o esposado por Paulo Gustavo Gonet Branco, para quem não existe hierarquia entre lei complementar e lei ordinária, mas atribuições normativas diversas

exigindo, para sua aprovação, o *quorum* de maioria absoluta, conforme estabelecido expressamente no texto constitucional (art. 69). Regulamentam algumas matérias que o legislador constituinte atribuiu certa importância, porém sem inseri-las no texto constitucional, reconhecendo-lhes um caráter mais flexível.[463]

A lei ordinária, ato legislativo típico, é um ato normativo primário que edita normas gerais e abstratas, podendo, em determinadas situações, editar normas particulares.[464] Tem como característica fundamental a "sujeição de tudo e de todos à lei, conforme o princípio fundamental de que ninguém é obrigado a fazer ou deixar de fazer alguma coisa senão em virtude de lei"[465] (art. 5º, II, CF/88).

Os decretos legislativos, por sua vez, visam regular as competências exclusivas do Congresso Nacional (art. 49, CF/88), não se sujeitando à sanção ou veto do Presidente da República.[466] Já as resoluções objetivam disciplinar matéria de interesse interno (político e administrativo) de ambas as Casas do Congresso Nacional, em conjunto ou de cada uma delas em particular,[467] não se confundindo com as resoluções editadas pela Administração direta e indireta.

As resoluções são atos administrativos, normativos ou individuais, expedidos por autoridades do alto escalão administrativo ou de algumas pessoas administrativas ligadas ao Governo, podendo tratar de qualquer matéria inserida na competência específica dos agentes ou pessoas jurídicas responsáveis por sua expedição.

Posto isso, dado as resoluções e recomendações do CFM serem atos tipicamente administrativos, portanto de natureza derivada, devem elas sempre observarem a lei ou outro ato legislativo ao qual estejam subordinados,[468] notadamente as normas insculpidas na CF/88.

Publicada no Diário Oficial da União (DOU), de 09 de novembro de 2006, a Resolução CFM nº 1.805/2006 trata da possibilidade do

---

atribuídas pela Constituição. (BRANCO, Paulo Gustavo Gonet. Poder legislativo: *In:* MENDES, Gilmar Ferreira; BRANCO, Paulo Gustavo Gonet. *Curso de direito constitucional.* 14. ed. São Paulo: Saraiva Educação, 2019. p. 1.009).

463 TAVARES, André Ramos. *Curso de direito constitucional.* 17. ed. São Paulo: Saraiva Educação, 2019. p. 1064.

464 FERREIRA FILHO, Manoel Gonçalves. *Do processo legislativo.* 6. ed. São Paulo: Saraiva, 2007. p. 204.

465 *Ibidem.* p. 205.

466 SILVA, José Afonso da. *Comentários constextual à constituição.* São Paulo: Malheiros, 2005. p. 437.

467 *Ibidem.* p. 437.

468 CARVALHO FILHO, José dos Santos. *Manual de direito administrativo.* 34. ed. São Paulo: Atlas, 2020. p. 290.

médico limitar ou suspender procedimentos e tratamentos de paciente com doença grave ou incurável que se encontrem em fase terminal, respeitada sua vontade ou de seu representante legal,[469] desde que o doente continue a receber todos os cuidados necessários ao alívio do sofrimento, assegurada a assistência integral, o conforto físico, psíquico, social e espiritual, e garantido o direito da alta hospitalar.[470]

A Resolução CFM nº 1.805/2006 é fruto de debates e reflexões, ocorridos não somente no âmbito dos Conselhos de Medicina, mas também da sociedade, na busca por entendimentos para melhor compreensão acerca da terminalidade da vida. Em 2005, o CFM promoveu um simpósio versando sobre a temática na cidade de São Paulo, o qual serviu de base para a elaboração da Resolução. Na oportunidade, o evento contou com a participação de juristas, religiosos, bioeticistas e médicos.[471]

Em 23 de outubro de 2007, quase um ano após sua publicação, em atendimento ao pedido liminar formulado em ação civil pública proposta pelo Ministério Público Federal junto ao Distrito Federal (MPF/DF), de autoria do procurador dos Direitos do Cidadão do Distrito Federal Wellington Oliveira, o juiz federal Roberto Luis Luchi Demo, da 14ª Vara da Justiça Federal no DF, proferiu decisão e suspendeu os efeitos da Resolução CFM nº 1.805/2006.[472]

Na ocasião, o magistrado baseou-se nos argumentos expendidos pelo MPF/DF em sua petição, tendo sustentado que a justificativa apresentada pelo CFM, de que a ortotanásia não antecipa a morte, mas apenas permite sua ocorrência no tempo natural, não afasta a possível conduta caracterizadora do crime de homicídio (art. 121, Código Penal), visto que a tipificação penal abrangeria tanto a eutanásia como a ortotanásia.[473]

---

469 Art. 1º É permitido ao médico limitar ou suspender procedimentos e tratamentos que prolonguem a vida do doente em fase terminal, de enfermidade grave e incurável, respeitada a vontade da pessoa ou de seu representante legal.

470 Art. 2º O doente continuará a receber todos os cuidados necessários para aliviar os sintomas que levam ao sofrimento, assegurada a assistência integral, o conforto físico, psíquico, social e espiritual, inclusive assegurando-lhe o direito da alta hospitalar.

471 ANDRADE, Edson de Oliveira. A ortotanásia e o direito brasileiro: a resolução CFM n. 1.805/2006 e algumas considerações preliminares à luz do biodireito brasileiro. *Revista bioethikos* – Centro Universitário São Camilo, n. 5, v.1, p. 30, 2011.

472 MPF/DF – Resolução que regula a ortotanásia é suspensa. *Portal Migalhas*, 29 out. 2007. Disponível em: https://www.migalhas.com.br/quentes/48092/mpfdf-resolucao-que-regula-a-ortotanasia-e-suspensa. Acesso em: 11 abr. 2021.

473 MPF/DF – Resolução que regula a ortotanásia é suspensa. *Portal Migalhas*, 29 out. 2007. Disponível em: https://www.migalhas.com.br/quentes/48092/mpfdf-resolucao-que-regula-a-ortotanasia-e-suspensa. Acesso em: 11 abr. 2021.

A decisão deixou assentado que a interpretação da ortotanásia e sua tipificação penal não poderiam ser feitas por meio de resolução aprovada pelo CFM, ainda que ela atendesse aos anseios da classe médica e de outros setores da sociedade. Foi destacado também que a solução a respeito do tema deveria ser feita mediante lei aprovada pelo parlamento, tendo sido ressaltado, inclusive, que estava em tramitação no Congresso Nacional o anteprojeto de reforma da parte especial do Código Penal, que atribui à eutanásia o homicídio privilegiado e descrimina a ortotanásia.[474]

Posteriormente, ao apreciar o mérito da ação civil pública, e amparado nas razões da manifestação da representante do MPF/DF que sucedeu o signatário da inicial, a Procuradora da República Luciana Loureiro Oliveira, o juiz federal Roberto Luis Luchi Demo decidiu que a Resolução nº 1.805/2006 não ofende o ordenamento jurídico pátrio, sob o argumento de que a possibilidade do médico limitar ou suspender procedimentos e tratamentos, na perspectiva da Resolução questionada, mostrava-se mais condizente com a interpretação do Direito em face do estado da arte da medicina.[475]

Ação foi julgada improcedente pelo magistrado com amparo nas razões da manifestação da representante do MPF/DF, que divergiu do procurador signatário da inicial, mediante os seguintes argumentos: a) a Resolução CFM nº 1.805/2006 não versa sobre direito penal, mas sobre ética médica e consequências disciplinares; b) ao interpretar-se o Código Penal à luz da Constituição Federal, observa-se que ortotanásia não constitui o crime de homicídio; c) a edição da Resolução CFM nº 1.805/2006 não implicou em modificação da rotina dos médicos que lidam com pacientes terminais, não ocasionando efeitos danosos; e d) modo contrário, a Resolução CFM nº 1.805/2006 deve incentivar os médicos a descreverem os procedimentos adotados, bem como os não adotados, em relação a pacientes terminais, permitindo, com isso, maior transparência e controle da atividade médica.[476]

Bom dizer que um dos principais objetivos da Resolução CFM nº 1.805/2006 foi buscar contornar as deficiências e insuficiências do Código Penal, cuja parte especial é da década de 40 do século passado.

---

474 MPF/DF – Resolução que regula a ortotanásia é suspensa. *Portal Migalhas*, 29 out. 2007. Disponível em: https://www.migalhas.com.br/quentes/48092/mpfdf-resolucao-que-regula-a-ortotanasia-e-suspensa. Acesso em: 11 abr. 2021.

475 BRASIL. Poder Judiciário. Seção Judiciária do Distrito Federal. Sentença. *Processo nº 2007.34.00.014809-3*. p. 2.

476 BRASIL. Poder Judiciário. Seção Judiciária do Distrito Federal. Sentença. *Processo nº 2007.34.00.014809-3*. p. 3.

Nessa linha, invocando sua competência para elaborar normas que regulamentam o exercício da atividade da classe médica, bem como o art. 5º, III, da Constituição, pretendeu dar suporte jurídico à ortotanásia, mediante a limitação do tratamento e dos CP de doentes em fase terminal, nas hipóteses autorizadas por seus parentes ou por seus familiares,[477] e, evidentemente, pelo próprio paciente se possuidor de discernimento para a tomada de decisão.

A limitação ou suspensão dos procedimentos e tratamentos mostra-se adequada não apenas quando se busca aliviar o sofrimento do paciente gravemente enfermo, mas também quando a obstinação terapêutica e o tratamento fútil não lhe trazem ganho ou benefício, implicando, em realidade, na degradação da dignidade da pessoa humana (art. 1º, III e art. 5º, III, CF/88).[478]

Posteriormente à Resolução CFM nº 1.805/2006, foi publicada, no Diário Oficial da União (DOU) de 24 de setembro de 2009, a Resolução CFM nº 1.931/2009, que aprovou o Código de Ética Médica. Este passou a vigorar 180 dias depois, em 13 de abril de 2010.

Publicado 22 anos após a versão anterior, datada de 1988, o Código de Ética Médica de 2009 (CEM/09) trouxe como principal contribuição para a sociedade o reforço à autonomia do paciente, com este passando a ter o direito de recusar ou escolher o tratamento, fazendo com que a relação médico-paciente progredisse do paternalismo autoritário para um modelo cooperativo, preocupado em garantir que a beneficência das ações médicas atendesse aos interesses do paciente.[479] Em decorrência disso, foi atribuído ao médico a obrigação de assumir um papel de orientador e parceiro do paciente (relação horizontal), mediante uma visão não apenas biológica, mas essencialmente humana.[480]

Diversos assuntos tiveram sua abordagem renovada ou passaram a ser disciplinados pelo CEM/2009,[481] com destaque para a autonomia

---

[477] BARROSO, Luís Roberto; MARTEL, Letícia de Campos Velho Martel. A morte como ela é: dignidade e autonomia individual no final da vida. *In:* GOZZO, Débora; LIGIERA, Wilson Ricardo (Orgs.). *Bioética e direitos fundamentais.* São Paulo: Saraiva, 2012. p. 29-30.

[478] ANDRADE, Edson de Oliveira. A ortotanásia e o direito brasileiro: a resolução CFM n. 1.805/2006 e algumas considerações preliminares à luz do biodireito brasileiro. *Revista bioethikos* – Centro Universitário São Camilo, n. 5, v.1, p. 31-32, 2011.

[479] D'ÁVILA, Roberto Luiz. *Um código para um novo tempo.* In: *Código de ética médica: resolução CFM nº 1.931, de 17 de setembro de 2009 (versão de bolso).* Conselho Federal de Medicina – Brasília: Conselho Federal de Medicina, 2010. Disponível em: https://portal.cfm.org.br/images/stories/biblioteca/codigo%20de%20etica%20medica.pdf. Acesso em: 14 abr. 2021.

[480] PESSINI, Leo; HOSSNE, William Saad. Terminalidade da vida e o novo código de ética médica. *Revista bioethikos* – Centro Universitário São Camilo, v. 2, n. 4, p. 127-129, 2010.

[481] AMORIM, Ricardo Henriques Pereira. O novo código de ética médica e o direito à mortedigna. *Portal Jus,* 10 set. 2010. Disponível em: https://jus.com.br/artigos/17381/

do paciente, a ortotanásia, os cuidados paliativos (CP), o dever de informação e a vedação da eutanásia.[482]

Como se pode notar, o CEM/2009, além de ter realçado a autonomia do paciente (Princípio XXI), também impôs ao médico o dever de prestar informações sobre o diagnóstico, o prognóstico, os riscos e o objetivo do tratamento, excetuadas as situações que possam provocar danos, ocasião em que a comunicação será feita ao representante legal (arts. 22 e 34).[483]

Entretanto, entre os temas de maior relevância e complexidade tratados pelo CEM/2009 estão a terminalidade da vida, a eutanásia, a distanásia, a ortotanásia e os CP, cujas interpretações desacertadas têm levado a compreensões divergentes por diferentes setores da sociedade, inclusive entre os médicos e demais profissionais de saúde e do direito, culminando até mesmo em decisões judiciais equivocadas.

A eutanásia, que constitui a antecipação da morte do paciente, é expressamente proibida pelo Código de 2009 (art. 41, *caput*). Relacionada ao tratamento fútil e ao prolongamento artificial da vida, a distanásia encontra vedação tanto no Capítulo I – Princípios Fundamentais –, que, no seu conjunto, constituem um documento bioético (XXII), como no parágrafo único do artigo 41. Meio termo entre a eutanásia e a distanásia, a ortotanásia diz respeito à morte natural, sem antecipação ou postergação, quando a pessoa se encontra em estado irreversível de doença terminal (parágrafo único, art. 41). Os CP, por sua vez, visam aliviar a dor e o sofrimento do paciente com doença incurável ou terminal (XII; art. 36, §2º; parágrafo único, art. 41).[484]

Sem dúvida, o CEM/2009 apresentou consideráveis avanços em relação ao Código de Ética Médica de 1988, especialmente em relação à finitude da vida, não abordada por este e assumida por aquele, propondo inclusive os CP e vedando a prática de obstinação terapêutica.

---

o-novo-codigo-de-etica-medica-e-o-direito-a-morte-digna#:~:text=RESUMO%3A%20O%20novo%20c%C3%B3digo%20de,direito%20social%20%C3%A0%20morte%20digna. Acesso em: 14 abr. 2021.

[482] CFM. Conselho Federal de Medicina. *Resolução CFM nº 1.931/2009*. Código de ética médica. Disponível em: https://portal.cfm.org.br/images/stories/biblioteca/codigo%20de%20etica%20medica.pdf. Acesso em: 14 abr. 2021.

[483] CFM. Conselho Federal de Medicina. *Resolução CFM nº 1.931/2009*. Código de ética médica. Disponível em: https://portal.cfm.org.br/images/stories/biblioteca/codigo%20de%20etica%20medica.pdf. Acesso em: 14 abr. 2021.

[484] CFM. Conselho Federal de Medicina. *Resolução CFM nº 1.931/2009*. Código de ética médica. Disponível em: https://portal.cfm.org.br/images/stories/biblioteca/codigo%20de%20etica%20medica.pdf. Acesso em: 14 abr. 2021.

Com isso, a perspectiva da dignidade também foi levada para o processo de morrer.[485]

Em 31 de agosto de 2012 foi publicada a Resolução CFM nº 1.995/2012, que visa regulamentar as diretivas antecipadas de vontade do paciente no contexto da ética médica brasileira, sendo a primeira regulamentação sobre o tema no Brasil.[486]

A elaboração da Resolução nº 1995/2012 foi motivada pela necessidade de disciplinar a conduta dos médicos em relação às diretivas antecipadas de vontade (daqui para frente DAV), a relevância da autonomia do paciente no contexto da relação médico-paciente, bem como o fato de que os novos recursos tecnológicos podem levar à adoção de medidas desproporcionais que prolonguem o sofrimento do paciente em estado terminal, sem propiciar benefícios, e que tais medidas podem ter sido rejeitadas antecipadamente pelo paciente.[487]

A Resolução nº 1.995/2012 define as DAV como o conjunto de desejos, manifestados anteriormente de forma expressa pelo paciente, sobre cuidados e tratamentos que almeja ou não receber quando não puder expressar, livre e autonomamente, sua vontade (art. 1º).[488] Com essa definição, o CFM, "em observância técnica à historicidade do instituto", reconheceu, em um só documento, o testamento vital e o mandato duradouro.[489]

O testamento vital, expressão oriunda da tradução literal do *living will* americano, permite que a pessoa manifeste por escrito quais os tratamentos médicos que deseja ou não submeter-se, caso venha se encontrar incapacitada quando o uso da medida se mostrar necessária ou aconselhável. O mandato duradouro, igualmente originário da ordem jurídica norte-americana (*durable power of attorney for health care*), conquanto possua a mesma finalidade do testamento vital, o desejo de receber ou não assistência médica havendo incapacidade, a manifestação se faz por meio de representante.[490]

---

485 PESSINI, Leo; HOSSNE, William Saad. Terminalidade da vida e o novo código de ética médica. *Revista bioethikos* – Centro Universitário São Camilo, v. 2, n. 4, p. 127-129, 2010.

486 DADALTO, Luciana. *Testamento vital*. 5. ed. Indaiatuba: Editora Foco, 2020. p. 99.

487 CFM. Conselho Federal de Medicina – CFM. *Resolução CFM nº 1.995/2012*. Disponível em: https://sistemas.cfm.org.br/normas/visualizar/resolucoes/BR/2012/1995. Acesso em: 15 abr. 2021.

488 CFM. Conselho Federal de Medicina – CFM. *Resolução CFM nº 1.995/2012*. Disponível em: https://sistemas.cfm.org.br/normas/visualizar/resolucoes/BR/2012/1995. Acesso em: 15 abr. 2021.

489 DADALTO, Luciana. Reflexos jurídicos da resolução CFM 1.995/12. *Revista bioética*, n. 21, v. 1, p. 3, 2013.

490 GODINHO, Adriano Marteleto. *Eutanásia, ortotanásia e diretivas antecipadas de vontade*: o sentido de viver e morrer com dignidade. Curitiba: Juruá, 2016. p. 135.

Quando o paciente não for capaz de se comunicar ou de expressar suas vontades de maneira livre e desimpedida, cabe ao médico levar em consideração suas DAV (art. 2º, Resolução nº CFM 1995/2012). Tendo o paciente designado um representante para tal fim, suas informações serão levadas em conta pelo médico (art. 2º, §1º). Entretanto, caso as DAV do paciente ou representante estejam em desacordo com os preceitos normativos do Código de Ética Médica, o médico poderá, mediante análise, não as levar em consideração (art. 2º, §2º). As DAV do paciente prevalecem sobre qualquer outro parecer não médico, inclusive sobre os desejos dos familiares (art. 2º, §3º). Sendo as DAV diretamente comunicadas pelo paciente, cabe ao médico registrar no prontuário (art. 2º, §4º).[491] Não podem, entretanto, interferir na autonomia médica nem dispor contra a ordem jurídica.

Oportuno se torna dizer que não se tendo conhecimento das DAV do paciente, nem existindo representante designado, familiares disponíveis ou na falta de consenso entre estes, o médico recorrerá ao Comitê de Bioética da instituição, acaso existente, ou, na sua falta, à Comissão de Ética Médica do hospital ou ao Conselho Federal de Medicina (CFM) para fins de fundamentar sua decisão sobre conflitos éticos, quando entender ser esta medida necessária e conveniente (art. 2º, §5º, Resolução CFM nº 1995/2012).[492]

Posteriormente à publicação da Resolução CFM nº 1.995/2012, o Ministério Público Federal no estado de Goiás (MPF/GO), por intermédio do Procurador da República, após a instauração do Inquérito Civil Público nº 1.18.000.001881/2012-38, ajuizou a Ação Civil Pública nº 1039-86.2013.4.01.3500, que tramitou perante a Primeira Vara Federal da Seção Judiciária do Estado de Goiás, cujo pedido de antecipação de tutela foi negado pelo juiz federal Jesus Crisóstomo de Almeida em 14 de março de 2013, sob o fundamento de que a Resolução CFM nº 1.995/2012 apenas regulamentava a conduta médica ética quando o paciente externasse sua vontade quanto aos cuidados e tratamento médicos que desejasse receber ou não na hipótese de se encontrar em estado terminal e irremediável; além de entender pela constitucionalidade da Resolução, sustentando que ela se coaduna com o princípio da dignidade da pessoa humana, uma vez que assegura ao paciente

---

491 CFM. Conselho Federal de Medicina – CFM. *Resolução CFM nº 1.995/2012*. Disponível em: https://sistemas.cfm.org.br/normas/visualizar/resolucoes/BR/2012/1995. Acesso em: 15 abr. 2021.

492 CFM. Conselho Federal de Medicina – CFM. *Resolução CFM nº 1.995/2012*. Disponível em: https://sistemas.cfm.org.br/normas/visualizar/resolucoes/BR/2012/1995. Acesso em: 15 abr. 2021.

em estado terminal o recebimento de CP, sem o submeter, contra sua vontade, a tratamentos que prolonguem o seu sofrimento e não mais lhe tragam qualquer benefício.[493]

Em face da decisão denegatória do pedido liminar, o MPF/GO interpôs agravo de instrumento para o Tribunal Regional Federal da 1ª Região (TRF/1). No entanto, antes que o recurso fosse apreciado pelo tribunal, o juiz federal substituto Eduardo Pereira da Silva julgou, em 21 de fevereiro de 2014, improcedente os pedidos formulados na Ação Civil Pública (ACP), reconhecendo que as DAV do paciente não encontram vedação no ordenamento jurídico brasileiro, ressaltando, todavia, a necessidade de tratamento da matéria pelo legislador, de modo a fixar os requisitos atinentes à capacidade para fazer declaração, sua forma, modo de revogação e eficácia.[494]

A decisão também destacou que a existência da declaração de vontade do paciente não afasta a família das decisões, embora a Resolução CFM nº 1.995/2012 tenha deixado assentado que a vontade do paciente deva prevalecer sobre a dos familiares (art. 2º, §3º), em conformidade com dispositivos legais e constitucionais.[495] Para o magistrado, a família pode participar do processo de investigação acerca da existência da declaração antecipada do paciente, na falta de registro dessa, bem como pode ter acesso às informações sobre o tratamento dado, sendo-lhe facultado inclusive invocar as instâncias judiciais que julgar conveniente.[496]

Para que sejam tidas como possuidora de legitimidade, as DAV devem conter a manifestação escrita, feita por pessoa capaz, que de forma livre e consciente estabelece as opções, desejos e preferências, a serem respeitados no caso de ocorrência de situações clínicas que impeçam a comunicação da vontade pelo titular.[497]

---

[493] BRASIL. Poder Judiciário. Tribunal Regional Federal da 1ª Região. *Processo nº 1039-86.2013.4.01.3500*. Disponível em: https://processual.trf1.jus.br/consultaProcessual/processo.php?proc=10398620134013500&secao=JFGO. Acesso em: 05 ago. 2022.

[494] BRASIL. Poder Judiciário. Tribunal Regional Federal da 1ª Região. *Processo nº 1039-86.2013.4.01.3500*. Disponível em: https://processual.trf1.jus.br/consultaProcessual/processo.php?proc=10398620134013500&secao=JFGO. Acesso em: 05 ago. 2022.

[495] BRASIL. Poder Judiciário. Tribunal Regional Federal da 1ª Região. *Processo nº 1039-86.2013.4.01.3500*. Disponível em: https://processual.trf1.jus.br/consultaProcessual/processo.php?proc=10398620134013500&secao=JFGO. Acesso em: 05 ago. 2022.

[496] BRASIL. Poder Judiciário. Tribunal Regional Federal da 1ª Região. *Processo nº 1039-86.2013.4.01.3500*. Disponível em: https://processual.trf1.jus.br/consultaProcessual/processo.php?proc=10398620134013500&secao=JFGO. Acesso em: 05 ago. 2022.

[497] SÁ, Maria de Fátima Freire de; MOUREIRA, Diogo Luna. *Autonomia para morrer*: eutanásia, suicídio assistido, diretivas antecipadas de vontade e cuidados paliativos. 2. ed. Belo Horizonte: Del Rey, 2015. p. 184.

Conquanto prevaleça o entendimento de que as DAV devam ser feitas por pessoa capaz,[498] esta não é a melhor compreensão a ser dada ao assunto, posto que o requisito para sua elaboração deve pautar-se no discernimento e não a capacidade de fato da pessoa, de forma que os limites objetivos de fixação de idade utilizados pelo Código Civil de 2002 (CC/2002) sejam flexibilizados,[499] a fim de que não haja comprometimento integral da autonomia privada conferida ao ser humano pela ordem jurídica.[500]

Impende observar que as DAV encontram seu fundamento na autonomia da vontade e na dignidade da pessoa humana. É por meio da autonomia da vontade que o ser humano tem assegurado o seu direito à livre escolha,[501] podendo conduzir sua vida como melhor aprouver ao seu entendimento,[502] inclusive no que diz respeito à tomada de decisões nas questões relacionadas a tratamentos médicos que deseja ou não se submeter.[503]

O novo Código de Ética Médica foi regulamentado pela Resolução CFM nº 2.217/2018, de 27 de setembro de 2018, em vigor desde 1º de maio de 2019, e publicado em decorrência das mudanças pelas quais a sociedade vem passando nos últimos tempos e em função dos avanços técnico-científicos, notadamente no campo da medicina.

O Código de Ética Médica de 2018 (CEM/2018) apresentou algumas alterações em relação ao CEM/2009, dentre elas a do artigo 32 do capítulo V, que trata da relação de pacientes e similares. Segundo o referido artigo, é vedado ao médico deixar de utilizar todos os meios

---

498 BALTHAR, Brenon Adriano Maluf Molina; ROCHA, Marcelly Agrelos; CABRAL, Raquel Boechat. A resolução nº 1995/2012 do CFM e a deontologia médica. *In:* CABRAL, Hildeniza Boechat; ZAGANELLI, Margareth Vetis (Orgs.). *Diretivas antecipadas de vontade*: a autonomia e dignidade do paciente. V. 2. Campos dos Goytacazes: Brasil Multicultural, 2017. p. 113.

499 DADALTO, Luciana. *Testamento vital.* 5. ed. Indaiatuba: Editora Foco, 2020. p. 114.

500 RODRIGUES, Renata Lima. *Incapacidade, curatela e autonomia privada*: estudos no marco do estado democrático de direito. 2005. Dissertação (Mestrado) – Pontifícia Universidade Católica de Minas Gerais, Faculdade de Direito, Belo Horizonte, 2005. p. 169.

501 LIPPMANN, Ernesto. *Testamento vital*: direito à dignidade. São Paulo: Matrix, 2013. p. 21.

502 SÁ, Maria de Fátima Freire de; MOUREIRA, Diogo Luna. *Autonomia para morrer*: eutanásia, suicídio assistido, diretivas antecipadas de vontade e cuidados paliativos. 2. ed. Belo Horizonte: Del Rey, 2015. p. 140.

503 A esse respeito já se pronunciou o Conselho da Justiça Federal por meio do Enunciado 533: "O paciente plenamente capaz poderá deliberar sobre todos os aspectos concernentes a tratamento médico que possa lhe causar risco de vida, seja imediato ou mediato, salvo as situações de emergência ou no curso de procedimentos médicos cirúrgicos que não possam ser interrompidos" (BRASIL. Poder Judiciário. Conselho da Justiça Federal – CJF. VI Jornada de Direito Civil. *Enunciado 533*. Disponível em: https://www.cjf.jus.br/enunciados/enunciado/144. Acesso em: 16 abr. 2021).

disponíveis para a promoção e prevenção da saúde, diagnóstico e tratamento de doenças, cientificamente reconhecidos e a seu alcance, em favor do paciente.[504] Os meios utilizados devem ser proporcionais e adequados, de modo que não possam ocasionar dor e sofrimento além do necessário a uma vida digna. E não somente o tratamento e o diagnóstico de enfermidades, mas também a proteção e a promoção da saúde devem ter como fim último o bem-estar e a dignidade humana.

Outra mudança que se faz notar é a prevista no §2º do artigo 36[505] do CEM/2018, ao se proibir o médico de abandonar paciente sob seus cuidados quando ele estiver padecendo de doença crônica ou incurável, oportunidade em que tem por obrigação continuar prestando-lhe assistência e lhe proporcionando todos os cuidados necessários, inclusive os paliativos.[506] Em vista disso, a função do médico não deve se ater à cura da enfermidade, cabendo a ele também acompanhar e cuidar do doente, mesmo diante da inexistência da possibilidade de cura.[507]

Outrossim, em que pese não se tratar de uma inovação trazida pelo CEM/2018,[508] não se pode deixar de destacar o disposto no parágrafo único do artigo 41, o qual estabelece que, nas situações de doença incurável e terminal, cabe ao médico ofertar todos os CP disponíveis sem realizar ações diagnósticas ou terapêuticas inúteis ou obstinadas, respeitando sempre a vontade expressa do paciente ou, na sua impossibilidade, a de seu representante legal.[509] Assim sendo, para que o médico não faça uso de procedimentos e tratamentos extraordinários ou desproporcionais e possa oferecer os CP, a doença tem que ser incurável e terminal. A norma não faz menção, nem poderia, que a doença seja somente incurável, pois incurável e não terminal é o mesmo que

---

[504] CFM. Conselho Federal de Medicina. *Resolução nº 2.217, de 27 de setembro de 2018*. Disponível em: https://portal.cfm.org.br/images/PDF/cem2019.pdf. Acesso em: 02 jul. 2022.

[505] Redação semelhante é encontrada no artigo 32.a) do Código da Associação Médica de 1953: "Artigo 32º- Não é permitido ao médico: a) abandonar o cliente, mesmo em casos crônicos ou incuráveis, salvo por impedimento irremovível, o que deverá ser comunicado ao cliente ou ao seu responsável, com a necessária antecedência. (Disponível em: https://portal.cfm.org.br/images/stories/documentos/EticaMedica/codigoeticaamb1953.pdf. Acesso em: 15 fev. 2022).

[506] CFM. Conselho Federal de Medicina. *Resolução nº 2.217, de 27 de setembro de 2018*. Disponível em: https://portal.cfm.org.br/images/PDF/cem2019.pdf. Acesso em: 02 jul. 2022.

[507] MARTIN, Leornard M. *A ética do médico diante do paciente terminal*: leitura ética-teológica da relação médico-paciente terminal nos códigos brasileiros de ética médica. Aparecida: Editora Santuário, 1993. p. 102.

[508] Foi trazida pela primeira vez pelo parágrafo único do art. 41 do Código de Ética Médica de 2009.

[509] CFM. Conselho Federal de Medicina. *Resolução nº 2.217, de 27 de setembro de 2018*. Disponível em: https://portal.cfm.org.br/images/PDF/cem2019.pdf. Acesso em: 02 jul. 2022.

doença crônica, portanto, sem qualquer parâmetro de proximidade do fim da vida.

Além disso, o parágrafo único do artigo 41 do Código de Ética Médica de 2018 (CEM/18) possui correlação tanto com a Resolução CFM nº 1.805/2006, que versa sobre a suspensão de procedimentos terapêuticos inúteis nos casos de doença incurável ou terminal, como com a Resolução CFM nº 1.995/2012, que disciplina as Diretivas Antecipadas de Vontade (DAV).

Outra importante norma criada pelo Conselho Federal de Medicina (CFM) é a Resolução CFM nº 2.232, de 16 de setembro de 2019, que tem em vista o estabelecimento de normas éticas para a recusa terapêutica por pacientes e objeção de consciência na relação médico-paciente.

Segundo a Resolução CFM nº 2.232/2019, a recusa de tratamento constitui um direito do paciente, desde que este seja respeitado pelo médico e seja informado dos riscos e das consequências previsíveis de sua decisão (art. 1º). Se o paciente maior de idade encontra-se capaz, orientado, lúcido e consciente, no momento da decisão, é assegurado a ele o direito de recusa à medida terapêutica ofertada (art. 2º), podendo o médico propor outro tratamento, caso disponível (parágrafo único do art. 2º).[510]

Aceitar ou não o tratamento oferecido está relacionado à autodeterminação e à autonomia do paciente. Ao médico cabe prestar todas as informações necessárias, inclusive as relacionadas ao diagnóstico e ao prognóstico, para que o paciente, capaz e consciente, possa decidir ou não pela recusa.

Tratando-se de paciente menor de idade[511] (criança e adolescente), em situação de risco relevante para a saúde, não é permitido ao médico aceitar a recusa terapêutica, ainda que haja representação ou assistência por terceiro (art. 3º, Resolução CFM nº 2.232/2019). Havendo recusa pelos pais ou representante legal, o hospital ou clínica, amparado no estado da arte das ciências médicas e tendo em vista o bem-estar do menor, deve acionar o Poder Judiciário (art. 5º, XXXV, CF/88).

É digno de destaque um caso apreciado pela Justiça brasileira e analisado por Débora Diniz, de um bebê de oito meses acometido de

---

510 CFM. Conselho Federal de Medicina. Resolução CFM nº 2.232, de 16 de setembro de 2019. Disponível em: https://sistemas.cfm.org.br/normas/visualizar/resolucoes/BR/2019/2232. Acesso em: 21 abr. 2021.

511 Menor de idade, segundo a norma, é a pessoa cuja idade é inferior a 18 anos (art. 5º, CC/2002), sendo criança aquela com até 12 anos de idade incompletos, e adolescente a que possua entre 12 e 18 anos de idade (art. 2º, ECA).

Amiotrofia Espinhal Progressiva Tipo I,[512] com um quadro clínico degenerativo, incurável, e que exigia sessões diárias de intervenção no corpo para mantê-lo vivo. Caracterizada por uma crescente e incontrolável perda da massa muscular, a síndrome genética do bebê exigia práticas invasivas, como o uso de sonda nasogástrica. Com uma estimativa de vida de poucos anos, e sem qualquer recurso médico capaz de reverter o quadro avançado de perda muscular, os pais solicitaram à Justiça a garantia de que a criança, em caso de parada cardiorrespiratória, não seria submetida à ventilação mecânica, por não tratar-se de um ato médico essencial ao tratamento, mas um meio cruel de impedimento da falência do corpo, e nem fosse internada na UTI. O pedido dos pais foi considerado eticamente legítimo[513] e deferido pelo magistrado.

Mesmo quando a situação envolver criança com idade, maturidade e discernimento que lhes permitam compreender as informações acerca da terapêutica indicada, avaliando os riscos e benefícios, não há previsão legal de que ela possua autonomia para decidir sobre a recusa, posto serem consideradas absolutamente incapazes para realizar suas próprias escolhas e agir conforme sua vontade (art. 3º, CC/2002). Nesse caso, havendo divergência entre a criança e os pais acerca da continuidade (ou recusa) da medida terapêutica, o médico e demais profissionais de saúde normalmente respeitam a vontade dos pais em desfavor da criança.[514]

Contudo, a proibição da recusa à criança que tem idade, maturidade e discernimento suficientes para rejeitar o tratamento apresentado mostra-se em descompasso com o ordenamento jurídico internacional e nacional. Em situação como essa, a criança, assim como todo e qualquer ser humano, é detentora do direito de participar de forma ativa e corresponsável nos destinos de sua própria existência,[515] de acordo com a autonomia progressiva expressamente prevista no artigo 12 da

---

512 A Atrofia Muscular Espinhal (AME) tipo I, ou doença de Werdnig-Hoffmann, é uma doença neurodegenerativa progressiva, em que todos os músculos são acometidos pelo processo de atrofia neurogênica, com exceção do diafragma, os músculos das extremidades e os músculos oculares. (CHRUN, Lucas Rossato et al. Atrofia muscular espinhal tipo I: aspectos clínicos e fisiopatológicos. *Revista de medicina*, São Paulo, p. 282, 2017.

513 DINIZ, Debora. Quando a morte é um ato de cuidado: obstinação terapêutica em crianças. *Cad. saúde pública*, Rio de Janeiro, n. 22, v. 8, p. 1744-1745-1746-1747, 2006.

514 ALBUQUERQUE, Raylla; GARRAFA, Volnei. Autonomia e indivíduos sem capacidade para consentir: o caso dos menores de idade. *Revista bioética*, n. 24, v. 3, p. 455, 2016.

515 SARLET, Ingo Wolfgang. *Dignidade (da pessoa) humana e direitos fundamentais na constituição federal de 1988*. 10. ed. Porto Alegre: Livraria do Advogado, 2015. pos. 1171. E-book.

Convenção sobre os Direitos da Criança (CDC)[516] e com sua dignidade e autonomia insculpidas na Constituição de 1988 (art. 1º, III e art. 227) e no Estatuto da Criança e do Adolescente (art. 4º).

Quando houver discordância entre o médico e o representante legal, assistente legal ou familiares da criança quanto à terapêutica proposta, o médico deve comunicar o fato às autoridades competentes (Ministério Público, Polícia, Conselho Tutelar), com vistas a atender ao melhor interesse do paciente (art. 4º).[517] Nesse caso, qualquer uma das partes divergentes pode acionar o Judiciário, que deve decidir de forma a atender ao melhor interesse da criança.[518]

Norma igualmente importante elaborada pelo Conselho Federal de Medicina (CFM) é a Recomendação CFM nº 1/2016, de 21 de janeiro de 2016, que disciplina o processo de obtenção de consentimento livre e esclarecido na assistência médica, sendo este o ato de decisão, concordância e aprovação do paciente ou de seu representante, após

---

[516] Artigo 12
1. Os Estados Partes devem assegurar à criança que é capaz de formular seus próprios pontos de vista o direito de expressar suas opiniões livremente sobre todos os assuntos relacionados a ela, e tais opiniões devem ser consideradas, em função da idade e da maturidade da criança.
2. Para tanto, a criança deve ter a oportunidade de ser ouvida em todos os processos judiciais ou administrativos que a afetem, seja diretamente, seja por intermédio de um representante ou de um órgão apropriado, em conformidade com as regras processuais da legislação nacional. (BRASIL. UNICEF BRASIL. *Convenção sobre os direitos da criança*. Disponível em: https://www.unicef.org/brazil/convencao-sobre-os-direitos-da-crianca. Acesso em: 26 jul. 2022).

[517] CFM. Conselho Federal de Medicina. *Resolução nº 2.217, de 27 de setembro de 2018*. Disponível em: https://portal.cfm.org.br/images/PDF/cem2019.pdf. Acesso em: 02 jul. 2022.

[518] Foi o que ocorreu no caso do bebê inglês Charlie Gard, diagnosticado com doença genética grave e rara, a síndrome de depleção do DNA mitocondrial encefalopática infantil, cuja principal consequência são danos muscular e cerebral. Após o diagnóstico médico, Connie Yates (a mãe), mediante buscas na internet, descobriu a existência de tratamento para quadros menos graves que o de Charlie nos Estados Unidos, e questionou junto aos médicos do Great Ormond Street Hospital, onde a criança estava internada, se o tratamento seria aplicado em Charlie. Depois da realização de novos exames, foi constatado que o cérebro havia sido gravemente afetado pela doença, função de que foi decidido que o tratamento por terapia de nucleosídeos seria inútil e prolongaria o sofrimento da criança, o que levou a divergências entre os pais e a equipe médica. Pautado na avaliação dos especialistas, o Great Ormond Street Hospital ingressou na justiça solicitando o desligamento dos equipamentos de suporte vital e que fossem prestados cuidados paliativos a Charlie. Os pais contestaram o pedido, sob o argumento de que havia um tratamento experimental. Após decisões favoráveis ao Hospital nas instâncias inferiores, os pais recorreram à Corte de Apelação (Supreme Court), tendo sido o pedido rejeitado em 08 de junho de 2017. Em seguida, apresentaram recurso junto à Corte Europeia de Direitos Humanos, que declarou o pedido inadmissível por não existência de violação aos direitos humanos em 28 de junho de 2017. (SÁ, Maria de Fátima Freire de; OLIVEIRA, Lucas Costa de. O caso Charlie Gard: em busca da solução adequada. *Revista m.*, Rio de Janeiro, v. 2, n. 4, p. 456-477, p. 458-466, jul./dez. 2017).

as informações e explicações necessárias, sob a responsabilidade do médico, a respeito dos procedimentos diagnósticos ou terapêuticos que lhe são indicados.[519]

Relacionado com o respeito e a autonomia do paciente, o consentimento livre e esclarecido encontra previsão no Código de Ética Médica de 2018 (CEM/2018) no Princípio Fundamental XXI, que estabelece que o médico deve aceitar as escolhas do paciente no tocante ao diagnóstico e processo de tomada de decisões profissionais; e no tópico Direitos Humanos, que proíbe realização de procedimento sem consentimento do paciente ou seu representante legal, excetuado o caso de risco iminente de morte (art. 22).[520]

Segundo a seção 4 do anexo à Recomendação CFM nº 1/2016, o consentimento livre e a decisão do paciente para a realização de procedimentos médicos devem ser obtidos mediante esclarecimento claro, pertinente e suficiente sobre justificativas, objetivos esperados, riscos, efeitos colaterais, complicações e cuidados.[521]

Para que seja dado consentimento, consoante a seção 7.1 do anexo da Recomendação CFM nº 1/2016, o paciente deve mostrar-se apto a tomar uma decisão livre e autônoma se tiver condição para entender a informação dada, julgá-la conforme seus valores, pretender certo resultado e comunicar, livre e coerentemente, seus desejos de forma voluntária ao médico.[522]

A prática de ato de decisão, concordância e aprovação exigida para o consentimento informado pressupõe que o paciente tenha capacidade para entender as informações recebidas sobre sua saúde e deliberar livremente.[523] Dessarte, somente o paciente com idade igual ou superior a 18 anos e com capacidade própria para manifestar sua vontade[524] possui autonomia para consentir em relação a tratamento médico.

---

519 CFM. Conselho Federal de Medicina. *Recomendação nº 1, de 21 de janeiro de 2016*. Disponível em: https://portal.cfm.org.br/images/Recomendacoes/1_2016.pdf. Acesso em: 02 jul. 2022.

520 CFM. Conselho Federal de Medicina. *Código de ética médica*. Disponível em: https://portal.cfm.org.br/images/PDF/cem2019.pdf. Acesso em: 02 ago. 2020.

521 CFM. Conselho Federal de Medicina. *Recomendação nº 1, de 21 de janeiro de 2016*. Disponível em: https://portal.cfm.org.br/images/Recomendacoes/1_2016.pdf. Acesso em: 02 jul. 2022.

522 CFM. Conselho Federal de Medicina. *Recomendação nº 1, de 21 de janeiro de 2016*. Disponível em: https://portal.cfm.org.br/images/Recomendacoes/1_2016.pdf. Acesso em: 02 jul. 2022.

523 PAZINATTO, Márcia Maria. A relação médico-paciente na perspectiva da Recomendação CFM 1/2016. *Revista bioética*, p. 235, 2019.

524 PEREIRA, Caio Mário da Silva. *Instituições de direito civil*: introdução ao direito civil: teoria geral do direito civil, volume I. Revisão e atualização de Maria Celina Bodin de Moraes. 33. ed. Rio de Janeiro: Forense, 2020. p. 224. E-book.

Embora a Recomendação nº 1/2016 não reconheça a autonomia da criança para consentir, a seção 4.2 de seu anexo a considera apta a compreender e manifestar sua vontade por meio assentimento, livre e autonomamente, devendo participar do processo de informação e compreensão do procedimento médico que lhe é recomendado. O assentimento livre e esclarecido consiste no direito de que dispõe o paciente incapaz de obter informação para que, juntamente com o representante legal, possa, autônoma e livremente, no limite de sua capacidade, concordar ou discordar em relação aos procedimentos médicos que lhe são indicados.[525]

Não faz nenhuma referência, pois, a Recomendação CFM nº 1/2016, à criança possuidora de idade, maturidade e discernimento, impedindo-a de consentir ou dissentir acerca da terapêutica ofertada, com consequente desrespeito à sua dignidade e autonomia.

2.3.4 Normatização estadual

Conforme salientado no tópico 2.3.2, o texto constitucional de 1988 atribui à União, aos estados, ao Distrito Federal e aos municípios a competência administrativa comum para cuidar da saúde (art. 23, II) e à União, estados e Distrito Federal e municípios a competência concorrente para legislar sobre a proteção e defesa da saúde (art. 24, XII; art. 30, II).

Por intermédio da competência concorrente, a CF/88 confere à União o poder de editar leis federais sobre normas gerais, ou seja, normas que não esgotam a matéria da legislação concorrente (art. 24, §1º).[526] Os estados permanecem com a competência de suplementar a lei federal sobre normas gerais para fins de atendimento de suas particularidades (art. 24, §2º). Na falta de lei federal sobre normas gerais, os estados poderão exercer a competência legislativa plena para atender a suas peculiaridades (art. 24, §3º). Sobrevindo lei federal sobre normas gerais, a eficácia da lei estadual no que lhe for contrário será suspensa (art. 20, §4º).

Em que pese existir norma geral disciplinando as ações e serviços de saúde no âmbito de todo território nacional, a já referida Lei Orgânica da Saúde (LOS), normas administrativas do Ministério da Saúde e

---

[525] CFM. Conselho Federal de Medicina. *Recomendação nº 1, de 21 de janeiro de 2016*. Disponível em: https://portal.cfm.org.br/images/Recomendacoes/1_2016.pdf. Acesso em: 02 jul. 2022.

[526] *Ibidem*. p. 358.

normas éticas do CFM abordando temas relacionados à vontade e ao consentimento do paciente, à recusa de tratamento, à terminalidade da vida, entre outros, até a presente data não foi publicada lei nacional normatizando a prestação dos serviços de CP, gerando insegurança entre médicos e demais profissionais de saúde, com consequente prejuízo à população necessitária de referida assistência, precipuamente no que diz respeito à criança, dada à sua condição de pessoa em constante desenvolvimento.

Entrementes, tem havido um grande avanço na regulamentação da prestação dos serviços de CP por parte dos estados da Federação, que, com a publicação de suas leis, não somente buscam dar efetividade às competências que lhes foram conferidas pela Constituição Federal, também concretizar o direito fundamental à assistência integral à saúde, elevando ao mais alto patamar da dignidade os indivíduos muitas vezes esquecidos nos leitos de hospitais e de UTI's pela família, por médicos e demais profissionais de saúde, por gestores públicos e pela própria sociedade, como é o caso do paciente com doença grave ou terminal.

Desta forma, em sintonia com os ditames constitucionais e a jurisprudência do Supremo Tribunal Federal (STF), que deixou assentado ser possível aos estados, ao Distrito Federal (DF) e aos municípios exercerem a competência concorrente para legislar sobre proteção e defesa da saúde (art. 24, XII, CF/88) e a competência comum de cuidar da saúde (art. 23, II, CF/88), sem subordinação ou dependência da atuação da União,[527],[528] alguns estados publicaram leis versando sobre cuidados paliativos (CP).

---

527 CHAGAS JUNIOR, Francisco Wilkie Rebouças; MAIA, Renan Aguiar de Garcia. O federalismo brasileiro no contexto da pandemia: a competência concorrente dos entes e a crise de legalidade e legitimidade decorrente da omissão do Poder Legislativo. *In:* SCAFF, Fernando Facury *et al* (Org.). *A crise do federalismo em estado de pandemia.* Volume 1. Belo Horizonte: Letramento; Casa do Direito, 2021. p. 565.

528 EMENTA: CONSTITUCIONAL. PANDEMIA DO CORONAVÍRUS (COVID-19). AS REGRAS DE DISTRIBUIÇÃO DE COMPETÊNCIAS SÃO ALICERCES DO FEDERALISMO E CONSAGRAM A FÓRMULA DE DIVISÃO DE CENTROS DE PODER EM UM ESTADO DE DIREITO (ARTS. 1º E 18 DA CF). COMPETÊNCIAS COMUNS E CONCORRENTES E RESPEITO AO PRINCÍPIO DA PREDOMINÂNCIA DO INTERESSE (ARTS. 23, II, 24, XII, E 25, §1º, DA CF). CAUTELAR PARCIALMENTE CONCEDIDA. 1. Em momentos de acentuada crise, o fortalecimento da união e a ampliação de cooperação entre os três poderes, no âmbito de todos os entes federativos, são instrumentos essenciais e imprescindíveis a serem utilizados pelas diversas lideranças em defesa do interesse público, sempre com o absoluto respeito aos mecanismos constitucionais de equilíbrio institucional e manutenção da harmonia e independência entre os poderes, que devem ser cada vez mais valorizados, evitando-se o exacerbamento de quaisquer personalismos prejudiciais à condução das políticas públicas essenciais ao combate da pandemia de COVID-19. 2. A gravidade da emergência causada pela pandemia do coronavírus (COVID-19) exige das autoridades brasileiras, em todos os níveis de governo, a efetivação concreta da proteção à saúde pública, com a adoção de todas as medidas possíveis e tecnicamente sustentáveis

Dado ao fato dos CP terem sido abordados no capítulo 1, seu surgimento e evolução, definições, princípios, diretrizes, características, cuidados paliativos pediátricos (CPP), não constitui objeto do presente tópico analisar, um a um, os artigos das leis estaduais que tratam da matéria, mas sim aqueles que sejam necessários à compreensão e ao entendimento ou que venham acrescentar ao que já foi objeto de análise.

No âmbito estadual, a primeira lei que veio a disciplinar os direitos dos usuários dos serviços e das ações de saúde foi a Lei nº 10.241, originária de projeto de autoria do deputado Roberto Gouveia, e promulgada pelo Governador do estado de São Paulo em 17 de março de 1999.[529]

para o apoio e manutenção das atividades do Sistema Único de Saúde. 3. A União tem papel central, primordial e imprescindível de coordenação em uma pandemia internacional nos moldes que a própria Constituição estabeleceu no SUS. 4. Em relação à saúde e assistência pública, a Constituição Federal consagra a existência de competência administrativa comum entre União, Estados, Distrito Federal e Municípios (art. 23, II e IX, da CF), bem como prevê competência concorrente entre União e Estados/Distrito Federal para legislar sobre proteção e defesa da saúde (art. 24, XII, da CF); permitindo aos Municípios suplementar a legislação federal e a estadual no que couber, desde que haja interesse local (art. 30, II, da CF); e prescrevendo ainda a descentralização político-administrativa do Sistema de Saúde (art. 198, CF, e art. 7º da Lei 8.080/1990), com a consequente descentralização da execução de serviços, inclusive no que diz respeito às atividades de vigilância sanitária e epidemiológica (art. 6º, I, da Lei 8.080/1990). 5. Não compete, portanto, ao Poder Executivo federal afastar, unilateralmente, as decisões dos governos estaduais, distrital e municipais que, no exercício de suas competências constitucionais, adotaram ou venham a adotar, no âmbito de seus respectivos territórios, importantes medidas restritivas como a imposição de distanciamento ou isolamento social, quarentena, suspensão de atividades de ensino, restrições de comércio, atividades culturais e à circulação de pessoas, entre outros mecanismos reconhecidamente eficazes para a redução do número de infectados e de óbitos, como demonstram a recomendação da OMS (Organização Mundial de Saúde) e vários estudos técnicos científicos, como por exemplo, os estudos realizados pelo Imperial College of London, a partir de modelos matemáticos (*The Global Impact of COVID19 and Strategies for Mitigation and Suppression*, vários autores; *Impact of non-pharmaceutical interventions (NPIs) to reduce COVID-19 mortality and healthcare demand*, vários autores). 6. Os condicionamentos impostos pelo art. 3º, VI, "b", §§6º, 6º-A e 7º, II, da Lei 13.979/2020, aos Estados e Municípios para a adoção de determinadas medidas sanitárias de enfrentamento à pandemia do COVID-19, restringem indevidamente o exercício das competências constitucionais desses entes, em detrimento do pacto federativo. 7. Medida Cautelar parcialmente concedida para: (a) suspender, sem redução de texto, o art. 3º, VI, "b", e §§6º, 6º-A e 7º, II, excluídos Estados e Municípios da exigência de autorização da União, ou obediência a determinações de órgãos federais, para adoção de medidas de restrição à circulação de pessoas; e (b) conferir interpretação conforme aos referidos dispositivos para estabelecer que as medidas neles previstas devem ser fundamentadas em orientações de seus órgãos técnicos correspondentes, resguardada a locomoção de produtos e serviços essenciais definidos por ato do Poder Público federal, sempre respeitadas as definições no âmbito da competência constitucional de cada ente federativo. (BRASIL. Supremo Tribunal Federal. *ADI nº 6343 MC-REF/DF*, Tribunal Pleno, Rel. Min. Marco Aurélio, j. 06.05.2020, p. 17.11.2020).

529 SÃO PAULO. *Lei nº 10.241, de 17 de março de 1999*. Dispõe sobre os direitos dos usuários dos serviços e das ações de saúde no Estado. Disponível em: https://www.al.sp.gov.br/repositorio/legislacao/lei/1999/lei-10241-17.03.1999.html. Acesso em: 26 fev. 2022.

A Lei nº 10.241/1999, também conhecida como Lei Mário Covas, também foi a primeira norma a tratar da matéria no Brasil, concedendo aos usuários dos serviços de saúde no estado de São Paulo o direito de receber: a) um atendimento digno; b) obter informações sobre diagnósticos, exames, ações terapêuticas, riscos e benefícios do tratamento proposto; c) consentir ou recusar, voluntariamente, de forma livre e esclarecida, procedimentos diagnósticos ou terapêuticos a serem realizados; d) recusar tratamentos dolorosos ou extraordinários que visem prolongar vida; e e) escolher o local da morte (art. 2º, I, VI, VII, XXIII e XXIV).[530]

O atendimento digno (art. 2º, I, Lei nº 10.241/1999) é corolário da dignidade humana assegurada a todo e qualquer ser humano pela Constituição (art. 1º, III), independente da condição de saúde em que o paciente se encontre, o qual deve dar-se, na medida do possível, por meio de assistência terapêutica que vise proporcionar o bem-estar da pessoa.

Tema relevante para a relação médico-paciente e que foi destacado pela Lei nº 10.241/1999 é o consentimento livre e esclarecido, posto assegurar, legalmente, ao paciente o direito de receber todas as informações relacionadas a seu quadro de saúde e sobre os riscos e benefícios do tratamento indicado, do mesmo modo que o direito de consentir ou recusar os procedimentos e medidas terapêuticas propostas, conforme sua vontade.

A Lei Mário Covas também garantiu ao paciente o direito de recusar tratamentos dolorosos ou extraordinários que visem prolongar a vida e o de escolher o local da morte (art. 2º, XXIII e XXIV), conferindo respaldo legal ao médico que entende ser ética a conduta de não introduzir ou interromper medidas de prolongamento da vida de paciente terminal, com sua concordância ou do representante legal.[531] No mais, embora não façam alusão direta, os incisos XXIII e XXIV do artigo 2º possuem correlação direta com os CP, visto que a recusa de procedimento e tratamento e a escolha do local da morte demanda, necessariamente, a prestação de assistência paliativa para que o processo de morte ocorra naturalmente, conforme o preconizado pelo parágrafo único do artigo 1º e inciso I do artigo 3º, da Lei estadual

530 SÃO PAULO. *Lei nº 10.241, de 17 de março de 1999*. Dispõe sobre os direitos dos usuários dos serviços e das ações de saúde no Estado. Disponível em: https://www.al.sp.gov.br/repositorio/legislacao/lei/1999/lei-10241-17.03.1999.html. Acesso em: 26 fev. 2022.

531 OSELKA, Gabriel. Direitos do paciente e legislação. *Revista da associação médica brasileira*, v. 47, n. 2, 185, 2001.

nº 17.292/2020,[532] que instituiu a política de CP no estado de São Paulo, e do artigo 41 e parágrafo único do CEM/2018.[533]

É de se ressaltar que o próprio ex-governador de São Paulo Mário Covas fez uso da Lei por ele sancionada, sendo um dos principais exemplos da prática da ortotanásia no Brasil. Acometido de um câncer reincidente na bexiga, ele optou por deixar o hospital para passar os últimos dias de vida junto à família, em casa, recebendo CP, tendo morrido em 2001.[534]

Depois de mais de 18 (dezoito) anos do surgimento da lei do estado de São Paulo que normatizou os direitos dos utentes dos serviços e das ações de saúde, o estado de Goiás publicou, em 10 de julho de 2017, a Lei nº 19.723, que instituiu a Política Estadual de Cuidados Paliativos, visando à fixação de diretrizes normativas centradas na prevenção e alívio do sofrimento físico, psicológico, social e espiritual, na melhoria do bem estar e no apoio aos doentes e às suas famílias, quando associados à doença grave ou incurável, em fase avançada e progressiva (art. 1º).[535]

A Lei goiana destaca que as ações e os serviços da Política Estadual de Cuidados Paliativos serão operacionalizados pelo Sistema Único de Saúde[536] estadual e financiados pelo Fundo Estadual de

---

532 Art. 1º - Fica instituída a Política Estadual de Cuidados Paliativos visando à qualidade de vida e à atenção integral de saúde das pessoas com doenças sem possibilidade de cura.
Parágrafo único – Os cuidados paliativos devem ser iniciados precocemente, após diagnosticada doença sem possibilidade de cura, objetivando a qualidade de vida do paciente e de seus familiares.
(...)
Artigo 3º – A Política Estadual de Cuidados Paliativos será norteada pelos seguintes princípios fundamentais, respeitada a vontade do paciente ou de seus representantes legais:
I – reafirmar a vida e reconhecer a morte como processo natural;

533 Art. 41. Abreviar a vida do paciente, ainda que a pedido deste ou de seu representante legal.
Parágrafo único. Nos casos de doença incurável e terminal, deve o médico oferecer todos os cuidados paliativos disponíveis sem empreender ações diagnósticas ou terapêuticas inúteis ou obstinadas, levando sempre em consideração a vontade expressa do paciente ou, na sua impossibilidade, a de seu representante legal.

534 MUSTAFA, Aline. Enfim, descanse em paz. *Cremesp – Diário de São Paulo*, 06 dez. 2010. Disponível em: http://www.cremesp.org.br/?siteAcao=Imprensa&acao=crm_midia&id=589#:~:text=O%20ex%2Dgovernador%20de%20S%C3%A3o,paliativos%2C%20e%20morreu%20em%202001. Acesso em: 18 abr. 2021.

535 GOIÁS. Governo do Estado de Goiás. Lei nº 19.723, de 10 de julho de 2017. Disponível em: https://legisla.casacivil.go.gov.br/api/v2/pesquisa/legislacoes/99038/pdf#:~:text=Institui%20a%20Pol%C3%ADtica%20Estadual%20de,servi%C3%A7os%20correspondentes%20e%20d%C3%A1%20outras. Acesso em: 18 abr. 2021.

536 GOIÁS. *Lei nº 16.140, 02 de outubro de 2007*. Disponível em: https://legisla.casacivil.go.gov.br/pesquisa_legislacao/86552/lei-16140. Acesso em: 18.04.2021.

Saúde (FES), na ação "Implantação, Promoção e Fortalecimento das Ações e Serviços em Cuidados Paliativos", constante do "Programa Promoção, Prevenção e Proteção à Assistência Integral à Saúde" (art. 1º, parágrafo único).[537]

Os incisos I e II do artigo 2º da Lei do Goiás trazem as definições e distinção entre de ação paliativa e cuidados paliativos (CP). A ação paliativa, conforme estabelece, é qualquer medida terapêutica que, sem intenção curativa, busca diminuir, em ambiente hospitalar ou domiciliar, os efeitos negativos da doença sobre o bem-estar do paciente, sendo parte integrante da prática do profissional de saúde, independente da doença ou de seu estágio de evolução. Os CP, ao seu turno, são os cuidados ativos e integrais prestados a pacientes com doença progressiva e incurável, sem possibilidade de tratamento curativo, que objetivam o controle da dor e de outros sintomas por meio da prevenção e do alívio do sofrimento físico, psíquico, social e espiritual.[538] Ou seja, nos dizeres da Lei goiana, enquanto a ação paliativa tem como foco atenuar as repercussões da doença que interfira no bem-estar do paciente, os CP visam aliviar a dor e o sofrimento da pessoa com doença progressiva e incurável sem possibilidade de cura.

A Lei nº 19.723/2017 também ressalta que os CP devem ser iniciados o mais precocemente possível, de modo a serem disponibilizados preferencialmente em hospitais gerais de grande porte e em unidades de saúde que tratam de pacientes cujo perfil predominante é ser portador de enfermidade avançada e progressiva, com poucas possibilidades de resposta à terapêutica curativa e com evolução clínica oscilante, caraterizada pelo surgimento de várias crises ou necessidades e apresentar prognóstico de vida limitado (art. 3º, I, II, III e IV). Ao limitar os CP para doenças graves e progressivas, a lei incorre na falha de desconhecer a aplicabilidade da referida abordagem terapêutica para os pacientes com doença aguda curável, porém que ponha em risco a vida.

Quanto ao perfil dos pacientes que devem ser submetidos aos CP, a Lei nº 19.723/2017, em compasso com a definição e diretrizes da

---

537 GOIÁS. Governo do Estado de Goiás. Lei nº 19.723, de 10 de julho de 2017. Disponível em: https://legisla.casacivil.go.gov.br/api/v2/pesquisa/legislacoes/99038/pdf#:~:text=Institui%20a%20Pol%C3%ADtica%20Estadual%20de,servi%C3%A7os%20correspondentes%20e%20d%C3%A1%20outras. Acesso em: 18 abr. 2021.

538 GOIÁS. Governo do Estado de Goiás. Lei nº 19.723, de 10 de julho de 2017. Disponível em: https://legisla.casacivil.go.gov.br/api/v2/pesquisa/legislacoes/99038/pdf#:~:text=Institui%20a%20Pol%C3%ADtica%20Estadual%20de,servi%C3%A7os%20correspondentes%20e%20d%C3%A1%20outras. Acesso em: 18 abr. 2021.

OMS, abrange os pacientes, adultos e crianças, com doenças em fase avançada. São citadas como doenças infantis sujeitas à abordagem as malformações congênitas severas, fibrose cística, paralisia cerebral, distrofia musculares, câncer, AIDS e outras situações incuráveis em progressão (art. 3º, parágrafo único, I e II).[539]

A Lei do estado de Goiás é a primeira a garantir declaradamente o direito aos cuidados paliativos pediátricos (CPP), em observância ao dever estatal de assegurar à criança, com absoluta prioridade, a efetivação do direito à vida e à saúde (art. 227, CF/88; art. 4º, parágrafo único, "a", "b" e "c" e art. 7º, ECA). E não se pode esquecer que os CPP, como antes visto, possui peculiaridades que demandam uma conduta diferenciada em relação aos CP praticados em adultos, tanto em função do tipo de enfermidade como pelo fato de a criança ser uma pessoa vulnerável e em contínuo crescimento.

Os princípios que direcionam a prática dos CP também foram elencados na Lei de Goiás, dentre os quais são destacados os seguintes: a) assegurar a melhor qualidade de vida possível aos doentes e às suas famílias; b) propiciar alívio à dor e a outros sintomas como fadiga, dispneia, náuseas, vômitos; c) reafirmar a vida e a morte como processos naturais; d) integrar os aspectos psicológicos, sociais e espirituais ao aspecto clínico de cuidado do paciente; e) respeitar os valores, crenças e práticas pessoais, culturais e religiosas do paciente e de sua família; f) não apressar ou adiar a morte; g) oferecer um sistema de suporte para ajudar os pacientes a viverem o mais ativamente possível até sua morte (art. 4º, I, II, III, II, V, VI, VIII).[540] A vista disso, os princípios contidos expressamente na Lei do Goiás estabelecem as diretrizes a serem observadas na prestação dos CP, com a finalidade de amenizar a dor e o sofrimento do paciente e sua família, permitindo-lhe viver com qualidade até a ocorrência da morte.

Outro ponto a destacar são os direitos assegurados ao paciente e aos familiares pela Lei goiana. A informação prestada além de ser clara e precisa, deve igualmente respeitar o nível de compreensão e de

539 GOIÁS. Governo do Estado de Goiás. Lei nº 19.723, de 10 de julho de 2017. Disponível em: https://legisla.casacivil.go.gov.br/api/v2/pesquisa/legislacoes/99038/pdf#:~:text=Institui%20a%20Pol%C3%ADtica%20Estadual%20de,servi%C3%A7os%20correspondentes%20e%20d%C3%A1%20outras. Acesso em: 18 abr. 2021.

540 GOIÁS. Governo do Estado de Goiás. Lei nº 19.723, de 10 de julho de 2017. Disponível em: https://legisla.casacivil.go.gov.br/api/v2/pesquisa/legislacoes/99038/pdf#:~:text=Institui%20a%20Pol%C3%ADtica%20Estadual%20de,servi%C3%A7os%20correspondentes%20e%20d%C3%A1%20outras. Acesso em: 18 abr. 2021.

tolerância emocional do enfermo, de forma a lhe permitir conhecimento acerca da doença, sua forma de progressão, seu estágio de evolução e seu prognóstico de vida, para que possa exercer o direito às escolhas necessárias ao tratamento oferecido (art. 6º, I, Lei nº 19.723/2017).[541]

A prática dos CP deve ser realizada por uma equipe multidisciplinar treinada para a execução das diretrizes estabelecidas pelos princípios, propiciando ao paciente uma assistência capaz de suprir suas necessidades físicas, psíquicas, sociais e espirituais durante o transcurso da doença (art. 6º, II, Lei nº 19.723/2017).[542]

A equipe de CP, conforme a Lei nº 19.723/2017, deve ser interdisciplinar, formada por médicos e enfermeiros, com a cooperação necessária de psicólogo e assistente social. É classificada em equipe básica, equipe completa e equipe de referência. A equipe básica é formada por médico e enfermeiro, com a cooperação de profissionais de serviço social e psicologia. A equipe completa acresce à básica o assistente social, fonoaudiólogo, nutricionista, farmacêutico, fisioterapeuta, terapeuta ocupacional e suporte espiritual. Já equipe de referência é responsável pela realização de funções de referência na complexidade assistencial associadas à formação avançada universitária e investigação (art. 8º, §1º, I, II, III, Lei nº 19.723/2017).[543]

De modo a integrar ainda mais os CP, a Lei goiana prevê a participação de voluntários e assistentes espirituais, cujas presenças devem ser estimuladas em todas as equipes, desde que aptos à concretização dos princípios dos CP (art. 8º, §2º).[544]

Seguindo Goiás, o estado do Rio Grande do Sul introduziu sua Política Estadual de Cuidados Paliativos com a publicação da Lei

541 GOIÁS. Governo do Estado de Goiás. Lei nº 19.723, de 10 de julho de 2017. Disponível em: https://legisla.casacivil.go.gov.br/api/v2/pesquisa/legislacoes/99038/pdf#:~:text=Institui%20a%20Pol%C3%ADtica%20Estadual%20de,servi%C3%A7os%20correspondentes%20e%20d%C3%A1%20outras. Acesso em: 18 abr. 2021.

542 GOIÁS. Governo do Estado de Goiás. Lei nº 19.723, de 10 de julho de 2017. Disponível em: https://legisla.casacivil.go.gov.br/api/v2/pesquisa/legislacoes/99038/pdf#:~:text=Institui%20a%20Pol%C3%ADtica%20Estadual%20de,servi%C3%A7os%20correspondentes%20e%20d%C3%A1%20outras. Acesso em: 18 abr. 2021.

543 GOIÁS. Governo do Estado de Goiás. Lei nº 19.723, de 10 de julho de 2017. Disponível em: https://legisla.casacivil.go.gov.br/api/v2/pesquisa/legislacoes/99038/pdf#:~:text=Institui%20a%20Pol%C3%ADtica%20Estadual%20de,servi%C3%A7os%20correspondentes%20e%20d%C3%A1%20outras. Acesso em: 18 abr. 2021.

544 GOIÁS. Governo do Estado de Goiás. Lei nº 19.723, de 10 de julho de 2017. Disponível em: https://legisla.casacivil.go.gov.br/api/v2/pesquisa/legislacoes/99038/pdf#:~:text=Institui%20a%20Pol%C3%ADtica%20Estadual%20de,servi%C3%A7os%20correspondentes%20e%20d%C3%A1%20outras. Acesso em: 18 abr. 2021.

nº 15.277, de 31 de janeiro de 2019, visando à atenção integral de saúde das pessoas com doenças ameaçadoras à vida (art. 1º).[545]

Logo no início, a Lei nº 15.277/2019 ressalta que os CP devem ser ofertados o mais precocemente possível no curso de qualquer doença potencialmente fatal, com o objetivo de garantir qualidade de vida ao doente e sua família, mediante prevenção e alívio de sofrimento físico, psicológico, social e espiritual, estendendo-se à fase de luto (art. 1º e parágrafo único).[546]

Ao estabelecer que os CP devem ser oferecidos o mais breve possível ao paciente com doença de risco de vida, independentemente do tipo e do estágio de evolução, a Lei gaúcha vai além da Lei goiana, posto abranger não somente a doença crônica progressiva e a doença terminal, mas também a doença aguda, que pode evoluir para um quadro grave e até mesmo fatal, a exemplo da Covid-19.

Por meio dos princípios enunciados para a Política Estadual de Cuidados Paliativos, a Lei rio-grandense tem em vista reafirmar a vida e a morte como processos naturais, a melhoria da qualidade de vida das pessoas e seus familiares, mediante a prevenção e alívio do sofrimento, da identificação precoce, avaliação impecável e tratamento de dor e demais sintomas físicos, sociais, psicológicos e espirituais (art. 2º).[547] O que a Lei gaúcha intitula princípios não difere do que outros diplomas normativos e autores apontam serem os objetivos dos CP. Sem adentrar na discussão acerca de qual terminologia ser a mais adequada, o que há de ter-se em mente é que, sejam princípios sejam objetivos, a finalidade última e primordial é a amenização da dor e do sofrimento do doente e a família, no sentido de conferir qualidade de vida ao paciente e sua família até que a morte ocorra, estendendo-se à fase de luto.

Como princípios fundamentais norteadores do CP, a Lei nº 15.277/2019 aponta: a) integrar os aspectos psicológicos, sociais e espirituais ao aspecto clínico de cuidado do paciente; b) oferecer um sistema

545 RIO GRANDE DO SUL. Assembleia Legislativa. *Lei nº 15.277, de 31 de janeiro de 2019*. Institui a Política Estadual de Cuidados Paliativos e dá outras providências. Disponível em: https://leisestaduais.com.br/rs/lei-ordinaria-n-15277-2019-rio-grande-do-sul-institui-a-politica-estadual-de-cuidados-paliativos-e-da-outras-providencias. Acesso: 28 fev. 2022.

546 RIO GRANDE DO SUL. Assembleia Legislativa. *Lei nº 15.277, de 31 de janeiro de 2019*. Institui a Política Estadual de Cuidados Paliativos e dá outras providências. Disponível em: https://leisestaduais.com.br/rs/lei-ordinaria-n-15277-2019-rio-grande-do-sul-institui-a-politica-estadual-de-cuidados-paliativos-e-da-outras-providencias. Acesso: 28 fev. 2022.

547 RIO GRANDE DO SUL. Assembleia Legislativa. *Lei nº 15.277, de 31 de janeiro de 2019*. Institui a Política Estadual de Cuidados Paliativos e dá outras providências. Disponível em: https://leisestaduais.com.br/rs/lei-ordinaria-n-15277-2019-rio-grande-do-sul-institui-a-politica-estadual-de-cuidados-paliativos-e-da-outras-providencias. Acesso: 28 fev. 2022.

de apoio para ajudar a família a lidar com a doença do paciente, em seu próprio ambiente; c) oferecer um sistema de suporte para ajudar os pacientes a viverem o mais ativamente possível; e d) usar uma abordagem interdisciplinar para acessar necessidades clínicas e psicossociais dos pacientes e suas famílias, incluindo aconselhamento e suporte ao luto (art. 3º, I, II, III e IV).[548]

Dentre as diretrizes da Política Estadual de Cuidados Paliativos, a Lei nº 15.277/2019 traz: a) fortalecimento de políticas públicas que visem desenvolver ao máximo a saúde potencial de cada cidadão; b) realização de ações intersetoriais, buscando-se parcerias que propiciem o desenvolvimento das ações de promoção da saúde; c) organização das ações e dos serviços voltados para o cuidado integral na Rede da Atenção à Saúde, com base em parâmetros e critérios de necessidade e diretrizes constatadas em evidências científicas; d) atendimento multiprofissional com oferta de cuidado compatível com cada nível de atenção e evolução da doença; e e) formação de profissionais e promoção de educação permanente (art. 4º, I, II, III, IV e V).[549]

Da própria redação dos dispositivos legais, conclui-se que as diretrizes preconizadas pela Lei rio-grandense para a Política Estadual de Cuidados Paliativos são voltadas para organização e estrutura, incluindo formação e qualificação de recursos humanos, com vistas a dar efetividade à prestação dos serviços de CP.

Tal como ocorreu no Rio Grande do Sul, o estado do Rio de Janeiro criou o Programa Estadual de Cuidados Paliativos no âmbito da saúde pública em 2019, com a publicação da Lei nº 8.425, no dia 1º de julho.

Em seu artigo 1º e parágrafo único, a Lei evidencia que os CP seguem uma filosofia de cuidado para as pessoas que enfrentam sofrimentos com o avanço e o agravamento de suas doenças crônicas, comumente abandonadas no modelo assistencial preponderante em nosso país.[550]

---

548 RIO GRANDE DO SUL. Assembleia Legislativa. *Lei nº 15.277, de 31 de janeiro de 2019*. Institui a Política Estadual de Cuidados Paliativos e dá outras providências. Disponível em: https://leisestaduais.com.br/rs/lei-ordinaria-n-15277-2019-rio-grande-do-sul-institui-a-politica-estadual-de-cuidados-paliativos-e-da-outras-providencias. Acesso: 28 fev. 2022.

549 RIO GRANDE DO SUL. Assembleia Legislativa. *Lei nº 15.277, de 31 de janeiro de 2019*. Institui a Política Estadual de Cuidados Paliativos e dá outras providências. Disponível em: https://leisestaduais.com.br/rs/lei-ordinaria-n-15277-2019-rio-grande-do-sul-institui-a-politica-estadual-de-cuidados-paliativos-e-da-outras-providencias. Acesso: 28 fev. 2022.

550 RIO DE JANEIRO. Assembleia Legislativa. *Lei nº 8425, de 1 de julho de 2019*. Cria o programa estadual de cuidados paliativos no âmbito da saúde pública do estado do Rio de Janeiro. Disponível em: http://www3.alerj.rj.gov.br/lotus_notes/default.asp?id=53&url=L2NvbnRs

A Lei do Rio de Janeiro (Lei nº 8.425/2019) define os CP como cuidados que podem e devem ser oferecidos o mais precocemente possível no curso de doença crônica com risco de morte, com o objetivo de melhoria da qualidade de vida do paciente e de sua família, na presença de problemas associados a doenças que ameaçam a vida, mediante prevenção e alívio de sofrimento, pela detecção precoce e tratamento de dor ou outros problemas físicos, psicológicos, e sociais (art. 2º).[551]

Segundo o art. 2º, incisos I, II, III, IV, V, VI, VII e VIII, da Lei carioca, constituem princípios dos CP: a) defender o direito natural à dignidade no viver, na doença e aumento da qualidade de vida do doente e da sua família; b) promover o alívio da dor e de outros sintomas estressantes; c) reafirmar a vida e a morte como um processo natural; integrar aspectos psicológicos e sociais ao cuidado, quando solicitado pelo paciente e /ou família; d) oferecer um sistema de suporte, que auxilie o paciente a viver tão ativamente quanto possível durante sua doença; e) auxiliar a família e os entes queridos a sentirem-se amparados durante todo o processo da doença; f) considerar as necessidades individuais dos pacientes; g) respeitar os valores, crenças e práticas pessoais, culturais e religiosas.[552]

Os princípios enunciados acima, nos incisos I a V do artigo 2º da Lei nº 8.425/2019, não diferem dos enumerados nas leis estaduais anteriores. Se o atendimento clínico, por si, já deve levar em consideração as características de cada paciente, mais ainda hão de serem observadas as necessidades individuais das pessoas com doença ameaçadora da vida, visto que cada indivíduo, tanto em relação ao corpo como à mente, difere um do outro, de modo a possuir identidade única, da qual fazem parte também seus valores, crenças e práticas pessoais, culturais e religiosas.

ZWkubnNmL2M4YWEwOTAwMDI1ZmVlZjYwMzI1NjRlYzAwNjBkZmZmLzU5ZjAwZmRhN2Y2YThmODE4MzI1ODQyYjAwNjEyZTZlP09wZW5Eb2N1bWVudA==. Acesso em: 04 mar. 2022.

551 RIO DE JANEIRO. Assembleia Legislativa. *Lei nº 8425, de 1 de julho de 2019*. Cria o programa estadual de cuidados paliativos no âmbito da saúde pública do estado do Rio de Janeiro. Disponível em: http://www3.alerj.rj.gov.br/lotus_notes/default.asp?id=53&url=L2NvbnRsZWkubnNmL2M4YWEwOTAwMDI1ZmVlZjYwMzI1NjRlYzAwNjBkZmZmLzU5ZjAwZmRhN2Y2YThmODE4MzI1ODQyYjAwNjEyZTZlP09wZW5Eb2N1bWVudA==. Acesso em: 04 mar. 2022.

552 RIO DE JANEIRO. Assembleia Legislativa. *Lei nº 8425, de 1 de julho de 2019*. Cria o programa estadual de cuidados paliativos no âmbito da saúde pública do estado do Rio de Janeiro. Disponível em: http://www3.alerj.rj.gov.br/lotus_notes/default.asp?id=53&url=L2NvbnRsZWkubnNmL2M4YWEwOTAwMDI1ZmVlZjYwMzI1NjRlYzAwNjBkZmZmLzU5ZjAwZmRhN2Y2YThmODE4MzI1ODQyYjAwNjEyZTZlP09wZW5Eb2N1bWVudA==. Acesso em: 04 mar. 2022.

A Lei nº 8.425/219 igualmente traz que equipe profissional de CP será interdisciplinar, formada por médicos, enfermeiras, fisioterapeutas, terapeutas ocupacionais, com a cooperação necessária de psicólogo e assistente social, cujas dedicações quantificar-se-ão em função das necessidades concretas de atenção (art. 2º, parágrafo único), e que os CP devem ser iniciados o mais breve possível, junto a outras medidas de prolongamento de vida como a quimioterapia, radioterapia, cirurgia, tratamento antirretroviral, drogas lícitas modificadoras do percurso da doença, a incluir todas as investigações necessárias para melhor compreensão e manejo dos sintomas (art. 3º).[553]

A Lei do Rio de Janeiro faz menção a um único tipo de equipe de CP, com praticamente os mesmos que compõem a equipe completa referenciada pela Lei do Goiás. E no tocante à terapêutica, segundo preconiza, a abordagem paliativa deve ser prestada juntamente com práticas que vise prolongar a vida, desde que os benefícios auferidos pelo paciente sejam superiores aos malefícios ocasionados.[554]

Também são destacados pela Lei carioca que os CP devem respeitar os direitos fundamentais do paciente à autonomia, vontade, individualidade, dignidade da pessoa e a inviolabilidade da vida humana, garantindo a sua privacidade e a confidencialidade dos dados pessoais (art. 4º).[555]

Sobre a autonomia, vontade, dignidade e inviolabilidade da vida, foram tecidas considerações neste capítulo e no anterior, e serão objeto de análise mais aprofundada no capítulo 4. Quanto ao resguardo da privacidade e a proteção de dados pessoais, constituem direitos fundamentais previstos na Constituição Federal (art. 5º, X e XII-A),

---

[553] RIO DE JANEIRO. Assembleia Legislativa. *Lei nº 8425, de 1 de julho de 2019*. Cria o programa estadual de cuidados paliativos no âmbito da saúde pública do estado do Rio de Janeiro. Disponível em: http://www3.alerj.rj.gov.br/lotus_notes/default.asp?id=53&url=L2NvbnRsZWkubnNmL2M4YWEwOTAwMDI1ZmVlZjYwMzI1NjRlYzAwNjBkZmZmLzU5ZjAwZmRhN2Y2YThmODE4MzI1ODQyYjAwNjEyZTZlP09wZW5Eb2N1bWVudA==. Acesso em: 04 mar. 2022.

[554] RIO DE JANEIRO. Assembleia Legislativa. *Lei nº 8425, de 1 de julho de 2019*. Cria o programa estadual de cuidados paliativos no âmbito da saúde pública do estado do Rio de Janeiro. Disponível em: http://www3.alerj.rj.gov.br/lotus_notes/default.asp?id=53&url=L2NvbnRsZWkubnNmL2M4YWEwOTAwMDI1ZmVlZjYwMzI1NjRlYzAwNjBkZmZmLzU5ZjAwZmRhN2Y2YThmODE4MzI1ODQyYjAwNjEyZTZlP09wZW5Eb2N1bWVudA==. Acesso em: 04 mar. 2022.

[555] RIO DE JANEIRO. Assembleia Legislativa. *Lei nº 8425, de 1 de julho de 2019*. Cria o programa estadual de cuidados paliativos no âmbito da saúde pública do estado do Rio de Janeiro. Disponível em: http://www3.alerj.rj.gov.br/lotus_notes/default.asp?id=53&url=L2NvbnRsZWkubnNmL2M4YWEwOTAwMDI1ZmVlZjYwMzI1NjRlYzAwNjBkZmZmLzU5ZjAwZmRhN2Y2YThmODE4MzI1ODQyYjAwNjEyZTZlP09wZW5Eb2N1bWVudA==. Acesso em: 04 mar. 2022.

assegurados a todos os indivíduos, inclusive à criança com doença de risco de vida, posto ser ela igualmente detentora do direito de liberdade e de privacidade e do livre desenvolvimento da personalidade, tendo o direito de obter do controlador os dados referentes a seu tratamento (art. 1º e art. 18, Lei nº 13.709/2018 – LGPD).

Ainda no ano de 2019, o Maranhão instituiu, por intermédio da Lei nº 11.123, de 07 de outubro, as Diretrizes Estaduais para as Ações e Cuidados Paliativos Direcionados aos Pacientes Portadores de Doenças Ameaçadoras à Vida, que consistem na Atenção Integral à Saúde dessas pessoas e dos seus familiares.

Segundo a Lei nº 11.123/2019, os CP consistem na assistência promovida por uma equipe multidisciplinar, que objetiva melhorar a qualidade de vida do paciente e seus familiares, diante de uma doença que ameace a vida, por meio da prevenção e alívio do sofrimento, da identificação precoce, avaliação impecável e tratamento de dor e demais sintomas físicos, sociais, psicológicos e espirituais. Devem ser ofertados o mais precocemente possível, de preferência a partir do diagnóstico de qualquer doença potencialmente fatal, com o objetivo de garantir melhor qualidade de vida aos pacientes e de seus familiares, mediante prevenção e alívio de sofrimento físico, psicológico, social e espiritual, durante o processo da doença, da morte e do luto. Será elegível para CP toda pessoa afetada por uma doença que ameace a vida, seja aguda ou crônica, a partir do diagnóstico desta condição (art. 1º, §§1º e 2º).[556]

Sem diferir das leis estaduais que tratam da mesma temática, a Lei do Maranhão deixa consignado explicitamente que os CP são aplicáveis a qualquer pessoa (o que inclui a criança) com doença de risco de vida, aguda ou crônica, desde a obtenção do diagnóstico (art. 1º, §3º).[557] Enquanto a Lei gaúcha reconhece a prática dos CP a qualquer doença que ameace a vida, podendo abranger, pois, a aguda e a crônica, a Lei maranhense é expressa no sentido de que abarca tanto a doença aguda como a crônica.

A Lei nº 11.123/2019 também preceitua que a organização do CP terá os seguintes objetivos: a) integrar os CP na rede de atenção à saúde;

---

556 MARANHÃO. Assembleia Legislativa. Lei nº 11.123, de 07 de outubro de 2019. Estabelece as Diretrizes Estaduais para a Implementação de Cuidados Paliativos direcionados aos Pacientes com doenças ameaçadoras à vida, e dá outras providências. Disponível em: http://arquivos.al.ma.leg.br:8080/ged/legislacao/LEI_11123. Acesso em: 08 mar. 2022.

557 MARANHÃO. Assembleia Legislativa. Lei nº 11.123, de 07 de outubro de 2019. Estabelece as Diretrizes Estaduais para a Implementação de Cuidados Paliativos direcionados aos Pacientes com doenças ameaçadoras à vida, e dá outras providências. Disponível em: http://arquivos.al.ma.leg.br:8080/ged/legislacao/LEI_11123. Acesso em: 08 mar. 2022.

b) promover a melhoria da qualidade de vida dos pacientes, estimulando o desenvolvimento de uma atenção à saúde de forma integral e humanizada; c) incentivar o trabalho em equipe multidisciplinar; d) fomentar a instituição de disciplinas e conteúdos programáticos de cuidados paliativos no ensino de graduação e especialização dos profissionais de saúde; e) promover a disseminação de informação sobre os CP na sociedade (art. 3º, I, II, III, IV e V).[558] Tais normas, com características organizacional e estrutural, buscam integrar os CP nas ações e prestação de serviços de saúde, formar profissionais especializados e conscientizar a sociedade sobre a importância e a necessidade de sua participação.

Dentre os princípios fundamentais norteadores dos CP trazidos pela Lei nº 11.123/2019, respeitada a vontade do paciente e de seu representante legal, destaquem-se: a) iniciar os CP o mais precocemente possível, juntamente com o tratamento modificador da doença, e início das investigações necessárias para melhor compreender e controlar situações clínicas estressantes; b) promover o alívio da dor e de outros sintomas físico, psíquico, social, espiritual e existencial, incluindo o cuidado apropriado para familiares e cuidadores; c) afirmar a vida e aceitar a morte como um processo natural; d) aceitar a evolução natural da doença, sem acelerar nem retardar a morte e repudiando as futilidades diagnósticas e terapêuticas; e) promoção da qualidade de vida por meio da melhoria do curso da doença; f) oferecimento de um sistema de suporte que permita ao paciente viver o mais autônomo e ativo possível até o momento de sua morte; g) trabalho em equipe multiprofissional e interdisciplinar para abordar as necessidades do paciente e de seus familiares; h) respeito à autodeterminação do indivíduo; i) promoção da livre manifestação de preferências para tratamento médico através de diretiva antecipada de vontade (art. 4º, I, II, III, IV, V, VII, IX, XI e XII).[559]

Os princípios fundamentais contidos nos incisos I a V e nos incisos VII, IX, XI e XII, do artigo 4º da Lei nº 11.123/2019, referem-se às diretrizes a serem seguidas quando da prática dos CP, prestado por uma equipe multiprofissional e interdisciplinar, a qual deve prestar

---

558 MARANHÃO. Assembleia Legislativa. Lei nº 11.123, de 07 de outubro de 2019. Estabelece as Diretrizes Estaduais para a Implementação de Cuidados Paliativos direcionados aos Pacientes com doenças ameaçadoras à vida, e dá outras providências. Disponível em: http://arquivos.al.ma.leg.br:8080/ged/legislacao/LEI_11123. Acesso em: 08 mar. 2022.

559 MARANHÃO. Assembleia Legislativa. Lei nº 11.123, de 07 de outubro de 2019. Estabelece as Diretrizes Estaduais para a Implementação de Cuidados Paliativos direcionados aos Pacientes com doenças ameaçadoras à vida, e dá outras providências. Disponível em: http://arquivos.al.ma.leg.br:8080/ged/legislacao/LEI_11123. Acesso em: 08 mar. 2022.

uma assistência que, além de buscar amenizar a dor e o sofrimento, com consequente melhoria na qualidade de vida, há de preocupar-se também em garantir ao paciente o máximo de autonomia possível, em respeito à sua autodeterminação e autonomia.

Entre as diretrizes estaduais para a implementação de CP direcionados aos pacientes com doenças ameaçadoras à vida, a Lei maranhense lista: a) fortalecer as políticas públicas que visem desenvolver ao máximo a saúde potencial de cada cidadão, incluindo políticas que tenham como objeto a criação de ambientes favoráveis à saúde e ao desenvolvimento de habilidades individuais e sociais para o autocuidado; b) oferecer equipe multiprofissional para atendimento dos pacientes e cuidados compatíveis com cada nível de atenção e evolução da doença (art. 5º, I e IV).[560]

Ponto relevante abordado pela Lei maranhense é o acesso aos medicamentos para tratamentos dos sintomas relacionados aos cuidados paliativos, notadamente opioides, e deverá seguir as normas sanitárias vigentes e observar as pactuações entre as instâncias de gestão do Sistema Único de Saúde (art. 8º).[561] Os opioides constituem os principais medicamentos utilizados para a atenuação, especialmente nas situações de dores lancinantes, como é o caso dos pacientes com câncer.

No final de 2019, no dia 19 de dezembro, foi editada a Lei nº 20.091, que dispõe sobre a instituição dos preceitos e fundamentos dos CP no estado do Paraná.

Para a Lei nº 20.091/2019, consideram-se CP a abordagem em saúde que visa melhorar a qualidade de vida de pacientes e familiares que enfrentam doenças ameaçadora da vida, com o objetivo de prevenir e aliviar os sofrimentos físico, psíquico, social e espiritual, por meio da identificação precoce, avaliação e tratamentos corretos em consonância com os preceitos da Organização Mundial da Saúde – OMS (art. 1º). No caso de doenças extensas e potencialmente fatais, os CP devem iniciar precocemente, associados ao tratamento modificador da doença (art. 2º).[562]

---

560 MARANHÃO. Assembleia Legislativa. Lei nº 11.123, de 07 de outubro de 2019. Estabelece as Diretrizes Estaduais para a Implementação de Cuidados Paliativos direcionados aos Pacientes com doenças ameaçadoras à vida, e dá outras providências. Disponível em: http://arquivos.al.ma.leg.br:8080/ged/legislacao/LEI_11123. Acesso em: 08 mar. 2022.

561 MARANHÃO. Assembleia Legislativa. Lei nº 11.123, de 07 de outubro de 2019. Estabelece as Diretrizes Estaduais para a Implementação de Cuidados Paliativos direcionados aos Pacientes com doenças ameaçadoras à vida, e dá outras providências. Disponível em: http://arquivos.al.ma.leg.br:8080/ged/legislacao/LEI_11123. Acesso em: 08 mar. 2022.

562 PARANÁ. Assembleia Legislativa. *Lei nº 20.091, de 19 de dezembro de 2019*. Dispõe sobre a instituição dos preceitos e fundamentos dos Cuidados Paliativos no Paraná. Disponível em: https://bancodeleis.unale.org.br/Arquivo/Documents/legislacao/image/PR/L/L200912019.pdf. Acesso em: 13 mar. 2022.

Todo paciente com doença avançada em progressão deve receber CP de qualidade no âmbito do Sistema Único de Saúde – SUS e em serviços de saúde privados, respeitada a sua dignidade e vontade livremente manifestada (art. 3º, Lei nº 20.091/2019).[563]

A Lei do Paraná traçou, no art. 4º, incisos I, II, III, VI e VII, como objetivos para a organização dos cuidados paliativos: a) integrar os CP em todos os níveis da Rede de Atenção à Saúde; b) promover a melhoria da qualidade de vida das pessoas enfermas por doenças extensas e potencialmente fatais; c) incentivar o trabalho em equipe multiprofissional, sendo esta constituída minimamente por profissionais de medicina, enfermagem, serviço social, psicologia e, quando possível e/ou conforme necessidade, por profissionais nutricionista, terapeuta ocupacional, fisioterapeuta, farmacêutico, odontólogo, assistente espiritual e fonoaudiólogo; d) promover a disseminação de informações sobre cuidados paliativos na sociedade; e e) ofertar medicamentos que promovam o controle dos sintomas das pessoas enfermas.[564]

Os incisos I, II, III, VI e VII, do artigo 4º da Lei paranaense trazem disposições que visam à prestação adequada dos CP, com fins de propiciar melhora da qualidade de vida, com a participação de uma equipe multiprofissional mínima ou completa, conforme o caso, e a oferta de medicamentos necessários.

A Lei do Paraná também elencou, tal qual outras leis estaduais, os princípios que orientam a organização dos CP, tanto para serviços públicos como para os serviços privados, a saber: a) início dos CP juntamente com o tratamento modificador da doença e início das investigações necessárias, para melhor compreensão e controle de situações clínicas, emocionais e espirituais que causem sofrimento; b) promoção do alívio da dor e de outros sintomas físicos, do sofrimento psíquico, social, espiritual e existencial, incluindo o cuidado apropriado para familiares e cuidadores; c) afirmação da vida e aceitação da morte como processos naturais; d) aceitação da evolução natural da doença; e) oferecimento de um sistema de suporte que permita às pessoas

---

563 PARANÁ. Assembleia Legislativa. *Lei nº 20.091, de 19 de dezembro de 2019*. Dispõe sobre a instituição dos preceitos e fundamentos dos Cuidados Paliativos no Paraná. Disponível em: https://bancodeleis.unale.org.br/Arquivo/Documents/legislacao/image/PR/L/L200912019.pdf. Acesso em: 13 mar. 2022.

564 PARANÁ. Assembleia Legislativa. *Lei nº 20.091, de 19 de dezembro de 2019*. Dispõe sobre a instituição dos preceitos e fundamentos dos Cuidados Paliativos no Paraná. Disponível em: https://bancodeleis.unale.org.br/Arquivo/Documents/legislacao/image/PR/L/L200912019.pdf. Acesso em: 13 mar. 2022.

enfermas viverem o mais autonomamente e ativamente possível até o momento de sua morte (art. 5º, I, II, III, IV e VI).[565]

Os incisos I a IV e VI, do artigo 5º, da Lei paranaense, com a legalização dos princípios que norteiam a organização dos CP, estabelecem como dever estatal e direitos do paciente a prestação de serviços de CP juntamente com o tratamento curativo, com o objetivo de aliviar a dor e o sofrimento, mediante a utilização de todos os meios possíveis, que permitam ao doente viver, na medida de possível, autônoma e ativamente até a ocorrência da morte.

Em 13 de outubro de 2020 foi o estado de São Paulo que instituiu sua Política Estadual de Cuidados Paliativos, com a promulgação da Lei nº 17.292 pelo governador João Dória, com vistas a conferir qualidade de vida e atenção integral à saúde das pessoas com doenças sem possibilidade de cura. A Lei enuncia que os CP devem ser iniciados precocemente, logo que diagnosticada doença incurável, objetivando a qualidade de vida do paciente e de seus familiares (art. 1º e parágrafo único).[566]

A Lei nº 17.292/2020 estabelece que a Política Estadual de Cuidados Paliativos tem como objetivo a melhoria da qualidade de vida das pessoas com doenças incuráveis e seus familiares, mediante alívio da dor e do sofrimento físico, psíquico e espiritual, estendendo-se, inclusive, ao luto (art. 2º).[567] Não restringe, pois sua aplicação à doença crônica, pois a doença aguda também pode ser incurável.

Como princípios fundamentais que guiam a Política Estadual de Cuidados Paliativos, observada a vontade do paciente ou de seus representantes legais, o art. 3º, incisos I, II, III, IV e V da Lei nº 17.292/2020 enuncia: a) reafirmar a vida e reconhecer a morte como processo natural; b) tratar o paciente e sua família, de forma multidisciplinar, considerando as necessidades clínicas e psicossociais, incluindo aconselhamento e

---

565 PARANÁ. Assembleia Legislativa. *Lei nº 20.091, de 19 de dezembro de 2019*. Dispõe sobre a instituição dos preceitos e fundamentos dos Cuidados Paliativos no Paraná. Disponível em: https://bancodeleis.unale.org.br/Arquivo/Documents/legislacao/image/PR/L/L200912019.pdf. Acesso em: 13 mar. 2022.

566 SÃO PAULO. Assembleia Legislativa do Estado de São Paulo. *Lei nº 17.292, de 13 de outubro de 2020*. Institui a Política Estadual de Cuidados Paliativos e dá outras providências. Disponível em: https://www.al.sp.gov.br/repositorio/legislacao/lei/2020/lei-17292-13.10.2020.html#:~:text=O%20GOVERNADOR%20DO%20ESTADO%20DE,doen%C3%A7as%20sem%20possibilidade%20de%20cura. Acesso em: 17 mar. 2022.

567 SÃO PAULO. Assembleia Legislativa do Estado de São Paulo. *Lei nº 17.292, de 13 de outubro de 2020*. Institui a Política Estadual de Cuidados Paliativos e dá outras providências. Disponível em: https://www.al.sp.gov.br/repositorio/legislacao/lei/2020/lei-17292-13.10.2020.html#:~:text=O%20GOVERNADOR%20DO%20ESTADO%20DE,doen%C3%A7as%20sem%20possibilidade%20de%20cura. Acesso em: 17 mar. 2022.

suporte ao luto; c) integrar os aspectos psicológicos e espirituais no cuidado ao paciente; d) dar suporte clínico e terapêutico que possibilite a qualidade de vida ativa do paciente, dentro do possível, até o momento de sua morte; e) apoiar a família do paciente oferecendo suporte para lidar com sua doença em seu próprio ambiente.[568] Nesse ponto, a Lei paulista segue a linha estabelecida pelos princípios existentes em outras normas estaduais.

As diretrizes estabelecidas pela Política Estadual de Cuidados Paliativos encontram-se previstas no art. 4º, incisos I, II, III, IV e V da Lei nº 17.292/2020: a) a capacitação de profissionais com vistas à qualificação em cuidados paliativos, terapias de dor e em todas as áreas afetadas, para implantação da Política Estadual de Cuidados Paliativos; b) a multidisciplinaridade profissional, objetivando ao atendimento do paciente e da família, conforme a história clínica do paciente, considerando o estágio de evolução da doença; c) o fortalecimento de políticas públicas que visem ao desenvolvimento da saúde do cidadão e de práticas individuais e sociais para o autocuidado; d) o respeito à dignidade da pessoa, a garantia de sua intimidade, autonomia, bem como da confidencialidade de seus dados de saúde, durante o processo de grave enfermidade; e e) pelo respeito à liberdade na expressão da vontade do paciente de acordo com seus valores, crenças e desejos.[569]

As diretrizes contidas nos incisos I, II e III do artigo 4º da Lei paulista são voltadas para a organização e prestação dos CP, enquanto as disposições dos incisos IV e V são direcionadas ao paciente, que deve ter respeitada sua dignidade, autonomia, vontade, crença, valores, desejos, além da proteção dos dados relacionados à saúde.

Em setembro de 2021, foi editada pelo estado de Minas Gerais a Lei nº 23.938, com vistas a estabelecer os princípios, diretrizes e objetivos para as ações do Estado voltadas para os cuidados paliativos no âmbito da saúde pública.

A Lei nº 23.938/2021 define os CP como a assistência promovida por uma equipe multidisciplinar, que almeja a melhoria da qualidade

---

[568] SÃO PAULO. Assembleia Legislativa do Estado de São Paulo. *Lei nº 17.292, de 13 de outubro de 2020.* Institui a Política Estadual de Cuidados Paliativos e dá outras providências. Disponível em: https://www.al.sp.gov.br/repositorio/legislacao/lei/2020/lei-17292-13.10.2020.html#:~:text=O%20GOVERNADOR%20DO%20ESTADO%20DE,doen%C3%A7as%20sem%20possibilidade%20de%20cura. Acesso em: 17 mar. 2022.

[569] SÃO PAULO. Assembleia Legislativa do Estado de São Paulo. *Lei nº 17.292, de 13 de outubro de 2020.* Institui a Política Estadual de Cuidados Paliativos e dá outras providências. Disponível em: https://www.al.sp.gov.br/repositorio/legislacao/lei/2020/lei-17292-13.10.2020.html#:~:text=O%20GOVERNADOR%20DO%20ESTADO%20DE,doen%C3%A7as%20sem%20possibilidade%20de%20cura. Acesso em: 17 mar. 2022.

de vida do paciente e seus familiares, diante de uma doença ameaçadora da vida, por meio da prevenção e do alívio do sofrimento, da identificação precoce, da avaliação e do tratamento de dor e demais sintomas físicos, sociais, psicológicos (art. 2º). Essa definição, igualmente às constantes nas demais leis estaduais, traz o objetivo e a finalidade dos CP, ressaltando-se inexistir qualquer ressalva que a enfermidade que ameace a vida, permitindo que a prática de cuidados recaia sobre a doença aguda ou crônica.[570]

Os princípios do CP mencionados no art. 3º, incisos, I, II, III e IV da Lei nº 23.938/2021 são: a) respeito à dignidade da pessoa em seu processo de grave enfermidade; b) garantia da autonomia e da intimidade do paciente; c) confidencialidade dos dados de saúde; e d) liberdade na expressão da vontade do paciente, de acordo com seus valores, suas crenças e seus desejos.[571]

Como se pode notar, os princípios enumerados nos incisos I a IV do artigo 3º pela Lei mineira para a aplicação dos CP constituem, em realidade, direitos assegurados ao paciente do modo a proteger sua dignidade, a autonomia e intimidade, confidencialidade dos dados de saúde, assim como o direito de manifestar sua vontade.

As diretrizes a serem observadas quando da prestação dos CP encontram-se previstas no art. 4º, incisos I, II, III, IV, V, VI, VIII, VIII, IX, X, XI, XII, XIII e XIV, e dizem respeito a: a) defesa do direito natural à dignidade no viver; b) promoção do alívio da dor e de outros sintomas estressantes; c) reafirmação da vida e da morte como um processo natural; d) integração dos aspectos psicológicos e sociais ao cuidado; e) oferecimento de um sistema de suporte que auxilie o paciente a viver tão ativamente quanto possível durante sua doença; f) o auxílio à família do paciente para que se sinta amparada durante todos os processos da doença e no luto; g) consideração das necessidades individuais do paciente; h) garantia ao paciente em fase terminal do direito à informação sobre seu estado de saúde e sobre os objetivos dos

---

570 MINAS GERAIS. Assembleia Legistativa de Minas Gerais. *Lei nº 23.938, de 23 de setembro de 2021.* Estabelece princípios, diretrizes e objetivos para as ações do Estado voltadas para os cuidados paliativos no âmbito da saúde pública. Disponível em: https://www.almg.gov.br/legislacao-mineira/LEI/23938/2021/;PORTAL_SESSIONID=63835C645217273B3EC74AAB59D80B3F.worker2. Acesso em: 22 mar. 2022.

571 MINAS GERAIS. Assembleia Legistativa de Minas Gerais. *Lei nº 23.938, de 23 de setembro de 2021.* Estabelece princípios, diretrizes e objetivos para as ações do Estado voltadas para os cuidados paliativos no âmbito da saúde pública. Disponível em: https://www.almg.gov.br/legislacao-mineira/LEI/23938/2021/;PORTAL_SESSIONID=63835C645217273B3EC74AAB59D80B3F.worker2. Acesso em: 22 mar. 2022.

cuidados paliativos; i) preservação do direito do paciente à expressão de sua vontade previamente ou durante o processo de enfermidade terminal, tanto para aceitar como para recusar tratamentos, assim como para interrompê-los, mediante informação adequada dos profissionais de saúde; j) interdisciplinaridade na formação de equipe profissional de cuidados paliativos; k) aceitação da evolução natural da doença, não acelerando nem retardando a morte; l) adoção de plano de cuidados com medidas de conforto e controle de sintomas; m) comunicação compassiva, com respeito à verdade em todas as questões que envolvam pacientes, familiares e profissionais; n) promoção da melhoria da qualidade de vida dos pacientes.[572] As diretrizes estabelecidas no artigo 4º relacionam-se diretamente com a filosofias dos CP.

Na Lei de Minas Gerais, a abordagem paliativa para crianças é tratada explicitamente no art. 5º, incisos I, II, III, IV e V, quando se encontrarem em processo de enfermidade terminal, devendo-se observar as seguintes diretrizes: a) atendimento individual e, sempre que possível, pela mesma equipe de saúde; b) presença do pai e da mãe ou dos responsáveis legais o máximo de tempo possível durante sua internação hospitalar, inclusive em momentos de tensão e dificuldades, salvo quando isso causar prejuízo ao seu tratamento; c) hospitalização em área hospitalar destinada a crianças, evitando-se o compartilhamento com habitação de adultos; d) adequação dos cuidados à criança e à sua família; e e) respeito às crenças e valores da criança e de seus familiares.[573]

O atendimento individual, previsto no inciso I do artigo 5º, está relacionado ao fato de que cada criança tem suas próprias reações, não somente em função do tipo de enfermidade terminal, mas também pelos sintomas físico, psíquico, social e espiritual diferenciados.

Quanto à necessidade da presença do pai e da mãe ou do responsável pelo maior tempo possível na companhia da criança, prevista no inciso II do artigo 5º, é de compreender-se que está diretamente relacionado à vulnerabilidade e ao desenvolvimento da criança,

---

572 MINAS GERAIS. Assembleia Legistativa de Minas Gerais. *Lei nº 23.938, de 23 de setembro de 2021*. Estabelece princípios, diretrizes e objetivos para as ações do Estado voltadas para os cuidados paliativos no âmbito da saúde pública. Disponível em: https://www.almg.gov.br/legislacao-mineira/LEI/23938/2021/;PORTAL_SESSIONID=63835C645217273B3E-C74AAB59D80B3F.worker2. Acesso em: 22 mar. 2022.

573 MINAS GERAIS. Assembleia Legistativa de Minas Gerais. *Lei nº 23.938, de 23 de setembro de 2021*. Estabelece princípios, diretrizes e objetivos para as ações do Estado voltadas para os cuidados paliativos no âmbito da saúde pública. Disponível em: https://www.almg.gov.br/legislacao-mineira/LEI/23938/2021/;PORTAL_SESSIONID=63835C645217273B3E-C74AAB59D80B3F.worker2. Acesso em: 22 mar. 2022.

sendo mais essencial para as que possuem menor idade, maturidade e discernimento.

Já os incisos III, IV e V do artigo 5º, referem-se à internação e ao tratamento conferidos à criança, que deve ser internada em ambiente hospitalar próprio e com os serviços de cuidados direcionados a sua faixa etária e à família, respeitando-se suas crenças e valores e às de seus familiares.

Dentre os objetivos dos CP a serem observados, têm-se: a) apoiar e incentivar uma filosofia de cuidados para as pessoas que enfrentam sofrimentos com o avanço e o agravamento de suas doenças crônicas; b) incentivar a oferta de cuidados paliativos o mais precocemente possível, junto a outras medidas de prolongamento de vida; c) garantir uma atenção à saúde humanizada, baseada em evidências, abrangendo toda a linha de cuidado em todos os níveis de atenção (art. 6º, I, II e VI).

Os objetivos elencados no artigo 6º, incisos I, II e VI, da Lei mineira, são voltados para a para o incentivo do uso dos CP por pacientes com doença crônica grave, sua aplicação logo a partir do recebimento do diagnóstico junto a medidas de prolongamento da vida, inclusive as informações necessárias para a melhor compreensão e enfrentamento dos sintomas.

Outro ente federativo que criou seu Programa Estadual de Cuidados Paliativos no âmbito da saúde pública foi o estado de Mato Grosso, com a publicação da Lei nº 11.509, de 09 de setembro de 2021.

Para a Lei mato-grossense, os cuidados paliativos hão de seguir uma filosofia de cuidado para as pessoas que enfrentam sofrimento com o avançar de suas doenças crônicas e a proximidade com a morte, normalmente não amparadas pelo modelo assistencial preponderante no país (parágrafo único do art. 1º).[574] Por esta definição, pois, os CP são voltados para os pacientes com doenças crônicas progressivas e com doença terminal. Não faz nenhuma menção, a norma, à doença aguda potencialmente fatal.

Os CP, segundo o artigo 2º da Lei do Mato Grosso, são os cuidados que podem e devem ser oferecidos, o mais cedo possível, no curso de qualquer doença crônica potencialmente fatal, com o objetivo de garantir uma abordagem que melhore a qualidade de vida de pacientes e de suas famílias, na presença de problemas associados às doenças

---

574 MATO GROSSO. Assembleia Legislativa do Estado do Mato Grosso. Lei nº 11.509, de 09 de setembro de 2021. Cria o Programa Estadual de Cuidados Paliativos no âmbito da saúde pública do Estado de Mato Grosso. Disponível em: file:///C:/Users/fabio/Downloads/lei-11509-2021%20(2).pdf. Acesso em: 27 mar. 2022.

que ameaçam a vida, mediante prevenção e alívio de sofrimento pela detecção precoce e tratamento de dor ou outros problemas físicos, psicológicos, sociais e espirituais, estendendo-se inclusive à fase de luto.[575]

Os princípios dos CP estão dispostos nos incisos I a VII do artigo 2º, quais sejam: a) defender o direito natural à dignidade no viver e no morrer; b) promover o alívio da dor e de outros sintomas estressantes; c) reafirmar a vida e abordar a morte como um processo natural; d) não pretender antecipar e nem postergar a morte; e) integrar aspectos psicossociais e espirituais ao cuidado, quando solicitado pelo paciente ou pela família; f) oferecer um sistema de suporte que auxilie o paciente a viver tão ativamente quanto possível até a sua morte; g) auxiliar a família e os entes queridos a sentirem-se amparados durante todo o processo da doença.

Da listagem trazida pelos incisos I a VII do artigo 2º acima, observa-se que os princípios apontados pela Lei mato-grossense não inovam em relação às leis estaduais anteriores, estabelecendo diretrizes a serem seguidas no sentido de aliviar a dor e o sofrimento do paciente gravemente doente e sua família, para que lhe seja propiciado um viver e um morrer com dignidade.

A Lei matogrossense também reconheceu expressamente ao paciente submetido aos CP os direitos fundamentais do paciente ao respeito à autonomia, à vontade, à individualidade, à dignidade da pessoa e à inviolabilidade da vida humana, sendo garantido sua privacidade e a confidencialidade dos dados pessoais (art. 4º).[576]

Todos os direitos contidos no artigo 4º têm como essência a própria condição de existência do ser humano, ao qual não basta ter garantido o direito de viver, mas de viver com dignidade, com autonomia para fazer suas escolhas de acordo com sua vontade, dando um sentido à sua existência, que no plano terreno e perante o Direito somente é encerrada com a ocorrência de sua morte.

Na data de 25 de outubro de 2022, o estado de Roraima publicou a Lei nº 1.669, que estabelece os princípios, diretrizes e objetivos para

---

575 MATO GROSSO. Assembleia Legislativa do Estado do Mato Grosso. Lei nº 11.509, de 09 de setembro de 2021. Cria o Programa Estadual de Cuidados Paliativos no âmbito da saúde pública do Estado de Mato Grosso. Disponível em: file:///C:/Users/fabio/Downloads/lei-11509-2021%20(2).pdf. Acesso em: 27 mar. 2022.

576 MATO GROSSO. Assembleia Legislativa do Estado do Mato Grosso. Lei nº 11.509, de 09 de setembro de 2021. Cria o Programa Estadual de Cuidados Paliativos no âmbito da saúde pública do Estado de Mato Grosso. Disponível em: file:///C:/Users/fabio/Downloads/lei-11509-2021%20(2).pdf. Acesso em: 27 mar. 2022.

ações do Estado voltadas para os cuidados paliativos no âmbito da saúde pública, a Lei Jeová Melo.

A Lei roiramense define os CP como a assistência promovida por uma equipe multidisciplinar, que busca melhorar a qualidade de vida do paciente e sua família, diante de uma doença que ameace a vida, por meio da prevenção e do alívio do sofrimento, da identificação precoce, da avaliação e do tratamento de dor e demais sintomas físicos, sociais e psicológicos (art. 2º).[577]

Entre os princípios, a Lei Jeová Melo adota: a) o respeito à dignidade da pessoa com doença grave; b) a garantia à autonomia e à intimidade do paciente; e c) a liberdade de expressão na vontade do paciente, da vontade do paciente, de acordo com seus valores, suas crenças e seus desejos (art. 3º, I, II e IV).[578] Ao paciente é assegurada, pois, participação ativa nas decisões relacionadas aos CP, sem descuidar do respeito à sua dignidade em que pese o estágio ou gravidade da doença.

Os CP voltados para crianças (CPP)[579] e adolescentes com enfermidade terminal são tratados de modo específico pela Lei de Roraima no art. 5º, incisos I a V, por meio das seguintes ações: atendimento individual e, sempre que possível, pela mesma equipe de saúde (inciso I); presença dos pais ou dos responsáveis legais o máximo tempo possível no decorrer da internação hospitalar, inclusive em momentos de tensão e dificuldades, salvo se houver prejuízo ao tratamento (inciso II); hospitalização em área específica para crianças e adolescentes (inciso III); adequação dos cuidados à criança e ao adolescente e à sua família (inciso IV); e respeito às crenças e valores da criança e do adolescente e de seus familiares (inciso V).[580]

A Lei de Roraima, assim como ocorreu com a Lei nº 19.723/2017, de Goiás, e a Lei nº 23.938/2021, deu especial atenção às crianças, que,

577 RORAIMA. Assembleia Legislativa do Estado de Roraima. *Lei nº 1.669, de 25 de abril de 2022*. Estabelece princípios, diretrizes e objetivos para ações do Estado voltadas para os cuidados paliativos no âmbito da saúde pública do Estado de Roraima – Lei Jeová Meio. Disponível em: https://sapl.al.rr.leg.br/media/sapl/public/normajuridica/2022/3951/lei_no_1669_de_1_de_abril_de_2022.pdf. Acesso em: 01 maio 2022.

578 RORAIMA. Assembleia Legislativa do Estado de Roraima. *Lei nº 1.669, de 25 de abril de 2022*. Estabelece princípios, diretrizes e objetivos para ações do Estado voltadas para os cuidados paliativos no âmbito da saúde pública do Estado de Roraima – Lei Jeová Meio. Disponível em: https://sapl.al.rr.leg.br/media/sapl/public/normajuridica/2022/3951/lei_no_1669_de_1_de_abril_de_2022.pdf. Acesso em: 01 maio 2022.

579 Cuidados paliativos pediátricos.

580 RORAIMA. Assembleia Legislativa do Estado de Roraima. *Lei nº 1.669, de 25 de abril de 2022*. Estabelece princípios, diretrizes e objetivos para ações do Estado voltadas para os cuidados paliativos no âmbito da saúde pública do Estado de Roraima – Lei Jeová Meio. Disponível em: https://sapl.al.rr.leg.br/media/sapl/public/normajuridica/2022/3951/lei_no_1669_de_1_de_abril_de_2022.pdf. Acesso em: 01 maio 2022.

conforme já apontado, em função de suas características particulares, necessitam de CP diferenciados em relação aos aplicados para adultos.

Em 24 de janeiro de 2023 foi publicada a Lei nº 2.812, que estabelece a política de cuidados paliativos no estado do Amapá.

A definição de CP, sem divergir das demais leis estaduais, é dada pelo art. 2º da Lei amapaense, como a assistência promovida por uma equipe multidisciplinar, que visa à melhoria da qualidade de vida do paciente e sua família, diante de uma doença ameaçadora da vida, por meio de prevenção e de alívio do sofrimento, da identificação precoce, da avaliação e do tratamento de dor e demais sintomas físicos, sociais e psicológicos.[581]

Especial importância tem o parágrafo único do art. 1º da Lei amapaense, ao eleger para cuidados paliativos toda pessoa afetada por doença que ameace a vida, aguda ou crônica, desde o diagnóstico.[582] A norma destaca que crianças e adultos com doença ameaçadora da vida, seja aguda, crônica ou terminal, podem sem sumetidos aos CP.

Assim como a Lei de Roraima, a Lei do estado do Amapá elenca como princípios dos CP em seu art. 3º, incisos I a IV: a) respeito à dignidade da pessoa gravemente enferma; b) garantia da autonomia e da intimidade do paciente; c) confidencialidade dos dados de saúde; e d) liberdade na expressão da vontade do paciente, conforme seus valores, crenças e desejos.[583]

A Lei amapaense também estabele as diretrizes a serem observadas na implementação dos CP em seu art. 4º, destacando-se: a) defesa do direito natural à dignidade de viver (inciso I); b) reafirmação da vida e da morte como um processo natural (inciso III); c) consideração das necessidades individuais do paciente (inciso VII); d) preservação do direito do paciente à expressão de sua vontade previamente ou durante o processo de enfermidade terminal (inciso IX); e e) promoção da melhoria da qualidade de vida dos pacientes (inciso XIII).[584]

Como consta acima das diretrizes estabelecidas pela Lei amapaense, ao paciente deve ser assegurado o direito de viver com dignidade,

---

[581] AMAPÁ. Assembleia Legislativa do Estado do Amapá. *Buscar Legislações (2829)*. Disponível em: http://www.al.ap.gov.br/pagina.php?pg=buscar_legislacao&aba=legislacao&submenu=listar_legislacao&especie_documento=13. Acesso em: 17 fev. 2023.

[582] AMAPÁ. Assembleia Legislativa do Estado do Amapá. *Buscar Legislações (2829)*. Disponível em: http://www.al.ap.gov.br/pagina.php?pg=buscar_legislacao&aba=legislacao&submenu=listar_legislacao&especie_documento=13. Acesso em: 17 fev. 2023.

[583] AMAPÁ. Assembleia Legislativa do Estado do Amapá. *Buscar Legislações (2829)*. Disponível em: http://www.al.ap.gov.br/pagina.php?pg=buscar_legislacao&aba=legislacao&submenu=listar_legislacao&especie_documento=13. Acesso em: 17 fev. 2023.

[584] AMAPÁ. Assembleia Legislativa do Estado do Amapá. *Buscar Legislações (2829)*. Disponível em: http://www.al.ap.gov.br/pagina.php?pg=buscar_legislacao&aba=legislacao&submenu=listar_legislacao&especie_documento=13. Acesso em: 17 fev. 2023.

sem que passe por sofrimento desnecessários, com aceitação de que a morte é decorrência do processo normal de viver. Independentemente da gravidade da enfermidade devem ser oportunizados meios que preservem e permitam a expressão da autonomia do paciente, tendo como objetivo a melhoria de sua qualidade de vida.

No tocante às crianças e adolescentes, a Lei do Amapá, assim como a Lei de Roraima, estabelece, em seu artigo 5º, incisos I a V, as seguintes diretrizes a serem observadas na efetivação dos CP: a) atendimento individual e, sempre que possível, pelos mesmos profissionais de saúde; b) presença do pai e da mãe ou dos responsáveis legais enquanto durar a internação hospitalar, exceto quando causar prejuízo ao tratamento; c) hospitalização em área para crianças e adolescentes; d) adequação dos cuidados às crianças e ao adolescentes e a sua família; e e) respeito às crenças e valores da crianças e do adolescente e de sua família.[585]

Os CP têm se mostrado essencial às pessoas com doença que ameace a vida e seus familiares, para que tenham uma assistência terapêutica adequada e de acordos com suas situações específicas, tendo sempre em vista o alívio da dor e sofrimento e a melhoria da qualidade de vida.

Ao editarem suas leis sobre CP, os estados da Federação assumem sua relevante função na defesa da saúde (art. 24, XII, CF/88), bem como para a implementação de ações e serviços para sua promoção, proteção e recuperação (art. 196, CF/88).

Não basta, contudo, leis que estabeleçam definições, princípios e diretrizes para a realização dos CP e dos CPP, pois estes, para serem efetivamente implementados, também demandam profissionais habilitados, medicamentos e estabelecimentos adequados.

---

585 AMAPÁ. Assembleia Legislativa do Estado do Amapá. *Buscar Legislações (2829)*. Disponível em: http://www.al.ap.gov.br/pagina.php?pg=buscar_legislacao&aba=legislacao&submenu=listar_legislacao&especie_documento=13. Acesso em: 17 fev. 2023.

CAPÍTULO 3

BIOÉTICA E OS CUIDADOS PALIATIVOS PEDIÁTRICOS

3.1 Considerações gerais

Como visto em capítulo antecedente, os cuidados paliativos (CP) configuram uma abordagem terapêutica que visa ao bem-estar e ao alívio da dor e sofrimento do paciente com doença ameaçadora da vida e sua família, por meio de uma visão holística que abranja os aspectos físico, psíquico, social e espiritual.

Diversas são as questões no campo da bioética que estão relacionadas aos CP de paciente com doença que ameace a vida, seja esta aguda, crônica ou terminal. Além das que inerentes à relação médico-paciente, há também as que dizem respeito às políticas públicas de saúde, bem como os aspectos econômicos e sociais.

No ambiente da relação médico-paciente, não só o médico, mas também os demais profissionais de saúde que compõem a equipe multidisciplinar, devem ter como objeto central a preservação, na medida do possível, da autonomia, o respeito à vida e à qualidade de vida do paciente. Isso sem desconsiderar os benefícios a serem auferidos, a equidade, a solidariedade, em detrimento do risco, a equidade, a solidariedade, a fim de que sejam proporcionados bem-estar e qualidade de vida.

Fora do âmbito da relação entre paciente, família ou representante legal e profissionais de saúde existem as questões pertinentes à bioética permeada por fatores econômicos e sociais, tais como a elevada desigualdade de renda, a quantidade de pessoas desempregadas e sem acesso a emprego formal, nível educacional, saneamento básico, acesso aos serviços de saúde público e privado.

No caso dos cuidados paliativos pediátricos (CCP), a situação apresenta-se ainda mais complexa, visto que o polo vulnerável da relação médico-paciente é ocupado pela criança, ser duplamente fragilizado, seja em função da enfermidade seja em decorrência de sua condição de pessoa em constante desenvolvimento.

É nesse contexto que cabe à bioética, por intermédio das pessoas e instituições responsáveis pela aplicação dos CPP, contribuir para que seja assegurado à criança gravemente enferma o menor sofrimento e a melhor qualidade de vida possíveis, permitindo sua participação e valorizando suas escolhas de acordo com sua idade, maturidade e discernimento.

Isto posto, o uso dos modelos bioéticos principialista, do cuidado e de intervenção explanados no texto justificam-se pelo fato de a capacidade para consentir da criança em CPP possuir ligação com a vida humana e seus valores, como a autonomia, a beneficência, a justiça, a equidade, a solidariedade, a responsabilidade, a individualidade, a emoção. Isso sem deixar de considerar as peculiaridades e a complexidade de cada caso, o contexto sócio-econômico-cultural e os recursos humanos e financeiros disponíveis.

3.2 Bioética: origem, evolução e definição

O uso pioneiro da palavra bioética na língua inglesa, até recentemente, era atribuído ao bioquímico e professor de oncologia estadunidense Van Rensselaer Potter. Inicialmente, no artigo "Bioethics, science of survival", publicado no jornal periódico *Perspectives in Biology and Medicine*, em 1970. Depois, em 1971, no livro *Bioethics: a Bridge to the Future.*[586],[587] Entretanto, em 1997, Rolf Lother, professor da Universidade Humbolt de Berlim, creditou a Fritz Jahr o uso da palavra *Bio-Ethik* em 1927, no artigo intitulado "Bioética: uma revisão do relacionamento ético dos humanos em relação aos animais e plantas".[588]

---

[586] O livro foi publicado no Brasil com o título de *Bioética*: ponte para futuro (POTTER, Van Rensselaer. *Bioética*: ponte para futuro. Tradução de Diego Carlos Zanella. São Paulo: Edições Loyola, 2016).

[587] PESSINI, Leo. As origens da bioética: do credo bioético de Potter ao imperativo bioético de Fritz Jahr. *Revista bioética* (Impr.), v.1, n. 21, p. 10, 2013.

[588] *Ibidem*. p. 13-14.

Jahr e Van Potter pensavam a bioética como uma fusão de discursos. Jahr, a partir das ideias formuladas por Kant, propôs-se a falar de um "imperativo bioético" que viesse proteger a vida em todas suas formas. Potter planeou "uma ciência da sobrevivência, uma bioética global que tornasse solidários os habitantes do planeta terra".[589]

Independentemente da origem do termo, é a partir da década de 1970 que a bioética passa a crescer como um campo da ética aplicada e a garantir seu espaço no contexto da ciência, academia e sociedade.[590]

Na primeira metade do século XX, as tensões provocadas pela realização de pesquisas científicas envolvendo seres humanos revelaram a necessidade de prescrições éticas para a condução das investigações e de reflexões sobre as questões morais emergentes com o avanço tecnocientífico.[591]

A situação restou mais evidente em 1930, quando ocorreu o episódio conhecido como "o desastre de Lübeck", na Alemanha, em que 75 das 100 crianças submetidas a um teste com vacina BCG para prevenção da tuberculose sem consentimento dos pais morreram. O fato levou ao estabelecimento pelo ministro do interior da Alemanha, em 1931, das Diretrizes para Novas Terapêuticas em Seres Humanos, as quais não foram suficientes para impedir as atrocidades realizadas, sob a denominação de "pesquisas", com judeus, ciganos e pessoas vulneráveis durante a Segunda Guerra Mundial.[592]

Com o término da Segunda Guerra e o julgamento dos médicos nazistas pelo Tribunal de Nuremberg, foi constatado a inexistência de normas que disciplinassem experiências com seres humanos. Diante desse fato, foi elaborado um conjunto de dez princípios para nortearem pesquisas envolvendo seres humanos, com ênfase para o consentimento informado, sendo denominado Código de Nuremberg. Datado de 1949,

---

589 ZANELLA, Diego Carlos; SGANZERLA, Anor. A bioética de Potter ontem e hoje. *In:* SGANZERLA, Anor; ZANELLA, Diego Carlos (Org.). *A bioética de V. R. Potter*: 50 anos depois. Curitiba: PUCPRESS, 2020. p. 11. E-book.

590 GARRAFA, Volnei; MARTORELL, Leandro Brambilla; NASCIMENTO, Wanderson Flor do. Críticas ao principialismo em bioética: perspectivas desde o norte e desde o sul. *Saúde e sociedade*, São Paulo, v. 25, n. 2, p. 443, 2016.

591 MOTTA, Luís Cláudio de Souza; VIDAL, Selma Vaz; SIQUEIRA-BATISTA, Rodrigo. Bioética: afinal, o que é isso? *Revista brasileira de clínica médica*, São Paulo, n. 10, v. 5, p. 432, set./out. 2012.

592 REGO, Sergio; PALÁCIOS, Marisa; SIQUEIRA-BATISTA, Rodrigo. Bioética: histórico e conceitos. *In: Bioética para profissionais da saúde* [online]. Rio de Janeiro: Editora FIOCRUZ, 2009. p. 16-17. Disponível em: https://books.scielo.org/id/33937/pdf/rego-9788575413906-02.pdf. Acesso em: 18 jul. 2022.

o Código é um documento internacional que expõe a necessidade de respeitar os seres humanos participantes de experimento científico.[593]

Outro acontecimento marcante foi uma experiência realizada na cidade de Tuskegee, Alabama, Estados Unidos. O estudo, iniciado em 1932, teve como objetivo descrever a história natural da sífilis em cerca de 600 homens negros pobres e analfabetos, dos quais em torno de 400 com a doença e outros 200 como grupo controle (sem sífilis). Os participantes tiveram seus diagnósticos omitidos, não lhes tendo sido oportunizado o recebimento de penicilina, disponível desde em 1947, tendo sido submetidos a repetidas punções lombares com a desculpa de estarem recebendo um "tratamento especial e gratuito".[594] A experiência só terminou cerca de 40 anos depois, em 1972, quando as questões éticas a ela relacionadas foram divulgadas em jornal de destaque. Com o clamor nacional reacendido ao longo dos anos, o Presidente Bill Clinton apresentou um pedido de desculpas por parte do governo aos sobreviventes em 1997.[595]

Mesmo com a repercussão global das pesquisas realizadas durante a Segunda Guerra pelos países envolvidos no conflito, incluindo-se Estados Unidos e Inglaterra, e as discussões sobre o que se poderia ou não fazer com seres humanos, não houve mudança efetiva na forma como os cientistas em geral viam a questão. Pesquisas foram feitas, e continuam a serem, em menor escala, até os dias de hoje, sem que haja uma séria avaliação entre os riscos assumidos e os possíveis benefícios.[596]

Na década de 1960, houve significativas mudanças na prática da assistência em saúde com a incorporação de novas tecnologias, o lançamento comercial da pílula anticoncepcional; a realização do primeiro transplante cardíaco pelo médico Christiaan Barnard na África do Sul, em dezembro de 1967; o estabelecimento de um novo conceito de morte, a morte encefálica, por uma comissão de especialistas da Harvard Medical School, a qual se dá antes da parada cardíaca propriamente dita.[597]

---

[593] OLIVEIRA, Aline Albuquerque S. de. Interface entre bioética e direitos humanos: o conceito ontológico de dignidade humana e seus desdobramentos. *Revista Bioética*, v. 15, n. 2, p. 171, 2007.

[594] LEÓN-JIMENEZ; ERNERSTO, Franco. Tuskegee: más allá del consentimiento informado. *Revista peruana de medicina experimental y salud pública*, n. 2, v. 1, p. 35, 2016.

[595] CAVE, Emma; HOLM, Søren. Milgram and Tuskegee: paradigm research projects in bioethics. *Health care analysis*, 11, p. 33, 2003.

[596] REGO, Sergio; PALÁCIOS, Marisa; SIQUEIRA-BATISTA, Rodrigo. *Bioética para profissionais de saúde*. Rio de Janeiro: Editora FIOCRUZ. 2009. p. 15. E-book.

[597] *Ibidem*.

No ano de 1971, deu-se a fundação do Kennedy Institute for Study of Human Reprodution and Bioethics, na Georgetown University de Washington (D.C.), tendo os cientistas Tom L. Beauchamp e James Franklin Childres utilizado o termo Bioética num sentido diverso daquele de Van Potter (*Global Bioethic*). Para eles, a bioética não é a nova "ética científica", mas sim a ética aplicada ao campo médico e biológico. Com a publicação, em 1978, da *Encyclopedia of bioethics pelo Kennedy Institute*, o conceito de Bioética é usado para indicar a reflexão sobre as questões éticas surgidas no campo médico-biológico.[598]

Além de tudo acima, a história da bioética também é marcada pelas providências adotadas pelo governo americano que decidiu, em resposta a uma série de acusações e escândalos em pesquisas científicas com seres humanos, instituir um comitê nacional com a finalidade de definir princípios éticos para nortearem pesquisas.[599] Em 1974, por meio do Congresso, foi constituída National Commission for the Protection of Human Subjects in Biomedical and Behavioral Research (Comissão Nacional para a Proteção de Sujeitos Humanos na Pesquisa Biomédica e Comportamental), com o objetivo de realizar uma pesquisa e estudo completo que levasse à identificação dos princípios bioéticos básicos que norteariam experiências em seres humanos.[600]

Finalizados os trabalhos após quatro anos, em 1978, a Comissão publicou o chamado Relatório Belmont, marco histórico e normativo para a bioética até os dias de hoje. O Relatório Belmont apresentou três princípios fundamentais: o respeito às pessoas (autonomia); a beneficência e a justiça.[601] Com o documento, restou estabelecida uma distinção entre a trajetória seguida pela ética em pesquisa nos Estados Unidos e sua evolução em outros países, diferenciação esta que terminaria sob debate a partir da Declaração de Helsinque.[602] Também trouxe um novo enfoque ético de abordagem metodológica dos conflitos resultantes das pesquisas com seres humanos. A prática clínica e assistencial não faziam parte de seu horizonte de preocupação.[603]

---

598 COÊLHO, Ana Flávia Viana Campello de Melo Bandeira; COSTA, Anelise Krause Guimarães; LIMA, Maria da Glória. Da ética principialista para a bioética de intervenção: sua utilização na área da saúde. *Tempus – actas de saúde coletiva*, n. 7. v. 4, p. 242, 2013.

599 DINIZ, Debora; PORTO, Dora. *O que é bioética?* São Paulo: Editora Brasiliense, 2002. p. 31.

600 PESSINI, Leo; BARCHIFONTAINE, Christian de P. de. *Problemas atuais de bioética*. 11. ed. São Paulo: Centro Universitário São Camilo, 2014. p. 60.

601 DINIZ, Debora; PORTO, Dora. *O que é bioética?* São Paulo: Editora Brasiliense, 2002. p. 32-33.

602 KOTTOW, Miguel. História da ética em pesquisa com seres humanos. *Revista eletrônica de comunicação, informação, inovação em saúde*, Rio de Janeiro, v. 2, Sup. 1, Sup.7-Sup.18, p. 13, dez. 2008.

603 PESSINI, Leo; BARCHIFONTAINE, Christian de P. de. *Problemas atuais de bioética*. 11. ed. São Paulo: Centro Universitário São Camilo, 2014. p. 62.

Logo após o Relatório Belmont, em 1979, Tom L. Beauchamp, que era membro da Comissão que redigiu o documento, e James F. Childress publicaram o livro *Principles of Biomedical Ethics*, que abordava quatro princípios éticos como referência – autonomia, beneficência e justiça, mais não maleficência –, aplicando-os também para a análise de questões éticas na prática clínica e assistencial.[604] Estaria, assim, inaugurada a bioética principialista ou o principialismo em bioética.[605]

Deste modo, sugeria-se aos profissionais de saúde ou pesquisadores que durante as suas práticas respeitassem a liberdade individual de cada pessoa de decidir de acordo com seu entendimento (autonomia); que não realizassem qualquer tipo de intervenção que prejudicasse os indivíduos, abdicando de práticas nocivas (não maleficência); que procurassem sempre agir no sentido de fazer o bem (beneficência); que desenvolvessem suas condutas sem discriminação, agindo de maneira justa (justiça).[606]

Desde então, a bioética principialista tem sido amplamente utilizada, sobretudo pelos profissionais do campo da saúde, em relação aos quais exerce grande influência.

No Brasil, mesmo sem relevância maior, talvez, o primeiro evento marcante para a bioética brasileira parece ter sido a publicação da Resolução nº 01/1988[607] pelo Conselho Nacional de Saúde (CNS), em 13 de junho de 1988. A Resolução nº 01/1988 teve como foco a regulamentação ética das pesquisas em seres humanos.[608] No entanto, a norma não causou impacto significativo no meio científico, talvez pela pouca participação na sua elaboração, por inexistir, no país, "uma massa crítica que permitisse fazê-la valer".[609]

O surgimento da bioética no Brasil somente se deu na década de 90. Antes, existiram apenas algumas iniciativas isoladas, de pouca importância. Não há registro de evento ou momento específico de

---

604 PESSINI, Leo; BARCHIFONTAINE, Christian de P. de. *Problemas atuais de bioética*. 11. ed. São Paulo: Centro Universitário São Camilo, 2014. p. 62.

605 GARRAFA, Volnei; MARTORELL, Leandro Brambilla; NASCIMENTO, Wanderson Flor do. Críticas ao principialismo em bioética: perspectivas desde o norte e desde o sul. *Saúde e sociedade*, São Paulo, v. 25, n. 2, p. 443-444, 2016.

606 *Ibidem*. p. 444.

607 Revogada pelo Resolução nº 196/1996, de 10 de outubro de 1996, do Conselho Nacional de Saúde, que disciplina a realização de pesquisas com seres humanos no Brasil.

608 CNS. Conselho Nacional de Saúde. Resolução nº 01, de 1988. Disponível em: https://conselho.saude.gov.br/resolucoes/reso_88.htm. Acesso em: 19 jul. 2022.

609 REGO, Sergio; PALÁCIOS, Marisa; SIQUEIRA-BATISTA, Rodrigo. *Bioética para profissionais de saúde*. Rio de Janeiro: Editora FIOCRUZ. 2009. p. 23. E-book.

referência histórica para seu desenvolvimento. De maneira oposta, foram acontecendo episódios isolados, que tiveram repercussões positivas e favoreceram a divulgação e a propagação da disciplina.[610]

O segundo foi a criação, no início de 1993, da Revista Bioética, editada pelo Conselho Federal de Medicina (CFM). De incontestável relevância, a revista oportuniza a discussão sobre diferentes aspectos da ética médica e da bioética, contribuindo para seus desenvolvimentos, da medicina, da sociedade e dos trabalhadores da saúde, direta ou indiretamente.[611]

O terceiro foi a instituição da Sociedade Brasileira de Bioética (SBB), em 18 de fevereiro de 1995. Conta atualmente com cerca de 1.800 associados, provenientes de diversas áreas do conhecimento, o que fortaleceu seu caráter pluralista e multidisciplinar. Tem, entre suas principais funções, contribuir para a propagação da Bioética no Brasil. Também busca apoiar os profissionais e instituições nas atividades relacionadas ao seu campo de atuação, em Comitês de Bioética Hospitalar, Comitês de Ética de Pesquisa, ensino e pesquisa, além de divulgar a produção de artigos científicos.[612]

Importante também foi a criação, em 1996, do Conselho Nacional de Ética em Pesquisa (CONEP), órgão diretamente ligado ao Conselho Nacional de Saúde (CNS), órgão colegiado, deliberativo e permanente do Sistema Único de Saúde (SUS). Com composição multi e transdisciplinar, o CONEP reúne representantes de diversas áreas do conhecimento, com a função de avaliar os aspectos éticos das pesquisas envolvendo seres humanos no Brasil. Cabe à Comissão elaborar e atualizar as diretrizes e normas para a proteção dos participantes de pesquisa e coordenar o Sistema CEP/Conep.[613],[614] Hodiernamente, o Brasil dispõe de 871 Comitês de Ética em Pesquisa em Hospitais, Universidades, Fundações, Institutos.[615]

---

610 GARRAFA, Volnei. Radiografia bioética de um país – Brasil. *Acta bioethica* 2000, año VI, nº 1. p. 172.

611 CONSELHO FEDERAL DE MEDICINA. Revista bioética. *Editorial*. (Impr.), v. 25, n. 2, 215, 2017.

612 SBB. Sociedade Brasileira de Bioética. Nosso histórico. Disponível em: https://www.sbbioetica.org.br/Historico. Acesso em: 19 jul. 2022.

613 O Sistema CEP/Conep é formado pela Conep (autoridade nacional do Conselho Nacional de Saúde) e pelos CEP (autoridade institucional). É um sistema descentralizado no qual os CEP (Comitês de Ética em Pesquisa) possuem autonomia de análise ética, excetuando os protocolos das áreas temáticas especiais (CNS. Conselho Nacional de Saúde. *Comissão Nacional de Ética em Pesquisa*. Disponível em: http://conselho.saude.gov.br/comissoes-cns/conep/. Acesso em: 19 jul. 2022).

614 CNS. Conselho Nacional de Saúde. *Apresentação*. Disponível em: http://conselho.saude.gov.br/apresentacao-cns. Acesso em: 19 jul. 2022.

615 CNS. Conselho Nacional de Saúde. *Comitês de Ética em Pesquisa*. Disponível em: http://conselho.saude.gov.br/comites-de-etica-em-pesquisa-conep?view=default. Acesso em: 19 jul. 2022.

3.3 Os modelos bioéticos e suas inter-relações

O primeiro modelo bioético, o principialismo de Beauchamp e Childress, surgiu, como visto, em decorrência da necessidade de estabelecer diretrizes para pesquisas com seres humanos e do avanço tecnológico. As críticas tiveram início a partir da década de 1980, quando os acadêmicos no estudo da bioética passaram a desenvolver suas próprias teorias, após observarem aspectos desconsiderados pelos autores da corrente principialista.[616]

Feitas sob a perspectiva ocidental tanto no hemisfério norte como no hemisfério sul, as críticas ao principialismo estão situadas, basicamente, em torno das seguintes questões: a) inexistência de uma teoria própria, visto ter sido constituída da bricolagem de teorias diversas; b) falta de direcionamento na aplicação dos princípios; c) hipertrofia da autonomia; d) universalismo dos princípios, sem que sejam levadas em conta a diversidade de conflitos, culturas, aspectos econômicos-sociais.

O segundo modelo, a bioética do cuidado, surgiu em 1982, ano em que Carol Gilligan publicou o livro *In a Different Voice. Psychological Theory and Women's Development*. Este modelo tem por característica a percepção feminina do cuidado na valorização das particularidades dos casos clínicos, que são sempre considerados únicos, cuja análise estaria centrada nas virtudes e baseada essencialmente nas relações intersubjetivas.[617]

O terceiro modelo analisado teve seu aparecimento na América do Sul em 1990, e vem sendo desenvolvido desde então. Idealizada pelo bioeticista Volnei Garrafa, a bioética de intervenção tem por objetivo preencher a lacuna do principialismo e o estabelecimento de relação entre o discurso bioético e as questões sociais, econômicas, culturais e de saúde pública, além das questões éticas postas pelo desenvolvimento biotecnocientífico e referentes à relação entre profissional e paciente.[618]

As teorias bioéticas principialista, do cuidado e de intervenção não são estanques, posto estarem correlacionadas entre si, de modo a permitir que seus princípios, regras e valores sejam aplicados

---

[616] VASCONCELOS, Camilla. *Direito médico e bioética*: história e judicialização da relação médico-paciente. Rio de Janeiro: Lumen Juris, 2020. p. 46.

[617] *Ibidem*. p. 47.

[618] COÊLHO, Ana Flávia Viana Campello de Melo Bandeira; COSTA, Anelise Krause Guimarães; LIMA, Maria da Glória. Da ética principialista para a bioética de intervenção: sua utilização na área da saúde. *Tempus – actas de saúde coletiva*, n. 7. v. 4, p. 249-250, 2013.

complementarmente para que seja alcançada a melhor solução possível para o dilema ético surgido.

3.3.1 Bioética principialista

A bioética de princípios ou principialista é embrionária do Tribunal de Nuremberg em que, calha relembrar, foram julgados médicos nazistas pelas experiências cruéis realizadas com seres humanos durante a Segunda Guerra Mundial.[619] Restaram estabelecidas, pelo Tribunal, um conjunto de regras internacionais direcionadas à proteção das pessoas participantes de pesquisas, o Código de Nuremberg, de 1947.

Essa conjuntura evidencia que a ética profissional dos médicos, em princípio beneficente, nem sempre é confiável, tampouco a consciência moral do investigador é suficiente como limite seguro para o controle da experimentação. Em face disso, são abalados simultaneamente o paternalismo médico e a suposta neutralidade da ciência.[620]

Foi com o Relatório Belmont, como visto, que se deu a introdução da linguagem dos princípios éticos, ao se exigir que toda pesquisa respeite as pessoas, seja benéfica para a sociedade e ponderada na sua avaliação entre riscos e benefícios, tornando-se o campo fértil da bioética principialista dominante em grande parte do mundo ocidental.[621]

O principialismo converteu-se na mais conhecida das teorias bioéticas devido à capacidade de abordar os dilemas morais de forma técnica, com clareza e objetividade, permitindo soluções rápidas para impasses surgidos no âmbito do atendimento em saúde e da pesquisa bioética.[622] Tem como referência os três princípios do Relatório de Belmont – autonomia, beneficência e justiça –, mais um quarto princípio, o da não maleficência.[623]

---

[619] BETIOLI, Antonio Bento. *Bioética*: a ética da vida. 2. ed. São Paulo: LTr, 2015. p. 48. E-book.

[620] LOPES, José Agostinho. Bioética – uma breve história: de Nuremberg (1947) a Belmont (1979). *Revista médica de Minas Gerais*, n 24. v. 2, p. 265, 2014.

[621] KOTTOW, Miguel. História da ética em pesquisa com seres humanos. *Revista eletrônica de comunicação, informação, inovação em saúde*, Rio de Janeiro, v. 2, Sup. 1, Sup.7-Sup.18, p. 13, dez. 2008.

[622] DINIZ, Débora; VÉLEZ, Ana Cristina Gozaléz. Bioética Feminista: a emergência da diferença. *Estudos Feministas*. 6 (2). 1998. Disponível em: https://periodicos.ufsc.br/index.php/ref/article/view/12006/11292. Acesso em: 28 maio 2022.

[623] COÊLHO, Ana Flávia Viana Campello de Melo Bandeira; COSTA, Anelise Krause Guimarães; LIMA, Maria da Glória. Da ética principialista para a bioética de intervenção: sua utilização na área da saúde. *Tempus – actas de saúde coletiva*, n. 7. v. 4, p. 242, 2013.

Por meio do principialismo, Beauchamp e Childress elaboraram uma espécie de paradigma ético para quem trabalha na área de saúde, com o fim de fornecer uma referência prático-conceitual que os pudesse servir de orientação nas situações concretas às próprias decisões.[624] Para os autores, os pontos básicos do "principialismo" podem ser assim resumidos: 1) não haveria normas intrínsecas à prática médica que possam guiar as decisões; 2) há quatros princípios fundamentais (beneficência, não maleficência, autonomia e justiça), que deveriam guiar as ações da medicina; 3) esses princípios devem ser aplicados às situações concretas para a formulação dos juízos morais particulares.[625]

É de se ressaltar que todos os quatro princípios possuem validade à primeira vista, mas ainda assim não são absolutos. Não há prioridade do princípio da beneficência em relação aos demais, nem destes um para com os outros. Desse modo, tem-se que os princípios da autonomia, beneficência, não maleficência e justiça devem ser aplicados harmonicamente, de acordo com a situação concreta apresentada.[626]

A bioética principialista tem sido objeto de diversas críticas devido ao fato de estar assentada em quatro princípios de caráter universalista, portanto, de aplicação uniforme aos dilemas éticos surgidos, sem levar em conta os problemas éticos cotidianos verificados na realidade concreta,[627] o que inclui a saúde pública, bem como questões de cunho político, econômico e social.

Mesmo diante dos questionamentos, a bioética de princípios permanece tendo ampla aceitação em todo o mundo, inclusive no Brasil, onde é constantemente aplicada pelos profissionais da saúde no âmbito da relação com o paciente.

3.3.1.1 Princípio da autonomia

Comum a todas as teorias éticas, a bioética principialista adota a versão kantiana da autonomia, em que esta consiste na autolegislação ética do ser humano (autônomo é aquele que dá a si a lei moral). Esta posição se contrapõe à ética heterônima (de outro). Na autonomia está, portanto, toda a dignidade do homem, que impõe a si os próprios limites.

---

[624] SGRECIA, Elio. *Manual de bioética*: fundamentos da ética biomédica I. Tradução de Orlando Soares Moreira. 4. ed. São Paulo: Edições Loyola, 2013. p. 183.

[625] *Ibidem*. p. 184.

[626] DALL'AGNOL, Darlei. *Bioética*. Rio de Janeiro: Jorge Zahar Editor, 2005. p. 19.

[627] GARRAFA, Volnei; MARTORELL, Leandro Brambilla; NASCIMENTO, Wanderson Flor do. Críticas ao principialismo em bioética: perspectivas desde o norte e desde o sul. *Saúde e sociedade*, São Paulo, v. 25, n. 2, p. 449, 2016.

Noutro expressar, a autonomia faz da pessoa humana independente. Pode-se dizer, então, que a autonomia refere-se à capacidade que tem a pessoa para se autodeterminar, livre de influências externas que possam lhe controlar, como de limitações pessoais que as impeçam de fazer uma genuína opção.[628]

O sentido de autodeterminação ou determinação pessoal da autonomia expressa a faculdade que o indivíduo tem para fazer suas próprias escolhas, e associa-se diretamente à ideia de liberdade. Nessa senda, Beuchamp e Childress pontuam que praticamente todas as teorias da autonomia consideram, além da capacidade do agente agir intencionalmente, a liberdade como condição essencial.[629]

Ana Flávia Coêlho, Anelise Costa e Maria Lima apontam que o princípio do respeito à autonomia difere do conceito de autonomia. Respeitar a autonomia das pessoas constitui um dever moral. É reconhecer os valores, o pluralismo ético-social; aspirações e pontos de vistas de cada indivíduo e ainda propiciar as condições para que as ações autônomas possam ser realizadas.[630]

Na concepção de Beauchamp e Childress, o respeito à autonomia não deve ser aplicado a pessoas não autônomas ou com autonomia reduzida, visto não poderem agir de forma suficientemente autônoma, em virtude de serem imaturas, sem capacidade de discernimento, como se dá com as crianças. Desse modo, as intervenções se justificam caso as pessoas sejam não autônomas e não possam se tornar autônoma para decisões específicas.[631]

Necessário se faz ressaltar, contudo, que a bioética principialista coloca em evidência a autonomia em relação aos demais princípios, em razão de sua forte conotação individualista, sendo mais centrada na resolução de dilemas e conflitos individuais biomédicos.[632]

Beauchamp e Childress fazem uso do conceito de autonomia na tomada de decisão no cuidado em saúde de forma a permitir a identificação

---

628 BETIOLI, Antonio Bento. *Bioética*: a ética da vida. 2. ed. São Paulo: LTr, 2015. p. 49-50. E-book.

629 BEUCHAMP, Tom L.; CHILDRESS, James F. *Princípios de ética biomédica*. Tradução de Luciana Pudenzi. 3. ed. São Paulo: Edições Loyola, 2013. p. 138.

630 COÊLHO, Ana Flávia Viana Campello de Melo Bandeira; COSTA, Anelise Krause Guimarães; LIMA, Maria da Glória. Da ética principialista para a bioética de intervenção: sua utilização na área da saúde. *Tempus – actas de saúde coletiva*, n. 7. v. 4, p. 243, 2013.

631 BEUCHAMP, Tom L.; CHILDRESS, James F. *Princípios de ética biomédica*. Tradução de Luciana Pudenzi. 3. ed. São Paulo: Edições Loyola, 2013. p. 145-146.

632 COÊLHO, Ana Flávia Viana Campello de Melo Bandeira; COSTA, Anelise Krause Guimarães; LIMA, Maria da Glória. Da ética principialista para a bioética de intervenção: sua utilização na área da saúde. *Tempus – actas de saúde coletiva*, n. 7. v. 4, p. 242, 2013.

do que é protegido pelas regras de consentimento informado, recusa informada, veracidade e confidencialidade.[633] A escolha é autônoma, argumentam os autores, quando coincide com o ato de governar efetivamente, e não na capacidade de governar. O indivíduo autônomo, sustentam, age livremente de acordo com suas próprias escolhas. Por outro lado, uma pessoa com autonomia reduzida, é, ao menos, em algum aspecto, controlada por outros ou incapaz de deliberar ou agir com base em seus desejos e planos.[634]

Segundo Loch, Kipper e Clotet, o princípio do respeito à autonomia impõe ao profissional da saúde o dever de informar ao paciente da forma mais ampla e completa possível, para que haja "uma compreensão adequada do problema, condição essencial para que o paciente possa decidir". É nesse diálogo existente em ter o profissional e o paciente, afirmam, que reside o princípio da autonomia, "que se baseia a aliança terapêutica entre o profissional da saúde e seu paciente e a decisão para a realização de diagnósticos, procedimentos e tratamentos", constituindo-se na essência do consentimento informado.[635]

Ponto a destacar é levantado por Beauchamp e Childress, para os quais a ação é autônoma quando praticada por agentes normais que agem intencionalmente, com entendimento e sem influências controladas que afirmem sua ação. Ponderam, entretanto, que, em função dos diferentes graus de satisfação das condições do entendimento e da ausência de influências controladas, as ações podem ter diferentes graus de autonomia, como ocorre, por exemplo, com as crianças, que apresentam níveis variados de entendimento e independência.[636] Sendo assim, para que uma ação seja autônoma, faz-se necessário apenas "um grau substancial de entendimento e de liberdade de alguma coerção, e não um entendimento pleno ou uma completa ausência de influência".[637]

Afirmam ainda, os supramencionados autores, que é possível alcançar uma autonomia substancial nas decisões sobre participação em pesquisas e aceitação de intervenções médicas propostas. Deste

---

633 BEUCHAMP, Tom L.; CHILDRESS, James F. *Princípios de ética biomédica.* Tradução de Luciana Pudenzi. 3. ed. São Paulo: Edições Loyola, 2013. p. 137.

634 *Ibidem.* p. 138.

635 LOCH, Jussara de Azambuja; KIPPER, Délio José; CLOTET, Joaquim. O princípio do respeito à autonomia na práctica pediátrica. *In:* LOCH, Jussara de Azambuja; GAUER, Gabriel José Chittó; CASADO, María. *Bioética, interdisciplinariedade e prática clínica.* Porto Alegre: EDIPUCRS, 2008. p. 162.

636 BEUCHAMP, Tom L.; CHILDRESS, James F. *Princípios de ética biomédica.* Tradução de Luciana Pudenzi. 3. ed. São Paulo: Edições Loyola, 2013. p. 140.

637 *Ibidem.* p. 141.

modo, "os critérios apropriados da autonomia substancial devem ser contemplados em contextos particulares, e não determinados por uma teoria geral do que constitua um grau de autonomia substancial".[638]

A mesma linha de entendimento é apresentada por Flávio Paranhos, ao enfatizar que a análise do respeito à autonomia de uma criança só tem sentido se for conduzida a partir do conhecimento da evolução de suas competências nas diferentes idades. É do conhecimento de todos que toda criança nasce totalmente dependente de cuidados alheios, e que passa por um processo de desenvolvimento progressivo que a leva a alcançar a completa independência na maturidade, o que, nas sociedades modernas, situa-se por volta dos 20 anos de idade.[639]

O mesmo pensar é adotado por Guy Durand, ao expor que a autonomia "não é uma noção do tudo ou nada, nem no direito nem na ética, ainda menos quando se trata da saúde, da doença, do sofrimento ou da morte". Talvez, defende o teólogo e jurista canadense, não exista uma autonomia perfeita, completa, ideal.[640]

Isabel Madeira ressalta, contudo, que, na maioria das culturas vigentes, prevalece o entendimento de que a criança é legalmente incompetente para tomar decisões, por não preencher as condições mínimas para fazer escolhas autônomas e racionais, tornando-se necessário que os pais decidam por elas.[641] Para a autora, esse direito de decisão está fundamentado na condição de pais, em um contexto sócio-cultural que prioriza a responsabilidade parental e a integridade da família.[642]

Os pais são tidos como as pessoas que melhor conhecem o filho e, dado ao amor que sentem, têm como interesse maior o seu bem-estar, o que faz crer que as decisões tomadas em seu benefício busquem atender ao seu interesse. Por esse motivo, os pais são normalmente considerados as pessoas mais indicadas para assumirem as decisões de substituição.[643]

---

638 BEUCHAMP, Tom L.; CHILDRESS, James F. *Princípios de ética biomédica*. Tradução de Luciana Pudenzi. 3. ed. São Paulo: Edições Loyola, 2013. p. 141.

639 PARANHOS, Flávio R. L. Bioética principialista. *Thaumazein*, Santa Maria, ano VII, v. 10, n. 19, p. 44, 2017.

640 DURAND, Guy. *Introdução geral à bioética*: história, conceitos e instrumentos. Tradução de Nicolás Nyimi Campanário. 2. ed. São Paulo: Centro Universitário São Camilo: Loyola, 2007. p. 181

641 MADEIRA, Isabel Rey. A bioética pediátrica e a autonomia da criança. *Residência pediátrica*, n. 1. Supl. 1, p. 11, 2011.

642 *Ibidem*. p. 11, 12.

643 LOCH, Jussara de Azambuja; KIPPER, Délio José; CLOTET, Joaquim. O princípio do respeito à autonomia na práctica pediátrica. *In:* LOCH, Jussara de Azambuja; GAUER, Gabriel José Chittó; CASADO, María. *Bioética, interdisciplinariedade e prática clínica*. Porto Alegre: EDIPUCRS, 2008. p. 164-165.

Não é esse, contudo, o melhor entendimento, pois a autonomia da criança deve ser respeitada de acordo com sua idade, maturidade e discernimento. Dessa forma, à medida a autonomia da criança aumenta, a influência dos pais e as decisões de substituição diminuem, tendo sempre como foco seus melhores interesses.

3.3.1.2 Princípio da beneficência

Antes de definir o princípio da autonomia, Beuchamp e Childress fazem a distinção entre beneficência e benevolência. A beneficência diz respeito a uma ação tomada em benefício de outros, enquanto a benevolência está relacionada "ao traço de caráter ou à virtude ligada à disposição de agir em benefício de outros". Ambas sem se constituírem em obrigações morais. O princípio da beneficência, afirmam, constitui a obrigação moral de agir em benefício dos outros.[644]

Estabelecida a definição, duas possibilidades para o princípio de beneficência são apresentadas por Beauchamp e Childress para o princípio da beneficência: a da beneficência positiva e a da utilidade. A positiva requer que o agente ativamente promova o bem de outros. Já a utilidade deve primeiro fazer a avaliação dos riscos, custos e benefícios e seus cálculos para chegar ao melhor resultado possível.[645] Dessa forma, enquanto a beneficência exige a obtenção de benefícios, a utilidade requer que os benefícios e prejuízos sejam equilibrados.[646]

No campo da medicina (e demais áreas da saúde), o princípio da beneficência impõe ao médico (e demais profissionais de saúde) o dever de sempre agir em benefício do paciente, favorecendo seus interesses e fazendo o possível para restabelecer sua saúde.[647] Deve-se buscar, bom ressaltar, não somente a cura da doença, mas sim proporcionar ao paciente, de forma integral, o máximo de benefício possível.[648]

Em se tratando de cuidados paliativos pediátricos (CPP), a beneficência está voltada para a qualidade de vida da criança e sua família, o bem-estar de ambos. Na prática do bem, o médico e demais profissionais da saúde não podem agir de modo a restringir ou retirar a autonomia da criança.

---

644 BEUCHAMP, Tom L.; CHILDRESS, James F. *Princípios de ética biomédica*. Tradução de Luciana Pudenzi. 3. ed. São Paulo: Edições Loyola, 2013. p. 282.

645 *Ibidem*. p. 282.

646 DALL'AGNOL, Darlei. *Bioética*. Rio de Janeiro: Jorge Zahar Editor, 2005. p. 21.

647 VIDELA, Mirta. *Los derechos humanos en bioética*: nacer, vivir, enfermar y morir. Buenos Aires: Ad-Hoc, 2007. p. 68.

648 SEPÚLVEDA, Jorge Adrián Chuck. Bioética en pediatría. *In:* SEPÚLVEDA, Jorge Adrián Chuck (coordinador y autor). *Bioética en pediatría*. 1ª edición. México, DF: Editorial El Manual Moderno, 2015. pos. 1566. E-book.

É comum que os pais peçam ao médico que pratique medidas para proporcionar beneficência à criança doente, mesmo nas situações que não disponham de capacidade para decidir acerca dos melhores interesses da criança. Em casos como esse, o médico deve intervir para que a sociedade assuma a defesa dos interesses da criança não assistida adequadamente pelos pais.[649]

Assim, encontrando-se a criança gravemente enferma, com dor e sofrimento, sem possibilidade de cura, havendo recomendação clínica de uso dos CPP, e sendo os pais contrários à medida, cabe ao médico ou institituição hospitalar acionar o Judiciário para que este decida acerca dos melhores interesses da criança.

3.3.1.3 Princípio da não maleficência

Relacionado com a máxima *"primum non nocere"*,[650] de Hipócrates, o princípio da não maleficência ganhou importância após as experiências nazistas com seres humanos para teste de medicamentos, técnicas de intervenção e resistência à dor. O princípio enuncia que não se deve causar dano intencionalmente à pessoa, ou seja, a medicina só existe para o bem, sendo inconcebível seu uso para causar o mal, o sofrimento e a morte.[651]

Olinda Timms sustenta que a não maleficência impõe ao médico a máxima cautela no exercício de sua prática, com vistas a não causar dano ao paciente. Este, destaca a autora, pode ser físico, psicológico ou social, incluindo-se os atos de omissão. Além disso, a não maleficência aponta para a necessidade de competência médica, atenção ao cuidado e segurança e capacidade de risco e avaliação do paciente.[652]

Existem situações em que o dano causado é muito pequeno (intumescimento causado por uma picada de agulha), mas o benefício proporcionado pelo auxílio é grande (intervenção vital). Em casos como esse, resta claro que a obrigação de beneficência tem prioridade sobre a obrigação da não maleficência.[653]

---

649 CHUCK SEPÚLVEDA, Jorge Adrián. Bioética en pediatría. *In:* CHUCK SEPÚLVEDA, Jorge Adrián (Coord.). *Bioética em pediatria.* 1ª edición. México, D.F.: Editorial El Manual Moderno, 2015. pos. 1597. E-book.

650 "Antes de tudo, não cause dano, não prejudique o paciente".

651 BETIOLI, Antonio Bento. *Bioética*: a ética da vida. 2. ed. São Paulo: LTr, 2015. p. 50. E-book.

652 TIMMS, Olinda. *Biomédical ethics*. New Delhi, India: Elsevier, 2016. pos. 867. E-book.

653 BEUCHAMP, Tom L.; CHILDRESS, James F. *Princípios de ética biomédica.* Tradução de Luciana Pudenzi. 3. ed. São Paulo: Edições Loyola, 2013. p. 211.

No caso de conflito entre a não maleficência e a beneficência, aquela normalmente é prioritária, mas os pesos desses princípios morais, como os de todos os demais, variam conforme a situação, inexistindo, portanto, uma regra *a priori* que sentencia que evitar danos é preferível a proporcionar benefícios.[654]

No campo dos CPP, além da observância do princípio da não maleficência no sentido de não provocar danos físico, psíquico e social, deve-se buscar promover o bem-estar da criança enferma, com alívio da dor e sofrimento e melhoria da qualidade de vida, visto ser este o objetivo último da abordagem terapêutica.

3.3.1.4 Princípio da justiça

O princípio da justiça trata de questões relacionadas ao acesso à assistência em saúde no que se refere à distribuição de recursos e à utilização de critérios para seleção de sujeitos para experimentação.[655]

É o princípio da justiça que obriga a garantir a distribuição justa, equitativa e universal dos benefícios dos serviços de saúde. Impõe que todas as pessoas sejam tratadas de igual maneira, não obstante, suas diferenças, surge aqui a regra da privacidade.[656]

Para determinar se a distribuição de encargos e benefícios é justa, necessário se faz recorrer a alguns critérios formais e materiais da justiça. Pelo critério formal, atribuído a Aristóteles, casos iguais devem ter tratamentos iguais e casos desiguais devem ser tratados desigualmente. Por ser um princípio formal é carecedor de conteúdo concreto, visto não indicar a situação em que os casos são ou não iguais, nem estabelece os critérios para determinar a igualdade.[657]

Daí a necessidade de ser estabelecer critérios materiais, visto serem estes, consoante Beuchamp e Childress, que identificam as propriedades substantivas para a distribuição. Destacam que os princípios a seguir arrolados foram propostos por autores distintos como princípios materiais válidos de justiça distributiva: a) a todas as pessoas uma parte igual; b) a cada um de acordo com sua necessidade; c) a cada um de acordo com seu esforço; d) a cada um de acordo com sua contribuição;

---

[654] BEUCHAMP, Tom L.; CHILDRESS, James F. *Princípios de ética biomédica*. Tradução de Luciana Pudenzi. 3. ed. São Paulo: Edições Loyola, 2013. p. 211.

[655] VASCONCELOS, Camilla. *Direito médico e bioética*: história e judicialização da relação médico-paciente. Rio de Janeiro: Lumen Juris, 2020. p. 44.

[656] SANTOS, Maria Celeste Cordeiro dos. *O equilíbrio do pêndulo a bioética e a lei*: implicações médico-legais. São Paulo: Ícone Editora, 1998. p. 45.

[657] BETIOLI, Antonio Bento. *Bioética*: a ética da vida. 2. ed. São Paulo: LTr, 2015. p. 52. E-book.

e) a cada um de acordo com seu merecimento; e f) a cada um de acordo com as trocas de livre mercado.[658]

Não se pode olvidar que o princípio da justiça é o mais esquecido em muitas sociedades, e isto pelo fato de existirem estruturas sociais e econômicas que não permitem o desenvolvimento adequado como pessoas.[659]

Uma das situações que envolvem conflito com o princípio da justiça é a que tem a criança como paciente com doença terminal, sem qualquer possibilidade de reversão do quadro, e a família insiste em mantê-la na UTI ou em tratamento que lhe cause ainda mais sofrimento. Há o dilema entre manter tratamentos com alto custo, ocupando leito que poderia ser cedido a outra criança, e a opção pelos CP.

Em situações como essa, não tem sido rara as vezes que os pais têm discordado da opinião do médico e demais membros que compõe a equipe de saúde, buscando alternativas até mesmo em tratamentos experimentais, sem que haja qualquer comprovação científica em relação a ele, onerando ainda mais os gastos com saúde.

O princípio da justiça encontra-se previsto no art. 10º da Declaração Universal de Bioética e Direitos Humanos (DUBDH), e estabelece que todos os seres humanos são iguais em dignidade e em direitos, a fim de que sejam tratados de forma justa e equitativa.[660]

3.3.2 Bioética do cuidado

A partir das décadas de 1960 e 1970, diversos estudos têm destacado a importância do cuidado na contemporaneidade, realizados principalmente a partir de uma perspectiva feminista, ainda que tenha sido ressaltada desde o início da tradição hipocrática e das reflexões filosóficas sobre a moral em geral.[661]

---

658 BEUCHAMP, Tom L.; CHILDRESS, James F. *Princípios de ética biomédica*. Tradução de Luciana Pudenzi. 3. ed. São Paulo: Edições Loyola, 2013. p. 355-356.

659 SEPÚLVEDA, Jorge Adrián Chuck. Bioética en pediatría. *In:* SEPÚLVEDA, Jorge Adrián Chuck (coordinador y autor). *Bioética en pediatría*. 1ª edición. México, DF: Editorial El Manual Moderno, 2015. pos. 1576. E-book.

660 UNESCO. Comissão Nacional da Unesco – Portugal. Declaração Universal sobre Bioética e Direitos Humanos. Disponível em: file:///C:/Users/fabio/Downloads/146180por%20(1).pdf. Acesso em: 22 jul. 2022.

661 DALL'AGNOL, Darlei. Cuidar e respeitar: atitudes fundamentais na bioética. *In:* PESSINI, Leo; BERTACHINI, Luciana; BARCHIFONTAINE, Christian de P. de (Orgs.). *Bioética, cuidado e humanização*: sobre o cuidado respeitoso. São Paulo: Centro Universitário São Camilo: Edições Loyola: IBCC Centros de Estudos, 2014. p. 207.

Porém, foi a partir das pesquisas de Carol Gilligan, publicados em 1982 em *In a Different Voice*, que se chegou ao entendimento de que o desenvolvimento moral em meninos e meninas é diferente, e que as mulheres não são moralmente inferiores, mas somente resolvem alguns problemas morais de forma diferente, privilegiando as relações de proximidade, os sentimentos e os laços afetivos,[662] dando surgimento à ética do cuidado.

Constitui-se em um modelo contrário à consideração de princípios universais imposta pelo principialismo, divergindo ainda da postura imparcial e objetiva na análise das situações clínicas no âmbito da saúde. Além disso, questiona não necessariamente o que seria imparcialmente justo no caso específico e sim como se poderia responder às necessidades das pessoas envolvidas na situação particular que se está a tratar.[663]

O modelo do cuidado apresenta-se como uma das primeiras demonstrações de valorização do cuidado nas relações entre sujeitos da área de saúde, e parte para uma maior atenção às emoções e singularidades em que estão envolvidas algumas pessoas em acontecimentos especiais de suas vidas.[664] Neste sentido, a ética do cuidado propõe uma opção por não adotar uma postura de deliberação moral objetiva e imparcial para a solução de conflitos morais, e sim uma intencionalidade personalista considerada importante na superação de uma perspectiva exclusivamente técnica da medicina.[665]

No âmbito da saúde, o cuidado possui compreensões diversas, entre as quais a contraposição entre curar e cuidar, sendo o cuidado uma espécie de compensação para a "medicina que perde a batalha para a morte". Os que assim entendem, contudo, ignoram que "a finitude é algo inerente à concretude da vida humana; por isso, cuidamos sempre e curamos frequentemente, não sempre".[666]

---

662 DALL'AGNOL, Darlei. Cuidar e respeitar: atitudes fundamentais na bioética. *In:* PESSINI, Leo; BERTACHINI, Luciana; BARCHIFONTAINE, Christian de P. de (Orgs.). *Bioética, cuidado e humanização*: sobre o cuidado respeitoso. São Paulo: Centro Universitário São Camilo: Edições Loyola: IBCC Centros de Estudos, 2014. p. 207.

663 VASCONCELOS, Camilla. *Direito médico e bioética*: história e judicialização da relação médico-paciente. Rio de Janeiro: Lumen Juris, 2020. p. 47.

664 *Ibidem*. p. 47-48.

665 NEVES, Maria do Céu Patrão. A fundamentação antropológica da bioética. *Revista bioética*, v. 4, n. 1, 2023. Disponível em: Disponível em: https://revistabioetica.cfm.org.br/index.php/revista_bioetica/article/view/392/355. Acesso em: 28 jun. 2022.

666 ZOBOLI, Elma. O cuidado: no encontro interpessoal o cultivo da vida. *In:* BERTACHINI, Luciana; PESSINI, Leo (Orgs.). *Encanto e responsabilidade no cuidado da vida*: lidando com desafios éticos em situações críticas e de final da vida. São Paulo: Paulina, 2012. p. 58.

Porém, esquecem que o cuidado vai além da saúde e até mesmo do ser humano sob as perspectivas individual e coletiva, em tempos, como os atuais, que a própria terra e a humanidade, "enfermas e agonizantes", clamam por cuidado diante de uma realidade crescente e preocupante. Devastações ambientais (desmatamento, queimadas, poluição, aquecimento), consumo globalizado, epidemias e pandemias, isolamento decorrente do uso excessivo de meios virtuais, desigualdade social, pobreza crescente, para expor alguns exemplos.

Esse estado de coisas revela o atual momento da crise civilizacional. Nessa contextura, de acordo com Leonardo Boff, o sintoma mais doloroso, e confirmado por outros analistas e pensadores, "é um difuso mal-estar da civilização, que aparece sob o fenômeno do descuido, do descaso e do abandono, numa palavra, a falta de cuidado".[667]

Há um descuido e descaso, ressalta Boff, pelo destino dos pobres e marginalizados da humanidade; pela sorte de desempregados e aposentados; pela generosidade; pela dimensão espiritual do ser humano; pela coisa pública; pela forma de se organizar a habitação; pela vida infantil das crianças usadas como combustível na produção do mercado mundial.[668]

No contexto da saúde, a ética do cuidado[669] objetiva a valorização do cotidiano das pessoas e, principalmente, da atenção em saúde às relações interpessoais, ou seja, a interconexão e interdependência humanas.[670] Daí advém que o doente, em sua integralidade, e não a doença, constitui o foco do cuidado, estendendo-se este às relações que envolvem paciente, profissionais de saúde, família ou representante legal.

Questão importante no âmbito da saúde é a que envolve a "luta pela vida sem maximizar as intervenções e humanizar os cuidados", em que a abordagem paliativa tem como foco o cuidado com a pessoa e não com a doença, tornando possível aplicar com clareza os pilares bioéticos.[671]

---

667 BOFF, Leonardo. *Saber cuidar*: ética do humano: compaixão pela terra. Petrópoles: Vozes, 2017. p. 13. E-book.

668 *Ibidem*. p. 13-14.

669 A expressão "ética do cuidado" constitui um ramo da ética aplicada ao cuidado, portanto, com o mesmo sentido da "bioética do cuidado". Serão utilizadas, com a mesma significação, as palavras "ética do cuidado" e "bioética do cuidado".

670 ZOBOLI, Elma Lourdes Campos Pavone; PEGORARO, Priscilla Brandão Bacci. *O mundo da saúde*. São Paulo, n. 2, p. 216, 31 abr./jun. 2007.

671 MORAES, Ana Clara Rodrigues da Cunha de Sant'Ana. Princípios bioéticos aplicados à luz dos cuidados paliativos. *Revista bioética cremego* (impressão), v. 03, n. 1, p. 38, 2021.

Como bem acentua Leonardo Boff, o cuidado, "mais que um ato, um momento de atenção, de zelo e de desvelo, representa uma atitude de ocupação, preocupação, de responsabilização e de envolvimento afetivo com o outro".[672]

Importante salientar que, uma vez que a ética trata dos deveres que os seres humanos têm com os outros e com a natureza, o exercício do cuidar pode ser considerado um dever ético fundamental, uma vez que acaba por ser a *conditio sine qua non* do desenvolvimento humano, social e natural; nesse sentido, falamos da ética do cuidado.[673]

No cuidado da criança, a pediatria, por ser a medicina do ser humano no seu período de crescimento e desenvolvimento, tem por objetivo proteger e cuidar desse ser humano nessa fase de maior vulnerabilidade. Com esse objetivo, propõe e estrutura uma assistência médica integral à criança e ao adolescente.[674]

A prática do cuidado exige que as instituições se adaptem para acolher o paciente e sua família, e que também ofereçam capacitação sobre autocuidado aos profissionais de saúde que trabalham em unidades de assistência paliativa. Os profissionais de enfermagem que prestam cuidados paliativos (CP) e acompanham a boa morte necessitam de orientação contínua, a fim de que possam ajudar na preparação do luto do paciente e da família, e para que consigam cuidar de si mesmos.[675]

O profissional deve ter compaixão, visto que o foco central dos CP (e CPP) é amenizar a dor e o sofrimento do paciente, função de que deve ser dada atenção às suas necessidades globais, holísticas, por meio de medidas terapêuticas adequadas.[676] À criança devem ser proporcionadas, desde a fase de diagnóstico, atividades lúdicas, brincadeiras, e outras que incentivem seu desenvolvimento e que a faça sentir-se como uma participante ativa de seu próprio tratamento.

Dessa forma, oportuno se torna dizer que o cuidado não deve se restringir ao curar e ao cuidar, posto dever também abranger o respeito.

---

672 BOFF, Leonardo. *Saber cuidar*: ética do humano: compaixão pela terra. Petrópoles: Vozes, 2017. p. 25. E-book.

673 PRIETO PARRA, Gloria Inés. Perspectiva bioética del cuidado de enfermería. *Revista Enfermería Universitaria ENEO-UNAM*. Vol 4. No. 3 Año 4 Septiembre-Diciembre 2007. p. 24.

674 PESSOA, José Hugo de Lins. O atendimento pediátrico. *In:* CONSTANTINO, Clóvis Francisco; BARROS, João Coroliano Rego; HIRSCHHIEIMER, Mário Roberto (Eds.). *Cuidando de crianças e adolescentes sob o olhar da ética e da bioética*. São Paulo: Editora Atheneu, 2009. p. 1.

675 TRONCOSO, Margarita Poblete; ROMERO, Beatriz Parada; SCHNAKE, Marcelo Correa. Reflexão bioética no cuidado da criança em estado terminal. *Revista bioética*. (Impr.), v. 28, n. 2, p. 285, 2020.

676 CAPELAS, Manuel Luís Vila *et al*. *Cuidar a pessoa que sofre*: uma teoria dos cuidados paliativos. Lisboa: Universidade Católica Editora, 2017. p. 54.

Este vai além das medidas de saúde, visto alcançar o ser humano em sua integralidade, indo além de seu bem-estar físico e mental. Abrange também os aspectos social e espiritual, envolvendo ainda o respeito ao indivíduo como ser humano possuidor de dignidade.

3.3.3 Bioética de intervenção

Restou salientado ter sido nos Estados Unidos, no início dos anos 70, que a bioética foi concebida como uma nova maneira de perceber e encarar o mundo e a vida a partir da ética aplicada. Depois disso, a compreensão da bioética tem variado de um contexto para outro, de um país para outro e até mesmo entre os estudiosos da área dentro de um mesmo país.[677]

A bioética principialista de base biomédica e reducionista, centrada na doença e em sua cura, é considerada insuficiente e ultrapassada. Em detrimento às críticas ao principialismo, face à pretensão universal de seus princípios, torna-se necessária a introdução de novos critérios, referenciais e/ou elementos (bio)éticos, além dos quatro princípios, que devem ser incorporados para a análise de conflitos morais que exijam flexibilidade para um determinado contexto cultural quanto para os enfrentamentos de macro problemas bioéticos persistentes ou cotidianos na análise das questões sanitárias, rompendo com o modelo hegemônico capitalista.[678]

Dos países periféricos do hemisfério sul surgiu uma crítica de que a chamada teoria bioética principialista seria insuficiente e/ou frágil para analisar os macroproblemas éticos persistentes (ou cotidianos) verificados na realidade concreta.[679]

Dora Porto e Volnei Garrafa apontam que, em relação ao campo de atuação, a principal diferença da abordagem da bioética de intervenção acha-se no fato de esta não se esgotar na possibilidade de intervenção nos conflitos da área biomédica, nas relações entre profissionais e usuários dos serviços e do sistema de saúde ou na interface entre pesquisadores e sujeitos de pesquisa. A bioética de intervenção, arguem os autores, considera a doença como um produto da sociedade,

677 GARRAFA, Volnei. Da bioética de princípios a uma bioética interventiva. *Bioética* 2005, v. 13, n. 1, p. 27, 2005.

678 COÊLHO, Ana Flávia Viana Campello de Melo Bandeira; COSTA, Anelise Krause Guimarães; LIMA, Maria da Glória. Da ética principialista para a bioética de intervenção: sua utilização na área da saúde. *Tempus – actas de saúde coletiva*, n. 7, v. 4, p. 247, 2013.

679 GARRAFA, Volnei. Da bioética de princípios a uma bioética interventiva. *Bioética* 2005, v. 13, n. 1, p. 127, 2005.

decorrente das circunstâncias históricas e culturais que determinam a vida social, as relações de produção e as ambientais.[680]

Nesse contexto, a saúde deixa de ser um estado estático, biologicamente definido, para ser apreendida como um estado dinâmico, socialmente produzido.[681] A intervenção na saúde não envolve somente a dimensão objetiva, mas também os aspectos subjetivos relativos às representações sociais de saúde e doença.[682]

Em alguns países sul-americanos, a existência de alta tecnologia e centros de cuidados médicos avançados levanta questões sobre a discriminação e injustiça na assistência médica. As interrogações mais difíceis nesse campo giram em torno de como se usa a tecnologia médica, mas de que tem acesso a ela. Um forte saber social caracteriza a bioética latino-americana. Conceitos culturalmente fortes como justiça, equidade e solidariedade deverão ocupar na bioética latino-americana um lugar similar ao assumido pelo princípio da autonomia nos Estados Unidos.[683]

Quando os cuidados forem dirigidos à criança, os profissionais de saúde devem ter em mente que lhe deve ser proporcionado o melhor cuidado possível. Tratando de criança com doença grave ou terminal, os cuidados devem ser centrados no alívio da dor e do sofrimento, seu e de sua família, levando-se em consideração os recursos disponíveis e sua aplicação.

A opção pela aplicação dos CPP em vez de tratamentos fúteis ou desnecessários pode contribuir não somente para a melhora da qualidade de vida da criança e sua família, mas para um uso adequado de recursos, caso restem diminuídos os gastos hospitalares e com medicamentos.

O processo de globalização econômica mundial, em vez de amenizar, aprofundou ainda mais as desigualdades existentes entre os países ricos e pobres, exigindo, portanto, novas leituras e propostas,[684] a exemplo da abraçada pela bioética de intervenção.

---

680 PORTO, Dora; GARRAFA, Volnei. Bioética de intervenção: considerações sobre a economia de mercado. *Bioética*, v. 13, n. 1, p. 120, 2005.

681 BUSS, Paulo Marchiori. Promoção da saúde e qualidade de vida. *Ciência & saúde coletiva*, n. 5. v. 1, p. 174, 2000.

682 COÊLHO, Ana Flávia Viana Campello de Melo Bandeira; COSTA, Anelise Krause Guimarães; LIMA, Maria da Glória. Da ética principialista para a bioética de intervenção: sua utilização na área da saúde. *Tempus – actas de saúde coletiva*, n. 7. v. 4, p. 250, 2013.

683 PESSINI, Leo; BARCHIFONTAINE, Christian de P. de. *Problemas atuais de bioética*. 11. ed. São Paulo: Centro Universitário São Camilo, 2014. p. 70.

684 GARRAFA, Volnei; PORTO, Dora. Bioética, poder e injustiça: por uma ética de intervenção. *In:* GARRAFA, Volnei; PESSINI, Leo (Orgs.). *Bioética, poder e injustiça*. São Paulo: Edições Loyola, 2003. p. 35-36.

É nesse contexto que a bioética de intervenção apresenta uma perspectiva bioética que atende à realidade dos países periféricos no contexto mundial, "configurando-se em instrumento eficaz para mediar os conflitos emergentes e, principalmente, os persistentes, que continuam marcando de maneira aviltante a maioria da sociedade nas referidas nações".[685]

3.4 A autonomia da criança nos cuidados paliativos pediátricos: aspectos bioéticos

Conforme visto acima, a autonomia está relacionada com a capacidade de o paciente realizar suas próprias escolhas, cabendo ao profissional respeitar. Este tem por dever apresentar a enfermidade, o diagnóstico, o prognóstico, os benefícios e os riscos dos tratamentos e procedimentos que entende serem adequados. Decidir se aceita ou não, compete ao paciente. Estando este impossibilitado, cabe à família ou representante legal a tomada de decisão.

A gravidade da doença ou seu estágio não têm, por si, o condão de retirar o direito de escolha do paciente. Encontrando-se este em condições de manifestar sua vontade, de entender a enfermidade e sua gravidade, bem como avaliar os benefícios e riscos relacionados às medidas de saúde oferecidas, a autonomia deve ser respeitada.

Dessa maneira, mantendo-se no gozo de suas faculdades mentais, o paciente sempre continuará com sua autonomia preservada, visto que o valor de sua capacidade de autonomia lhe é inestimável, dado integrar o seu poder racional, expressar suas preferências valorativas – neste caso –, em relação a si mesmo, para os momentos iniciais do seu processo de morte.[686]

A Declaração Universal sobre Bioética e Direitos Humanos (DUBDH) de 2005 assegura, em seu art. 5,[687] o respeito à autonomia das pessoas quanto à tomada de decisão, desde que assumam a respectiva responsabilidade. Tratando-se de pessoas incapazes de exercerem a

---

685 PORTO, Dora; GARRAFA, Volnei. Bioética de intervenção: considerações sobre a economia de mercado. *Bioética*, v. 13, n. 1, p. 115, 2005.

686 MALUF, Adriana Caldas do Rego Freitas Dabus. Bioética, biodireito e cuidados paliativos: a importância do tema na pós modernidade. *In:* MALUF, Carlos Alberto Dabus; MALUF, Adriana Caldas do Rego Freitas Dabus; OLIVEIRA, Maria Fernanda Cesar Las Casas de (Coordenadores). *Bioética, biodireito e cuidados paliativos*. Londrina: Thoth, 2022. p. 38. E-book.

687 Princípio da autonomia e responsabilidade individual.

autonomia, medidas especiais devem ser adotadas com a finalidade de proteger os seus direitos e interesses.[688]

Pode-se extrair, da redação do art. 5º da DUBDH, que sendo a pessoa a tomar decisão uma criança, esta deve se mostrar capaz de assumir responsabilidade, portanto, ser possuidora de autonomia. Dessarte, tratando-se de tratamentos e procedimentos médicos e restando demonstrado que a criança pode assumir a responsabilidade pela tomada de decisão, conforme sua idade, maturidade e discernimento, como dantes abordado, a autonomia deve ser reconhecida.

Outrossim, consoante o art. 6º, 1, da DUDHB, qualquer intervenção médica de natureza preventiva, diagnóstica ou terapêutica só deve ser realizada mediante consentimento prévio, livre e esclarecido, com base nas informações prestadas adequadamente.[689] Ressalte-se, porém, que somente a pessoa detentora de autonomia pode dar consentimento para tratamentos e procedimentos médicos.

No caso da pessoa incapaz de exprimir o seu consentimento, a exemplo da criança, a DUDHB, por meio do art. 7º, "a", determina que a autorização para uma investigação ou uma prática médica deva ser obtida em consonância com seu superior interesse e com o direito interno, devendo ser oferecidos meios para que ela possa participar da forma mais ampla possível no processo de decisão ou recusa do consentimento.[690]

O superior interesse (ou melhor interesse) da criança encontra previsão tanto na normativa internacional, nos termos do art. 3, 1, da CDC, como da normativa nacional, consoante o art. 227, *caput*, da CF/88[691] e o art. 4º, do ECA.[692] Significa dizer que, conforme disposto

---

[688] UNESCO. Comissão Nacional da Unesco – Portugal. Declaração Universal sobre Bioética e Direitos Humanos. Disponível em: file:///C:/Users/fabio/Downloads/146180por%20(1).pdf. Acesso em: 22 jul. 2022.

[689] UNESCO. Comissão Nacional da Unesco – Portugal. Declaração Universal sobre Bioética e Direitos Humanos. Disponível em: file:///C:/Users/fabio/Downloads/146180por%20(1).pdf. Acesso em: 22 jul. 2022.

[690] UNESCO. Comissão Nacional da Unesco – Portugal. Declaração Universal sobre Bioética e Direitos Humanos. Disponível em: file:///C:/Users/fabio/Downloads/146180por%20(1).pdf. Acesso em: 22 jul. 2022.

[691] Art. 227. É dever da família, da sociedade e do Estado assegurar à criança, ao adolescente e ao jovem, com absoluta prioridade, o direito à vida, à saúde, à alimentação, à educação, ao lazer, à profissionalização, à cultura, à dignidade, ao respeito, à liberdade e à convivência familiar e comunitária, além de colocá-los a salvo de toda forma de negligência, discriminação, exploração, violência, crueldade e opressão. (BRASIL. Presidência da República. *Constituição da República Federativa do Brasil de 1988*. Disponível em: http://www.planalto.gov.br/ccivil_03/constituicao/constituicao.htm. Acesso em: 26 jul. 2022).

[692] Art. 4º É dever da família, da comunidade, da sociedade em geral e do poder público assegurar, com absoluta prioridade, a efetivação dos direitos referentes à vida, à saúde, à

no art. 3, 1, da CDC, "todas as ações relativas à criança, sejam elas levadas a efeito por instituições públicas ou privadas de assistência social, tribunais, autoridades administrativas ou órgãos legislativos, devem considerar primordialmente o melhor interesse da criança".[693]

Para que sejam observados os melhores interesses da criança, segundo Claudio Amaral, duas operações devem ser realizadas: a) sua priorização em relação aos demais interesses; b) entre os interesses, tem que se buscar os melhores,[694] quais sejam, tornar efetivos os direitos fundamentais que lhes são pertinentes, entre os quais se inclui a autonomia de acordo com sua capacidade de desenvolvimento (idade, maturidade e discernimento).

Oportuno se torna dizer que, para Raylla Albuquerque e Volnei Garrafa, o princípio da autonomia assume, no campo da prática biomédica, a expressão de consentimento informado, com este se configurando no pleno conhecimento do paciente acerca das possibilidades terapêuticas, de modo a fazer a escolha que melhor lhe atenda. O consentimento, afirmam os autores, implica na extensão da autonomia, visto compreender tanto a obrigação do profissional de informar adequadamente quanto o efetivo entendimento e assentimento do paciente.[695], [696]

Segundo Carlindo Silva Filho, no consentimento livre e esclarecido, a pessoa com capacidade de discernimento, de forma autônoma e voluntária, decide se aceita ou não submeter-se a um tratamento ou procedimento médico, após prestadas as informações necessárias ao conhecimento dos riscos e benefícios.[697]

---

alimentação, à educação, ao esporte, ao lazer, à profissionalização, à cultura, à dignidade, ao respeito, à liberdade e à convivência familiar e comunitária. (BRASIL. Presidência da República. Lei nº 8.069, de 13 de julho de 1990. Disponível em: < http://www.planalto.gov.br/ccivil_03/leis/l8069.htm>. Acesso em: 05.06.2022).

693 UNESCO BRASIL. Convenção sobre os Direitos da Criança. Disponível em: https://www.unicef.org/brazil/convencao-sobre-os-direitos-da-crianca. Acesso em: 05 jun. 2022.

694 AMARAL, Claudio do Prado. *Curso de direito da infância e da adolescência*: bases, direitos fundamentais, políticas públicas e medidas protetivas. São Paulo: Editora da Universidade de São Paulo, 2020. p. 100.

695 ALBUQUERQUE, Raylla; GARRAFA, Volnei. Autonomia e indivíduos sem capacidade para consentir: o caso dos menores de idade. *Revista bioética*, n. 24, v. 3, p. 453, 2016.

696 A compreensão que se tem, a partir da afimação de que o consentimento acarreta extensão da autonomia. Em que pese a autoridades dos autores, mantém-se aqui a interpretação de que a autonomia preexiste ao consentimento, e não que se prolonga até este. O consentimento consiste na permissão dada pela pessoa detentora de autonomia para que haja ou não a prática de determinada ação.

697 SILVA FILHO, Carlindo de Souza Machado e. O consentimento livre e esclarecido no paciente pediátrico. *Residência pediátrica*, v. 6, n. 3, p. 167, 2016.

Se o paciente for uma criança, esta, ressalta o autor, deve ter o direito, na medida de sua capacidade de discernimento, de decidir sobre as medidas de saúde que quer ser submetida, garantindo seu direito à autonomia. O grau de discernimento da criança, e, por consequência, sua autonomia, "são sempre limitados pela sua capacidade de compreender, que varia com sua idade e seu grau de amadurecimento".[698]

Exemplo de inclusão de crianças no processo decisório se deu em 2014, na Bélgica, onde, de forma inédita, alterou-se a legislação para estender às crianças o direito de solicitar a eutanásia em casos de doenças terminais, sem qualquer restrição de idade. A lei belga exige que a criança esteja em condição de sofrimento físico constante e insuportável, impossível de se aliviar, podendo levar a morte em curto prazo.[699]

Quando a situação é relacionada aos CP, em que o cuidado está centrado na qualidade de vida do doente e sua família, a autonomia constitui uma das principais pilastras, visto permitir que o paciente tenha o direito de escolher, "de acordo com suas preferências, valores e crenças, e como gostaria de viver seus últimos dias".[700]

Sendo o paciente uma criança com doença que põe em risco a vida, a esta deve ser permitido o exercício da autonomia, observados sua idade, maturidade e entendimento, para que tome, por si mesma, as decisões que afetem suas condições de saúde. Havendo comprovação de que a criança se mostrou capaz de compreender a doença, diagnóstico, prognóstico, benefícios e riscos, bem como o quadro de irreversibilidade, cabe a ela decidir se aceita ou não os CPP oferecidos.

A autonomia, convém salientar, encontra-se prevista em normas de caráter ético tanto a nível internacional como nacional.

A Declaração Universal de Direitos Humanos e Bioética (DUDHB) dispõe, em ser art. 5º, que autonomia das pessoas deve ser respeitada para a tomada de decisões, desde que possam assumir responsabilidade. No caso dos incapazes, a exemplo da criança, medidas especiais devem ser tomadas para que seus direitos e interesses sejam protegidos.

---

[698] SILVA FILHO, Carlindo de Souza Machado e. O consentimento livre e esclarecido no paciente pediátrico. *Residência pediátrica*, v. 6, n. 3, p. 167, 2016.

[699] ALBUQUERQUE, Raylla; GARRAFA, Volnei. Autonomia e indivíduos sem capacidade para consentir: o caso dos menores de idade. *Revista bioética*, n. 24, v. 3, p. 457, 2016.

[700] SANTOS, Christiane Gouvêa dos; SCHARAMM, Fermin Roland. Bioética em cuidados paliativos: uma questão de direitos humanos e cidadania: *In:* MENDES, Ernani Costa; VASCONCELOS, Luiz Carlos Fadel de (Org.). *Cuidados paliativos*: uma questão de direitos humanos, saúde e cidadania. Curitiba: Editora Appris, 2020. p. 173.

No tocante à criança, a aplicação do art. 5º da DUDHB é reforçada quando em conjunto com o art. 5º e o art. 12, 1, da CDC, que asseguram a autonomia progressiva e o direito de opinar da criança.

O Código de Ética Médica brasileiro de 2018 (CEM/18) também apresenta normas pertinentes à autonomia que são aplicáveis tanto a adultos como a crianças.

O Princípio XXII do CEM/2018 estabelece que, nas situações irreversíveis e terminais, o médico deve evitar tratamentos e procedimentos desnecessários, proporcionando os CP adequados. Conquanto não faça alusão expressa, a decisão sobre o aceite ou não da abordagem paliativa pertence ao paciente, inclusive à criança com autonomia suficiente para se manifestar.

Outra norma do CEM/2018 que tem relação com a autonomia do paciente com doença ameaçadora da vida consta do parágrafo único do art. 41, que obriga ao médico a ofertar os CP disponíveis ao paciente com doença incurável ou terminal, desde que respeitada a vontade do paciente ou, na sua falta, do representante legal.

Não restam dúvidas que os preceitos éticos acima mencionados também asseguram à criança com doença ameaçadora da vida, possuidora de idade, maturidade e discernimento, autonomia para tomar decisão sobre o aceite ou recusa da oferta de CP.

CAPÍTULO 4

A AUTONOMIA DA CRIANÇA E TOMADA DE DECISÃO EM CUIDADOS PALIATIVOS PEDIÁTRICO

4.1 A criança como sujeito de direito

A Constituição Federal de 1988 (CF/88) dispõe, em seu artigo 227, *caput*, que a família, a sociedade e o Estado devem assegurar à criança, com absoluta prioridade, o direito à vida, à saúde, à educação, à dignidade, à liberdade, à convivência familiar, além de garantir sua proteção contra qualquer forma de negligência, discriminação, exploração, violência, crueldade e opressão.[701]

Como se pode notar, o texto elenca, em norma específica, direitos fundamentais que visam garantir a proteção e o desenvolvimento saudável da criança. No entanto, convém salientar que os direitos a que se refere o artigo 227 constituem um *plus*, posto que outros direitos fundamentais previstos no catálogo e em outras normas constitucionais também devem ser assegurados à criança. Instaurou, pois, a CF/88 um novo regime jurídico para a criança, garantindo-lhe direitos e lhe atribuindo a condição de sujeito de direitos.

A criança também é reconhecida como sujeito de direitos pela Convenção sobre os Direitos da Criança (CDC), ao fazer constar em seu preâmbulo, mediante invocação da Declaração Universal dos Direitos

[701] BRASIL. Presidência da República. *Constituição da República Federativa do Brasil de 1988*. Disponível em: http://www.planalto.gov.br/ccivil_03/constituicao/constituicao.htm. Acesso em: 26 jul. 2022.

Humanos (DUDH)[702] e dos pactos internacionais de direitos humanos, que as pessoas possuem todos os direitos e liberdades neles enunciados, sem distinção de raça, cor, sexo, idioma, crença, opinião política ou de outra natureza, seja de origem nacional ou social, posição econômica, nascimento ou qualquer outra condição.[703] Dessa forma, é de ter-se que a idade não pode constituir-se em um elemento distintivo para retirar da criança a capacidade de adquirir direitos e assumir deveres.

Importante ressaltar que *caput* do artigo 227 da CF/88 apresenta dois preceitos fundamentais estruturantes da doutrina da proteção integral: a distribuição de deveres e responsabilidades e a garantia da prioridade absoluta.[704] A distribuição de deveres e responsabilidades recai sobre a família, a sociedade e o Estado, sem qualquer hierarquia entre eles, os quais devem se valer de todos os meios e esforços necessários para que os direitos fundamentais garantidos à criança sejam efetivamente concretizados. Concretização esta que deve levar em consideração a prioridade de tratamento que lhe é conferido nas searas administrativa, legislativa e judicial.

Merece destacar que, entre os direitos fundamentais assegurados à criança, está a dignidade humana, que figura como um dos principais fundamentos da República (art. 1º, III, CF/88). Para que a realidade da criança como pessoa humana se materialize, necessário se faz a garantia de sua primazia.[705] Qual seja, de acordo com a normativa do artigo 227, *caput* e do artigo 1º, inciso III, da CF/88, haverá respeito à dignidade da

---

[702] Artigo 1
Todos os seres humanos nascem livres e iguais em dignidade e direitos. São dotados de razão e consciência e devem agir em relação uns aos outros com espírito de fraternidade.
Artigo 2
1. Todo ser humano tem capacidade para gozar os direitos e as liberdades estabelecidos nesta Declaração, sem distinção de qualquer espécie, seja de raça, cor, sexo, língua, religião, opinião política ou de outra natureza, origem nacional ou social, riqueza, nascimento, ou qualquer outra condição (BRASIL. UNESCO BRASIL. *Declaração Universal de Direitos Humanos*. Disponível em: https://www.unicef.org/brazil/declaracao-universal-dos-direitos-humanos. Acesso em: 27 jul. 2022).

[703] BRASIL. UNICEF BRASIL. *Convenção sobre os direitos da criança*. Disponível em: https://www.unicef.org/brazil/convencao-sobre-os-direitos-da-crianca. Acesso em: 26 jul. 2022.

[704] ROMÃO, Luis Fernando de França. *A constitucionalização dos direitos da criança e do adolescente*. São Paulo: Almedina Brasil, 2016. p. 1123. E-book.

[705] SANTOS, Eliane Araque dos. Criança e adolescente: sujeitos de direitos. *Inclusão social*, Brasília, v. 2, n. 1, p. 131, out. 2006/mar. 2007.

criança se a esta for conferido prioridade[706] de tratamento em relação às demais pessoas (adultos e idosos).

Não basta, pois, possibilitar à criança ser sujeito de direitos. Mais que isso, é preciso também que esses direitos sejam concretizados com absoluta prioridade. No caso do direito à saúde, por exemplo, não basta a garantia constitucional da promoção, proteção e recuperação, posto ser necessário também estabelecer políticas públicas de saúde relacionadas aos CPP, com organização, estrutura, recursos humano e financeiro, de modo a permitir o amplo acesso à população infantil.

4.2 Da autonomia da vontade à autonomia privada

Antes de examinar a autonomia da criança na tomada de decisão nos cuidados paliativos pediátricos (CPP), faz-se conveniente realizar um estudo sobre a autonomia, desde seu aparecimento como autonomia da vontade até os dias atuais, em que é nomeada autonomia privada.

A possibilidade ou faculdade que o indivíduo dispõe para agir conforme sua vontade é entendida como liberdade. Esta vem a ser intitulada no ramo do direito privado de autonomia, esfera de liberdade pela qual o ser humano pode reger-se de acordo com suas próprias leis.[707] É de se dizer, então, que a autonomia transmite a ideia de liberdade, independência, autorregulamentação de condutas e autogoverno.[708]

---

706 EMENTA: AÇÕES DIRETAS DE INCONSTITUCIONALIDADE. JULGAMENTO CONJUNTO. DIREITO CONSTITUCIONAL. DIREITO PREVIDENCIÁRIO. ARTIGO 16, §2º, DA LEI Nº 8.213/1991. REDAÇÃO CONFERIDA PELA LEI Nº 9.528/1997. MENOR SOB GUARDA. PROTEÇÃO PREVIDENCIÁRIA. DOUTRINA DA PROTEÇÃO INTEGRAL. PRINCÍPIO DA *PRIORIDADE ABSOLUTA*. ART. 227, CRFB. (...). 2. A Constituição de 1988, no art. 227, estabeleceu novos paradigmas para a disciplina dos direitos de *crianças* e de adolescentes, no que foi em tudo complementada pelo Estatuto da *Criança* e do Adolescente (Lei n. º 8.069/1990). Adotou-se a doutrina da proteção integral e o princípio da *prioridade absoluta*, que ressignificam o status protetivo, reconhecendo-se a especial condição de *crianças* e adolescentes enquanto pessoas em desenvolvimento. 3. (...) 6. ADI 4878 julgada procedente e ADI 5083 julgada parcialmente procedente para conferir interpretação conforme ao §2º do art. 16, da Lei nº 8.213/1991, para contemplar, em seu âmbito de proteção, o "menor sob guarda", na categoria de dependentes do Regime Geral de Previdência Social, em consonância com o princípio da proteção integral e da *prioridade absoluta*, nos termos do art. 227 da Constituição da República, desde que comprovada a dependência econômica, nos termos em que exige a legislação previdenciária (art. 16, §2º, Lei 8.213/1991 e Decreto 3048/1999). (BRASIL. Poder Judiciário. Supremo Tribunal Federal. Tribunal Pleno. *ADI nº 4878*, Rel. Do acórdão Min. Edson Fachin, j. 08.06.2021, pub. 06.08.2021).

707 AMARAL NETO, Francisco dos Santos. Autonomia privada como princípio fundamental da ordem jurídica: perspectiva estrutural e funcional. *Revista de informação legislativa*, Brasília, ano 26, n. 102, p. 212, abr./jun. 1989.

708 RODRIGUES JUNIOR, Otavio Luiz. Autonomia da vontade, autonomia privada e autodeterminação: notas sobre evolução de um conceito na Modernidade e na Pós-modernidade. *Revista de informação legislativa*, Brasília, ano 41, n. 163, p. 113-114, jul./set. 2004.

A palavra autonomia,[709] formada pelos termos gregos *autos* (próprio) e *nomos* (lei, regra, norma), expressa capacidade de criar e estabelecer as próprias leis.[710] Faculdade ou direito de se autogovernar, de tomar as próprias decisões ou de agir livremente, sem interferência externa.[711] Está relacionada à liberdade ou independência moral ou intelectual,[712] tendo variado de acordo com o momento histórico.

Diversos são os sentidos atribuídos à autonomia. Para a psicologia, é o estado de independência e autodeterminação em um indivíduo, grupo ou sociedade.[713] Na filosofia, e a partir das ideias introduzidas por Kant, a autonomia consiste na possibilidade do ser humano se autodeterminar como ser racional.[714] Em oposição, Kant supõe a heteronomia, mediante a qual a vontade é determinada pelos objetos da vontade de desejo.[715] No campo político, consiste na possibilidade de elaboração de leis ou regras por um governo ou região sem interferência de um governo central na tomada de decisões, a exemplo do que ocorre em um Estado Federal.[716]

Na seara do direito, Santi Romano *apud* Érico Cabral aponta que a autonomia apresenta vários significados, com o mais amplo e genérico deles indicando todas as possibilidades de autodeterminação, portanto, as capacidades ativas, os poderes, os direitos subjetivos; um modo particular de estabelecer de normas jurídicas. Para o jurista italiano, a autonomia é, *subjetivamente*, o poder de dar a si um ordenamento jurídico, e *objetivamente* "é o próprio caráter de um ordenamento jurídico que individualmente se constitui para si (autônomo),

---

709 Ao contrário da *autonomia*, na *heteronomia*, a conduta é regulada por lei externa. Inexiste vontade própria (HOAISS, Antonio *et al. Dicionário Houaiss da língua portuguesa.* Rio de Janeiro: Objetiva, 2009. p. 1016).

710 HOUAISS, Antonio *et al. Dicionário Houaiss da língua portuguesa.* Rio de Janeiro: Objetiva, 2009. p. 225.

711 AULETE, Caldas. *Novíssimo Aulete dicionário contemporâneo da língua portuguesa.* Rio de Janeiro: Lexikon, 2011. p. 180.

712 FERREIRA, Aurélio Buarque de Holanda. *Novo dicionário da língua portuguesa.* 2. ed. 32. imp. Rio de Janeiro: Editora Nova Fronteira, 1986. p. 203.

713 VANDEBOS, Gray R. (Org.). *Dicionário de psicologia da APA.* Tradução de Daniel Bueno, Mari Adriana Veríssimo Veronese, Maria Cristina Monteiro; revisão técnica de Maria Lucia Tiellet Nunes, Giana Bitencourt Frizzo. Porto Alegre: Artmed, 2010. p. 120.

714 JAPIASSÚ, Hilton; MARCONDES, Danilo. *Dicionário básico de filosofia.* 5. ed. Rio de Janeiro: Zahar, 2008. p. 34.

715 ABBOGNANO, Nicola. *Diccionario de filosofia.* México, D. F.: Fundo de Cultura Económica, 1993. p. 116.

716 MENDES JÚNIOR, João. *As idéias de soberania, autonomia e federação.* p. 251. Disponível em: file:///C:/Users/fabio/Downloads/65150-Texto%20do%20artigo-86182-1-10-20131119%20(1).pdfp. Acesso em: 29 maio 2022.

em contraposição ao caráter do ordenamento que são constituídos por outros (heterônimo)".[717]

No presente texto, cingir-se-á ao aspecto jurídico da autonomia, a autonomia da vontade,[718] mediante a qual a pessoa exerce livremente sua vontade nos limites da lei. Nesse ponto, convém rememorar, a pesquisa será voltada especificamente para a autonomia da criança submetida a cuidados de saúde, especificamente aos CP.

A autonomia da vontade assumiu a condição de norma geral (princípio) do direito privado a partir do século XVII, quando a vontade autônoma tornou-se o grande dogma do liberalismo econômico, político[719] e jurídico.[720] Além destes fundamentos, o liberalismo abrigava também o religioso (ideia cristã do homem como valor supremo).[721] Foi nesse período que surgiu o Estado de Direito liberal,[722] que visava acabar com o despotismo e assegurar os direitos dos cidadãos.[723]

Assentado no absenteísmo estatal, na valorização da propriedade privada, no individualismo e na proteção do indivíduo,[724] o Estado de Direito liberal era caracterizado pela submissão à lei, a nota primária de seu conceito e considerada como ato emanado formalmente do Poder Legislativo, composto de representantes do povo (povo-cidadão); pela separação de poderes, buscava-se evitar a concentração de poder, especialmente nas mãos do chefe do Executivo, a fim de alcançar o respeito pelos direitos e liberdades dos cidadãos; e pelo enunciado e garantias de direitos individuais.[725]

---

717 CABRAL, Érico Pina. A "autonomia" no direito privado. *Revista de direito privado*, ano 5, n. 19, p. 85, jul./set. 2004.

718 Hodiernamente comumente denominada autonomia privada. Em função disso, será dada preferência ao uso da terminologia tradicional "autonomia da vontade", podendo também se fazer utilizar do termo "autonomia privada", ambos sem qualquer distinção de sentido ou significado.

719 Caracterizado pela oposição ao regime opressivo do *Ancien Régime* (Monarquias Absolutistas).

720 FIUZA, César. Dignidade humana, autonomia privada e direitos da personalidade. *In:* FIUZA, César (Org.). *Autonomia privada*: direitos da personalidade. Belo Horizonte: Editora D'plácido, 2015. p. 36-37.

721 *Ibidem*. p. 36.

722 Conforme José Afonso da Silva, "o Estado de Direito era, na sua origem, um conceito tipicamente liberal, e constituía uma das garantias das constituições liberais burguesas", daí se poder falar em Estado liberal de Direito, que tinha como objetivo fundamental assegurar o princípio da legalidade, segundo o qual toda atividade estatal deveria submeter-se à lei (SILVA, José Afonso da Silva. *O Estado democrático de direito. Revista de direito administrativo,* Rio de Janeiro, p. 16, jul./set. 1988).

723 Disponível em: https://mundoeducacao.uol.com.br/historiageral/liberalismo.htm. Acesso em: 29 maio 2022.

724 HUPSEL, Francisco. *Autonomia privada na dimensão civil-constitucional:* o negócio jurídico, a pessoa concreta e suas escolhas existenciais. Salvador: JusPODIVM, 2016. p. 33.

725 DÍAZ, Elías. *Estado de derecho y sociedad democrática.* Barcelona: Penguin Random House Grupo Editorial, 2014. pos. 528, 560. E-book.

O individualismo característico do Estado liberal e sua atitude omissiva em face dos problemas sociais e econômicos conduziu os homens a um capitalismo desumano e escravizador. Os desajustamentos e misérias sociais foram agravados pela Revolução Industrial e se alastraram com o Liberalismo em proporções crescentes e incontroláveis.[726] Esse estado de coisas perdurou até o final do século XIX e início do século XX, ocasião em que surgiu o Estado social.[727]

A autonomia da vontade permaneceu como o mais importante princípio do direito privado até meados do século XX, conferindo à pessoa plena liberdade para assumir obrigações, ser proprietário, comerciante, testar, casar, e regendo a vida privada quando os direitos da personalidade ainda afloravam.[728] Fundado na vontade livre (liberdade de agir), impedia a ingerência ilegítima do Estado, protegendo e promovendo a dignidade humana.[729]

Com Estado social, a regulação da ordem econômica e social é incluída na Constituição. Limita-se o poder político e o poder econômico e a tutela dos direitos vai além dos indivíduos, incluindo-se "o trabalho, a educação, a saúde, a seguridade social, o meio ambiente, todos com inegáveis reflexos nas dimensões materiais do direito civil".[730] A autonomia da vontade passa a sofrer restrições, tendo uma característica relacional.

Feitas as considerações de cunho histórico, filosófico e sociológico a respeito da autonomia da vontade, passa-se então a discorrer sobre a autonomia da vontade e a autonomia privada. Para alguns autores não há distinção entre uma e outra. Para outros, contudo, existe diferença.

Carlos Alberto da Mota Pinto, ao discorrer sobre a autonomia privada, aponta que o negócio jurídico é "uma manifestação da autonomia privada ou da autonomia da vontade, subjacente a todo o direito privado".[731] Sem fazer distinção entre ambos os termos, o jurista português destaca que a autonomia da vontade ou autonomia privada

---

726 MAGALHÃES, José Luiz Quadros de. *Direito constitucional.* Tomo I. 2. ed. Belo Horizonte: Mandamentos, 2002. p. 44.

727 FIUZA, César. Dignidade humana, autonomia privada e direitos da personalidade. *In:* FIUZA, César (Org.). *Autonomia privada*: direitos da personalidade. Belo Horizonte: Editora D'plácido, 2015. p. 36.

728 *Ibidem* . p. 35.

729 *Ibidem.* p. 35.

730 LÔBO, Paulo Luiz Netto. Constitucionalização do direito civil. *Revista de informação legislativa,* Brasília ano 36 n. 141, p. 102, jan./mar. 1999.

731 PINTO, Carlos Alberto da Mota. *Teoria geral do direito civil.* 4. ed. Coimbra: Coimbra Editora, 2005. p. 102.

"consiste no poder reconhecido aos particulares de autorregulamentação dos seus interesses, de autogoverno da sua *esfera jurídica*".[732]

Rosa Nery e Nelson Nery Júnior, seguindo a linha de pensamento de Luigi Ferri (*L'autonomia privata*, 1959), diferentemente de Mota Pinto, fazem distinção entre a autonomia da vontade, a autonomia privada e a iniciativa privada. Para referidos autores, a ideia de autonomia da vontade está ligada à vontade real ou psicológica dos sujeitos no exercício pleno da liberdade inerente à sua dignidade, que é a liberdade de agir, a raiz ou causa de efeitos jurídicos. Daí se concluir que a relação existente entre a vontade do agente e sua declaração consiste em um desdobramento do princípio da dignidade da pessoa humana, posto destacar a liberdade de agir da pessoa, sujeito de direitos.[733] A autonomia privada, segundo sustentam, diferentemente, é um princípio específico do direito privado ligado à ideia de que o sujeito de direito dispõe de poder para criar normas jurídicas particulares que guiarão seus atos.[734] Já a iniciativa privada diz respeito ao aspecto econômico do fenômeno jurídico gerado pela autonomia privada.[735]

Francisco Amaral igualmente diferencia a autonomia da vontade da autonomia privada. Na sua percepção, a autonomia da vontade é o princípio de direito privado segundo o qual o agente possui a faculdade para a prática de um ato jurídico, determinando-lhe o conteúdo, a forma e os efeitos.[736] A autonomia privada, acentua, refere-se ao poder que o particular tem de regular, pelo exercício de sua própria vontade, as relações de que participa, estabelecendo-lhes a respectiva disciplina jurídica.[737] Noutro dizer, a autonomia privada concede ao sujeito um espaço de atuação para o exercício de sua atividade jurídica, permitindo-lhe, desse modo, e nessas condições, que seja legislador de seus próprios interesses particulares.[738]

Depreende-se, então, que a autonomia da vontade está relacionada à vontade psicológica enquanto a autonomia privada diz respeito à

---

732 PINTO, Carlos Alberto da Mota. *Teoria geral do direito civil*. 4. ed. Coimbra: Coimbra Editora, 2005. p. 102.

733 NERY, Rosa Maria de Andrade; NERY JUNIOR, Nelson. *Instituições de direito civil, volume I, tomo I*: teoria geral do direito privado. São Paulo: Editora Revista dos Tribunais, 2014. p. 542.

734 *Ibidem*. p. 542.

735 *Ibidem*. p. 542.

736 AMARAL, Francisco. *Direito civil*: introdução. 10. ed. São Paulo: Saraiva Educação, 2018. p. 465.

737 AMARAL NETO, Francisco dos Santos. Autonomia privada como princípio fundamental da ordem jurídica: perspectiva estrutural e funcional. *Revista de informação legislativa*, Brasília, ano 26, n. 102, p. 213, abr./jun. 1989.

738 AMARAL, Francisco. *Direito civil*: introdução. 10. ed. São Paulo: Saraiva Educação, 2018. p. 465.

vontade jurídica. Uma se distingue da outra porque a vontade psicológica é conhecida como "tipo especial de tendência psíquica, associada à representação consciente de um fim e de meios eficientes para realizá-lo", sendo estudada no campo do "ser", enquanto a vontade jurídica é estudada no campo do "dever ser", sendo reconhecida como um fator de eficácia jurídica nos limites e na forma estabelecidos pelo direito.[739] Ou seja, enquanto "a autonomia da vontade tem uma conotação mais subjetiva, a autonomia privada marca o poder da vontade de um modo objetivo, concreto e real".[740]

Independentemente da diferença e da significação dada à autonomia da vontade e à autonomia privada, deve-se compreender que ambas se constituem em liberdades fundamentais à disposição da pessoa humana para lhe proporcionar inserção social e realização plena, seja por meio da efetivação de negócios jurídicos, seja pela prática de atos simples, objetivando a preservação da dignidade, e de acordo com necessidades pontuais e específicas. Não se pode olvidar que a autonomia de cada ser humano deve servir à satisfação de suas necessidades e desejos, desde que não afronte ao direito ou cause prejuízo a outras pessoas, considerando, também, serem estas possuidoras de autonomia, por suas condições de sujeitos de direito.[741]

Pode-se afirmar, então, em um sentido amplo, que a autonomia privada é entendida como a capacidade que tem o sujeito de direito para determinar seu próprio comportamento individual.[742] Isto é, a liberdade de que dispõe a pessoa para fazer suas próprias escolhas sem interferência de terceiros.

É nesse ponto que reside uma das questões postas no texto, ou seja: sendo a pessoa uma criança, esta dispõe de autonomia ou capacidade para fazer suas próprias escolhas sem a interferência dos pais ou representante legal, no tocante às decisões de saúde relacionadas aos CPP?

---

[739] AMARAL, Francisco. *Direito civil*: introdução. 10. ed. São Paulo: Saraiva Educação, 2018. p. 464.

[740] AMARAL NETO, Francisco dos Santos. Autonomia privada como princípio fundamental da ordem jurídica: perspectiva estrutural e funcional. *Revista de informação legislativa*, Brasília, ano 26, n. 102, p. 213, abr./jun. 1989.

[741] FABRO, Roni Edson; RECKZIEGEL, Janaína. *Autonomia da vontade e autonomia privada no sistema jurídico brasileiro*. p. 179-180. Disponível em: file:///C:/Users/fabio/Downloads/4402-Texto%20do%20artigo-20669-21050-10-20141120.pdf. Acesso em: 26 jun. 2022.

[742] SARMENTO, Daniel. Os princípios constitucionais da liberdade e da autonomia privada. *In:* PEIXINHO, Manoel Messias; GUERRA, Isabella Franco; NASCIMENTO FILHO, Firly (Orgs.). *Os princípios da Constituição de 1988*. 2. ed. Rio de Janeiro: Lumen Juris, 2006. p. 222.

Como já apontado anteriormente, esse é o questionamento a ser respondido, pautado no que foi abordado anteriormente e que será discutido nos tópicos seguintes.

4.3 O regime de incapacidade civil no ordenamento jurídico brasileiro

O art. 1º do Código Civil de 2002 (CC/2002) dispõe que "toda pessoa[743] é capaz de direitos e deveres na ordem civil". Está-se a dizer, com isso, que qualquer pessoa,[744] indistintamente, possui aptidão para participar de relações jurídicas, adquirindo direitos e contraindo obrigações (deveres).[745] A norma versa sobre o que a doutrina tradicional designa como personalidade, ou capacidade de direito, ou capacidade de gozo.[746],[747],[748]

Cabe ressaltar, porém, que parte da doutrina, maiormente a mais atual, distingue personalidade de capacidade de direito. A primeira, corresponde aos poderes de ação.[749] A segunda, à extensão (medida) dada aos poderes de ação contidos na personalidade,[750] qual seja, a aptidão para adquirir direitos e exercê-los por si ou por outra pessoa.[751] Assim, sendo a pessoa natural (ou física) sujeito das relações jurídicas e a personalidade "a possibilidade de ser sujeito, ou seja, uma aptidão a ele reconhecida",[752] tem-se que toda pessoa é dotada de personalidade.

---

743 A palavra "pessoa" é empregada por diferentes ramos do conhecimento humano com sentido próprio. Na filosofia, na ética, na psicologia e na sociologia, a palavra "pessoa" possui acepções distintas da que possui em outras disciplinas. No campo jurídico, o termo pessoa expressa o sujeito das relações jurídicas, ou seja, "sujeito de deveres jurídicos e de direitos subjetivos" (RECANSÉNS SICHES, Luis. *Tratado general de filosofia del derecho.* 19. ed. México, D. F.: Editorial Porrúa, 2008. p. 244).

744 Conquanto se refira tanto à pessoa natural (ser humano) como à pessoa jurídica, a palavra "pessoa" será aqui utilizada para designar a pessoa humana.

745 TEPEDINO, Gustavo; OLIVA, Milena Donato. *Fundamentos do direito civil*: teoria geral do direito civil. 3. ed. Rio de Janeiro: Forense, 2022. p. 111.

746 *Ibidem.* p. 108.

747 GOMES, Orlando. *Introdução ao direito civil.* 22. ed. Rio de Janeiro: Forense, 2019. p. 119. E-book.

748 MIRANDA, Pontes de. *Tratado de direito privado*: parte geral 1: introdução; atualizado por Judith Martins-Costa, Gustavo Haical, Jorge Cesa Ferreira da Silva. São Paulo: Revista dos Tribunais, 2012, p. 244.

749 BEVILAQUA, Clóvis. *Teoria geral do direito civil.* Campinas, SP: Servanda Editora, 2007.

750 BEVILAQUA, Clóvis. *Teoria geral do direito civil.* Campinas, SP: Servanda Editora, 2007. p. 93; DINIZ, Maria Helena. *Curso de direito civil brasileiro*: teoria geral do direito civil. 39. ed. São Paulo: SaraivaJur, 2022. p. 170.

751 BEVILAQUA, Clóvis. *Teoria geral do direito civil.* Campinas, SP: Servanda Editora, 2007. p. 94.

752 DINIZ, Maria Helena. *Curso de direito civil brasileiro*: teoria geral do direito civil. 39. ed. São Paulo: SaraivaJur, 2022.p. 130.

Segundo Francisco Amaral, a personalidade (ou subjetividade) constitui a "possibilidade de alguém ser titular de relações jurídicas", ou seja, "o pressuposto de direitos e deveres", devendo ser considerada um princípio, um bem, um valor em que se inspira o sistema jurídico.[753] A capacidade jurídica, no seu entender, é a projeção da personalidade, que se traduz em um *quantum*, ligando-se à ideia quantidade, portanto, à possibilidade de medida e de graduação.[754]

Na mesma esteira, a posição adotada por Gustavo Ribeiro, para quem a personalidade existe ou não existe, sem que possa ser graduada ou restringida, apresentando-se como um conceito de natureza qualitativa. Já a capacidade é possível ser limitada por lei, podendo ser atribuída de forma mais ou menos ampla ao sujeito, o que indica o seu caráter quantitativo.[755]

A todos os seres humanos deve ser reconhecida a personalidade.[756] Desde o momento de sua aquisição, a partir do nascimento com vida, até o término, com ocorrência da morte, as pessoas naturais ou físicas permanecem com personalidade,[757] ainda que venha a óbito instantes depois do nascimento,[758] e independente de vir a ter forma humana.[759]

Com a instauração de uma nova ordem jurídica pela CF/88, valores foram realocados e princípios instituídos, fazendo com que todo o sistema jurídico fosse repensado. As normas constitucionais, regras e princípios, passaram a incidir diretamente no caso concreto, nas relações intersubjetivas. Em decorrência disso, categorias e princípios do direito civil devem ser lidos e apreendidos com observância do texto constitucional.[760]

Também se impõe uma mudança de paradigmas, de modo que categorias e conceitos jurídicos sejam revistos para a edificação de um novo direito civil, não mais afeto apenas às situações patrimoniais, mas que tenha no ser humano o centro de referência do ordenamento jurídico.[761]

---

753 AMARAL, Francisco. *Direito civil*: introdução. 10. ed. São Paulo: Saraiva Educação, 2018. p. 321.

754 *Ibidem*. p. 322.

755 RIBEIRO, Gustavo Pereira Leite. Personalidade e capacidade do ser humano a partir do código civil. *In:* TEIXEIRA, Ana Carolina Brochado Teixeira; RIBEIRO, Gustavo Pereira Leite. *Manual de teoria geral do direito civil*. Belo Horizonte: Del Rey, 2011. p. 190.

756 MIRAGEM, Bruno. *Teoria geral do direito civil*. Rio de Janeiro: Forense, 2021. p. 122.

757 FIUZA, César. *Direito civil*: curso completo. 15. ed. Belo Horizonte: Del Rey, 2012. p. 122.

758 DINIZ, Maria Helena. *Código civil anotado*. 18. ed. São Paulo: SaraivaJur, 2017. p. 65.

759 *Ibidem*. p. 64.

760 RODRIGUES, Rafael Garcia. A pessoa e o ser humano no código civil: *In:* TEPEDINO, Gustavo (Coord.). *A parte geral do novo código civil*: estudos na perspectiva civil-constitucional. 3. ed. Rio de Janeiro: Renovar, 2007. p. 2.

761 *Ibidem*. p. 2.

Em vista disso, a personalidade não deve ser compreendida somente como a aptidão para que o sujeito figure como titular de direitos e obrigações. Não mais pode ser tomada apenas como sinônimo ou identificada com a noção de capacidade.[762]

A personalidade deve ser entendida sob dois pontos de vistas. O primeiro, relaciona-se à qualidade para ser sujeito de direito,[763] indicando a titularidade das relações jurídicas.[764] O segundo, exprime o conjunto de características e atributos da pessoa humana, objeto de proteção central do ordenamento, de bem jurídico representado pela afirmação da dignidade humana.[765]

Desse modo, sendo a personalidade um conjunto de atributos ou elementos componentes da pessoa humana,[766] como a vida, a saúde, a integridade física, a honra, a liberdade física e psíquica, o nome, a imagem, a intimidade,[767] a capacidade,[768] os direitos destes decorrentes são os direitos da personalidade, os quais visam à promoção e à proteção da pessoa humana e sua dignidade.[769] Têm em vista, portanto, os direitos da personalidade, a própria existência humana.

Além da personalidade, qualidade que lhe é essencial, a ordem jurídica também dotou o ser humano de capacidade para a aquisição de direitos e para seu exercício, por si mesmo, ou por representação ou assistência de outrem.[770]

A capacidade representa, assim, o gênero, cuja classificação se dá em duas espécies: capacidade de direito ou jurídica (ou de gozo) e capacidade de fato ou de exercício (ou de agir).[771],[772] A capacidade jurídica

---

762 RODRIGUES, Rafael Garcia. A pessoa e o ser humano no código civil: *In:* TEPEDINO, Gustavo (Coord.). *A parte geral do novo código civil*: estudos na perspectiva civil-constitucional. 3. ed. Rio de Janeiro: Renovar, 2007. p. 2.

763 Assim como a pessoa natural, a pessoa jurídica também pode ser sujeito de direito de uma relação jurídica. É um ente formado pelo agrupamento de pessoas físicas, para fins determinados, cuja personalidade é distinta da dos instituidores (GOMES, Orlando. *Introdução ao direito civil*. 22. ed. Rio de Janeiro: Forense, 2019. p. 134. E-book).

764 TEPEDINO, Gustavo. *Temas de direito civil*. 2. ed. Rio de Janeiro: Renovar, 2001. p. 27.

765 *Ibidem*. p. 27.

766 FIUZA, César. *Direito civil*: curso completo. 15. ed. Belo Horizonte: Del Rey, 2012. p. 172.

767 PINTO, Carlos Alberto da Mota. *Teoria geral do direito civil*. 4. ed. Coimbra: Coimbra Editora, 2005. p. 209.

768 FIUZA, César. *Direito civil*: curso completo. 15. ed. Belo Horizonte: Del Rey, 2012. p. 128.

769 *Ibidem*. p. 172.

770 EBERLE, Simone. *A capacidade entre o fato e o direito*. Porto Alegre: Sergio Antonio Fabris Editor, 2006. p. 45.

771 *Ibidem*. p. 45.

772 Far-se-á uso, neste estudo, das terminologias capacidade de direito ou jurídica e capacidade de fato ou de exercício.

consiste na investidura de aptidão para adquirir e transmitir direitos e para sujeição de deveres jurídicos.[773] Está relacionada à aquisição de direitos e obrigações.[774] Noutras palavras, "mede a suscetibilidade de ser titular de situações".[775] A capacidade de exercício pressupõe a jurídica, e se constitui na aptidão para utilizar e exercer direitos por si mesmo.[776] Está correlacionada à efetivação de direitos e obrigações.[777] Noutro dizer, "mede a suscetibilidade de alguém praticar, por si e livremente, atos jurídicos".[778]

Como se pode inferir, todas as pessoas têm capacidade jurídica, mas somente a algumas a lei confere a capacidade de exercício. A pessoa não possuidora da capacidade de exercício necessita ser representada ou assistida, conforme seja tida como absolutamente incapaz ou relativamente incapaz.[779] A regra é que toda pessoa seja considerada capaz, e a incapacidade uma exceção.[780]

O sistema de incapacidade em vigor no ordenamento jurídico brasileiro é disciplinado pelos artigos 3º e 4º do Código Civil de 2002 (CC/2002). O artigo 3º estabelece que são absolutamente incapazes de exercerem pessoalmente os atos da vida civil os menores de 16 anos.[781] O artigo 4º, por sua parte, preceitua que são relativamente incapazes, dentre outros,[782] os maiores de dezesseis e menores 18 anos de idade.

---

[773] LÔBO, Paulo. *Direito civil:* volume 1: parte geral. 10. ed. São Paulo: Saraiva Educação, 2021. p. 185.

[774] EBERLE, Simone. *A capacidade entre o fato e o direito*. Porto Alegre: Sergio Antonio Fabris Editor, 2006. p. 45.

[775] ASCENSÃO, José de Oliveira. *Direito civil*: teoria geral, vol. 1: Introdução. As pessoas. Os bens. 3. ed. São Paulo: Saraiva, 2010. pos. 2596. E-book.

[776] PEREIRA, Caio Mário da Silva. *Instituições de direito civil*: introdução ao direito civil: teoria geral do direito civil, volume I. Revisão e atualização de Maria Celina Bodin de Moraes. 33. ed. Rio de Janeiro: Forense, 2020. p. 223-224.

[777] EBERLE, Simone. *A capacidade entre o fato e o direito*. Porto Alegre: Sergio Antonio Fabris Editor, 2006. p. 45.

[778] ASCENSÃO, José de Oliveira. *Direito civil*: teoria geral, vol. 1: Introdução. As pessoas. Os bens. 3. ed. São Paulo: Saraiva, 2010. pos. 2596. E-book.

[779] CHINELLATO, Silmara Juny. Arts. 1º a 21. *In:* MACHADO, Costa (Org.); CHINELLATO, Silmara J. (Coord.). *Código civil interpretado*: artigo por artigo, parágrafo por parágrafo. 14. ed. Barueri, SP: Manole, 2021. pos. 3618-3630. E-book.

[780] A incapacidade "é a restrição legal ao exercício dos atos da vida civil, tendo-se em conta o princípio de que a capacidade é a regra e a incapacidade exceção" (DINIZ, Maria Helena. *Código civil anotado*. 18. ed. São Paulo: SaraivaJur, 2017. p. 68).

[781] Art. 3º São absolutamente incapazes de exercer pessoalmente os atos da vida civil os menores de 16 (dezesseis) anos. (Disponível em: http://www.planalto.gov.br/ccivil_03/leis/2002/l10406.htm. Acesso em: 10 mar. 2020).

[782] Art. 4º São incapazes, relativamente a certos atos ou à maneira de os exercer:
I – os maiores de dezesseis e menores de dezoito anos;
II – os ébrios habituais e os viciados em tóxico;

A capacidade plena, por sua vez, é alcançada aos 18 anos completos, quando cessa a menoridade (art. 5º e parágrafo único, CC/2002).[783]

Posta assim a questão, é de se dizer que a pessoa com 18 anos completos tem plena capacidade para a prática dos atos da vida civil. A pessoa relativamente incapaz e a absolutamente incapaz, dado serem menores de idade, necessita ser assistida e representada,[784] respectivamente, na prática de atos de seus interesses.

Nessa perspectiva, a criança, pessoa com até 12 anos incompletos,[785] é considerada absolutamente incapaz perante a ordem jurídica nacional, demandando, portanto, representação por parte dos pais ou representante legal na defesa de seus interesses.

É de ser relevado, todavia, que, embora a criança seja afirmada como absolutamente incapaz, sua capacidade jurídica decorre de sua condição como pessoa, sem que seja levado em conta as limitações fáticas de exercício. É capaz juridicamente, visto ser titular dos direitos correspondentes à dignidade da pessoa humana.[786]

O parâmetro utilizado pelo legislador civilista para a fixação da incapacidade absoluta foi tão somente a idade. Pautou-se, desta forma, em um critério estático e abstrato, visto ter desconsiderado a situação da criança como ser humano em constante desenvolvimento, cuja maturidade e discernimento podem variar conforme a idade, educação, condições sócio-econômico-cultural.

Com efeito, um regime geral de proteção ao incapaz acabou, na prática, convertendo-se em instrumento de abordagem excludente, generalizando situações inteiramente distintas, que mereceriam da ordem jurídica tratamentos diferenciados em grau e natureza.[787]

III – aqueles que, por causa transitória ou permanente, não puderem exprimir sua vontade;
IV – os pródigos.
Parágrafo único. A capacidade dos indígenas será regulada por legislação especial (BRASIL. Presidência da República. *Lei nº 10.406, de 10 de janeiro de 2002*. Disponível em: http://www.planalto.gov.br/ccivil_03/leis/2002/l10406.htm. Acesso em: 10 nov. 2021).

783 Art. 5º A menoridade cessa aos dezoito anos completos, quando a pessoa fica habilitada à prática de todos os atos da vida civil (BRASIL. Presidência da República. *Lei nº 10.406, de 10 de janeiro de 2002*. Disponível em: http://www.planalto.gov.br/ccivil_03/leis/2002/l10406.htm. Acesso em: 10 nov. 2021).

784 Na assistência, o assistido declara sua vontade e o assistente confirma, enquanto na representação o representante declara a vontade do representando.

785 ECA, Art. 2º Considera-se criança, para os efeitos desta Lei, a pessoa até doze anos de idade incompletos, e adolescente aquela entre doze e dezoito anos de idade.

786 LÔBO, Paulo. *Direito civil:* volume 1: parte geral. 10. ed. São Paulo: Saraiva Educação, 2021. p. 186.

787 SCHREIBER, Anderson. *Manual de direito civil contemporâneo*. 5. ed. rev. e amp. São Paulo: SaraivaJur, 2022. p. 170. E-book.

A pessoa codificada, reduzida à noção de sujeito de direito, é um conceito científico, desprovido de valor, que tem por finalidade possibilitar sua inclusão nos polos das relações jurídicas dotadas de conteúdo patrimonial.[788] Não são levadas em consideração as características, particularidades e necessidades de cada pessoa, a qual é transformada no elemento abstrato que integra a relação jurídica.[789]

Com a promulgação da CF/88, que tem na dignidade da pessoa humana um de seus fundamentos (art. 1º, III), a pessoa humana foi erigida ao centro do ordenamento jurídico, devendo lhe ser conferida a máxima proteção possível, considerando-se suas características pessoais e particularidades que distinguem um indivíduo do outro.

Nessa linha, Luiz Edson Fachin afirma que o texto constitucional de 1988 impôs ao direito civil o rompimento com a visão patrimonialista herdada do século XIX, especialmente do Código de Napoleão, de modo a ser privilegiado o desenvolvimento humano e a dignidade da pessoa considerada em concreto.[790] Deve-se, pois, conferir à criança, especial atenção, posto tratar-se de ser humano vulnerável, em desenvolvimento constante, possuidor de dignidade e a quem é assegurada a absoluta prioridade.

O mesmo pensar é exposto por Gustavo Tepedino, para quem a dignidade da pessoa humana exige que a pessoa seja reconhecida em sua realidade, sendo ressaltadas suas diferenças quando estas se revelarem necessárias à sua proteção integral. Por outro lado, afirma o autor, quando uma informação concreta possa vir a restringir a própria dignidade, malferindo a liberdade e a igualdade da pessoa, a abstração do sujeito se afigura grande relevância.[791]

Dessarte, a pessoa não deve ser compreendida abstratamente, como mero sujeito de direito titular de relações jurídicas. A dignidade humana, como fundamento da República, impinge que a pessoa seja considerada conforme seus valores, sentimentos, idiossincrasias, vivências, experiências, isto é, na sua essência, em seu ser.

---

[788] RODRIGUES, Rafael Garcia. A pessoa e o ser humano no código civil: *In:* TEPEDINO, Gustavo (Coord.). *A parte geral do novo código civil*: estudos na perspectiva civil-constitucional. 3. ed. Rio de Janeiro: Renovar, 2007. p. 29.

[789] COPI, Lygia Maria. *O exercício do direito à morte digna por crianças e adolescentes*: crítica e alternativa à aplicação do regime de incapacidades em casos de terminalidade na infância e na adolescência. Belo Horizonte: Fórum, 2021. p. 65.

[790] FACHIN, Luiz Edson. *Direito civil*: sentidos, transformações e fim. Rio de Janeiro: Renovar, 2015. p. 59.

[791] TEPEDINO, Gustavo. O papel atual da doutrina do direito civil entre o sujeito e a pessoa. *In:* TEPEDINO, Gustavo; TEIXEIRA, Ana Carolina Brochado; ALMEIDA, Vitor (Coords.). *O direito civil entre o sujeito e a pessoa*: estudos em homenagem ao professor Stefano Rodotá. Belo Horizonte: Editora Fórum, 2016. p. 18.

Como bem acentuado por Rafael Rodrigues, resta superada a noção de que o direito civil deve disciplinar apenas as situações jurídicas patrimoniais, posto que a normativa constitucional impõe a todo o ordenamento a realização e proteção da pessoa humana como o fundamento e o primeiro objetivo da República.[792] Cabe ao direito civil, portanto, preocupar-se com as situações existenciais, que afetam o valor da "pessoa", ser humano, "o que implica em uma reorientação de toda a normativa civil para ocupar-se destas situações sem conteúdo patrimonial".[793]

Na mesma trilha são os ensinamentos de Maria Celina Bodin de Moraes, para quem, na legalidade constitucional, a noção de autonomia privada sofre uma profunda e marcante transformação conforme a sua incidência ocorra no âmbito de uma relação patrimonial ou de uma relação não patrimonial. É desta forma, esclarece a autora, justamente porque o legislador democrático tem perfeita noção de que a vida, para ser digna (CF/88, art. 1º, III), precisa, na sua essência, da mais ampla liberdade possível no que toca às relações pessoais (não patrimoniais).[794] Em meio a essa liberdade, está a de fazer escolhas, o que inclui a capacidade para consentir acerca de procedimentos em saúde.

Segundo Anderson Schreiber, a lógica empregada no CC/2002, de que a pessoa ou é capaz ou é incapaz (lógica do tudo ou nada), não mais se conforma com a máxima da proteção à pessoa. Atualmente, afirma o autor, "impõe-se a modulação da incapacidade, reconhecendo-se à pessoa a mais ampla participação possível nos atos da vida civil", devendo substituir-se a lógica da capacidade *versus* incapacidade por uma análise concreta da pessoa humana, verificando as suas reais possibilidades na vida civil.[795]

Para Schreiber, o regime de incapacidade abstrata e puramente estrutural do CC/2002 contrapõe-se à realidade concreta, visto que o incapaz acaba tolhido de uma parcela de autonomia que tem amplas condições de exercer livremente não apenas no campo patrimonial, mas também na seara existencial. O fato de não ter plenas condições

---

792 RODRIGUES, Rafael Garcia. A pessoa e o ser humano no código civil: *In:* TEPEDINO, Gustavo (Coord.). *A parte geral do novo código civil*: estudos na perspectiva civil-constitucional. 3. ed. Rio de Janeiro: Renovar, 2007. p. 25.

793 PERLINGIERI, Pietro. *Perfis do direito civil*: introdução ao direito civil-constitucional. 3. ed. Rio de Janeiro: Renovar, 2007. p. 33-34.

794 MORAES, Maria Celina Bodin de. *Na medida da pessoa humana*: estudos de direito civil-constitucional. Rio de Janeiro: Renovar, 2010. p. 190.

795 SCHREIBER, Anderson. *Manual de direito civil contemporâneo.* 5. ed. rev. e amp. São Paulo: SaraivaJur, 2022. p. 169. E-book.

de gerir seu próprio patrimônio não implica, necessariamente, que seja inapto para realizar escolhas existenciais.[796]

De certeza, a diferenciação genérica entre incapacidade absoluta e incapacidade relativa tem como consequência o impedimento da autonomia da criança,[797] especialmente nas situações existenciais.[798] A presunção de incapacidade da criança estabelecida pelo CC/2002 não pode ser absoluta, posto que o direito não é aplicado a situações imutáveis, e sim construído mediante práticas argumentativas,[799] levando em conta a situação concreta.

Nesse ínterim, basta citar o exemplo de uma pessoa que no dia anterior é incapaz e no dia seguinte, ao atingir a idade de 18 anos, é considerado plenamente capaz, ou seja, com maturidade e discernimento para praticar pessoalmente os atos da vida civil.

Convém ressaltar que tanto o CC/2002, em sua redação original, como o Código Civil de 1916, têm como fundamento do instituto da incapacidade a proteção das pessoas que são presumidas não possuidoras de discernimento para administrarem seus interesses de cunho patrimonial.[800]

Observa-se, assim, que a incapacidade prevista no CC/2002 está pautada na lógica de que somente cabe ao direito civil a tutela de interesses patrimoniais relativos ao sujeito de direito. É em razão disso que se mostra plausível o reexame do regime de incapacidade, fundado no ser, precipuamente quando estiver presente situação jurídica existencial relacionada ao desenvolvimento humano da pessoa.[801]

Por outro lado, diversas mudanças no tratamento jurídico concedido à criança foram imprimidas pela Convenção sobre os Direitos da Criança (CDC), sendo a principal delas o seu reconhecimento como

---

[796] SCHREIBER, Anderson. *Manual de direito civil contemporâneo*. 5. ed. rev. e amp. São Paulo: SaraivaJur, 2022. p. 169.

[797] Para o presente estudo, e no contexto que trata da autonomia da criança, tenha-se as expressões "autonomia", "autonomia da criança" e "autonomia progressiva" como sinônimas.

[798] TEPEDINO, Gustavo; OLIVA, Milena Donato. *Fundamentos do direito civil*: teoria geral do direito civil. 3. ed. Rio de Janeiro: Forense, 2022. p. 110.

[799] SILLMANN, Marina Carneiro Matos; SÁ, Maria de Fátima Freire de. A recusa de tratamento médico por crianças e adolescentes: uma análise a partir da competência de GILLICK. *Revista brasileira de direito civil em perspectiva*, Minas Gerais, v. 1, n. 2, p. 84, jul./dez. 2015.

[800] COPI, Lygia Maria. *O exercício do direito à morte digna por crianças e adolescentes*: crítica e alternativa à aplicação do regime de incapacidades em casos de terminalidade na infância e na adolescência. Belo Horizonte: Fórum, 2021. p. 74.

[801] RODRIGUES, Rafael Garcia. A pessoa e o ser humano no código civil: *In:* TEPEDINO, Gustavo (Coord.). *A parte geral do novo código civil*: estudos na perspectiva civil-constitucional. 3. ed. Rio de Janeiro: Renovar, 2007. p. 23-24.

sujeito de direito e não mais um objeto da vontade dos adultos, como salientado acima, o que também se deu com a promulgação da CF/88.

Até então, a criança era vista como ser desprovido de direitos e sem vontade, cabendo ao pai, na qualidade de chefe de família e detentor de poder absoluto, tomar todas as decisões que viessem afetar seus interesses, fossem eles de natureza patrimonial ou existencial.

Entretanto, mesmo antes da vigência da CDC, a CF/88 trouxe significativas modificações para o ordenamento jurídico brasileiro e estabeleceu um novo paradigma para o sistema jurídico da criança, a doutrina da proteção integral, que veio substituir a doutrina da situação irregular admitida pelo Código de Menores (Lei nº 6.697, de 10 de setembro de 1979),[802] restrita aos menores em estado de abandono ou de delinquência.[803]

A proteção integral da criança é um direito social (art. 6º, CF/88),[804] sendo um dever da família, da sociedade e do Estado garantir à criança, com absoluta prioridade, dentre outros direitos fundamentais, convém relembrar, o direito à vida, à saúde, à dignidade, ao respeito, à liberdade, bem como protegê-la de toda forma de negligência e discriminação (art. 227, CF/88). A norma busca conferir à criança primazia contra atos que possam vir a prejudicá-la.[805]

Mesmo tendo os direitos à dignidade, ao respeito e à liberdade assegurados expressamente pela CDC, a nível internacional, e pela CF/88 e o Estatuto da Criança e do Adolescente de 1990 (ECA), a nível interno, o legislador do CC/2002 optou por um modelo geral e estático para o regime de incapacidade, tolhendo, dessa forma, a autonomia da criança, mesmo quando esta vier a vivenciar situações jurídicas existenciais que possam lhe afetar profundamente, como as que dizem respeito à vida, à saúde, à doença e à morte.

---

[802] AMIN, Andréa Rodrigues. Doutrina da proteção integral. *In:* MACIEL, Kátia Regina Ferreira Lobo (Coord.). *Curso de direito da criança e do adolescente*: aspectos teóricos e práticos. 13. ed. São Paulo: SaraivaJur, 2021. p. 66.

[803] AMIN, Andréa Rodrigues. Evolução histórica do direito da criança e do adolescente. *In:* MACIEL, Kátia Regina Ferreira Lobo (Coord.). *Curso de direito da criança e do adolescente*: aspectos teóricos e práticos. 13. ed. São Paulo: SaraivaJur, 2021. p. 55.

[804] Art. 6º São direitos sociais a educação, a saúde, a alimentação, o trabalho, a moradia, o transporte, o lazer, a segurança, a previdência social, a proteção à maternidade e à infância, a assistência aos desamparados, na forma desta Constituição. (BRASIL. Presidência da República. *Constituição da República Federativa do Brasil de 1988*. Disponível em: http://www.planalto.gov.br/ccivil_03/constituicao/constituicao.htm. Acesso em: 26 jul. 2022).

[805] NUCCI, Guilherme de Souza. *Estatuto da criança e do adolescente comentado*. 4. ed. Rio de Janeiro: Editora Forense, 2018. p. 26.

Oportuno se torna dizer que a CDC foi introduzida no ordenamento jurídico nacional mediante aprovação pelo Decreto Legislativo nº 28, de 14 de setembro de 1990, e a promulgação pelo Decreto nº 99.710, de 21 de novembro de 1990.

Em decisão datada de 03 de dezembro de 2008, o Plenário do Supremo Tribunal Federal (STF), no julgamento do RE nº 466.343/SP, reconheceu que os tratados de direitos humanos possuem valor supralegal, ou seja, acima da lei ordinária. Duas correntes estavam em discussão: a que sustentava o valor supralegal desses tratados, capitaneada pelo Min. Gilmar Mendes, e a que lhes conferia valor constitucional, defendida pelo Min. Celso de Mello.[806]

Ressalte-se, porém, que, caso o tratado sobre direitos humanos seja aprovado pelas duas casas do Congresso Nacional por maioria qualificada (de três quintos, em duas votações em cada casa) e ratificado pelo Presidente da República, terá o valor de Emenda Constitucional (art. 5º, §3º, CF/1988, acrescido pela EC nº 45/2004). Os demais tratados de direitos humanos vigentes até data de promulgação da EC nº 45, de 30 de dezembro de 2004, têm valor supralegal, isto é, superior à lei e inferior à Constituição.[807]

Assim, sabendo-se que o CC/2002 é uma lei ordinária e a CDC um tratado de direitos humanos com status de norma supralegal, é indene de dúvida que a aplicação do art. 3º do CC/2002, que estabelece a incapacidade absoluta para os menores de 16 anos de idade, a um caso concreto que envolva situação jurídica existencial, sem a observância do grau de maturidade ou discernimento, fica sujeito a controle jurisdicional de convencionalidade, em respeito à autonomia progressiva[808] e o direito que a criança tem de manifestar sua opinião (arts. 5º e 12, 1, CDC/89).

4.4 A autonomia da criança no Brasil e na Argentina: uma análise comparativa

Para uma melhor compreensão acerca da autonomia da criança no tocante a decisões relacionadas aos cuidados com a saúde, isto é,

[806] MAZZUOLI, Valério de Oliveira. *O controle jurisdicional da convencionalidade das leis*. 4. ed. São Paulo: Editora Revista dos Tribunais, 2016. p. 21.

[807] *Ibidem*. p. 21.

[808] Com o mesmo sentido também são utilizadas as expressões capacidade progressiva e capacidade em evolução.

capacidade para consentir,[809] será feito um exame comparativo das ordens jurídicas do Brasil e da Argentina.

Optou-se pela Argentina dado ao fato de o país ser uma República Federativa,[810] em desenvolvimento, localizado na América do Sul, que adota o sistema jurídico romano-germânico, portanto, com características política, econômica, social e jurídica semelhantes às do Brasil.

O uso da legislação argentina como parâmetro comparativo se deve ao fato de que naquele país já existem normas específicas versando sobre a autonomia progressiva, de forma mais específica voltada aos adolescentes. Estes, embora não sejam o foco da abordagem do texto, são submetidos ao mesmo regime jurídico a que está sujeita a criança, o que permite que a legislação a eles aplicada sirva de parâmetro para a construção, interpretação e aplicação da legislação brasileira aplicável à criança.

A análise tomará como base a normativa de ambos os países, com destaque para a Constituição Federal de 1988 (CF/88), Código Civil de 2002 (CC/2002), o Estatuto da Criança e do Adolescente de 1990 (ECA), do Brasil; e Constituição da Nação Argentina de 1994 (CNA/1994), o Código Civil e Comercial da Nação de 2014 (CCeCN/2014), e normas relacionadas ao tratamento jurídico da criança e da saúde e/ou pacientes, da Argentina. Isso sem descuidar da normativa internacional pertinente, em especial a Convenção sobre os Direitos da Criança de 1989 (CDC).

O regime de incapacidade no direito brasileiro, conforme visto no tópico anterior, é disciplinado pelo art. 3º e pelo art. 4º do CC/2002. O primeiro estabelece que são absolutamente incapazes as pessoas com idade inferior a 16 anos. O segundo faz referência aos relativamente incapazes, entre os quais estão os indivíduos com idade entre 16 e 18 anos incompletos. A maioridade, nos termos do art. 5º, é alcançada aos 18 anos de idade.

Para melhor exame, faz-se necessário estabelecer a distinção entre criança e adolescente em ambos os países. No direito brasileiro, a diferenciação entre criança e adolescente, é conveniente rememorar,

---

809 A capacidade para consentir, segundo Luciana Pereira Roberto, está relacionada a direitos ou bens extrapatrimoniais, como a saúde, a vida e a integridade. Difere da capacidade negocial, visto ser esta voltada à tutela de bens patrimoniais (ROBERTO, Luciana Mendes Pereira. *Responsabilidade civil do profissional de saúde & consentimento informado*. 2. ed. 4. reimp. Curitiba: Juruá, 2022. p. 103).

810 Artículo 1º- La Nación Argentina adopta para su gobierno la forma representativa, republicana y federal, según lo establece la presente Constitución (CONSTITUCIÓN DE LA NACIÓN ARGENTINA. Disponível em: file:///C:/Users/fabio/Downloads/Constituci%C3%B3n_de_la_Naci%C3%B3n_Argentina (1994).pdf. Acesso: jul. 2022).

consta do art. 2º do ECA, ou seja: a) criança é a pessoa que conta com até 12 anos de idade incompletos; e b) adolescente é aquele que tem idade entre 12 e 18 anos.

No direito argentino, o regime de incapacidade encontra-se disciplinado pelo art. 24 e pelo art. 25 do CCeCN/2014. As pessoas incapazes de exercerem seus próprios atos foram elencadas no art. 24, qual seja: a) a pessoa não nascida; b) a pessoa que não possui idade e grau de maturidade suficiente; c) a pessoa declarada incapaz por sentença judicial. O art. 25 preceitua ser menor de idade a pessoa que não tenha completado 18 anos e adolescente a pessoa com 13 anos de idade completos.

Em síntese, tanto no Brasil como na Argentina a pessoa atinge a maioridade aos 18 anos completos. Naquele país, é adolescente a pessoa com idade entre 12 e menos de 18 anos e criança a com idade inferior, a 12 anos. Neste, o adolescente ocupa a faixa etária entre 13 e 18 anos incompletos e a criança, a inferior a 13 anos. Posto isto, o texto ficará adstrito àqueles que contem com menos de 13 e 12 anos, respectivamente, na Argentina e no Brasil.

Pode-se concluir, então, que os dois países têm na idade o critério balizador para estabelecimento do regime de incapacidade, com pequena variação na faixa que abarca crianças e adolescentes.

Entretanto, diferentemente do constante no CC/2002, o CCeCN/2014 ressalta que, embora o menor deva ser representado no exercício de seus direitos, os que possuem idade e grau de maturidade suficientes podem exercer por conta própria os atos permitidos pelo ordenamento jurídico. Em caso de existência de conflito de interesse com seus representantes legais, o menor pode intervir mediante assistência jurídica (art. 26, CCeCN/2014).

Ainda no art. 26, o CCeCN/2014 dispõe sobre a capacidade dos adolescentes entre 13 e 16 anos de decidir, por si mesmos, em relação a tratamentos médicos não invasivos, que não comprometam seu estado de saúde ou causem sério risco à sua vida ou integridade física. Sendo o tratamento invasivo que comprometa seu estado de saúde ou sua integridade ou risco de vida, o consentimento do adolescente deve se dar com a assistência dos pais. No caso de existência de conflito entre os dois, a solução há de levar em conta os melhores interesses do adolescente, com base na opinião médica sobre as consequências da prática ou não do ato médico. A partir dos 16 anos, o adolescente é considerado adulto para as decisões relacionadas aos cuidados com o próprio corpo (art. 26).

Não faz, pois, o art. 26 do Código argentino, nenhuma alusão à capacidade para consentir da criança a respeito de tratamentos e procedimentos médicos relacionados à sua saúde. Noutros termos, a criança é absolutamente incapaz para decidir sobre quaisquer cuidados relacionados à sua saúde, independente destes serem ou não invasivos. De igual modo, o CC/2002 não traz normas dispondo sobre a capacidade de decidir da criança acerca de medidas de saúde. Em suma, nem o CCeCN/2014 nem o CC/2002 conferem à criança capacidade para consentir sobre os cuidados relacionados com sua saúde.

Ocorre, porém, que tanto a Argentina[811] como o Brasil[812] são Estados signatários da CDC, que traz, no art. 5º[813] e no art. 12,1,[814] as normas que dispõem sobre a autonomia progressiva[815] e o direito da criança manifestar opinião a respeito dos assuntos a ela relacionados.

O art. 5º da CDC impõe aos Estados Partes o dever de respeitar as responsabilidades, os direitos e os deveres que os pais, membros da família ou responsáveis legais têm pela criança, com fins de lhe proporcionar instrução e orientação adequadas, de acordo com sua

---

811 Tornada de aplicação obrigatória pela Lei nº 26.061, de 21 de outubro de 2005, que dispõe sobre a proteção integral de meninas, meninos e adolescentes.

812 Aprovada pelo Decreto Legislativo nº 28, de 14 de setembro de 1990, e promulgada pelo Decreto executivo nº 99.710, de 21 de novembro de 1990.

813 Artigo 5
Os Estados Partes devem respeitar as responsabilidades, os direitos e os deveres dos pais ou, quando aplicável, dos membros da família ampliada ou da comunidade, conforme determinem os costumes locais, dos tutores legais ou de outras pessoas legalmente responsáveis pela criança, para proporcionar-lhe instrução e orientação adequadas, de acordo com sua capacidade em evolução, no exercício dos direitos que lhe cabem pela presente Convenção (BRASIL. UNICEF BRASIL. *Convenção sobre os direitos da criança*. Disponível em: https://www.unicef.org/brazil/convencao-sobre-os-direitos-da-crianca. Acesso em: 26 jul. 2022).

814 Artigo 12
1. Os Estados Partes devem assegurar à criança que é capaz de formular seus próprios pontos de vista o direito de expressar suas opiniões livremente sobre todos os assuntos relacionados a ela, e tais opiniões devem ser consideradas, em função da idade e da maturidade da criança.
2. Para tanto, a criança deve ter a oportunidade de ser ouvida em todos os processos judiciais ou administrativos que a afetem, seja diretamente, seja por intermédio de um representante ou de um órgão apropriado, em conformidade com as regras processuais da legislação nacional (BRASIL. UNICEF BRASIL. *Convenção sobre os direitos da criança*. Disponível em: https://www.unicef.org/brazil/convencao-sobre-os-direitos-da-crianca. Acesso em: 26 jul. 2022).

815 Com o mesmo sentido de "autonomia progressiva", também têm sido utilizadas pela doutrina, nacional e estrangeira, as expressões "poderes em evolução", "capacidade de evolução" e "capacidade progressiva". Na doutrina sul-americana, o uso mais comum são "autonomia progressiva" e "capacidade progressiva". Em vista disso, Utilizar-se-á, neste estudo, as duas expressões, dado ao fato de ambas traduzirem o "sentido dinâmico" da capacidade de agir, diverso do "sentido estático" da capacidade civil.

capacidade em evolução, no exercício dos direitos que lhes cabem. Constitui, pois, direito da criança receber dos pais, pessoas da família ou responsável legal ensinamento e orientação apropriados, conforme sua capacidade de evolução, livre de interferência estatal, observado, porém, seu melhor interesse, nos termos do art. 3º da CDC.[816] Ressalve-se, contudo, que a ingerência do Estado é possível se decorrer de lei, nas dimensões material e formal.[817]

Gerison Landsdown destaca que o conceito de capacidade em evolução[818] assume um lugar central no equilíbrio que a CDC defende entre o reconhecimento da criança como protagonista ativa de sua própria vida, com a prerrogativa de ser ouvida e respeitada e de que lhe seja concedida uma autonomia progressiva de seus direitos, e a necessidade que tem, ao mesmo tempo, de receber proteção em função de sua relativa imaturidade e pouca idade. Este conceito, assinala Landsdown, constitui a base de um respeito adequado para a conduta independente da criança, sem a expor prematuramente às plenas responsabilidades normalmente associadas à idade adulta.[819]

Relacionado à autonomia progressiva (art. 5º, CDC) está o direito de manifestar opinião, garantido à criança pelo art. 12, 1, da CDC, conforme mencionado acima. Esta norma impõe aos Estados Partes o dever de assegurar à criança capaz de organizar suas próprias ideias o direito de expressar livremente suas opiniões sobre todos os assuntos que lhe afetem, tendo em conta sua idade e maturidade.

A opinião apresentada pela criança não está limitada à linguagem verbal, podendo ser expressada de diversas formas, como, por exemplo,

---

816 Artigo 3
1. Todas as ações relativas à criança, sejam elas levadas a efeito por instituições públicas ou privadas de assistência social, tribunais, autoridades administrativas ou órgãos legislativos, devem considerar primordialmente o melhor interesse da criança.
2. Os Estados Partes comprometem-se a assegurar à criança a proteção e o cuidado que sejam necessários ao seu bem-estar, levando em consideração os direitos e deveres de seus pais, tutores legais ou outras pessoas legalmente responsáveis por ela e, com essa finalidade, tomarão todas as medidas legislativas e administrativas adequadas.
3. Os Estados Partes devem garantir que as instituições, as instalações e os serviços destinados aos cuidados ou à proteção da criança estejam em conformidade com os padrões estabelecidos pelas autoridades competentes, especialmente no que diz respeito à segurança e à saúde da criança, ao número e à adequação das equipes e à existência de supervisão adequada.

817 TOBIN, John; VARADAN, Sheila. Article 5: the right to parental direction and guindance consistent with a child's evolving capacities. *In:* TOBIN, John (Ed.). *The un convention on the rights of the child*: a commetary: New York: Oxford University Press, 2019. p. 164.

818 Capacidade progressiva ou autonomia progressiva.

819 LANSDOWN, Gerison. *La evolución de las facultades del niño*. Florencia, Italia: El Centro de Investigaciones de Innocenti de UNICEF, 2005. p. 19. Disponível em: https://www.unicef-irc.org/publications/pdf/EVOLVING-E.pdf. Acesso em: 20 jul. 2022.

através de emoções, desenhos, pinturas, canções ou representações teatrais. Crianças muito pequenas e até mesmo bebês, assim como crianças com sérias dificuldades de aprendizagem, são capazes de expor suas opiniões. Entretanto, quando estiver em questão o peso a ser dado às opiniões da criança, necessário se faz aplicar um patamar mais alto de autonomia. Destarte, quanto maior a idade e a capacidade (progressiva) da criança, mais atenção deve ser dada ao seu ponto de vista.[820]

De modo complementar, o art. 12, 2, da CDC, especifica que a criança deve ter a oportunidade de ser ouvida em todos os processos judiciais ou administrativos que lhe importem, de acordo as regras processuais da legislação nacional, entre os quais se tem como exemplo a "separação dos pais, guarda, guarda e adoção, crianças em conflitos com a lei, crianças vítimas de violência física ou psicológica, abusos e outros crimes, assistência médica, (...), e outras emergências".[821]

Pode-se concluir, então, que o direito à participação do art. 12, 1 e a autonomia progressiva do art. 5º da CDC promovem a concepção da criança como detentora de direitos independentes e agente com capacidade progressiva que deve ser reconhecida e respeitada pelos adultos que exercem influência sobre sua vida.[822] Ressalte-se, contudo, que a Convenção não faz qualquer menção à idade mínima para que a criança seja tida como detentora de autonomia progressiva para expressar opinião a respeito dos assuntos que lhe concernam.

À vista do acima exposto, necessário se faz retornar à análise da normatização civilista argentina, a fim de adequar a interpretação e aplicação do art. 24 e do art. 25 do CCeCN/2014 à CNA/1994 e à CDC.

De acordo com o disposto no art. 1º, os casos regidos pelo CCeCN/2014 "devem ser resolvidos em conformidade com as leis aplicáveis, de acordo com a Constituição Nacional e os tratados de direitos humanos de que a República seja parte".[823] Em assim sendo,

---

820 LANSDOWN, Gerison. *La evolución de las facultades del niño*. Florencia, Italia: El Centro de Investigaciones de Innocenti de UNICEF, 2005. p. 20. Disponível em: https://www.unicef-irc.org/publications/pdf/EVOLVING-E.pdf. Acesso em: 20 jul. 2022.

821 COMMITTEE ON THE RIGHTS OF THE CHILD. *General Comment nº 12: the right of child to be heard*. CRC/C.GC/12, 1 July 2009. Disponível em: https://www2.ohchr.org/english/bodies/crc/docs/advanceversions/crc-c-gc-12.pdf. Acesso em: 20 jul. 2022.

822 TOBIN, John; VARADAN, Sheila. Article 5: the right to parental direction and guindance consistent with a child's evolving capacities. *In:* TOBIN, John (Ed.). *The un convention on the rights of the child*: a commetary: New York: Oxford University Press, 2019. p. 173.

823 Artículo 1º. Fuentes y aplicación
Los casos que este Código rige deben ser resueltos según las leyes que resulten aplicables, conforme con la Constitución Nacional y los tratados de derechos humanos en los que la República sea parte. A tal efecto, se tendrá en cuenta la finalidad de la norma. Los usos,

as normas do Código argentino devem observar o disposto no art. 75, "22", da CNA/1994[824] e nos artigos 5º e 12, 1, da CDC, visto ser esta um tratado de direitos humanos que tem hierarquia constitucional, portanto, superior às leis.

Tendo-se, então, que a Constituição argentina atribui status constitucional à CDC e que esta é hierarquicamente superior ao CCeCN/2014, o entendimento a ser extraído é de que tanto o art. 5º com o art. 12, 1, da CDC prevalecem sobre os artigos 25 e 26 do CCeCN/2014.

Nesse contexto, convém ressaltar que existem leis no ordenamento jurídico argentino que se aplicam a situações envolvendo a criança quando estiver em questão o uso de medidas relacionadas à sua saúde, quais sejam: a) a Lei nº 26.061, de 21 de outubro de 2005,[825] que dispõe sobre a proteção integral dos direitos das crianças e dos adolescentes; e b) a Lei nº 26.529, de 19 de novembro de 2009,[826] que regulamenta os direitos do paciente em sua relação com os profissionais e instituições de saúde.

---

prácticas y costumbres son vinculantes cuando las leyes o los interesados se refieren a ellos o en situaciones no regladas legalmente, siempre que no sean contrários a derecho. (ARGENTINA. Códigos. *Código civil y comercial de la nación*.1. ed. Ciudad Autónoma de Buenos Aires: Infojus, 2014. p. 8).

[824] Artículo 75. Corresponde al Congreso:
(...)
22. Aprobar o desechar tratados concluidos con las demás naciones y con las organizaciones internacionales y los concordatos con la Santa Sede. Los tratados y concordatos tienen jerarquía superior a las leyes. La Declaración Americana de los Derechos y Deberes del Hombre; la Declaración Universal de Derechos Humanos; la Convención Americana sobre Derechos Humanos; el Pacto Internacional de Derechos Económicos, Sociales y Culturales; el Pacto Internacional de Derechos Civiles y Políticos y su Protocolo Facultativo; la Convención sobre la Prevención y la Sanción del Delito de Genocidio; la Convención Internacional sobre la Eliminación de todas las Formas de Discriminación Racial; la Convención sobre la Eliminación de todas las Formas de Discriminación contra la Mujer; la Convención contra la Tortura y otros Tratos o Penas Crueles, Inhumanos o Degradantes; la Convención sobre los Derechos del Niño; en las condiciones de su vigencia, tienen jerarquía constitucional, no derogan artículo alguno de la primera parte de esta Constitución y deben entenderse complementarios de los derechos y garantías por ella reconocidos. Sólo podrán ser denunciados, en su caso, por el Poder Ejecutivo nacional, previa aprobación de las dos terceras partes de la totalidad de los miembros de cada Cámara.
Los demás tratados y convenciones sobre derechos humanos, luego de ser aprobados por el Congreso, requerirán del voto de las dos terceras partes de la totalidad de los miembros de cada Cámara para gozar de la jerarquía constitucional. (ARGENTINA. Congreso de la Nación Argentina. *Constitución nacional*. Disponível em: https://www.congreso.gob.ar/constitucionSeccion1Cap4.php. Acesso em: 21 jul. 2022).

[825] ARGENTINA. Ministerio de Justicia y Derechos Humanos de la Nación. Ley nº 26.061. *Protección integral de los derechos de niñas, niños y adolescentes*. 1. ed. Ciudad Autónoma de Buenos Aires: Secretaría de Derechos Humanos, 2014.

[826] ARGENTINA. Ley nº 26.529, de 20 de noviembre de 2009. Disponível em: https://www.argentina.gob.ar/normativa/nacional/ley-26529-160432/actualizacion. Acesso em: 25 jul. 2022.

A Lei nº 26.061/2005, por meio de seu art. 2º, preconiza que a CDC é de aplicação obrigatória em todo ato, decisão, ou medida administrativa, judicial ou de qualquer natureza adotada em relação a crianças e adolescentes. Estes têm, segundo o dispositivo legal, o direito de serem ouvidos e cuidados, independente da forma de manifestação, em todas as áreas.

Já o art. 3º da Lei nº 26.061 dispõe sobre o interesse superior da criança e do adolescente, entendido este como a máxima satisfação, integral e simultânea dos direitos e garantias reconhecidos na Lei, em função do qual deve ser respeitado, além de outros direitos: a) sua condição de sujeito de direitos; b) o direito das crianças e adolescentes de terem sua opinião ouvida e levada em conta; c) o pleno desenvolvimento pessoal de seus direitos em seu meio familiar, social e cultural; c) sua idade, grau de maturidade, capacidade de discernimento e demais condições pessoais.[827]

Como se pode inferir, nos termos dos artigos 2º e 3º da Lei nº 26.061/2005, a CDC deve ter aplicamento sobre todo ato, decisão ou medida administrativa praticada em relação às crianças e adolescentes, os quais têm o direito de serem ouvidos e cuidados, independentemente da forma de manifestação, com respeito ao seu pleno desenvolvimento pessoal de seus direitos, levando-se em consideração a idade, maturidade e discernimento. Estão, pois, os dispositivos legais retro em sintonia com os artigos 5º e 12, 1, da CDC, permitindo que as crianças, assim como os adolescentes, sejam detentoras de autonomia (progressiva) para decidir sobre os cuidados com sua saúde e seu corpo, conforme a idade, maturidade e discernimento.

No que diz respeito à Lei nº 26.529/2009, o art. 1º fixa seu universo de aplicação ao exercício dos direitos do paciente nos termos da autonomia da vontade, da informação e da documentação clínica. O art. 2º, ao seu turno, precisa quais são os direitos essenciais do paciente na relação com os profissionais da saúde, dentre os quais merecem destaque o direito à assistência e à autonomia da vontade.

Pelo direito à assistência, o paciente, precipuamente a criança e o adolescente, tem o direito de ser assistido por profissionais de saúde, sem prejuízo e qualquer distinção, em função de suas ideias, crenças religiosas, políticas, condição social e econômica, raça, sexo, orientação sexual ou qualquer outra condição (art. 2º, "a", Lei nº 26.529/2009).

---

[827] ARGENTINA. Poder Legislativo Nacional. Ley nº 26.061, de 21 de outubro de 2005. Disponível em: https://e-legis-ar.msal.gov.ar/htdocs/legisalud/migration/html/6483.html. Acesso em: 22 jul. 2022.

Mediante a autonomia da vontade, o paciente possui o direito de aceitar ou rejeitar tratamentos ou procedimentos médicos, bem como de revogar sua manifestação de vontade. Se o paciente for criança ou adolescente, este tem o direito de se expressar, nos termos da Lei nº 26.061, para tomar decisões sobre terapias ou procedimentos médicos que envolvam sua vida ou saúde (art. 2º, "e", Lei nº 26.529/2009).

Assim, não restam dúvidas de que, perante a ordem jurídica argentina, a criança é detentora de autonomia progressiva para decidir sobre cuidados com sua saúde, de acordo com a idade, maturidade e discernimento.

Não há, contudo, no direito brasileiro, disposições legais similares, tampouco se reconhece ao menor a capacidade para a prática de determinados atos. A maioridade é o limite da capacidade de todos os atos civis. Apesar disso, há uma tendência de levar-se em consideração a opinião dos menores, constatável no ECA e no direito de família, que pode significar uma progressiva consideração da vontade dos menores no que diz respeito ao consentimento para tratamentos em saúde.[828]

Conforme salientado anteriormente, a CDC foi inserida na ordem jurídica brasileira pelo Decreto nº 99.710/1990, sendo reconhecida pela jurisprudência do STF, importa lembrar, como norma supralegal, portanto, de hierarquia inferior à CF/1988 e superior à lei, ou seja, ao CC/2002.

A CF/88 garante à criança, fora outros direitos, o respeito à dignidade (art. 1º, III), à liberdade (art. 5º, *caput*), ao superior interesse e à proteção integral (art. 227 e §1º), e o ECA lhe assegura direitos como a dignidade, a liberdade e à proteção integral (art. 3º) e ao interesse superior (art. 4º). Uma interpretação sistemática destes dispositivos constitucionais e do ECA leva à conclusão de que a prioridade absoluta "é uma garantia instrumentalizada para se assegurar dos direitos fundamentais da criança".[829] Ou seja, a prioridade absoluta constitui instrumento de efetivação dos direitos fundamentais da dignidade humana, da liberdade e da proteção integral. Por via de consequência, estes direitos, juntamente com a prioridade absoluta, impõem que se deve envidar todos os esforços para que a criança com maturidade e discernimento suficientes tenha sua autonomia garantida e respeitada.

---

[828] CORRÊA, Adriana Espíndola. *Consentimento livre e esclarecido*: o corpo objeto das relações jurídicas. Florianópolis: Conceito, 2010. p. 123.

[829] ROMÃO, Luis Fernando de França. *A constitucionalização dos direitos da criança e do adolescente*. São Paulo: Almedina Brasil, 2016. pos. 1.178. E-book.

Dessa forma, tem-se que as normas dos artigos 5º e 12, 1, da CDC, que dispõem sobre a autonomia progressiva e o direito de opinar, juntamente com as disposições contidas nos artigos da CF/1988 e do ECA acima citados, conferem à criança a capacidade para consentir quando a situação envolver tratamentos e procedimentos médicos relacionados à sua saúde.

Nesse contexto, mais de que oportuna a afirmação de André Pereira, para quem a capacidade para consentir[830] apresenta-se como um contributo valioso do ponto de vista dogmático, uma vez que trabalhar em direito da medicina ou em direitos da personalidade com conceitos criados para os negócios jurídicos (como é o caso da capacidade negocial) revela-se, às vezes, pouco operativo.[831] De fato, argui o autor português, a ordem jurídica vale-se de diferentes conceitos de capacidade em função da matéria que pretende regular. A abstração pandecística[832] não consegue superar as exigências concretas de cada ramo do direito e, acima de tudo, as exigências da vida.[833]

Sendo, pois, os CPP uma abordagem terapêutica que visa amenizar a dor e o sofrimento da criança com doença ameaçadora da vida, seja ela aguda, crônica ou terminal, e desprovidos de caráter invasivo, voltados tão somente aos cuidados, é de ter-se que à criança possuidora de idade, maturidade e discernimento é detentora de autonomia (capacidade para consentir) nas tomadas das decisões em relação às questões a ela pertinente.

---

830 Entenda-se que capacidade progressiva, autonomia progressiva, capacidade em evolução, autonomia e capacidade para consentir têm, no presente texto, o mesmo significado ou sentido, ou seja, capacidade para manifestar a vontade (da criança).

831 PEREIRA, André Gonçalo Dias. *Consentimento informado na relação médico-paciente*: estudo de direito civil. Coimbra: Coimbra Editora, 2004. p. 148.

832 A Escola Pandectista, surgida na Alemanha nos idos de 1800, baseava-se na perspectiva do positivismo científico, voltando-se a deduzir e aplicar normas jurídicas a partir do sistema, dos conceitos e da doutrina da ciência do Direito. Os pensadores da Escola Pandectista buscaram construir uma doutrina jurídica neutra, com pretensões de cientificidade, que também pudesse ser aplicada independentemente do contexto social. Davam especial importância aos conceitos jurídicos, que deveriam consubstanciar, além de valor sistemático, pedagógico e semântico, princípios permanentemente válidos, de modo a possibilitar aplicação lógica que leve, necessariamente, a uma decisão correta. Os seguidores da Escola Pandectista tendiam a desenvolver conceitos com alto grau de abstração, o que permitiria um sistema científico e liberto de injunções econômicas ou políticas. (RIBEIRO, Raphael Rego Borges. A passagem do direito civil "tradicional" para o direito civil-constitucional: uma revisão de literatura. *Revista videre*, v. 12, n. 25, p. 8-9, set./dez. 2020).

833 PEREIRA, André Gonçalo Dias. *Consentimento informado na relação médico-paciente*: estudo de direito civil. Coimbra: Coimbra Editora, 2004. p. 149.

4.5 A proteção integral da criança

No início do século XX, experienciava-se o momento histórico que compreendia o término da Primeira Guerra Mundial (1914-1919), e em que havia crescente exploração da mão de obra infantil vinda do campo para o trabalho nas fábricas. Crianças órfãs, pobres, famintas, com carga de trabalho que chegavam a 14 horas diárias, sem folga, escola, lazer e ao custo de 1/3 a 2/3 da mão de obra adulta, demonstraram a necessidade de promover mecanismos de proteção à infância.[834]

Em meio a esse contexto, a extinta Liga das Nações[835] e a Organização Internacional do Trabalho (OIT) levantaram as primeiras discussões sobre os direitos da criança. Nos anos de 1919 e 1920, a OIT adotou três Convenções com o objetivo de abolir ou regular o trabalho infantil. No ano de 1921, a Liga das Nações estabeleceu um comitê especial com a finalidade de tratar das questões relacionadas à proteção da criança e à proibição do tráfico de crianças e mulheres.[836]

Poucos anos depois, em 1924, a Assembleia da Liga das Nações aprovou a Declaração sobre os Direitos da Criança, ou Declaração de Genebra, com esta vindo a constituir-se no primeiro documento com caráter amplo e genérico em relação à criança,[837] por meio do qual uma entidade internacional tomou posição no sentido de recomendar aos Estados filiados providências legislativas em benefício da população infanto-juvenil.[838]

A Declaração de Genebra de 1924 expôs uma série de deveres básicos assumidos pela Humanidade, com a finalidade de evitar que as crianças viessem a sofrer ainda mais as consequências provocadas pela Primeira Guerra Mundial, manifestada, sobretudo, pela orfandade e pela pobreza.[839] Os pontos apresentados em seu texto possuem a natureza de princípios, sem efeito coercitivo ou sancionador em face dos Estados Partes.[840]

---

834 AMIN, Andréa Rodrigues. Doutrina da proteção integral. *In:* MACIEL, Kátia Regina Ferreira Lobo (Coord.). *Curso de direito da criança e do adolescente*: aspectos teóricos e práticos. 13. ed. São Paulo: SaraivaJur, 2021. p. 62.

835 Antecessora da Organização das Nações Unidas (ONU).

836 SOUZA, Sérgio Augusto Guedes Pereira de. *Os direitos da criança e os direitos humanos*. Porto Alegre: Sergio Antonio Fabris Editor, 2001. p. 58.

837 DOLINGER, Jacob. *Direito internacional privado*: a criança no direito internacional. Rio de Janeiro: Renovar, 2003. p. 81.

838 TAVARES, José de Farias. *Direito da infância e da juventude*. Belo Horizonte: Del Rey, 2001. p. 54.

839 BARLETTA VILLARÁN, María C. *Derecho de la niñez y adolescencia*. Lima: Pontificia Universidad Católica del Perú, Fondo Editorial, 2018. pos. 104. E-book.

840 VERONESE, Josiane Rose Petry; FALCÃO, Wanda Helena Mendes Muniz. A criança e o adolescente no marco internacional. *In:* VERONESE, Josiane Rose Petry (Aut. e Org.).

Em 1959, a Organização das Nações Unidas (ONU), sucessora da Liga das Nações,[841] promulgou a Declaração Universal sobre os Direitos da Criança (DUDC/1959), tendo como grande marco o reconhecimento da criança como sujeito de direitos e carecedora de proteção e cuidados especiais. Trata-se de documento que aprimorou a Declaração Universal dos Direitos Humanos (DUDH), de 1948, adequando-a à proteção especial e cuidado da criança, dada à sua vulnerabilidade e imaturidade física e mental.[842]

A DUDC/1959 veio a ser o primeiro instrumento específico com real importância surgido na nova ordem internacional que se estabelecia, tendo se tornado guia para a atuação em favor da criança, tanto pública como privada. Ao prenunciar que a Humanidade deve dar o melhor de seus esforços à criança, tornou-se um marco moral para os direitos da criança,[843] posto ser uma recomendação desprovida de força legal dirigida aos pais a aos governos em prol de cuidados com a educação e o bem-estar das crianças.[844]

Necessário se faz salientar, porém, que a Declaração de 1924, ao firmar que à criança deveria receber os meios necessários para seu desenvolvimento material e espiritual, a colocou em uma situação meramente passiva, enquanto a Declaração de 1959 a alçou à condição de sujeito de direito,[845] capaz de gozar de determinados direitos e liberdades.[846],[847]

O direito da criança e do adolescente: novo curso – novos temas. 2. ed. Rio de Janeiro: Lumen Juris, 2019. p. 16.

841 Extinta em 1946, quando foi sucedida pela ONU.

842 AMIN, Andréa Rodrigues. Doutrina da proteção integral. *In:* MACIEL, Kátia Regina Ferreira Lobo (Coord.). *Curso de direito da criança e do adolescente*: aspectos teóricos e práticos. 13. ed. São Paulo: SaraivaJur, 2021. p. 62.

843 SOUZA, Sérgio Augusto Guedes Pereira de. *Os direitos da criança e os direitos humanos*. Porto Alegre: Sergio Antonio Fabris Editor, 2001. p. 59.

844 DOLINGER, Jacob. *Direito internacional privado*: a criança no direito internacional. Rio de Janeiro: Renovar, 2003. p. 83.

845 DOLINGER, Jacob. *Direito internacional privado*: a criança no direito internacional. Rio de Janeiro: Renovar, 2003. p. 83.

846 PEREIRA, Fernanda Brito. "Resgate a infância": a atuação do Ministério Público do Trabalho no enfrentamento do trabalho precoce em Minas Gerais. São Paulo: Editora Dialética, 2022. p. 31. E-book.

847 Tanto a Declaração de 1924 como a de 1959 fazem parte das normas denominadas *Soft Law*, que, embora sem possuir caráter vinculativo, constituem prenúncio ideológico para os Estados (VERONESE, Josiane Rose Petry; FALCÃO, Wanda Helena Mendes Muniz. A criança e o adolescente no marco internacional. *In:* VERONESE, Josiane Rose Petry (Aut. e Org.). *O direito da criança e do adolescente*: novo curso – novos temas. 2. ed. Rio de Janeiro: Lumen Juris, 2019. p. 17).

A natureza não coercitiva da Declaração de 1959 não lhe permitiu que alcançasse a efetividade necessária. Vinte anos após, no ano de 1979,[848] o governo da Polônia apresentou, então, junto à ONU, uma proposta provisória para a elaboração de uma convenção universal dos direitos da criança, que, reconhecendo a necessidade de atualização do documento em vigor, conferiu-lhe caráter obrigatório. Criou-se, então, no mesmo ano, um grupo de trabalho com a finalidade de elaborar o texto da Convenção sobre os Direitos da Criança, aprovado em novembro de 1989 pela Resolução nº 44.[849]

Com sua aprovação, a Convenção sobre os Direitos da Criança (CDC) adotou, em caráter obrigatório, a doutrina da proteção integral, assentada em três fundamentos: 1) o reconhecimento da criança como sujeito de direito, pessoa em processo de desenvolvimento e titular de proteção especial; 2) a criança tem direito à convivência familiar; 3) as Nações subscritoras obrigam-se a assegurar os direitos insculpidos na Convenção com absoluta prioridade.[850]

Embora não tenha feito menção expressa à proteção integral da criança, a CDC reconheceu um catálogo de direitos que, em seu conjunto, dá origem a "um sistema segundo o qual não se poderia falar em proteção sem que se garanta, não um direito específico, isolado, mas todos os direitos necessários ao pleno desenvolvimento da criança".[851] Dessa forma, por encampar um conjunto sistemático de direitos protetivos da criança, dúvida não há acerca do acolhimento da doutrina da proteção integral pela CDC.

Com origem na Declaração dos Direitos da Criança de 1959, a doutrina da proteção integral foi reconhecida pelo princípio 1º, que assegurou que todas as crianças gozariam e seriam credoras dos direitos enunciados no documento, considerando-as, pois, sujeitos de direito.[852]

---

848 Ano em que a Assembleia Geral da ONU decidiu eleger como "Ano Internacional da Criança".

849 AMIN, Andréa Rodrigues. Doutrina da proteção integral. *In:* MACIEL, Kátia Regina Ferreira Lobo (Coord.). *Curso de direito da criança e do adolescente*: aspectos teóricos e práticos. 13. ed. São Paulo: SaraivaJur, 2021. p. 63-64.

850 *Ibidem*. p. 64.

851 VERONESE, Josiane Rose Petry; FALCÃO, Wanda Helena Mendes Muniz. A criança e o adolescente no marco internacional. *In:* VERONESE, Josiane Rose Petry (Aut. e Org.). *O direito da criança e do adolescente*: novo curso – novos temas. 2. ed. Rio de Janeiro: Lumen Juris, 2019. p. 34.

852 AMIN, Andréa Rodrigues. Doutrina da proteção integral. *In:* MACIEL, Kátia Regina Ferreira Lobo (Coord.). *Curso de direito da criança e do adolescente*: aspectos teóricos e práticos. 13. ed. São Paulo: SaraivaJur, 2021. p. 61.

Também gozariam de proteção especial para fins de alcançarem o desenvolvimento físico, mental, moral, espiritual e social.[853]

A doutrina da proteção integral foi inserida no ordenamento jurídico interno por meio dos art. 227 da Constituição Federal de 1988,[854] mediante "uma interpretação não literal" e não contestada,[855] em um "perfeito silogismo e diálogo com a dignidade da pessoa humana". Já a "formatação e a modelagem" desse "sistema de garantia de direitos (SGD)" vieram em seguida, com a promulgação do Estatuto da Criança e do Adolescente (ECA).[856]

A proteção integral da criança também se faz constar no art. 1º, II e III e no 3º, I, III e IV, da CF/88, referentes aos princípios humanistas da cidadania, dignidade da pessoa humana, construção de uma sociedade livre, justa e solidária; erradicação da pobreza, marginalização e desigualdades regionais, e não discriminação.[857]

Outra norma constitucional que acomoda a proteção integral é o art. 6º, que dispõe sobre os direitos sociais,[858] entre os quais se encontra o direito à saúde. À criança, portanto, deve ser dado amparo completo, zelando pela assistência à sua saúde e ao seu bem-estar,[859] inclusive quando acometida de doença crônica ou terminal que possa demandar cuidados paliativos pediátricos.

Em sintonia com as diretrizes contidas na CF/88, o ECA acolheu expressamente, em seu art. 1º, a doutrina da proteção integral,[860] dando surgimento a uma nova ordem normativa, que compreende a criança

---

853 DECLARAÇÃO UNIVERSAL DOS DIREITOS DA CRIANÇA (1959). Disponível em: http://lproweb.procempa.com.br/pmpa/prefpoa/cgvs/usu_doc/ev_ta_vio_leg_declaracao_direitos_crianca_onu1959.pdf. Acesso em: 04 jul. 2022.

854 Inserida na Constituição promulgada em 05 de outubro de 1988, a doutrina da proteção integral também foi adotada pela Convenção sobre os Direitos da Criança de 1989. Não se pode olvidar que, embora tenha sido ter sido feita constar no texto constitucional antes da publicação da Convenção, esta já estava com seus trabalhos em curso, o que, sem dúvida, foi levado em conta pelo legislador constituinte.

855 SANTOS, Danielle Maria Espezim; VERONESE, Josiane Rose Petry. A proteção integral e o enfrentamento das vulnerabilidades infanto-adolescentes. *Revista de direito*, Viçosa, v. 10, n. 02, p. 113, 2019.

856 AMIN, Andréa Rodrigues. Doutrina da proteção integral. *In:* MACIEL, Kátia Regina Ferreira Lobo (Coord.). *Curso de direito da criança e do adolescente*: aspectos teóricos e práticos. 13. ed. São Paulo: SaraivaJur, 2021. p. 61-62.

857 SANTOS, Danielle Maria Espezim; VERONESE, Josiane Rose Petry. A proteção integral e o enfrentamento das vulnerabilidades infanto-adolescentes. *Revista de direito*, Viçosa, v. 10, n. 02, p. 114, 2019.

858 *Ibidem*. p. 114.

859 CHAVES, Antônio. *Comentários ao estatuto da criança e do adolescente*. 2. ed. São Paulo: LTr, 1997. p. 51.

860 ECA, Art. 1º Esta Lei dispõe sobre a proteção integral à criança e ao adolescente.

como sujeito de direito, diversamente da doutrina da situação irregular, admitida pelo Código de Menores de 1979,[861] que a concebia como mero objeto, ser coisificado "pela norma e pelo sistema político-econômico-social existente".[862]

O art. 3º do ECA, por sua vez, estabelece que a criança goza de todos os direitos fundamentais atinentes ao ser humano, sem prejuízo da proteção integral, devendo lhe serem ofertadas todas as oportunidades e facilidades com vistas a lhe permitir "o desenvolvimento físico, mental, moral, espiritual e social, em condições de liberdade e dignidade".[863] O parágrafo único do mesmo dispositivo legal preconiza que os direitos garantidos pelo art. 3º é aplicável a todas as crianças, sem discriminação e independentemente da condição pessoal de desenvolvimento e aprendizagem.[864] Já o art. 4º, tal como previsto no art. 227 do texto constitucional, impõe à família, à comunidade, à sociedade e ao poder público o dever de garantirem à criança, com prioridade absoluta, o direito à vida, à saúde, à dignidade, ao respeito, à liberdade.[865]

Como se pode notar, tanto a CF/88 como o ECA conferem à criança proteção integral e prioridade absoluta, considerando-a pessoa em condição especial de desenvolvimento e titular de direitos fundamentais, enquanto o CC/2002 a tem como pessoa absolutamente incapaz para a prática dos atos de seu interesse próprio. Tal situação leva ao conflito entre os sistemas protetivos da CF/88 e do ECA e o sistema de

---

[861] Lei nº 6.697, de 10 de outubro de 1979.

[862] VERONESE, Josiane Petry. Art. 1º. *In:* VERONESE, Josiane Petry; SILVEIRA, Mayra; CURY, Munir. *Estatuto da criança e do adolescente comentado*: comentários jurídicos e sociais. 13. ed. São Paulo: Malheiros, 2018. p. 41.

[863] Art. 3º A criança e o adolescente gozam de todos os direitos fundamentais inerentes à pessoa humana, sem prejuízo da proteção integral de que trata esta Lei, assegurando-se-lhes, por lei ou por outros meios, todas as oportunidades e facilidades, a fim de lhes facultar o desenvolvimento físico, mental, moral, espiritual e social, em condições de liberdade e de dignidade. (Disponível em: http://www.planalto.gov.br/ccivil_03/Leis/L8069.htm. Acesso em: 22 fev. 2020).

[864] Art. 3º (...)
(...)
Parágrafo único. Os direitos enunciados nesta Lei aplicam-se a todas as crianças e adolescentes, sem discriminação de nascimento, situação familiar, idade, sexo, raça, etnia ou cor, religião ou crença, deficiência, condição pessoal de desenvolvimento e aprendizagem, condição econômica, ambiente social, região e local de moradia ou outra condição que diferencie as pessoas, as famílias ou a comunidade em que vivem. (Disponível em: http://www.planalto.gov.br/ccivil_03/Leis/L8069.htm. Acesso em: 22 fev. 2020).

[865] Art. 4º É dever da família, da comunidade, da sociedade em geral e do poder público assegurar, com absoluta prioridade, a efetivação dos direitos referentes à vida, à saúde, à alimentação, à educação, ao esporte, ao lazer, à profissionalização, à cultura, à dignidade, ao respeito, à liberdade e à convivência familiar e comunitária. (Disponível em: http://www.planalto.gov.br/ccivil_03/Leis/L8069.htm. Acesso em: 22 fev. 2020).

incapacidade do CC/2002, em clara afronta aos direitos fundamentais da criança, a exemplo da dignidade, respeito, liberdade e autonomia.

Isso sem deixar de ressaltar, como já visto, que a CDC, dispõe, por meio de seu art. 12.1, que os Estados Partes devem assegurar à criança que é capaz de apresentar seus próprios pontos de vista o direito de manifestar suas opiniões sobre os assuntos que lhe são relacionados. Essas opiniões devem ser consideradas de acordo com a idade, maturidade, e discernimento da criança.

Vê-se, assim, ser de primordial relevância que seja feita uma releitura no atual regime de incapacidade do CC/2002, a ser centrado nos valores existenciais ao invés dos patrimoniais, permitindo que a autonomia tome nova feição, diversa do modelo atual e que não seja reduzida a uma "ideia preconcebida de normalidade e competência para tomada de decisões".[866]

A criança possuidora de idade, maturidade e discernimento, por ser capaz de entender e avaliar os benefícios e riscos que envolvem os tratamentos e procedimentos médicos direcionados à doença ameaçadora da vida, também se mostra apta para assumir responsabilidade para a tomada de decisões relacionadas aos CP.

O sistema jurídico brasileiro, por meio da CF/88, garantiu à criança proteção integral e prioridade absoluta na concretação dos direitos fundamentais que lhes são próprios. É em razão disso que lhe devem ser oportunizados os meios e instrumentos necessários para que tais direitos devam ser exercidos da forma mais ampla e plena possível, de modo que sua dignidade seja respeitada.

É nesse contexto que, nas situações relacionadas a bens e direitos existenciais, como a vida, a saúde, a morte, à criança deve ser permitida a máxima participação na tomada de decisão, de modo que a ela caiba o protagonismo das escolhas que digam respeito ao seu destino, cabendo aos pais ou responsável interferir somente quando sua manifestação não seja possível.

É sobre a criança que a dor e o sofrimento causados pela doença com risco de vida recaem com maior intensidade. Dor e sofrimento estes que não podem pura e simplesmente aguardar, com o passar dos anos, a chegada da maioridade, para serem expressados. A criança chora, sofre, sente dor, passa por angústia, e nada mais humano e digno que o respeito à sua autonomia quanto esta seja suficiente para

---

866 SARLET, Gabrielle Bezerra Sales. A filiação e a parentalidade no ordenamento jurídico brasileiro: uma análise jurídico-bioética da obstinação terapêutica em crianças. *Direitos fundamentais & justiça*, Belo Horizonte, ano 11, n. 37, p. 382, jul./dez. 2017.

que ela possa tomar suas próprias decisões. Caso contrário, cabe aos pais ou responsável, sempre levando em contar o melhor interesse da criança, a decisão.

4.6 Consentimento informado e tomada de decisão da criança nos cuidados paliativos pediátricos

No transcorrer dos séculos, a função do médico esteve revestida de caráter religioso e mágico, atribuindo-se à vontade dos deuses a saúde e a morte. Nessa contextura, não havia como responsabilizar o médico, que apenas participava de um ritual, provavelmente útil, mas exclusivamente dependente das vontades divinas.[867]

A medicina grega, antes de Hipócrates (460 a 370 a.C.), era concebida como sendo mais uma atividade religiosa do que um conhecimento científico. As curas se realizavam por meio de ritos mágico-religiosos praticados sobre os doentes que eram levados aos templos. Os médicos eram também sacerdotes.[868]

Foi com Hipócrates que a medicina grega foi alçada ao status de Ciência, afastando-se de seu caráter sacerdotal e místico.[869] Pelo chamado juramento hipocrático, o médico fica obrigado a prestar seus serviços para promover o bem do paciente, de acordo com sua habilidade e arte, abstendo-se de qualquer prática que possa lhe causar mal. A saúde e a vida do enfermo ficam submetidas ao poder do médico,[870] a quem cabe adotar, por ser o detentor do conhecimento científico, a medida de saúde adequada.[871]

A medicina hipocrática era caracterizada pelo paternalismo.[872] Ao paciente cabia seguir a conduta prescrita sem questionar, pois o

---

[867] AGUIAR JR., Ruy Rosado de. Responsabilidade civil do médico. *In:* TEIXEIRA, Sálvio de Figueiredo (Coord.). *Direito e medicina*: aspectos jurídicos da medicina. Belo Horizonte: Del Rey, 2000. p. 135.

[868] VASCONCELOS, Fernando Holanda; FREITAS, José Carlos. Filosofia e saúde: as enfermidades do homem em Hipócrates e Platão. *Revista cereus*, v. 4, n. 1, UnirG, Gurupi, TO, Brasil, p. 4, jan./abr. 2012.

[869] LOPES JR., Dalmir. *Consentimento informado na relação médico-paciente*. Belo Horizonte: Editora D´plácido, 2018. p. 55.

[870] CORRÊA, Adriana Espíndola. *Consentimento livre e esclarecido*: o corpo objeto das relações jurídicas. Florianópolis: Conceito, 2010. p. 129.

[871] LOPES JR., Dalmir. *Consentimento informado na relação médico-paciente*. Belo Horizonte: Editora D´plácido, 2018. p. 51.

[872] A partir de uma definição neutra do paternalismo, em que não há presunção o mesmo seja justificado ou injustificado, Beuchamp e Childress o concebem como a "ação de contrariar as preferências ou ações conhecidas de outra pessoa, na qual a pessoa que contraria justifica sua ação com base no objetivo de beneficiar a pessoa cuja vontade é contrariada ou de evitar que ela sofra danos" (BEUCHAMPI, Tom L.; CHILDRESS, James F. *Princípios de ética biomédica*. Tradução de Luciana Pudenzi. 3. ed. São Paulo: Edições Loyola, 2013. p. 298).

objetivo desta era seu bem, destino este que nasceu com a medicina e que a ela sempre esteve incorporado.[873]

Consta que já havia menção ao consentimento informado na Grécia Antiga, embora este tenha alcançado maior desenvolvimento nos Estados Unidos, no século XX.[874] Segundo Platão (428 a 347 a.C.), existiam médicos escravos que tratavam escravos e médicos livres que cuidavam de homens livres. Aqueles não prestavam nem recebiam explicações, apenas davam ordens e decidiam pelo paciente. Estes, conversavam com o paciente para conhecer a doença, e obtinham o consentimento para proceder a prescrição.[875]

É no *Corpus Hippocraticum*,[876] entretanto, que é encontrado o primeiro conjunto de escritos sobre conduta profissional do médico, permanecendo entre os mais influentes da atualidade. Embora não faça menção a pedido de permissões dos pacientes ou o respeito às suas decisões, o documento discute problemas relacionados à verdade, aconselhando o médico a esconder boa parte das coisas do paciente que está sob seu cuidado, sem revelar nada a respeito do futuro ou da condição atual.[877]

No entanto, foi somente com o povo hebraico que o consentimento tornou-se regra na relação médico-paciente. O respeito pela pessoa humana exigia que o médico não executasse qualquer operação sem a autorização do doente (*Talmud*, Tratado Baba Kamma).[878]

A mudança de concepções iniciou-se no século XVIII, com o surgimento do iluminismo e a emancipação do indivíduo e o surgimento dos primeiros direitos humanos. Aos poucos, as doutrinas filosóficas idealistas foram absorvidas pela ciência médica, implicando relativa "emancipação" do paciente.[879]

---

873 GOTTSCHALL, Carlos Antonio Mascia. *Medicina hipocrática*: antes, durante e depois. Porto Alegre: Stampa, 2007. p. 36.

874 BURBINSKI, Beatriz; NASSER, Miguel A. Reflexiones acerca de la relación médico-paciente. *Archivos argentinos de pediatria*, n. 97. V.1. 1999. p. 45.

875 PLATÃO. *As leis*. Tradução de Edson Bini. São Paulo: Edipro, 2021. p. 197-198. E-book.

876 O *Corpus hippocraticum* ou Coleção hipocrática é constituído por "sessenta e seis tratados sobre temas relacionados ao corpo humano, acrescidos de um juramento que deveria ser prestado pelo médico da escola de Cós" (CAIRUS, Henrique F. O Corpus hippocraticum. *In:* CAIRUS, HF., and RIBEIRO JR., WA. *Textos hipocráticos*: o doente, o médico e a doença [online]. Rio de Janeiro: Editora FIOCRUZ, 2005. História e Saúde collection, p. 25. Disponível em: https://books.scielo.org/id/9n2wg/pdf/cairus-9788575413753-04.pdf. Acesso em: 04 jul. 2022.).

877 FADEN, Ruth R.; BEAUCHAMP, Tom L. *A history of informed consent*. New York: Oxford University Press, 1986. pos. 943. E-book.

878 PEREIRA, André Gonçalo Dias. *O consentimento informado na relação-médico paciente*. Coimbra: Coimbra Editora, 2004. p. 25.

879 BERGSTEIN, Gilberto. *A informação na relação médico-paciente*. São Paulo: Saraiva, 2013. p. 26.

No final do século XIX e início do século XX, com a implementação de políticas sanitaristas e a descoberta de medicamentos essenciais, a exemplo da penicilina e das sulfamidas, deu-se a chamada revolução terapêutica.[880]

Como se depreende, o consentimento é fruto de uma evolução progressiva. No entanto, este conhecimento provavelmente não teria sido possível sem um profundo trauma sofrido pela ética médica, ocasionado pelas experiências bárbaras com seres humanos realizadas durante a Segunda Guerra Mundial.[881] Conforme visto, os médicos responsáveis foram julgados pelo Tribunal de Nuremberg, no qual parte da sentença deu origem ao Código de Nuremberg, vindo este a ser o primeiro texto a trazer explicitamente a necessidade do consentimento informado.

Além das violações éticas que culminaram na elaboração do Código de Nuremberg, também contribuíram para a superação do paradigma hipocrático na medicina fatores como o fim da impunidade na malversação da profissão médica, o advento da medicina de caráter empresarial nas últimas décadas do século XX e o surgimento do direito de autodeterminação no âmbito clínico.[882]

Com isso, a decisão, que antes cabia somente ao médico e típica da relação vertical que caracteriza o paternalismo, passa a ser tomada pelo paciente, por ser este o detentor de poder sobre aquilo que possa afetar seu próprio corpo.

Hodiernamente, na relação médico-paciente, a decisão médica deve ser democrática e a conduta profissional deve reger-se conforme a boa-fé. Por isso, fala-se de um modelo interativo, em que se busca uma participação recíproca do médico, conhecedor da enfermidade, e do paciente, sabedor de suas necessidades. O consentimento informado consiste, pois, em um processo de comunicação (informações sobre diagnóstico, prognóstico, alternativas de tratamento, bem como riscos e benefícios) entre o médico e o paciente, resultante de uma "decisão inteligente do doente sobre a intervenção médica no seu próprio corpo".[883]

No processo dialógico entre médico e paciente que resulta no consentimento, ambos trocam informações e se interrogam mutuamente,

---

880 BERGSTEIN, Gilberto. *A informação na relação médico-paciente*. São Paulo: Saraiva, 2013. p. 27.

881 PEREIRA, André Gonçalo Dias. *O consentimento informado na relação-médico paciente*. Coimbra: Coimbra Editora, 2004. p. 26.

882 LOPES JR., Dalmir. *Consentimento informado na relação médico-paciente*. Belo Horizonte: Editora D'plácido, 2018. p. 63-64.

883 KFOURI NETO, Miguel. A quantificação do dano na ausência de consentimento livre e esclarecido do paciente. *Revista IBERC*, Minas Gerais, v. 2, n. 1, p. 11, jan./abr. 2019.

culminando na concordância (ou não) do doente para a realização de tratamento ou intervenção. Cabe ao médico informar ao paciente, "em linguagem clara e adequada ao seu nível cultural", sobre natureza da enfermidade e prognóstico esperado. Quanto mais relevante for o procedimento médico, mais as informações se fazem necessárias.[884]

No Brasil, onde os médicos têm evoluído, pouco a pouco, de uma posição cética em relação ao dever de informar, de forma clara e minuciosa, ao paciente para a obtenção permissão para realizar procedimento médico, o consentimento informado também tem importância jurídica.[885]

No plano dogmático, existem normas relacionadas ao consentimento informado, conquanto ainda não haja lei específica tratando sobre o assunto. A nível constitucional, o consentimento informado encontra fundamento no direito à liberdade (art. 5º, *caput* e inciso II). Na seara infraconstitucional, há previsão, direta ou indireta, no CC/2002, na Lei Orgânica da Saúde (Lei nº 8.080/1990) e na Lei de Transplantes (Lei nº 9.434/1997).

O CC/2022 traz, em seu art. 15, que "ninguém pode ser constrangido a submeter-se, com risco de vida, a tratamento médico ou a intervenção cirúrgica". Literalmente a norma diz que, se houver risco de vida, o paciente não poderá ser submetido a procedimento médico. Do contrário, isto é, inexistindo risco de morte, a medida poderia ser realizada, independente de autorização. Não é essa, contudo, a melhor interpretação a ser extraída, posto contrariar a ordem jurídica nacional, notadamente no que se refere à dignidade humana, à liberdade e à autonomia do paciente.[886]

---

884 KFOURI NETO, Miguel. A quantificação do dano na ausência de consentimento livre e esclarecido do paciente. *Revista IBERC*, Minas Gerais, v. 2, n. 1, p. 11, jan./abr. 2019. p. 11.

885 KFOURI NETO, Miguel. *Responsabilidade civil do médico*. 11. ed. São Paulo: Thomson Reuters Brasil, 2021. p. 268.

886 RECURSO ESPECIAL. AÇÃO DE INDENIZAÇÃO POR DANOS MORAIS. PROCEDIMENTO CIRÚRGICO REALIZADO PARA RESOLVER SÍNDROME DA APNÉIA OBSTRUTIVA DO SONO (SASO). FALECIMENTO DO PACIENTE. NEGATIVA DE PRESTAÇÃO JURISDICIONAL. NÃO OCORRÊNCIA. FALHA NO DEVER DE INFORMAÇÃO ACERCA DOS RISCOS DA CIRURGIA. CONSTATAÇÃO APENAS DE CONSENTIMENTO GENÉRICO (BLANKET CONSENT), O QUE NÃO SE REVELA SUFICIENTE PARA GARANTIR O DIREITO FUNDAMENTAL À AUTODETERMINAÇÃO DO PACIENTE. RESTABELECIMENTO DA CONDENAÇÃO QUE SE IMPÕE. REDUÇÃO DO VALOR FIXADO, CONSIDERANDO AS PARTICULARIDADES DA CAUSA. RECURSO PROVIDO PARCIALMENTE. (...). 1.1. A causa de pedir está fundamentada não em erro médico, mas sim na ausência de esclarecimentos, por parte dos recorridos – médico cirurgião e anestesista –, sobre os riscos e eventuais dificuldades do procedimento cirúrgico que optou por realizar no irmão dos autores. (...). 3. Todo paciente possui, como expressão do princípio da autonomia da vontade, o direito de saber dos possíveis riscos, benefícios e alternativas de um determinado procedimento

Nesse contexto, é de se concluir que, existindo ou não risco de vida, a regra é que o profissional da saúde (geralmente o médico) apresente as informações, em linguagem clara e objetiva, a fim de que o paciente decida se aceita ou não a medida de saúde oferecida. Existem, entretanto, situações em que o dever de informação torna-se dispensável, sem que afete a validade do consentimento. Uma delas é quando há conflito entre o dever de informar e a proibição de causar danos, cuja flexibilização do esclarecimento tem em vista proteger o paciente dos possíveis efeitos lesivos da informação. Outra é no caso de urgência, ante a falta de tempo suficiente para o esclarecimento. A última ocorre quando o próprio paciente renuncia o direito de ser informado.[887]

O inciso III do art. 7º da Lei Orgânica da Saúde (Lei nº 8.080/1990, LOS) estabelece que as ações e serviços públicos e privados de saúde devem preservar a "autonomia das pessoas na defesa e sua integridade física e moral". Destarte, é primordial que a pessoa possuidora de

---

médico, possibilitando, assim, manifestar, de forma livre e consciente, o seu interesse ou não na realização da terapêutica envolvida, por meio do consentimento informado. Esse dever de informação encontra guarida não só no Código de Ética Médica (art. 22), mas também nos arts. 6º, inciso III, e 14 do Código de Defesa do Consumidor, bem como no art. 15 do Código Civil, além de decorrer do próprio princípio da boa-fé objetiva. 3.1. A informação prestada pelo médico deve ser clara e precisa, não bastando que o profissional de saúde informe, de maneira genérica, as eventuais repercussões no tratamento, o que comprometeria o consentimento informado do paciente, considerando a deficiência no dever de informação. Com efeito, não se admite o chamado "blanket consent", isto é, o consentimento genérico, em que não há individualização das informações prestadas ao paciente, dificultando, assim, o exercício de seu direito fundamental à autodeterminação. 3.2. Na hipótese, da análise dos fatos incontroversos constantes dos autos, constata-se que os ora recorridos não conseguiram demonstrar o cumprimento do dever de informação ao paciente - irmão dos autores/recorrentes - acerca dos riscos da cirurgia relacionada à apnéia obstrutiva do sono. Em nenhum momento foi dito pelo Tribunal de origem, após alterar o resultado do julgamento do recurso de apelação dos autores, que houve efetivamente a prestação de informação clara e precisa ao paciente acerca dos riscos da cirurgia de apnéia obstrutiva do sono, notadamente em razão de suas condições físicas (obeso e com hipertrofia de base de língua), que poderiam dificultar bastante uma eventual intubação, o que, de fato, acabou ocorrendo, levando-o a óbito. 4. A despeito da ausência no cumprimento do dever de informação clara e precisa ao paciente, o que enseja a responsabilização civil dos médicos recorridos, não deve prevalecer o valor da indenização fixado pelo Tribunal de origem na apelação, como pleiteado pelos recorrentes no presente recurso especial, revelando-se razoável, diante das particularidades do caso, a fixação do valor de R$ 10.000,00 (dez mil reais) para cada autor, acrescido de correção monetária desde a data da presente sessão de julgamento (data do arbitramento), a teor do disposto na Súmula 362/STJ, além de juros de mora a partir da data do evento danoso (27.03.2002 – data da cirurgia), nos termos da Súmula 54/STJ. 5. Recurso especial provido em parte. (BRASIL. Poder Judiciário. Superior Tribunal de Justiça. *Resp nº 1848862 RN 2018/0268921-9*, Relator: Ministro Marco Aurélio Bellizze, Data de Julgamento: 05.04.2022, T3 – Terceira Turma, Data de Publicação: DJe 08.04.2022).

[887] SIQUEIRA, Flávia. *Autonomia, consentimento e direito penal da medicina.* São Paulo: Marcial Pons, 2019. p. 293.

discernimento possa decidir acerca do próprio destino corporal, inclusive no âmbito do tratamento médico, visto a saúde conformar uma situação jurídica existencial.[888]

A Lei dos Transplantes (Lei nº 9.434/1997) trata do consentimento informado explicitamente em seu art. 10, ao dispor que o transplante ou enxerto somente será feito com o consentimento expresso do receptor.[889] Significa dizer que, mesmo diante do risco de morte, o paciente não pode ser compelido a realizar referidos procedimentos.

Também há previsão expressa do consentimento informado no art. 5º, inciso V, da Portaria nº 1.820/2009,[890] do Ministério da Saúde. A norma determina que seja assegurada a toda pessoa na relação com os serviços de saúde "o consentimento livre, voluntário e esclarecido, a quaisquer procedimentos diagnósticos, preventivos ou terapêuticos, salvo nos casos que acarretem risco à saúde pública".[891]

Atualmente, está aguardando tramitação no Senado Federal o Projeto de Lei nº 5.559, de 14 de junho de 2016, que dispõe sobre direitos e deveres do paciente, com o consentimento informado sendo disciplinado pelo art. 2º, IV e pelo art. 14, parágrafo único. O inciso IV do art. 2º define consentimento informado como a manifestação de vontade do paciente, livre de coerção externa, sobre os cuidados à sua saúde, após ter obtido informação, de forma clara, acessível e minuciosa, sobre o seu diagnóstico, prognóstico, tratamento e cuidados da saúde.

Há referência direta do consentimento informado na Recomendação nº 1/2016 (*soft low*),[892] do Conselho Federal de Medicina (CFM), que o considera o ato de decisão, concordância e aprovação do paciente ou de seu representante, após a necessária informação e explicações, sob a responsabilidade do médico, a respeito dos procedimentos diagnósticos ou terapêuticos indicados.[893]

---

888 TEIXEIRA, Ana Carolina Brochado. *Saúde, corpo e autonomia privada.* Rio de Janeiro: Renovar, 2010. p. 298-299.

889 SOARES, Flaviana Rampazzo. *Consentimento do paciente no direito médico*: validade, interpretação e responsabilidade. Indaiatuba: Editora Foco, 2021. p. 16.

890 Dispõe sobre os direitos e deveres dos usuários da saúde.

891 BRASIL. Ministério da Saúde. *Portaria nº 1.820, de 13 de agosto de 2009.* Disponível em: https://bvsms.saude.gov.br/bvs/saudelegis/gm/2009/prt1820_13_08_2009.html. Acesso em: 02 jul. 2022.

892 Normas de natureza não obrigatória, não dotadas da coercibilidade inerente às normas jurídicas. Entre os instrumentos normativos do tipo *soft law* têm-se as resoluções e recomendações editadas pelo Conselho Federal de Medicina.

893 CFM. Conselho Federal de Medicina. *Recomendação nº 1, de 21 de janeiro de 2016.* Disponível em: https://portal.cfm.org.br/images/Recomendacoes/1_2016.pdf. Acesso em: 02 jul. 2022.

O Código de Ética Médica de 2018 (CEM/2018), Resolução CFM nº 2.217/2018, traz como normas éticas relacionadas ao consentimento informado no Capítulo 1, Princípios Fundamentais, Princípio XXI e no Capítulo 4, art. 22, art. 24, art. 26, art. 28.

O Princípio XXI preconiza que, no processo de tomada de decisões profissionais, de acordo com sua consciência e as previsões legais, o médico aceitará as escolhas de seus pacientes, relativas aos procedimentos diagnósticos e terapêuticos, desde que adequadas ao caso e cientificamente reconhecidas.[894] Incumbe ao médico formular o diagnóstico e a medida de saúde, de acordo com estado atual das ciências médicas.

No Capítulo IV do CEM/2018, direitos humanos, destina-se à proteção do paciente, função de que impõem-se vedações ao médico. O art. 22 traz que é proibido ao médico deixar de obter consentimento do paciente ou de seu representante legal prestar esclarecimento o procedimento a ser realizado, salvo em caso de risco iminente de morte. O direito de decisão do paciente é contemplado no art. 24, ao ser vedado ao médico deixar de garantir ao paciente o exercício do direito de decidir livremente sobre sua pessoa ou seu bem-estar, bem como exercer sua autoridade para limitá-lo. Pelo art. 26, proíbe-se o médico de não respeitar a vontade do paciente, capaz física e mentalmente, em greve de fome, ou alimentá-la compulsoriamente, devendo comunicá-lo sobre as possíveis complicações do jejum prolongado e, na hipótese de risco iminente de morte, tratá-la. O médico também não pode, nos termos do art. 28, desrespeitar o interesse e a integridade do paciente recolhido em instituição, independentemente da própria vontade.[895]

Embora a referência direta seja feita pelo art. 22 do CEM/2018, o art. 24, o art. 26 e o art. 28 têm vinculação indireta com o consentimento informado, visto que são fundamentais a esse processo o respeito à vontade e à autodeterminação do paciente. A este cabe a autonomia sobre o próprio corpo, respeitada a lei e os bons costumes.

Em assim sendo, um dos componentes que se mostra essencial ao consentimento informado é a autonomia ou capacidade da pessoa para consentir. Esta capacidade de tomar decisões livremente é a garantia da voluntariedade imprescindível à plena validade do ato de consentir.[896]

---

[894] CFM. Conselho Federal de Medicina. *Resolução nº 2.217, de 27 de setembro de 2018*. Disponível em: https://portal.cfm.org.br/images/PDF/cem2019.pdf. Acesso em: 02 jul. 2022.

[895] CFM. Conselho Federal de Medicina. *Resolução nº 2.217, de 27 de setembro de 2018*. Disponível em: https://portal.cfm.org.br/images/PDF/cem2019.pdf. Acesso em: 02 jul. 2022.

[896] CLOTET, Joaquim; FRANCISCONI, Carlos Fernando; GOLDIM, José Roberto (Org.). *Consentimento informado*. Porto Alegre: EDIPUCRS, 2000. p. 57.

Conforme antes analisado, o sistema de incapacidade civil tem como objetivo pré-definir quais sujeitos são capazes de praticar, validamente, os atos da vida civil, garantindo assim a segurança jurídica. O CC/2002, calha rememorar, estabelece de antemão quais pessoas são consideradas maduras e possuidoras de discernimento para exercerem por si sós seus direitos. Ou seja, exclui-se a possibilidade de exame caso a caso da existência de discernimento para a prática do ato.[897]

Adriana Corrêa aponta que, tanto no que se refere aos relativamente incapazes quanto aos absolutamente incapazes, a peculiaridade da questão exige uma resposta atenta ao caso concreto, que leve em consideração a maturidade e a capacidade de discernimento, bem como o grau de seriedade e necessidade do procedimento médico.[898] Daí que, uma interpretação literal do art. 3º e do art. 4º do CC/2002, acerca das incapacidades absoluta e relativa, leva, *prima facie*, à conclusão de que a criança não é detentora da capacidade para consentir nos cuidados relacionados à sua saúde. Essa, porém, não é a intepretação mais condizente com a normativa internacional e nacional em vigência, particularmente a CDC, a CF/1988 e o ECA, posto não respeitar a proteção integral, a prioridade absoluta, a dignidade e a autonomia da criança, bem como não observar os direitos ao respeito, à liberdade e à igualdade.

A idade, oportuno frisar, não pode ser o único critério a diferenciar adulto e criança. Noutros termos, a faixa etária não constitui elemento suficiente para atestar a incapacidade ou capacidade do indivíduo. Ter na idade o fator bastante e suficiente para diferençar adulto e criança é instituir uma "base moralmente arbitrária para qualquer diferença de tratamento normativo".[899]

Desta forma, sendo o paciente uma criança, a esta deve ser dada a oportunidade de manifestar-se de acordo com a idade, maturidade e o discernimento, observando-se, ainda, a gravidade da doença e o tratamento de procedimento de cuidados em saúde ofertados.

Nessa esteira, Gisele Amantino e Eros Cordeiro acentuam que cada caso deverá ser analisado de acordo com sua especificidade, considerando o atual estágio da relação estabelecida entre médico e paciente, de diálogo interativo-integrativo. O consentimento deve ser

---

897 CORRÊA, Adriana Espíndola. *Consentimento livre e esclarecido*: o corpo objeto das relações jurídicas. Florianópolis: Conceito, 2010. p. 117-118.

898 *Ibidem*. p. 120.

899 TOBIN, John. Article 1: the definition of child. *In:* TOBIN, John (Ed.). *The un convention on the rights on the child*: a comentary. New York: Oxford University Press, 2019. pos. 3935. E-book.

obtido a partir da troca de informação objetiva, clara e franca. Há que ser respeitada a singularidade de cada indivíduo, a fim de que sejam atendidas as necessidades para a efetivação do direito de ser informado e esclarecido.[900]

O consentimento informado, explicita André Pereira, é um instituto jurídico complexo que consiste em processo dinâmico de interrelação entre os agentes envolvidos, quais sejam, paciente, profissionais de saúde, família ou representante legal, e que tem os seguintes requisitos para sua validade: a) o paciente tenha capacidade para tomar decisão; b) prestação de informação suficiente em relação ao tratamento oferecido; c) o paciente tenha capacidade para consentir (ou recusar) livremente, sem coerção ou vício de vontade.[901]

Presentemente, ainda persistem controvérsias quanto ao nível ou quantidade de informações a serem fornecidas ao paciente, especialmente nas situações que se refiram a doença grave ou terminal, que, em algumas circunstâncias, podem vir a ter o quadro agravado com o recrudescimento da angústia e do sofrimento.

O esclarecimento reveste de maior complexidade quando o paciente com doença ameaçadora da vida é uma criança, visto que, além da fragilidade ocasionada pela doença, há também a vulnerabilidade decorrente de seu desenvolvimento contínuo.

Não obstante isso, o médico e demais profissionais de saúde têm o dever de cumprir a lei,[902],[903] prestando as informações necessárias.

Por isso, sem descurar da existência de discussões e opiniões à parte,

[900] AMANTINO, Gisele Ester Miguel; CORDEIRO, Eros Belin Moura. O consentimento informado à luz do novo regime de incapacidades. *In:* KFOURI NETO, Miguel; NOGAROLI, Rafaella (Coord.). *Debates contemporâneos do direito médico e da saúde*. São Paulo: Thomson Reuters Brasil, 2020. p. 450.

[901] PEREIRA, André Gonçalo Dias. O *consentimento informado na relação médico-paciente*: estudo de direito civil. Coimbra: Coimbra Editora, 2004. p. 130-131.

[902] À relação médico-paciente, por se constituir em uma relação de consumo, aplica-se o Código de Defesa do Consumidor:
Art. 6º São direitos básicos do consumidor
(...)
III – a informação adequada e clara sobre os diferentes produtos e serviços, com especificação correta de quantidade, características, composição, qualidade, tributos incidentes e preço, bem como sobre os riscos que apresentem; (BRASIL. Câmara dos Deputados. *Lei nº 8.078, de 11 de setembro de 1990*. Dispõe sobre a proteção do consumidor e dá outras providências. Disponível em: https://www2.camara.leg.br/legin/fed/lei/1990/lei-8078-11-setembro-1990-365086-publicacaooriginal-1-pl.html#:~:text=Disp%C3%B5e%20sobre%20a%20prote%C3%A7%C3%A3o%20do%20consumidor%20e%20d%C3%A1%20outras%20provid%C3%AAncias.&text=Art.,social%2C%20nos%20termos%20dos%20arts. Acesso em: 25 jul. 2022).

[903] DIREITO CIVIL E CONSUMIDOR. AÇÃO INDENIZATÓRIA POR DANOS MORAIS, MATERIAIS E ESTÉTICOS. CAUSA DE PEDIR REMOTA. FALHA NA PRESTAÇÃO DE SERVIÇOS MÉDICOS. NEGLIGÊNCIA E IMPERÍCA. PRETENSÕES ENDEREÇADAS A

devem ser disponibilizadas ao paciente, à família ou ao representante legal todas as informações relacionadas à enfermidade, diagnóstico, prognóstico, benefícios e riscos, cabendo a estes a decisão acerca do tratamento a ser seguido e aceito legalmente, bem como a sua recusa ou interrupção do mesmo.

HOSPITAL. RELAÇÃO JURÍDICA HAVIDA ENTRE AS PARTES. CÓDIGO DE DEFESA DO CONSUMIDOR. (...) . PACIENTE. CRIANÇA. DOENÇA GRANULOMATOSA CRÔNICA. IMPUTAÇÃO DE ERRO MÉDICO. FALHA NO PROCEDIMENTO DE DIAGNÓSTICO. AUSÊNCIA DE INVESTIGAÇÃO APROFUNDADA DO QUADRO CLÍNICO. FALHA AUSENTE. DANO. NEXO CAUSAL INEXISTENTE. RESPONSABILIDADE CIVIL. REQUISITOS. AUSENTES. PRONTUÁRIO MÉDICO. PROVA PERICIAL. ADEQUAÇÃO DO PROCEDIMENTO. DOENÇA RARA. CONFORMIDADE E ADEQUAÇÃO COM A LITERATURA MÉDICA. GENITORA. ORIENTAÇÕES E INDICATIVOS MÉDICOS. OMISSÃO. FALHA NA PRESTAÇÃO DO SERVIÇO. INOCORRÊNCIA. DANO ESTÉTICO. RESULTADO. INOCORRÊNCIA. RELAÇÃO DE CAUSALIDADE. AUSÊNCIA. CRITÉRIO. CAUSALIDADE ADEQUADA. NÃO DEMONSTRADA. DIAGNÓSTICO INOPORTUNO. POSSIBILIDADE DE EVITAR O OCORRIDO. MERA PRESUNÇÃO. PERDA DE UMA CHANCE. REQUISITO. CHANCE REAL. ALTA PROBABILIDADE. INOCORRÊNCIA. TEORIA. INAPLICABILIDADE. SIMPLES INFERÊNCIA OU JUÍZO DE PROBABILIDADE. UTILIZAÇÃO PARA CARACTERIZAR O DEVER DE INDENIZAR. IMPOSSIBILIDADE. RESPONSABILIDADE CIVIL AFASTADA. PEDIDO REJEITADO. (...) 4. Enlaçando o nosocômio réu como fornecedor e as autoras como destinatárias finais dos serviços fomentados e das coberturas avençadas, inscrevendo-se o liame havido na dicção dos artigos 2º e 3º do Código de Defesa do Consumidor, a relação jurídica de direito material havida entre eles emoldura-se como relação de consumo, sujeitando-se, pois, às regras protetivas derivadas do Código de Defesa do Consumidor, notadamente no que se refere à sujeição das partes ao dever de indenizar, quando preenchidos os requisitos conformadores das hipóteses de responsabilidade civil pela falha na prestação de serviços. 5. Conquanto o relacionamento do paciente com o estabelecimento hospitalar no qual lhe é ministrado tratamento ambulatorial ou cirúrgico encarte relação de consumo, derivando a causa de pedir da pretensão indenizatória da imputação de falha médica, e não de falha na prestação de serviços de suporte reservados especificamente ao estabelecimento, a responsabilidade do fornecedor, pelos atos de médicos integrantes do seu corpo clínico é apreendida sob o critério subjetivo, sob pena de se responsabilizar objetivamente o nosocômio por fatos ou atos humanos e cujos protagonistas somente são passíveis de ser responsabilizados em incorrendo em culpa ou dolo (CDC, art. 14, §4º; CC, art. 951). 6. Direcionada a ação contra a entidade hospitalar, mas fiada na imputação de falha ou erro médico, encerrando os serviços médicos, como regra, obrigação de meio, e não de resultado, a apuração da responsabilidade da pessoa jurídica também deve ser pautada pelo critério subjetivo quando não derivada a falha imprecada à deficiência do aparato fomentado, mas da imprecação de imperícia e/ou negligência em que teria incidido o profissional que atendera o paciente/consumidor, não alcançando a responsabilidade afetada à prestadora risco integral pelos serviços que fomenta através dos profissionais que integram seu quadro social (CDC, art. 14, §4º). (...). 14. Apelação conhecida e provida. Preliminar rejeitada. Sentença reformada. Pedidos rejeitados. Invertidos e majorados os honorários advocatícios originalmente fixados. Unânime. (DISTRITO FEDERAL. Poder Judiciário. Tribunal de Justiça do Distrito Federal. *TJ-DF 00164783120168070009 DF 0016478-31.2016.8.07.0009*, Relator: Teófilo Caetano, Data de Julgamento: 14.10.2020, 1ª Turma Cível, Data de Publicação: Publicado no DJE : 23.10.2020. Sem Página Cadastrada).

Ao médico, como chefe da equipe que assiste ao doente, cabe propor a conduta que entende ser a mais adequada, baseada nas melhores evidências disponíveis e em conformidade com o conhecimento científico mais atual, a fim de que o paciente, família ou responsáveis legais decidam livremente de acordo com seus próprios valores religiosos, espirituais, morais, éticos e culturais.[904]

Sem embargo, existem situações em que o consentimento informado é de difícil obtenção, como se dá nas emergências, em que há risco de morte iminente ou de dano permanente e incapacitante. Nessas circunstâncias, deve-se priorizar a preservação da vida da criança, considerando-se o consentimento informado presumido.[905] Entretanto, caso seja possível, há que se pedir permissão para os pais ou representante legal.[906]

Logo, defrontando-se com uma situação em que o paciente é uma criança com doença ameaçadora da vida, possuidora de idade, maturidade e discernimento que lhes conferem capacidade para consentir, a conclusão a se ter é que cabe a ela, e não aos pais ou responsável legal, dar o consentimento no que tange aos CPP, posto serem estes, quadra realçar, medidas terapêuticas não invasivas que não põem em risco a vida, mas sim que têm como objetivo o alívio da dor e do sofrimento, bem como permitir que a morte aconteça de forma natural e digna.

Questão importante, e que tem sido levantada no campo doutrinário, reside em saber se a criança apta a dar seu consentimento informado pode também recusar um tratamento médico? Noutras palavras, a capacidade para consentir também consiste na capacidade para recusar a medida terapêutica?[907]

Para melhor verificação do exposto acerca do consentimento informado envolvendo criança, será feita uma análise a partir de três casos: um ocorrido na Inglaterra, outro nos Estados Unidos e o último, no Brasil. O primeiro, é o de Hannah Jones; o segundo, de Julianna Snow; e o terceiro, de Lívia Ester.

Hannah Jones ingressou no hospital pela primeira vez aos quatro anos de idade, tendo sido diagnosticada em seguida com uma forma

---

904 HIRSCHHEIMER, Mário Roberto; CONSTANTINO, Clóvis Francisco; OSELKA, Gabriel Wolf. Consentimento informado no atendimento pediátrico. *Revista paulista de pediatria*, n. 28, v. 2, p. 128, 2010.

905 *Ibidem*. p. 128.

906 BERGSTEIN, Gilberto. *A informação na relação médico-paciente*. São Paulo: Saraiva, 2013. p. 177-178.

907 SILLMANN, Marina Carneiro Matos. *Competência e recusa de tratamento médico por criança e adolescentes*: um diálogo necessário entre o biodireito e o direito infanto-juvenil. Belo Horizonte: Editora D'Plácido, 2019. p. 163.

rara de leucemia, passando, desde então, a ingressar e sair do hospital para realizar tratamentos e procedimentos médicos.[908]

Em novembro de 2008, os médicos, constatando seu quadro terminal, comunicaram-lhe sobre a necessidade de realização de transplante de coração para salvar-lhe a vida. Hannah recusou, preferindo não correr o risco, visto ter passado por seis cirurgias nos dois anos anteriores, optando por ficar em casa. O hospital ameaçou ingressar com ação judicial caso a família não trouxesse a menina de volta para que fosse realizado o procedimento.[909] Após a constatação do nível de discernimento de Hannah por assistente social do próprio hospital, este abandonou a ideia de recorrer ao judiciário.[910]

Os pais, Kirsty, uma ex-enfermeira, e Andrew, auditor, apoiaram a decisão da filha, com esta tendo convencido os oficiais de proteção à criança acerca de sua decisão. Porém, um ano após a recusa, aos 14 anos, e de acordo com seus termos, ela fez o transplante.[911] Hannah concluiu seus estudos e segue tomando medicação contra a rejeição pelo transplante realizado.

Julianna Snow foi uma criança americana diagnosticada aos dois anos de idade com a doença de Charcot-Marie-Tooth, uma doença neurodegenerativa. Aos quatro anos, perdeu a movimentação de seus braços e pernas, e devido à fragilidade de seus músculos de deglutição passou a ser alimentada por uma sonda nosográstrica. Devido a dificuldades respiratórias, constantemente dava entrada no Doernbecher Children's Hospital, em Portland, Oregon.[912]

Quando os médicos de Doernbecher Hospital disseram aos pais que estes teriam que tomar algumas decisões médicas difíceis, eles resolveram consultar Julianna, que contava, à época, com quatro anos de idade. Os médicos explicaram à mãe, Moon, uma neurologista, e

---

908 THE GARDIAN. *Teenager who won right to die*: 'I have had too much trauma. Disponível em: https://www.theguardian.com/society/2008/nov/11/child-protection-health-hannah-jones. Acesso em: 28 jul. 2022.

909 WITHER, Emily. British teenager wins right to die with dignity. *ABC NEWS*, 11 nov. 2008. Disponível em: https://abcnews.go.com/International/HeartDiseaseNews/story?id=6229156&page=1. Acesso em: 28 jul. 2022.

910 LIMA, Taísa Maria Macena de Lima; SÁ, Maria de Fátima Freire de. *Ensaios sobre a infância e a adolescência*. 2. ed. Belo Horizonte: Arraes Editores, 2019. p. 39.

911 DAILY MIRROR. *Hannah Jones at 18*: I turned down heart transplant aged 13 but I'm so glad I changed my mind. Disponível em: https://www.mirror.co.uk/news/real-life-stories/hannah-jones-18-turned-down-2049160. Acesso em: 28 jul. 2022.

912 CNN HEALTH. *Heaven over hospital: 5-year-old Julianna Snow dies on her terms*. Disponível em: https://edition.cnn.com/2016/06/14/health/julianna-snow-heaven-over-hospital-death/index.html. Acesso em: 28 jul. 2022.

ao pai, Snow, um piloto de caça da Força Aérea, a situação, bem como alertando que deveriam refletir sobre a decisão a ser tomada quando uma nova infecção viesse a dificultar a respiração da filha. Trazê-la de volta ao hospital? Os médicos informaram que havia uma chance razoável de Julianna morrer, caso fosse submetida a procedimentos dolorosos, e mesmo se vivesse, afirmaram que provavelmente seria por pouco tempo, e possivelmente estaria sedada, incapaz de pensar e falar. No início do ano que antecedeu a morte, Moon perguntou a Julianna o que ela queria fazer e escreveu sobre a conversa em seu blog:[913]

> Michelle: Julianna, se você ficar doente novamente, você quer ir para o hospital ou ficar em casa?
>
> Julianna: Não quero ir para o hospital.
>
> Michelle: Mesmo que isso signifique que você irá para o céu, se ficar em casa?
>
> Juliana: Sim.
>
> Michelle: E você sabe que mamãe e papai não vão com você imediatamente? Você vai sozinho primeiro.
>
> Juliana: Não se preocupe. Deus vai cuidar de mim.
>
> (...)

Julianna morreu aos cinco anos, provocando discussões não somente em relação à recusa de tratamento por criança, mas, sobretudo, pelo fato de os pais terem levado em consideração sua opinião mesmo ela contando com pouca idade.

Lívia Ester, criança brasileira, natural do estado de Pernambuco, foi diagnosticada com um tumor cerebral raro (pineoblastoma) em 2018, aos oito anos de idade.[914] No ano de 2019, Lívia foi submetida a uma cirurgia para extração do tumor e posterior tratamento quimioterápico. Algum tempo depois da cirurgia e do tratamento, o câncer ressurgiu com maior gravidade, ocasião em que a criança foi admitida em uma instituição hospitalar para ser submetida a novas medidas terapêuticas. Mediante acompanhamento profissional multidisciplinar, que incluiu a participação de médicos, enfermeiros, psicólogo, entre outros, foi-lhe permitido, durante todo o tratamento, expressar sua opinião e vontade,

---

913 CNN HEALTH. *Heaven over hospital: 5-year-old Julianna Snow dies on her terms*. Disponível em: https://edition.cnn.com/2016/06/14/health/julianna-snow-heaven-over-hospital-death/index.html. Acesso em: 28 jul. 2022.

914 AMPE – Associação Médica de Pernambuco. Consentimento e assentimento informado na criança. *Youtube,* 21 out. 2021. Disponível em: https://www.youtube.com/watch?v=3m4YS0_MCQ4. Acesso em: 28 jul. 2022.

conquanto não lhe fosse assegurado o poder de decisão, que ficava a cargo da mãe, caracterizando, com isso, o assentimento informado.[915]

Entres os medos demonstrados por Lívia, estava o de ser internada em UTI, em decorrência de já ter passado longo tempo nessa unidade de tratamento. Sabendo que seu quadro era irreversível, a equipe de saúde, valendo-se dos meios necessários e possíveis para lhe assegurar conforto e segurança, destinou um quarto no hospital devidamente equipado, atendendo seu pedido e permitindo um contato humanizado tanto com os membros da equipe, como com sua mãe.[916]

Lívia externou à equipe de saúde seus desejos e medos em relação às condutas que deveriam ou não ser tomadas durante o tratamento, sendo-lhe incentivado, com orientação da psicóloga que a acompanhava, a escrita de um livro, por ela intitulado "Mia e a Borboleta", em que abordou, por meio de desenhos, escrita e personagens imaginários sua vivência e compreensão do momento experienciado.[917]

No livro, Lívia narra momentos de sua vida e da vivência no hospital. Um dos pontos marcantes do livro são os desenhos contidos no início e no final. O do início traz um sol intenso e alto como o sol do meio-dia. O do final, traz um sol se pondo, com uma criança caminhando rumo ao seu encontro. Lívia morreu em decorrência da doença em junho de 2021, aos 10 anos de idade. Todas as suas vontades foram respeitadas pelos profissionais até o fim. Foi colocada sob CPP em maio do mesmo ano.[918]

Assim, tomando em consideração os três casos acima relatados, e a partir do regime jurídico brasileiro aplicado à criança e ao adolescente, tem-se que: a) Hannah Jones tinha 13 anos de idade quando recusou a cirurgia de transplante de coração, sendo, portanto, considerada adolescente, fugindo ao objeto do texto, que se atém à criança; b) Julianna Snow contava com quatro anos quando sua mãe solicitou sua opinião acerca da internação ou não na fase terminal de sua vida;

---

915 Enquanto no consentimento informado a decisão é tomada pela própria criança, no assentimento informado a criança manifesta sua opinião, mas a decisão fica a cargo dos pais ou representante legal.

916 AMPE – Associação Médica de Pernambuco. Consentimento e assentimento informado na criança. *Youtube,* 21 out. 2021. Disponível em: https://www.youtube.com/watch?v=3m4YS0_MCQ4. Acesso em: 28 jul. 2022.

917 AMPE – Associação Médica de Pernambuco. Consentimento e assentimento informado na criança. *Youtube,* 21 out. 2021. Disponível em: https://www.youtube.com/watch?v=3m4YS0_MCQ4. Acesso em: 28 jul. 2022.

918 AMPE – Associação Médica de Pernambuco. Consentimento e assentimento informado na criança. *Youtube,* 21 out. 2021. Disponível em: https://www.youtube.com/watch?v=3m4YS0_MCQ4. Acesso em: 28 jul. 2022.

c) Lívia Ester possuía oito anos quando foi diagnosticada com a doença, sendo submetida à cirurgia, quimioterapias e muitas internações até a ocorrência de sua morte, com a equipe de saúde permitindo-lhe manifestar.

Faz-se, então, os seguintes questionamentos: 1) a criança tem maturidade e discernimento suficientes para a tomada de decisão em relação aos cuidados com sua saúde? 2) havendo maturidade e discernimento, deve ser estabelecida uma idade mínima para que a criança possa manifestar sua vontade? 3) a decisão dada pela criança envolve todas as medidas de saúde?

Não constitui objeto do texto verificar de que modo é possível estabelecer padrões ou critérios para a fixação de uma idade mínima para a compreensão, avaliação e assunção de responsabilidade por parte da criança em relação a procedimentos e tratamentos médicos que digam respeito à sua saúde, mas sim analisar se a criança com idade, maturidade e discernimento possui autonomia para tomar decisões envolvendo os cuidados com sua saúde, mais especificamente em relação aos CP.

Julliana Snow, a primeira das duas crianças mencionadas acima, contava com quatro anos de idade quando a mãe perguntou sobre a aceitação ou não da internação antes da ocorrência de sua morte. Tratava-se, portanto, de situação envolvendo criança em tenra idade, o que torna mais complexa ainda a verificação da existência de maturidade e discernimento para a tomada de decisão em saúde.

As crianças com idade aproximada entre os dois e sete anos, segundo Jean Piaget, compunham a segunda infância e constituía o estágio pré-operatório do desenvolvimento cognitivo, posto que as crianças dessa idade ainda não estão preparadas para se envolver em operações mentais lógicas.[919] Nessa fase, afirmava Piaget, a criança ainda não era capaz de raciocinar de modo lógico sobre causa e efeito.[920] Noutras palavras, na visão de Piaget, as crianças dessa fase da vida normalmente ficam impedidas de gerar conclusões válidas para problemas lógicos.[921]

Por não terem entendimento lógico sobre causa e efeito, as crianças com idade entre dois e sete anos mostram-se incapacazes de

---

919 PAPALIA, Diane E.; FELDMAND, Ruth Duskin. *Desenvolvimento humano.* Tradução de Cristina Monteiro e Mauro de Campos Silva. 12. ed. Porto Alegre: AMGH, 2013. p. 259.

920 *Ibidem.* p. 261.

921 BEE, Helen; BOYD, Denise. *A criança em desenvolvimento.* 12. ed. Tradução de Cristina Monteiro. Porto Alegre: Artmed, 2011. p. 174.

compreender o diagnóstico, o prognóstico, o tratamento, os riscos e os benefícios relacionados à doença, não sendo, portanto, capazes de consentir para a realização ou não de procedimentos e tratamentos médicos. Em situações como essa, a criança deve ser ouvida para que a decisão seja tomada pelos pais ou responsável legal, mediante assentimento informado. Este, pautado no direito à participação da criança e no princípio do melhor interesse.[922] É o procedimento a ser adotado em situações como a de Julianna Snow, que tinha quatro anos na época dos acontecimentos.

Gerison Lansdown aponta os seguintes os elementos centrais da competência[923] (capacidade) para a tomada de decisão no âmbito da saúde: a) capacidade de compreender e comunicar as informações pertinentes, preferência, preocupações; b) capacidade de pensar e escolher de forma independente; c) capacidade de avaliar os benefícios, riscos e danos potenciais; d) possuir um sistema de valores que permita tomar uma decisão.[924]

Para Dalmir Lopes Jr., o consentimento informado deve compreender os seguintes pressupostos: a) capacidade do agente; b) voluntariedade (ou intencionalidade); c) revelação da informação (esclarecimento); e d) assentimento.[925]

A capacidade de compreensão ou capacidade do agente a que se referem Lansdown e Lopes Jr., em se tratando de criança, é a capacidade ou autonomia progressiva,[926] em que são levados em conta a maturidade e o discernimento. Dessarte, faz-se essencial que a criança seja possuidora de maturidade e discernimento suficientes para entender as informações acerca da doença, tratamento, prognóstico, benefícios e riscos.

Com efeito, cumpre ao médico avaliar a capacidade para consentir do paciente, especialmente quando este for criança, deve aferir as capacidades funcionais relacionadas com a capacidade de decisão,

---

[922] ELER, Kalline Carvalho Gonçalves; OLIVEIRA, Aline Albuquerque Sant'Anna de. O assentimento ao consentimento das crianças para participar em pesquisa clínica: por uma capacidade sanitária juridicamente reconhecida. *Pensar*, Fortaleza, v. 24, n. 1, p. 7, jan./mar. 2019.

[923] No direito anglo-saxão é comum o uso do termo competência ao invés de capacidade.

[924] LANSDOWN, Gerison. *La evolución de las facultades del niño*. Florencia, Italia: El Centro de Investigaciones de Innocenti de UNICEF, 2005. p. 11. Disponível em: https://www.unicef-irc.org/publications/pdf/EVOLVING-E.pdf. Acesso em: 20 jul. 2022.

[925] LOPES JR., Dalmir. *Consentimento informado na relação médico-paciente*. Belo Horizonte: Editora D´plácido, 2018.

[926] Ambos os termos expressam o mesmo sentido, sendo mais usada no texto somente a palavra autonomia.

verificar a patologia, determinar as exigências que a situação coloca o paciente e considerar as consequências de sua decisão.[927]

Não se pode esquecer que a autonomia ou capacidade para consentir possui estreita ligação com a noção de responsabilidade, pois a prática de um ato autônomo exige que o autor saiba lidar com efeitos positivos e/ou negativos de sua ação. Em razão disso, é necessário que ele consiga realizar uma análise crítica do contexto em que está, que compreenda e escolha sua ação, os riscos e as consequências daí advindas antes de conscientemente.[928]

A voluntariedade exige que a decisão da criança seja livre de qualquer interferência externa, inclusive dos pais, familiares, representante legal e profissionais de saúde. A estes, em especial ao médico, competem prestar todas as informações e esclarecimentos necessários, em linguagem clara e objetiva, de modo a permitir a compreensão da enfermidade pela criança, a quem compete decidir, ainda que divergindo da opinião médica e dos pais, desde que não seja contrária à lei e à moral.

No caso de Lívia Ester acima descrito, a criança contava com oito anos de idade à época do adoecimento, quando desde então passou por cirurgia, quimioterapias e diversas internações hospitalares.

Lívia enquadrava-se no terceiro estágio do desenvolvimento cognitivo (estágio operatório concreto), que vai dos sete aos doze anos, e durante o qual as crianças desenvolvem pensamento lógico, mas não abstrato. Nesse estágio, as crianças têm, em relação ao estágio pré-operatório, um melhor entendimento dos conceitos espaciais, causalidade, categorização, raciocínio indutivo e dedutivo, conservação e números.[929]

A compreensão de que a criança já se mostrava capaz de decidir entre seguir com o tratamento ou optar pelos CPP mostra-se evidente quando é levado em consideração que a equipe de saúde a ouviu durante todo o tratamento, com ela demonstrando entender a doença, a gravidade, os riscos e consequências, o que foi expressado inclusive no livro escrito com auxílio da psicóloga, em que o "percurso vida-morte" é retratado pelo "caminhar da criança do sol do meio-dia para o pôr do sol no prelúdio do anoitecer".

---

[927] PEREIRA, André Gonçalo Dias. O *consentimento informado na relação médico-paciente*: estudo de direito civil. Coimbra: Coimbra Editora, 2004. p. 167.

[928] VIEIRA, Marcelo de Mello. *Direitos de crianças e de adolescentes à convivência familiar*. 2. ed. Belo Horizonte, São Paulo: D'Plácido, 2020. p. 65.

[929] PAPALIA, Diane E.; FELDMAND, Ruth Duskin. *Desenvolvimento humano*. Tradução de Cristina Monteiro e Mauro de Campos Silva. 12. ed. Porto Alegre: AMGH, 2013. p. 324.

A própria doença, a convivência com a equipe de saúde, o ambiente hospitalar, o tratamento e as internações contribuem para que a criança atinja um grau de maturidade superior ao que se espera de uma criança com a mesma idade que não vivencie situação semelhante.

Tivesse restado demonstrado mediante avaliação médica ou por comitê de bioética que Lívia Ester possuía maturidade e discernimento, portanto detentora de capacidade ou autonomia, a ela caberia a tomada de decisão acerca dos CP.

4.7 A autonomia da criança, o poder familiar e a representação legal nos cuidados paliativos pediátricos: alcance e limites

Oportuno se faz voltar às indagações levantadas anteriormente, reformulando-as e ampliando-as de modo a abranger a temática proposta no presente tópico, quais sejam: a criança possui autonomia para proceder a tomada de decisões em cuidados paliativos pediátricos (CPP)? As decisões abrangem o aceite, interrupção ou recusa da medida terapêutica ofertada? Qual a posição assumida pelos pais ou responsável legal?

No Brasil, antes da CF/88, a chefia da sociedade conjugal era exercida pelo marido, com a colaboração da mulher, para atender o interesse comum do casal e dos filhos, conforme o art. 233, inciso I, do Código Civil de 1916 (CC/1916). A autoridade sobre estes, então nominado pátrio poder, atribuiu ao pai poderes excessivos, levando a conduzir o processo educacional de modo extremamente autoritário. Cabia ao filho somente cumprir ordens, não raras vezes, mediante severas punições e castigos corporais.[930]

Com a entrada em vigor do texto constitucional de 88, a proteção, outrora centrada na instituição-família, tida como a principal célula da sociedade, e tratada como um fim em si mesma, passa a ser voltada para as pessoas que a compõem.[931]

Nesse contexto, o interesse dos pais condiciona-se ao que é importante para a criança, isto é, "ao interesse de sua realização como pessoa em desenvolvimento", não mais havendo poder do pai ou dos

---

930 TEPEDINO, Gustavo; TEIXEIRA, Ana Carolina Brochado. *Fundamentos do direito civil*: direito de família. 1. ed. Rio de Janeiro: Forense, 2020. p. 6. E-book.

931 SCHREIBER, Anderson. *Manual de direito civil contemporâneo*. 5. ed. rev. e amp. São Paulo: SaraivaJur, 2022. p. 1.178. E-book.

pais sobre os filhos.[932] Aos pais cabe a responsabilidade pelo desenvolvimento dos filhos (art. 226, §7º, CF/88). O interesse dos pais deve estar voltado para a proteção integral da criança, o que inclui, relembre-se, entre outros, o direito à vida, à saúde, à dignidade, à educação, à liberdade (art. 227, *caput*, CF/88).

De acordo com o afirmado por Luciana Dadalto e Willian Pimentel, a responsabilidade dos pais diminui na medida em que a idade do menor progride. Entretanto, ressaltam os autores, essas responsabilidades quando relacionadas a decisões que dizem respeito à saúde esbarram nos direitos de personalidade do menor, necessitando, assim, de maior atenção no estabelecimento de limites.[933]

Entre os direitos fundamentais assegurados à criança, como se pode observar a partir do disposto no art. 227 da CF/88, está a educação, que deve ser proporcionada pelos pais à criança de modo a permitir-lhe que tenha "desenvolvimento e autonomia garantidos por meio de estruturação biopsíquica adequada que a capacite para a vida adulta".[934]

O art. 229 do texto constitucional reitera o direito da criança à educação, ao estabelecer que "os pais têm o dever de assistir, criar e educar os filhos menores".[935] Em outros termos, no ambiente da convivência familiar, os pais, mediante a assistência, criação e educação, devem contribuir para o desenvolvimento progressivo da criança, de modo a permitir que esta possa exercer sua autonomia de acordo com o grau de maturidade e discernimento.

Entenda-se como educação não somente a formal, com vistas a formar um adulto para exercer sua cidadania. Muito mais que isso, abrange também a educação informal, que se dá no seio familiar e no ambiente sociocultural em que a criança está inserida, voltando-se para seu crescimento contínuo como ser humano capaz de fazer suas próprias escolhas.

Nessa esteira, o entendimento de Simone Iglesias, Ana Zollnes e Clóvis Constantino, para os quais, dado os fortes laços afetivos e

---

[932] LÔBO, Paulo. *Direito civil*: volume 5: famílias. 11. ed. São Paulo: Saraiva Educação, 2021. p. 421. E-book.

[933] DADALTO, Luciana; PIMENTEL, Willian. Tomada de decisão médica em fim de vida do menor. *In:* TEIXEIRA, Ana Carolina Brochado; DADALTO, Luciana (Coords.). *Autoridade parental*: dilemas e desafios. Indaiatuba: Editora Foco, 2019. pos. 10370. E-book.

[934] TEPEDINO, Gustavo; TEIXEIRA, Ana Carolina Brochado. *Fundamentos do direito civil*: direito de família. 1. ed. Rio de Janeiro: Forense, 2020. p. 282. E-book.

[935] BRASIL. Presidência da República. *Constituição da República Federativa do Brasil de 1988*. Disponível em: http://www.planalto.gov.br/ccivil_03/constituicao/constituicao.htm. Acesso em: 26 jul. 2022.

preocupações que os pais, normalmente, têm com seus filhos, acredita-se serem as pessoas mais capazes de reconhecerem e defenderem seus interesses, estando, portanto, igualmente comprometidos com a dinâmica familiar e com o desenvolvimento biopsicossocial, afetivo, espiritual e cultural da criança.[936]

Na esfera da legislação ordinária, além de outros deveres impostos aos pais, também está o de criar e educar os filhos (art. 1.634, I, CC/2002), cuja interpretação e aplicação deve estar em sintonia com a responsabilidade parental já estabelecida pela CF/88 (art. 226, §7º e art. 229, 1ª parte), e em conformidade com os interesses superiores da criança (art. 227).

Ao voltar-se para a promoção do livre desenvolvimento da personalidade, afirma Heloisa Helena Barbosa, a autoridade parental transforma-se em instrumento de valorização da autonomia existencial da criança,[937] incluindo-se, portanto, a autonomia para decidir quando estiver em questão os cuidados relacionados à sua saúde.

Uma das situações mais delicadas enfrentadas pelos pais está relacionada à criança com doença ameaçadora da vida. Isso porque conforme destacam Iglesias, Zollnes e Constantino, a reflexão sobre a morte, o risco de vida ou o sofrimento de um filho é profundamente dolorosa para os pais que, com frequência, encontram-se em fase de negação, podendo experimentarem sentimentos contraditórios, tristeza, raiva e culpa. "Por estarem envolvidos no processo decisório lidando com a incerteza e sem vivência prévia deste tipo de situação, precisam ter confiança na equipe de saúde".[938]

Nesse contexto, sustentam Iglesias, Zollnes e Constantino, tendem a adotar uma postura protetiva com o intuito de evitar sentimento de culpa ou remorso por parte dos pais em caso de desfecho fatal ou indesejável. No entanto, sustentam os autores, serão os pais e familiares que devem lidar diariamente com as decisões que não lhes couberem inicialmente e com todas as suas implicações médicas e não médicas. "O sujeito do tratamento (paciente e família) deve ser

---

936 IGLESIAS, Simone Brasil de Oliveira; ZOLLNES, Ana Cristina Ribeiro; CONSTANTINO, Clóvis Francisco. Cuidados paliativos pediátricos. *Residência pediátrica*, n. 6 (supl 1), p. 51, 2016.

937 BARBOZA, Heloisa Helena. O poder familiar e a morte digna dos filhos: breves reflexões sobre o caso Charles Gard. *Revista interdisciplinar de direito*, v. 18, n. 2, p. 183-184, jul./dez. 2020.

938 IGLESIAS, Simone Brasil de Oliveira; ZOLLNES, Ana Cristina Ribeiro; CONSTANTINO, Clóvis Francisco. Cuidados paliativos pediátricos. *Residência pediátrica*, n. 6 (supl 1), p. 51, 2016.

percebido como um ser biopsicossocial e cultural singular, com suas expectativas, susceptibilidades, angústias e temores neste momento de grande vulnerabilidade".[939]

Nessas circunstâncias, não é incomum o conflito entre pais (família) e a equipe da saúde que assiste a criança. Aflora como um dever natural, mais até mesmo que um dever moral ou jurídico, a defesa da vida de um filho. Não há como mensurar, seja pelos lineamentos da razão seja pelos da emoção, a dor, a angústia e o sofrimento insuportáveis diante da morte do filho que se anuncia.

Quando o médico e demais profissionais de saúde, esgotadas todas as medidas cientificamente conhecíveis e possíveis, comunicam que nada mais resta a fazer, os pais, mais comum, ou o paciente, mais raro, podem não aceitar a opinião externada, vindo a se manifestar pela manutenção do tratamento, mesmo quando demonstrado serem os CPP as únicas medidas a serem adotadas, com vistas a resguardar a criança da dor e sofrimento, permitindo-lhe um morrer com dignidade.

Em casos como esses, não havendo entendimento entre entres os pais (família) ou paciente e a equipe de saúde, a solução deve ser buscada mediante a interveniência de um comitê de ética existente na instituição hospitalar ou formada para este fim. Persistindo o impasse, a solução deve ser dada pelo Poder Judiciário.

Nesse sentido, o entendimento firmado por Heloísa Helena Barboza, para quem, havendo divergências entre os pais da criança e os médicos (e demais profissionais de saúde), a apreciação judicial se faz necessária para a salvaguarda dos direitos de todos os envolvidos no procedimento, resguardado o melhor interesse da criança e observados os princípios bioéticos que lhe conferem legitimidade em cada caso.[940]

Para fundamentar suas decisões, os juízes, seja no sentido de continuidade do tratamento seja no sentido de sua interrupção, têm levado em consideração os melhores interesses da criança, a exemplo do que ocorreu no caso do menino inglês Archie Battersbee.[941]

---

[939] IGLESIAS, Simone Brasil de Oliveira; ZOLLNES, Ana Cristina Ribeiro; CONSTANTINO, Clóvis Francisco. Cuidados paliativos pediátricos. *Residência pediátrica*, n. 6 (supl 1), p. 51, 2016.

[940] BARBOZA, Heloisa Helena. O poder familiar e a morte digna dos filhos: breves reflexões sobre o caso Charles Gard. *Revista interdisciplinar de direito*, v. 18, n. 2, p. 197, jul./dez. 2020.

[941] KIELING, Felipe. *Menino Archie:* justiça manda desligar aparelhos, e criança morre no Reino Unido. *Jornal da Band*, 07 ago. 2022. Disponível em: https://www.band.uol.com.br/noticias/jornal-da-band/ultimas/menino-archie-justica-manda-desligar-aparelhos-16527202. Acesso em: 04 ago. 2022.

Se a criança estiver consciente, e tendo restado demonstrado que ela é possuidora de idade, maturidade e discernimento suficientes para compreender a doença, a possibilidade ou não da reversibilidade de seu quadro, portanto, em condições de decidir por conta própria, ela mesma pode optar em seguir com o tratamento ou dar preferência à utilização dos CP.

CONSIDERAÇÕES FINAIS

O direito à saúde, garantido a todos os indivíduos indistintamente pelos artigos 6º e 196 da CF/88 foi assegurado à criança com absoluta prioridade, como um dever dos pais, da sociedade e do Estado. Referido direito vai além da cura de doenças, abrangendo também a prevenção, a assistência e quaisquer outras medidas terapêuticas que visem proporcionar o bem-estar da pessoa.

Foi nesse contexto que se deu a abordagem sobre a autonomia da criança em cuidados paliativos pediátricos, tendo como diretriz maior o valor supremo da dignidade humana, mediante enfoque jurídico conferido por áreas do direito que tenham pertinência com temática, tais como o direito internacional dos direitos humanos, direito constitucional, direito civil, direito da criança e do adolescente e suas interligações com a medicina, enfermagem, bioética.

À criança acometida de doença que ameace a vida deve ser aplicada assistência terapêutica ampla e integral, a fim de que lhe seja proporcionado o bem-estar físico, psíquico, social e espiritual até o último momento de sua vida.

Se a doença e suas consequências, em alguns casos, já são impactantes para o ser humano adulto, para a criança e sua família, então, são ainda mais perturbadoras. É do processo natural da vida humana nascer, crescer, envelhecer, adoecer e morrer. Diversos, contudo, são os acontecimentos que levam ao impedimento, interrupção ou extinção da vida, como catástrofes, desastres naturais, acidentes, violência, doença.

A indagação que suscitou o interesse pela temática é uma das mais complexas envolvendo os cuidados em saúde da criança, visto referir-se a doenças de elevada gravidade que recaem sobre pessoa cuja maturidade e discernimento ainda não atingiram sua plenitude.

De acordo com o examinado, à criança com doença ameaçadora da vida – aguda, crônica ou terminal – e que não mais seja passível de cura, juntamente com sua família, devem ser ofertados, necessariamente, como modalidade terapêutica, os cuidados paliativos pediátricos adequados, a fim de que sejam amenizados a dor e o sofrimento, conferindo-lhes bem-estar físico, psicológico, social e espiritual.

Dentre as medidas que podem ser adotadas no transcorrer do processo que envolve a doença e a morte, restou constatado ser a ortotanásia compatível com a ordem jurídica brasileira, posto respeitar a dignidade da criança enferma, por não impor tratamento desumano, atender ao melhor interesse e conferir proteção integral à criança, o que, por via de consequência, permite que lhe sejam ofertados os cuidados paliativos pediátricos.

Foi verificado que os cuidados paliativos, em que pese a ausência de lei nacional específica sobre a matéria, encontram amparo na CF/88, na legislação federal legal e infralegal, em normas éticas do Conselho Federal de Medicina (CFM) e em leis estaduais. Na CF/88, têm-se no artigo 1º, inciso III, a dignidade da pessoa humana; no artigo 5º, inciso III, a vedação à tortura, ao tratamento desumano ou degradante; nos artigos 6º e 196, *caput*, o direito à saúde; no artigo 227, a proteção integral e o superior interesse da criança.

Também foi constatado que normas éticas do Conselho Federal de Medicina (CFM) dispõem sobre temas relacionados aos cuidados paliativos e à terminalidade da vida, e que leis específicas de diversas unidades da federação tratam da disciplina dos cuidados paliativos.

Verificou-se ainda que os cuidados paliativos encontram amparo em normas internacionais do porte do Pacto Internacional dos Direitos Econômicos Sociais e Culturais (PIDESC), do Pacto Internacional dos Direitos Civil e Políticos e da Convenção Americana de Direitos Humanos (CADH), todos inseridos no ordenamento jurídico interno.

Portanto, conquanto ainda exista lacuna pela falta de edição de lei nacional com o objetivo de estabelecer as diretrizes para a implantação, organização, estruturação e aplicação dos cuidados paliativos em todo o território brasileiro, tanto para crianças como para adultos, já existem fundamentos e fontes, a nível internacional e nacional, que permitem sua oferta sem que haja contrariedade ao ordenamento jurídico nacional.

No mais, verificou-se que os cuidados paliativos pediátricos envolvem questões e situações que vão além da relação médico-paciente, tais como as relações interpessoais entre paciente, fatores sócios-econômicos, implementação de políticas públicas, recursos humanos e financeiros, formação profissional, conscientização.

E em meio a todas essas questões surge a indagação se a criança possui autonomia para a tomada de decisões nos cuidados paliativos pediátricos, levando-se em conta a ordem jurídica em vigor no país. Noutras palavras, a criança possui capacidade para consentir acerca dos assuntos relacionados à sua saúde. Essa indagação foi o ponto central examinado pela pesquisa.

Pelo modelo tradicional do regime de incapacidade civil em vigor no Brasil, estático e abstrato, pautado somente na idade, a conclusão é uma só, posto ser o menor de 16 anos de idade considerado absolutamente incapaz. Ocorre, porém, que o Código Civil (CC/2002) atual não mais pode ser concebido como uma norma apartada das demais que compõem o ordenamento jurídico, especialmente da CF/88. Mais, além das normas constantes no texto constitucional, existe lei federal que incide sobre a matéria, o Estatuto da Criança e do Adolescente, que, juntamente com a Constituição, sobrelevou a criança ao patamar de sujeito de direito, merecedor de proteção integral.

Além disso, o próprio texto constitucional estabelece prioridade para as normas internacionais que versem sobre direitos humanos, como é o caso da Convenção sobre os Direito da Criança (CDC), cujos artigos 5º e 12 em conjunto, atestam a autonomia ou capacidade para decidir da criança, caso esta seja detentora de maturidade e discernimento.

Não é mais concebível que, em pleno século XXI, quando já se tem por consolidada sua condição de sujeito de direito, tanto a nível internacional como nacional, e em que a dignidade da pessoa humana ocupa o degrau de fundamento maior da ordem jurídica, que a criança possuidora de idade, maturidade e discernimento não tenha o direito de manifestar sua vontade para a tomada de decisão nas questões pertencentes à sua saúde, como se dá no caso dos cuidados paliativos pediátricos.

Para buscar respostas para as indagações, fez-se também uma análise comparativa entre as ordens jurídicas do Brasil e da Argentina, como foco no regime de incapacidade de ambos países, em que foram utilizados a Constituição de 1988, o Código Civil de 2002 e o Estatuto da Criança e do Adolescente, do Brasil; e a Constituição Nacional de 1994, o Código Civil e Comercial da Nação Argentina de 2014 (CCeCN/2014), a Lei da Proteção Integral da Criança e do Adolescente (Lei nº 26.061, de 21 de outubro de 2005) e a Lei sobre os Direitos do Paciente (Lei nº 26.529, de 19 de novembro de 2019), da Argentina. E como norma de direito internacional foi feito uso da Convenção sobre os Direitos da Criança de 1989 (CDC), em específico os artigos 5º e 12.

Verificou-se que, mesmo diante da ausência de lei nacional específica tratando de cuidados paliativos, os cuidados paliativos pediátricos encontram fundamento para sua aplicação na CF/88, na dignidade da pessoa humana (art. 1º, III), na vedação ao tratamento desumano e degradante (art. 5º, III), no direito da saúde (art. 6º e 196, *caput*), proteção integral e interesse superior (art. 227).

No que diz respeito à Argentina, constatou-se que a Constituição Nacional confere o status de norma constitucional à CDC, tornando-a hierarquicamente superior ao CCeCN/2014, o que, por via de consequência, faz com que o art. 5º com o art. 12 da CDC, que tratam da autonomia progressiva da criança, prevalecem sobre os artigos 25 e 26 do CCeCN/2014, que dispõem sobre a capacidade do adolescente decidir sobre assuntos relacionados à sua saúde. Além disso, restou demonstrado que o art. 2º e o art. 3º da Lei nº 26.061/2005, juntamente com o art. 2º da nº 26.529/2009, reconhecem à criança o direito de expressar sua vontade na tomada de decisões relacionadas a medidas de saúde que lhe diz respeito.

Foi salientado também que têm sido utilizadas pela doutrina, nacional e estrangeira, com o mesmo sentido de "autonomia progressiva", as expressões "poderes em evolução", "capacidade de evolução" e "capacidade progressiva". Na doutrina sul-americana, o uso mais comum são "autonomia progressiva" e "capacidade progressiva", utilizadas na pesquisa, dado ao fato de ambas traduzirem o "sentido dinâmico" da capacidade de agir, diverso do sentido estático da capacidade civil. Também se fez uso, com o mesmo sentido das duas anteriores, da expressão "capacidade para consentir", sendo esta a de maior uso na Alemanha e em Portugal, e direcionada à capacidade de exercício para a prática de atos relacionados especificamente à saúde.

Observou-se que, no Brasil, a autonomia da criança quanto aos cuidados paliativos pediátricos tem que ser compreendida e considerada a partir da Convenção sobre os Direitos da Criança (CDC), da Constituição de 1988 e do Estatuto da Criança e do Adolescente.

Como o Brasil é signatário da CDC, que teve o status de norma supralegal reconhecido pela jurisprudência do Supremo Tribunal Federal (STF), portanto, hierarquicamente inferior à Constituição e superior à lei, verificou-se que seus artigos 5º e 12 se sobrepõem ao art. 3º do Código Civil brasileiro, o que torna a criança como possuidora de autonomia conforme seu grau de maturidade e discernimento.

O art. 5º da CDC faz menção expressa à autonomia progressiva da criança ao atribuir aos pais, à família ou ao representante legal a responsabilidade para lhe proporcionar instrução e orientação adequadas, de acordo com sua capacidade em evolução, resguardada da interferência estatal, desde que não haja inobservância ao melhor interesse da criança.

Desta forma, necessário se faz conferir à criança uma participação mais ativa, fazendo valer tanto sua condição de sujeito de direito como a de sujeito capaz de exercer direitos, e de fazer, na medida do possível e em situações que envolvem direitos existenciais, suas próprias escolhas como cidadã.

Não se propõe o reconhecimento da autonomia ou capacidade progressiva para que a criança com idade, maturidade e discernimento decida sobre todas as questões de seu interesse. Para as situações patrimoniais, que não dizem respeito apenas ao seu próprio interesse, e para fins de segurança jurídica, propõe-se a manutenção do regime de incapacidade do Código Civil de 2002.

Como contribuição, esse estudo possibilitou uma maior reflexão sobre a autonomia ou capacidade para consentir da criança possuidora de idade, maturidade e discernimento nos cuidados paliativos pediátricos, sendo observada a situação concreta, o que abrange a gravidade da enfermidade e o nível de compreensão da decisão a ser tomada.

Em meio à análise, não foi deixado de observar que as decisões relacionadas aos cuidados paliativos pediátricos, comumente, envolvem situações em que o tratamento curativo não é mais possível, entendimento este que deve ser firmado pelo médico com chefe da equipe de saúde, abalizada pelo conhecimento científico mais atual.

Quanto à avaliação do grau de maturidade e discernimento, sugere-se que seja realizada por equipe multidisciplinar composta pelo médico assistente, psiquiatra, enfermeiro, psicólogo e assistente social, ou pelo comitê de ética da instituição. Havendo discordância, mostra-se cabível uma nova avaliação, a ser feita por outros profissionais indicados. Persistindo, caberá ao Judiciário decidir.

Em suma, este estudo permitiu concluir que a criança com doença ameaçadora da vida (aguda, crônica ou terminal), desde que possua idade, maturidade e discernimento, detém autonomia para realizar escolhas e decidir no tocante a assuntos relacionados aos cuidados paliativos pediátricos. A limitação da autonomia, com consequente autorização dos pais ou do representante legal, faz-se necessária caso a criança não tenha atingido o grau de maturidade e discernimento condizente com o caso concreto. Mesmo assim, à criança devem ser fornecidas as informações relacionadas à enfermidade, diagnóstico, tratamento e prognóstico, para que possa opinar e decidir juntamente com os pais, família ou representante legal, por meio de assentimento informado.

Dessa forma, mesmo padecendo de doença que ofereça risco à vida, a criança possui o direito de ter sua vontade respeitada, cabendo ao médico e demais profissionais de saúde, sem agir com paternalismo ou cuidados excessivos, envidarem todos os esforços necessários no sentido de lhe proporcionar dignidade e bem-estar.

A autonomia da criança para a tomada de decisão em CPP encontra amparo na ordem jurídica nacional por meio da Convenção sobre Direitos das Criança (art. 5º e art. 12, 1), da Constituição Federal de 1988 (art. 227, *caput*, CF/1988), e pelo Estatuto da Criança e do Adolescente (art. 4º).

O exercício da autonomia da criança na tomada de decisão nos CPP traz, como consequência, a diminuição do poder parental. Caso a criança não tenha sua autonomia reconhecida, cabe a representação pelos pais ou representante.

Ao final da pesquisa, conclui-se que, embora os CPP tenham obtido alguns avanços no Brasil, no tocante à implantação e à ampliação, ainda há muito a ser feito para que seja conferido à criança, independentemente de idade ou classe econômico-social, o acesso amplo e integral à saúde.

REFERÊNCIAS

ABBOGNANO, Nicola. *Diccionario de filosofia*. México, D. F.: Fundo de Cultura Económica, 1993.

ABEL, F. Distanásia. *In:* LEONE, Salvino; PRIVITERA, Salvatore; CUNHA, Jorge Teixeira da (Coords.). *Dicionário de bioética*. Aparecida, SP: Editora Santuário, 2001.

AGUIAR JR., Ruy Rosado de. Responsabilidade civil do médico. *In:* TEIXEIRA, Sálvio de Figueiredo (Coord.). *Direito e medicina*: aspectos jurídicos da medicina. Belo Horizonte: Del Rey, 2000.

ALBUQUERQUE, Aline *et al.* Direitos humanos de grupos vulneráveis em cuidados paliativos: crianças e adolescentes. *In:* ALBUQUERQUE, Aline (Org.). *Cuidados paliativos e direitos humanos*: observatório de direitos dos pacientes. Disponível em: https://www.researchgate.net/publication/329999924_Cuidados_Paliativos_e_Direitos_Humanos/citation/download. Acesso em: 25 out. 2021.

ALBUQUERQUE, Raylla; GARRAFA, Volnei. Autonomia e indivíduos sem capacidade para consentir: o caso dos menores de idade. *Revista bioética*, n. 24, v. 3, 2016.

ALEGRETTI, Laís. Vacina contra covid para crianças: 6 fatos a favor. *BBC News Brasil*, 23 dez. 2021. Disponível em: https://www.bbc.com/portuguese/geral-59757768. Acesso em: 22 fev. 2022.

ALMEIDA, Fernanda Dias Menezes de. *Competências na constituição de 1988*. 6. ed. São Paulo: Atlas, 2013. Ebook.

AMANTINO, Gisele Ester Miguel; CORDEIRO, Eros Belin Moura. O consentimento informado à luz do novo regime de incapacidades. *In:* KFOURI NETO, Miguel; NOGAROLI, Rafaella (Coord.). *Debates contemporâneos do direito médico e da saúde*. São Paulo: Thomson Reuters Brasil, 2020.

AMAPÁ. Assembleia Legislativa do Estado do Amapá. *Buscar Legislações (2829)*. Disponível em: http://www.al.ap.gov.br/pagina.php?pg=buscar_legislacao&aba=legislacao&submenu=listar_legislacao&especie_documento=13. Acesso em: 17 fev. 2023.

AMARAL, Claudio do Prado. *Curso de direito da infância e da adolescência*: bases, direitos fundamentais, políticas públicas e medidas protetivas. São Paulo: Editora da Universidade de São Paulo, 2020.

AMARAL, Francisco. *Direito civil*: introdução. 10. ed. São Paulo: Saraiva Educação, 2018.

AMARAL NETO, Francisco dos Santos. Autonomia privada como princípio fundamental da ordem jurídica: perspectiva estrutural e funcional. *Revista de informação legislativa*, Brasília, ano 26, n. 102, abr./jun. 1989.

AMIN, Andréa Rodrigues. Doutrina da proteção integral. *In:* MACIEL, Kátia Regina Ferreira Lobo (Coord.). *Curso de direito da criança e do adolescente*: aspectos teóricos e práticos. 13. ed. São Paulo: SaraivaJur, 2021.

AMIN, Andréa Rodrigues. Evolução histórica do direito da criança e do adolescente. *In:* MACIEL, Kátia Regina Ferreira Lobo (Coord.). *Curso de direito da criança e do adolescente*: aspectos teóricos e práticos. 13. ed. São Paulo: SaraivaJur, 2021.

AMIN, Adréa Rodrigues. Princípios orientadores do direito da criança e do adolescente. *In:* MACIEL, Kátia Regina Ferreira Lobo Andrade (Coord.). *Curso de direito da criança e do adolescente*: aspectos teóricos e práticos. 13. ed. São Paulo: Saraiva Educação, 2021.

AMORIM, Ricardo Henriques Pereira. O novo código de ética médica e o direito à morte digna. *Portal Jus*, 10 set. 2010. Disponível em: https://jus.com.br/artigos/17381/o-novo-codigo-de-etica-medica-e-o-direito-a-morte-digna#:~:text=RESUMO%3A%20O%20novo%20c%C3%B3digo%20de,direito%20social%20%C3%A0%20morte%20digna. Acesso em: 14 abr. 2021.

AMPE – Associação Médica de Pernambuco. Consentimento e assentimento informado na criança. *Youtube*, 21 out. 2021. Disponível em: https://www.youtube.com/watch?v=3m4YS0_MCQ4. Acesso em: 28 jul. 2022.

ANCP. Academina Nacional de Cuidados Paliativos. Disponível em: https://paliativo.org.br/ancp-divulga-panorama-dos-cuidados-paliativos-no-brasil. Acesso em: 06 nov. 2020.

ANCP. Academia Nacional de Cuidados Paliativos. *ANCP e cuidados paliativos no Brasil*. Disponível em: https://paliativo.org.br/cuidados-paliativos/cuidados-paliativos-no-brasil/. Acesso em: 02 ago. 2020.

ANCP. Academia Nacional de Cuidados Paliativos. *Panorama dos cuidados paliativos no brasil*. São Paulo: Academia Nacional de Cuidados Paliativos, 2018.

ANDRADE, Edson de Oliveira. A ortotanásia e o direito brasileiro: a resolução CFM n. 1.805/2006 e algumas considerações preliminares à luz do biodireito brasileiro. *Revista bioethikos* – Centro Universitário São Camilo, n. 5, v.1, 2011.

ANDRADE, Márcia Reimol de *et al.* Letalidade por COVID-19 em crianças: uma revisão integrativa. *Residência pediátrica*, n. 11, v. 1, 2021.

APPEL, Jacob M. Pediatric euthanasia. *In:* CHOLBI, Michael J. (Ed.). *Euthanasia and assisted suicide*: global views on choosing to end of life. Santa Barbara, California: Praeger, 2017.

ARAÚJO, Cynthia Pereira de; MAGALHÃES, Sandra Marques. Obstinação terapêutica: um não direito. *In:* DADALTO, Luciana (Coord.). *Cuidados paliativos*: aspectos jurídicos. Indaiatuba, SP: Editora Foco, 2021. E-book.

ARGENTINA. Códigos. *Código civil y comercial de la nación*.1. ed. Ciudad Autónoma de Buenos Aires: Infojus, 2014.

ARGENTINA. Congreso de la Nación Argentina. *Constitución nacional*. Disponível em: https://www.congreso.gob.ar/constitucionSeccion1Cap4.php. Acesso em: 21 jul. 2022.

ARGENTINA. Ley nº 26.529, de 20 de noviembre de 2009. Disponível em: https://www.argentina.gob.ar/normativa/nacional/ley-26529-160432/actualizacion. Acesso em: 25 jul. 2022.

ARGENTINA. Ministerio de Justicia y Derechos Humanos de la Nación. Ley nº 26.061. *Protección integral de los derechos de niñas, niños y adolescentes*. 1. ed. Ciudad Autónoma de Buenos Aires: Secretaría de Derechos Humanos, 2014.

ARGENTINA. Poder Legislativo Nacional. Ley nº 26.061, de 21 de outubro de 2005. Disponível em: https://e-legis-ar.msal.gov.ar/htdocs/legisalud/migration/html/6483.html. Acesso em: 22 jul. 2022.

ARIAS NIETO, Gloria. La dama española. *Medicina*, n. 42. Vol. 2, 2020.

ARIÈS, Philippe. *História da morte no ocidente*: da idade média aos nossos tempos. Tradução de Priscila Viana de Siqueira. Rio de Janeiro: Nova Fronteira, 2017.

ASCENSÃO, José de Oliveira. *Direito civil*: teoria geral, vol. 1: Introdução. As pessoas. Os bens. 3. ed. São Paulo: Saraiva, 2010.

AULETE, Caldas. *Novíssimo Aulete dicionário contemporâneo da língua portuguesa*. Rio de Janeiro: Lexikon, 2011.

AUMA, Paul Okoth. Tratamento e cuidado dos pacientes em estato vegetativo persistente: um debate de vida e morte. *Revista eletrônica espaço teológico*, n. 17, v. 10, jan./jun. 2016.

Autópsia de Eluana confirma morte por desidratação. *BBC Brasil*. 2014. Disponível em: https://www.bbc.com/portuguese/lg/noticias/2009/02/090211_eluanaautopsiaaquinorw. Acesso em: 31 jan. 2022.

BALTHAR, Brenon Adriano Maluf Molina; ROCHA, Marcelly Agrelos; CABRAL, Raquel Boechat. A resolução nº 1995/2012 do CFM e a deontologia médica. *In:* CABRAL, Hildeniza Boechat; ZAGANELLI, Margareth Vetis (Orgs.). *Diretivas antecipadas de vontade*: a autonomia e dignidade do paciente. V. 2. Campos dos Goytacazes: Brasil Multicultural, 2017.

BAQUI, Pedro *et al*. *Ethnic and regional variation in hospital mortality from covid-19 in Brazil*. Disponível em: https://www.medrxiv.org/content/10.1101/2020.05.19.20107094v1.full.pdf. Acesso em: 20 jul. 2020.

BARBOSA, Sílvia Maria de Macedo. Cuidados paliativos pediátricos. *In:* VELASCO, Irineu Tadeu; RIBEIRA, Sabrina Corrêa da Costa (Eds.). *Cuidados paliativos na emergência*. Barueri, SP: Manole, 2021.

BARBOSA, Silvia Maria de Macedo; HIRSCHHEIMER, Mário Roberto. Cuidados paliativos à criança e ao adolescente. *In:* CONSTANTINO, Clóvis Francisco; BARROS, João Coriolano Rego; HIRSCHHRIMER, Mário Roberto (Eds.). *Cuidando de crianças e adolescentes sob o olhar da **ética** e da bioética*. São Paulo: Editora Atheneu, 2009.

BARBOSA, Sílvia Maria de Macedo; LECUSSAN, Pilar; OLIVEIRA, Felipe Folco Telles de. Particularidades em cuidados paliativos: pediatria. *In:* OLIVEIRA, Reinaldo Ayer de (Coord.). *Cuidado paliativo*. São Paulo: CREMESP, 2008.

BARBOSA, Sílvia Maria de Macedo; LECUSSAN, Pilar; OLIVEIRA, Felipe Folco Telles de. Pediatria. *In:* OLIVEIRA, Reinaldo Ayer de. *Cuidado paliativo*. São Paulo: Conselho Regional de Medicina do Estado de São Paulo, 2008.

BARBOSA, Sílvia Maria de Macedo; ZOBOLI, Ivete. Cuidados paliativos na terapia intensiva pediátrica. *In:* SCHVARTSMAN, Benita G. Soares; MALUF JR., Paulo Taufi; CARNEIRO-SAMPAIO, Magda (Eds.); CARVALHO, Werther Brunow de *et al*. *Terapia intensiva*. 2. ed., rev. e atual. Barueri: Manole. E-book.

BARBOZA, Heloisa Helena. O poder familiar e a morte digna dos filhos: breves reflexões sobre o caso Charles Gard. *Revista interdisciplinar de direito*, v. 18, n. 2, jul./dez. 2020.

BARBOZA, Heloísa Helena; CORRÊA, Marilena Cordeiro Dias Villela; ALMEIDA JÚNIOR, Vitor de Azevedo. Morte digna na Inglaterra: análise do caso Charles Gard. *In:* SÁ, Maria de Fátima Freire de; DADALTO, Luciana (Coords). *Direito e medicina*: a morte digna nos tribunais. Indaiatuba: Editora Foco, 2018.

BARLETTA VILLARÁN, María C. *Derecho de la niñez y adolescencia*. Lima: Pontificia Universidad Católica del Perú, Fondo Editorial, 2018. E-book.

BARROS, Elizabeth Nunes de. A proximidade da morte e do luto. *In:* KARASHIMA, Andrea Y. *et al*. *Cuidados paliativos em oncologia pediátrica*: o cuidar além do curar. 2. ed. São Paulo: Lemar & Goi, 2021.

BARROSO, Luís Roberto; MARTEL, Letícia de Campos Velho Martel. A morte como ela é: dignidade e autonomia individual no final da vida. *In:* GOZZO, Débora; LIGIERA, Wilson Ricardo (Orgs.). *Bioética e direitos fundamentais*. São Paulo: Saraiva, 2012.

BARRY, M. John. *A grande gripe: a história da gripe espanhola, a pandemia mais mortal de todos os tempos*. Rio de Janeiro: Editora Intrínseca, 2020. E-book.

BASTOS, Celso Ribeiro. *Curso de direito constitucional*. 22. ed. São Paulo: Malheiros, 2010.

BECKER, Rodrigo Leal. Breve historia de las pandemias. *Psiquiatria.com*, vol. 24. p. 3-5, 2020.

BEE, Helen; BOYD, Denise. *A criança em desenvolvimento*. 12. ed. Tradução de Cristina Monteiro. Porto Alegre: Artmed, 2011.

BERGSTEIN, Gilberto. *A informação na relação médico-paciente*. São Paulo: Saraiva, 2013.

BETIOLI, Antonio Bento. *Bioética*: a ética da vida. 2. ed. São Paulo: LTr, 2015. E-book.

BEUCHAMPI, Tom L.; CHILDRESS, James F. *Princípios de* ética *biomédica*. Tradução de Luciana Pudenzi. 3. ed. São Paulo: Edições Loyola, 2013.

BEVILAQUA, Clóvis. *Teoria geral do direito civil*. Campinas, SP: Servanda Editora, 2007.

BIERNATH, André. Cuidados paliativos: os erros e mitos no tratamento de doenças graves no Brasil. *Portal Uol*, 13 out. 2021. Disponível em: https://cultura.uol.com.br/noticias/bbc/58838202_cuidados-paliativos-os-erros-e-mitos-no-tratamento-de-doencas-graves-no-brasil.html. Acesso em: 18 jan. 2022.

BIFULCO, Vera Anita; CAPONERO, Ricardo. *Cuidados paliativos*: conversas sobre a vida e a morte na saúde. Barueri, SP: Manole, 2016.

BILLINGS, J. Andrew. What is palliative care? *Journal of palliative medicine*, volume 1, number 1, 1998.

BLENGIO VALDÉS, Mariana. Las nuevas dimensiones del derecho humanos a la salud: cuidados paliativos. *Revista de derecho público*, año 28, número 55, julio 2019.

BOFF, Leonardo. *Saber cuidar*: ética do humano: compaixão pela terra. Petrópoles: Vozes, 2017. E-book.

BORGES, Roxana Cardoso Brasileiro. Direito de morrer dignamente: eutanásia, ortotanásia, consentimento informado, testamento vital, análise constitucional e penal e direito comparado. *In:* SANTOS, Maria Celeste Cordeiro Leite (Org.). *Biodireito*: ciência da vida, novos desafios. São Paulo: Revista dos Tribunais, 2001.

BRANCO, Paulo Gustavo Gonet. Direitos fundamentais em espécie. *In:* MENDES, Gilmar Ferreira; BRANCO, Paulo Gustavo Gonet. *Curso de direito constitucional*. 15. ed. São Paulo: Saraiva Educação, 2020.

BRANCO, Paulo Gustavo Gonet. Poder legislativo: *In:* MENDES, Gilmar Ferreira; BRANCO, Paulo Gustavo Gonet. *Curso de direito constitucional*. 14. ed. São Paulo: Saraiva Educação, 2019.

BRASIL. Câmara dos Deputados. *Projeto de Lei nº 2460, de 2022*. Institui o Programa Nacional de Cuidados Paliativos e dá outras providências. Disponível em: https://www.camara.leg.br/proposicoesWeb/prop_mostrarintegra?codteor=2206617. Acesso em: 18 mar. 2023.

BRASIL. Câmara dos Deputados. *Projeto de Lei nº 352/2019*. Dispõe sobre o consentimento informado e instruções prévias de vontade sobre tratamento de enfermidade em fase terminal de vida. Disponível em: https://www.camara.leg.br/proposicoesWeb/fichadetramitacao?idProposicao=2190904. Acesso em: 15 jul. 2022.

BRASIL. Câmara dos Deputados. *Projeto de Lei nº 6.715, de 23 de dezembro de 2009*. Altera o Decreto-Lei nº 2.848, de 7 de dezembro de 1940 (Código Penal), para excluir de ilicitude a ortotanásia. Disponível em: https://www.camara.leg.br/proposicoesWeb/fichadetramitacao?idProposicao=465323. Acesso em: 05 fev. 2022.

BRASIL. Câmara dos Deputados. *Projeto de Lei nº 6.544, de 02 de dezembro de 2009*. Dispõe sobre cuidados devidos a pacientes que se encontrem em fase terminal de enfermidade. Disponível em: https://www.camara.leg.br/proposicoesWeb/fichadetramitacao?idProposicao=462837. Acesso em: 05 fev. 2022.

BRASIL. Câmara dos Deputados. *Projeto de Lei nº 5.008, de 07 de abril de 2009*. Proíbe a suspensão de cuidados de pacientes em Estado Vegetativo Persistente. Disponível em: https://www.camara.leg.br/proposicoesWeb/fichadetramitacao?idProposicao=429346. Acesso em: 23 jan. 2022.

BRASIL. Câmara dos Deputados. *Projeto de Lei nº 3.002, de 13 de março de 2008*. Regulamenta a prática da ortotanásia no território nacional brasileiro. Disponível em: https://www.camara.leg.br/proposicoesWeb/prop_mostrarintegra?codteor=544137. Acesso em: 20 jan. 2022.

BRASIL. Câmara dos Deputados. *Lei nº 8.078, de 11 de setembro de 1990*. Dispõe sobre a proteção do consumidor e dá outras providências. Disponível em: https://www2.camara.leg.br/legin/fed/lei/1990/lei-8078-11-setembro-1990-365086-publicacaooriginal-1-pl.html#:~:text=Disp%C3%B5e%20sobre%20a%20prote%C3%A7%C3%A3o%20do%20consumidor%20e%20d%C3%A1%20outras%20provid%C3%AAncias.&text=Art.,social%2C%20nos%20termos%20dos%20arts. Acesso em: 25 jul. 2022.

BRASIL. Constituição Federal de 1988. Disponível em: http://www.planalto.gov.br/ccivil_03/constituicao/constituicaocompilado.htm. Acesso em: 03 abr. 2021.

BRASIL. *Decreto nº 678, de 06 de novembro de 1992*. Promulga a Convenção Americana sobre Direitos Humanos (Pacto de São José da Costa Rica), de 22 de novembro de 1969. Disponível em: http://www.planalto.gov.br/ccivil_03/decreto/d0678.htm. Acesso em: 15 jul. 2022.

BRASIL. ECA – Estatuto da Criança e do Adolescente. *Lei nº 8.069, de 13 de julho de 1990*. Dispõe sobre o Estatuto da Criança e do Adolescente e dá outras providências. Disponível em: Acesso em: 25 maio 2023.

BRASIL. IBGE educa crianças. *O perfil das crianças no Brasil*. Disponível em: https://educa.ibge.gov.br/criancas/brasil/2697-ie-ibge-educa/jovens/materias-especiais/20786-perfil-das-criancas-brasileiras.html#:~:text=A%20Pesquisa%20Nacional%20por%20Amostra,de%20cerca%20de%20207%20milh%C3%B5es. Acesso em: 14 jul. 2022.

BRASIL. Ministério da Saúde. *Boletim epidemiológico 17*. Disponível em: https://www.saude.gov.br/images/pdf/2020/May/29/2020-05-25---BEE17---Boletim-do-COE.pdf. Acesso em: 14 jun. 2020.

BRASIL. Ministério da Saúde. *Boletim epidemiológico 08*. Disponível em: https://portalarquivos.saude.gov.br/images/pdf/2020/April/09/be-covid-08-final-2.pdf. Acesso em: 03 jun. 2020.

BRASIL. Ministério da Saúde. *Brasil confirma primeiro caso da doença*. Disponível em: https://www.saude.gov.br/noticias/agencia-saude/46435-brasil-confirma-primeiro-caso-de-novo-coronavirus. Acesso em: 10 jun. 2020.

BRASIL. Ministério da Saúde. *COVID-19 no Brasil: dados até 06.03.2023*. Disponível em: https://infoms.saude.gov.br/extensions/covid-19_html/covid-19_html.html. Acesso em: 11 mar. 2023.

BRASIL. Ministério da Saúde. Política Nacional de Atenção Oncológica. *Portaria GM/MS nº 2.439/2005*.

BRASIL. Ministério da Saúde. *Portaria nº 454, de 20 de março de 2020*. Disponível em: http://www.in.gov.br/en/web/dou/-/portaria-n-454-de-20-de-marco-de-2020-249091587. Acesso em: 15 jun. 2020.

BRASIL. Ministério da Saúde. *Portaria nº 1.820, de 13 de agosto de 2009*. Disponível em: https://bvsms.saude.gov.br/bvs/saudelegis/gm/2009/prt1820_13_08_2009.html. Acesso em: 02 jul. 2022.

BRASIL. Ministério da Saúde. *Portaria nº 19, de 03 de janeiro de 2002*. Disponível em: https://bvsms.saude.gov.br/bvs/saudelegis/gm/2002/prt0019_03_01_2002.html. Acesso em: 17 jul. 2022.

BRASIL. Ministério da Saúde. *Protocolo de manejo clínico da Covid-19 na atenção especializada*. Brasília: Ministério da Saúde, 2020.

BRASIL. Ministério da Saúde. *Resolução MS-CIT nº 41, de 31 de outubro de 2018*. Disponível em: https://bvsms.saude.gov.br/bvs/saudelegis/cit/2018/res0041_23_11_2018.html. Acesso em: 28 jul. 2020.

BRASIL. Ministério da Saúde. *Resolução nº 41, de 31 de outubro de 2018*. Dispõe sobre as diretrizes para a organização dos cuidados paliativos, *à* luz dos cuidados continuados integrados, no âmbito Sistema Único de Saúde (SUS). Disponível em: https://bvsms.saude.gov.br/bvs/saudelegis/cit/2018/res0041_23_11_2018.html. Acesso em: 15 mar. 2022.

BRASIL. Ministério da Saúde. Secretaria de Vigilância Sanitária. *Boletim epidemiológico especial*: doença pelo novo coronavírus – Covid-19. Semana Epidemiológica 52 • 25/12 a 31.12.2022. Disponível em: https://www.gov.br/saude/pt-br/centrais-de-conteudo/publicacoes/boletins/epidemiologicos/covid-19/2022/boletim-epidemiologico-no-146-boletim-coe-coronavirus. Acesso em: 11 mar. 2023.

BRASIL. Ministério da Saúde. Secretaria de Ciência, Tecnologia, Inovação e Insumos Estratégicos em Saúde. *Portaria SCTIE/MS nº 181, de 28 de dezembro de 2022*. Disponível em: https://www.in.gov.br/en/web/dou/-/portaria-sctie/ms-n-181-de-28-de-dezembro-de-2022-454529031. Acesso em: 10 mar. 2023.

BRASIL. Ministério da Saúde. Secretaria de Vigilência em Saúde. *Nota Técnica nº 406/2022-CGPNI/DEIDT/SVS/MS*. Disponível em: https://sbim.org.br/images/files/notas-tecnicas/nt406-2022-reforco-pfizer-5a11anos.pdf. Acesso em: 10.03.2023.

BRASIL. Planalto. *Decreto nº 678, de 06 de novembro de 1992*. Disponível em: http://www.planalto.gov.br/ccivil_03/decreto/d0678.htm. Acesso em: 15 jul. 2022.

BRASIL. Poder Judiciário. Conselho da Justiça Federal – CJF. VI Jornada de Direito Civil. *Enunciado 533*. Disponível em: https://www.cjf.jus.br/enunciados/enunciado/144. Acesso em: 16 abr. 2021.

BRASIL. Presidência da República. *Constituição da República Federativa do Brasil de 1988*. Disponível em: http://www.planalto.gov.br/ccivil_03/constituicao/constituicao.htm. Acesso em: 26 jul. 2022.

BRASIL. Presidência da República. *Lei nº 3.268, de 30 de setembro de 1957*. Dispõe sôbre os Conselhos de Medicina, e dá outras providências. Disponível em: http://www.planalto.gov.br/ccivil_03/LEIS/L3268.htm#art36. Acesso em: 03 abr. 2021.

BRASIL. Presidência da República. *Lei nº 10.406, de 10 de janeiro de 2002*. Disponível em: http://www.planalto.gov.br/ccivil_03/leis/2002/l10406.htm. Acesso em: 10 nov. 2021.

BRASIL. Presidência da República. *Lei nº 8.142, de 28 de dezembro de 1990*. Dispõe sobre a participação da comunidade na gestão do Sistema Único de Saúde (SUS) e sobre as transferências intergovernamentais de recursos financeiros na área da saúde e dá outras providências. Disponível em: http://www.planalto.gov.br/ccivil_03/leis/l8142.htm. Acesso em: 16 jan. 2022.

BRASIL. Presidência da República. *Lei nº 8.080, de 19 de setembro de 1990*. Dispõe sobre as condições para a promoção, proteção e recuperação da saúde, a organização e o funcionamento dos serviços correspondentes e dá outras providências. Disponível em: http://www.planalto.gov.br/ccivil_03/leis/l8080.htm. Acesso em: 16 jan. 2022.

BRASIL. Poder Judiciário. Seção Judiciária do Distrito Federal. Sentença. *Processo nº 2007.34.00.014809-3*.

BRASIL. Poder Judiciário. Superior Tribunal de Justiça. *Resp nº 1848862 RN 2018/0268921-9*, Relator: Ministro Marco Aurélio Bellizze, Data de Julgamento: 05.04.2022, T3 – Terceira Turma, Data de Publicação: DJe 08.04.2022.

BRASIL. Poder Judiciário. Supremo Tribunal Federal. Tribunal Pleno. *ADI nº 4878*, Rel. Do acórdão Min. Edson Fachin, j. 08.06.2021, pub. 06.08.2021.

BRASIL. Poder Judiciário. Supremo Tribunal Federal. Tribunal Pleno. *ADI nº 6343 MC-REF/DF*, Rel. Min. Marco Aurélio, j. 06.05.2020. Acesso em 17.11.2021.

BRASIL. Poder Judiciário. Tribunal Regional Federal da 1ª Região. *Processo nº 1039-86.2013.4.01.3500*. Disponível em: https://processual.trf1.jus.br/consultaProcessual/processo.php?proc=10398620134013500&secao=JFGO. Acesso em: 05 ago. 2022.

BRASIL. Senado Federal. *Projeto de Lei nº 883, de 2020*. Regulamenta a prática de cuidados paliativos nos serviços de saúde, no território nacional. Disponível em: https://www25.senado.leg.br/web/atividade/materias/-/materia/141187. Acesso em: 15 jul. 2022.

BRASIL. Supremo Tribunal Federal. *ADI nº 5367 / DF*, Tribunal Pleno, Red. do acórdão Min. Alexandre de Moraes, j. 08.09.2020, p. 16.11.2020.

BRASIL. Supremo Tribunal Federal. *ADI nº 6343 MC-REF/DF*, Tribunal Pleno, Rel. Min. Marco Aurélio, j. 06.05.2020, p. 17.11.2020.

BRASIL. TJMG. *Apelação Cível nº 1.0000.19.050415-9/001*, Rel. Des. Ramon Tácio, 16ª Câmara Cível, julgamento em 07.11.2019, publicação da súmula em 08.11.2019.

BRASIL. Tribunal Regional Federal – TRF-2. *AC: 200851010197044*, Relator: Desembargador Federal Guilherme Diefenthaeler, Data de Julgamento: 10.07.2012, Quinta Turma Especializada, Data de Publicação: 23.07.2012.

BRASIL. UNICEF BRASIL. *Convenção sobre os direitos da criança*. Disponível em: https://www.unicef.org/brazil/convencao-sobre-os-direitos-da-crianca. Acesso em: 26 jul. 2022.

BRASIL. UNESCO BRASIL. *Declaração Universal de Direitos Humanos*. Disponível em: https://www.unicef.org/brazil/declaracao-universal-dos-direitos-humanos. Acesso em: 27 jul. 2022.

BRENNAN, Frank. Palliative care as an international human. *Journal of pain and symptom management*, Vol. 33, nº 5, may 2007.

BURLÁ, Cláudia; AZEVEDO, Daniel Lima; PY, Ligia. Cuidados paliativos. *In:* DADALTO, Luciana; TEIXEIRA, Ana Carolina Brochado. *Dos hospitais aos tribunais*. Belo Horizonte: Del Rey, 2013.

BURBINSKI, Beatriz; NASSER, Miguel A. Reflexiones acerca de la relación médico-paciente. *Archivos argentinos de pediatria*, n. 97. V.1. 1999.

BUSS, Paulo Marchiori. Promoção da saúde e qualidade de vida. *Ciência & saúde coletiva*, n. 5. v. 1, 2000.

CABRAL, Érico Pina. A "autonomia" no direito privado. *Revista de direito privado*, ano 5, n. 19, jul./set. 2004.

CAIRUS, Henrique F. O Corpus hippocraticum. *In:* CAIRUS, HF., and RIBEIRO JR., WA. *Textos hipocráticos*: o doente, o médico e a doença [online]. Rio de Janeiro: Editora FIOCRUZ, 2005. História e Saúde collection, p. 25-38. Disponível em: https://books.scielo.org/id/9n2wg/pdf/cairus-9788575413753-04.pdf. Acesso em: 04 jul. 2022.

CALASANS, Maria Thais de Andrade; AMARAL, Juliana Bezerra do. A enfermagem e os cuidados paliativos pediátricos. *In:* SILVA, Rudval Souza da; AMARAL, Juliana Bezerra do; MALAGUTTI, William. *Enfermagem em cuidados paliativos*: cuidando para uma boa morte. 2. ed. São Paulo: Martinari, 2019.

CAPELAS, Manuel Luís. Cuidados paliativos: um direito humano. *Just News*, 26 dez. 2017. Disponível em: https://justnews.pt/artigos/cuidados-paliativos-um-direito-humano#.XNMt9I5Kg2w. Acesso: 08 maio 2019.

CAPELAS, Manuel Luís Vila *et al*. *Cuidar a pessoa que sofre*: uma teoria dos cuidados paliativos. Lisboa: Universidade Católica Editora, 2017.

CAPUTO, Rodrigo Feliciano. O homem e suas representações sobre a morte e o morrer: um percurso histórico. *Revista multidisciplinar da uniesp*, Saber acadêmico, n. 06, dez. 2008.

CARDOSO, Juraciara Vieira. *Eutanásia, distanásia e ortotonásia*: o tempo certo da morte digna. Belo Horizonte: Mandamentos Editora, 2010.

CARTWRIGHT, Frederick F.; BIDDIS, Michael. *Disease and history*: from ancient times to Covid-19. 4 th Edition. London: Lume Books, 2020.

CARVALHO, Carlos Roberto Ribeiro de; TOUFEN JUNIOR, Carlos; FRANCA, Suelene Aires. Ventilação mecânica: princípios, análise gráfica e modalidades ventilatórias. *J Bras Pneumol*, n. 33. Supl 2. 2007.

CARVALHO FILHO, José dos Santos. *Manual de direito administrativo*. 34. ed. São Paulo: Atlas, 2020.

CASTILLO, Álvaro Gándara del. Eutanasia y cuidados paliativos en el sistema de salud español. *In:* MONTERO, José María Puyol (Coordinador). *Dignidad humana, vida y derecho*. Valencia: Tirant Lo Blanch, 2017.

CASTRO, Mariana Parreiras Reis de *et al*. Eutanásia e suicídio assistido em países ocidentais: revisão sistemática. *Revista bioética* (Impr.), v. 24, n. 2, p. 355-467, 2016.

CASTRO, Tamara da Costa de *et al*. Cuidados paliativos: uma resposta humanizada à obstinação terapêutica. *In:* CABRAL, Hildeniza Boechat; VON-HELD, Andréa Rodrigues; DADALTO, Luciana (Orgs). *Cuidados paliativos*: estudos acadêmicos transdisciplinares. Campos dos Goytacazes, RJ: Brasil Multicultural, 2018. E-book.

CAVE, Emma; HOLM, Søren. Milgram and Tuskegee: paradigm research projects in bioethics. *Health care analysis*, 11, 2003.

CEDRAZ, Suzana Oliveira; SALGADO, Victória Gabriela Brito; LOPES, Liliane Nunes Mendes. My sister´s keeper: a autonomia da vontade de crianças e adolescentes sobre a vida e o corpo e os limites da autoridade parental. *Sitientibus*, Feira de Santana, n. 62, p. 8-20, jan./jul. 2020.

CENTENO CORTÉS, Carlos *et al*. *Manual de medicina paliativa*. Branañáin, Navarra: EUNSA, 2009. E-book.

CERQUEIRA, Manuela. Cuidados paliativos pediátricos. *In:* NUNES, Rui; REGO, Francisca; REGO, Guilhermina (Coord.). *Enciclopédia luso-brasileira de cuidados paliativos*. Coimbra: Almedina, 2018.

CFM. Conselho Federal de Medicina. *Código de* ética *médica*. Disponível em: https://portal.cfm.org.br/images/PDF/cem2019.pdf. Acesso em: 02 ago. 2020.

CFM. Conselho Federal de Medicina. Resolução CFM nº 2.232, de 16 de setembro de 2019. Disponível em: https://sistemas.cfm.org.br/normas/visualizar/resolucoes/BR/2019/2232. Acesso em: 21 abr. 2021.

CFM. Conselho Federal de Medicina. *Resolução nº 2.217, de 27 de setembro de 2018*. Disponível em: https://portal.cfm.org.br/images/PDF/cem2019.pdf. Acesso em: 02 jul. 2022.

CFM. Conselho Federal de Medicina. *Recomendação nº 1, de 21 de janeiro de 2016*. Disponível em: https://portal.cfm.org.br/images/Recomendacoes/1_2016.pdf. Acesso em: 02 jul. 2022.

CFM. Conselho Federal de Medicina – CFM. *Resolução CFM nº 1.995/2012*. Disponível em: https://sistemas.cfm.org.br/normas/visualizar/resolucoes/BR/2012/1995. Acesso em: 15 abr. 2021.

CFM. Conselho Federal de Medicina. *Resolução CFM nº 1.931/2009*. Código de ética médica. Disponível em: https://portal.cfm.org.br/images/stories/biblioteca/codigo%20de%20etica%20medica.pdf. Acesso em: 14 abr. 2021.

CFM. Conselho Federal de Medicina. *Resolução CFM nº 1.805/2006*. Disponível em: https://sistemas.cfm.org.br/normas/visualizar/resolucoes/BR/2006/1805. Acesso em: 03 nov. 2020.

CFM. Conselho Federal de Medicina. Editorial. (Impr.). *Revista bioética*, n. 25. v. 2, 2017.

CHAGAS JUNIOR, Francisco Wilkie Rebouças; MAIA, Renan Aguiar de Garcia. O federalismo brasileiro no contexto da pandemia: a competência concorrente dos entes e a crise de legalidade e legitimidade decorrente da omissão do Poder Legislativo. *In:* SCAFF, Fernando Facury *et al* (Org.). *A crise do federalismo em estado de pandemia*. Volume 1. Belo Horizonte: Letramento; Casa do Direito, 2021.

CHAVES, Antônio. *Comentários ao estatuto da criança e do adolescente*. 2. ed. São Paulo: LTr, 1997.

CHINELLATO, Silmara Juny. Arts. 1º a 21. *In:* MACHADO, Costa (Org.); CHINELLATO, Silmara J. (Coord.). *Código civil interpretado*: artigo por artigo, parágrafo por parágrafo. 14. ed. Barueri, SP: Manole, 2021. E-book.

CHRUN, Lucas Rossato *et al*. Atrofia muscular espinhal tipo I: aspectos clínicos e fisiopatológicos. *Revista de medicina*, São Paulo, 2017.

CHUCK SEPÚLVEDA, Jorge Adrián. Bioética en pediatría. *In:* CHUCK SEPÚLVEDA, Jorge Adrián (Coord.). *Bioética em pediatria*. 1ª edición. México, D.F.: Editorial El Manual Moderno, 2015. E-book.

CINÁ, Giuseppe *et al* (Dirs.). *Dicionário interdisciplinar da pastoral da saúde*. São Paulo: Paulus, 1999.

CLINICAL GUINDANCE. The vegetative state: guindance on diagnosis and management. *Clinical medicine*, 2003.

CLOTET, Joaquim; FRANCISCONI, Carlos Fernando; GOLDIM, José Roberto (Org.). *Consentimento informado*. Porto Alegre: EDIPUCRS, 2000.

CNN HEALTH. *Heaven over hospital: 5-year-old Julianna Snow dies on her terms*. Disponível em: https://edition.cnn.com/2016/06/14/health/julianna-snow-heaven-over-hospital-death/index.html. Acesso em: 28 jul. 2022.

CNS. Conselho Nacional de Saúde. Resolução nº 01, de 1988. Disponível em: https://conselho.saude.gov.br/resolucoes/reso_88.htm. Acesso em: 19 jul. 2022.

CNS. Conselho Nacional de Saúde. *Comissão Nacional de* Ética *em Pesquisa*. Disponível em: http://conselho.saude.gov.br/comissoes-cns/conep/. Acesso em: 19 jul. 2022.

CNS. Conselho Nacional de Saúde. *Comitês de Ética em Pesquisa*. Disponível em: http://conselho.saude.gov.br/comites-de-etica-em-pesquisa-conep?view=default. Acesso em: 19 jul. 2022.

CNS. Conselho Nacional de Saúde. *Apresentação*. Disponível em: http://conselho.saude.gov.br/apresentacao-cns. Acesso em: 19 jul. 2022.

COÊLHO, Ana Flávia Viana Campello de Melo Bandeira; COSTA, Anelise Krause Guimarães; LIMA, Maria da Glória. Da ética principialista para a bioética de intervenção: sua utilização na área da saúde. *Tempus – actas de saúde coletiva*, n. 7. v. 4, p. 239-253, 2013.

COMMITTEE ON THE RIGHTS OF THE CHILD. *General Comment nº 12: the right of child to be heard*. CRC/C.GC/12, 1 July 2009. Disponível em: https://www2.ohchr.org/english/bodies/crc/docs/advanceversions/crc-c-gc-12.pdf. Acesso em: 20 jul. 2022.

CONNOR, Stephen R. (Ed.). *Global atlas of palliative care*. 2nd edition. Whpca: London, UK 2020.

CONSELHO FEDERAL DE MEDICINA. Revista bioética. *Editorial*. (Impr.), v. 25, n. 2, 215-7, 2017.

CONSTITUCIÓN DE LA NACIÓN ARGENTINA. Disponível em: file:///C:/Users/fabio/Downloads/Constituci%C3%B3n_de_la_Naci%C3%B3n_Argentina (1994).pdf. Acesso: jul. 2022.

COPI, Lygia Maria. *O exercício do direito à morte digna por crianças e adolescentes*: crítica e alternativa à aplicação do regime de incapacidades em casos de terminalidade na infância e na adolescência. Belo Horizonte: Fórum, 2021.

CORADAZZI, Ana Lucia; CALLEGARI, Lívia. Cuidados paliativos, covid-19 e as escolhas de todos nós. *Slow Medicine*, 1º set. 2022. Disponível em: https://www.slowmedicine.com.br/cuidados-paliativos-covid-19-e-as-escolhas-de-todos-nos/. Acesso em: 14 jul. 2020.

CORRÊA, Adriana Espíndola. *Consentimento livre e esclarecido*: o corpo objeto das relações jurídicas. Florianópolis: Conceito, 2010.

CORTÉS, Carlos Centeno *et al. Manual de medicina paliativa.* Burañáin (Navarra): EUNSA, 2015. E-book.

CORTÉS, Carlos Centeno *et al. Manual de medicina paliativa.* Navarra, España: Ediciones Universidad de Navarra, 2009. E-book.

CRUZ, Andrea T.; ZEICHNER, Steven L. COVID-19 in children: initial characterization of the pediatric disease. *Pediatrics*, n. 145, v. 6, 2020.

CZERESNIA, Dina; FERITAS, Carlos Machado de (Orgs.). *Promoção da saúde*: conceitos, reflexões e tendências. 2. ed. Rio de Janeiro: Editora Fiocruz, 2009.

CZERESNIA, Dina; MACIEL, Elvira Maria Godinho de Seixas; OVIEDO, Rafael Antonio Malagón. *Os sentidos da saúde e da doença.* Rio de Janeiro: Editora Fiocruz, 2013. E-book.

DADALTO, Luciana. A tomada de decisão em fim e vida e a covid-19. *In:* DADALTO, Luciana (Coord.). *Bioética e covid-19.* Indaiatuba: Editora Foco, 2020. E-book.

DADALTO, Luciana. Reflexos jurídicos da resolução CFM 1.995/12. *Revista bioética*, n. 21, v. 1, 2013.

DADALTO, Luciana. *Testamento vital.* 5. ed. Indaiatuba: Editora Foco, 2020. E-book.

DADALTO, Luciana; AFFONSECA, Carolina de Araújo. Considerações médicas, **éticas** e jurídicas sobre decisões de fim de vida em pacientes pediátricos. *In: Revista bioética*, Brasília, v. 26, n. 1, jan./mar. 2018.

DADALTO, Luciana; PIMENTEL, Willian. Tomada de decisão médica em fim de vida do menor. *In:* TEIXEIRA, Ana Carolina Brochado; DADALTO, Luciana (Coords.). *Autoridade parental*: dilemas e desafios. Indaiatuba: Editora Foco, 2019. E-book.

DAILY MIRROR. *Hannah Jones at 18*: I turned down heart transplant aged 13 but I'm so glad I changed my mind. Disponível em: https://www.mirror.co.uk/news/real-life-stories/hannah-jones-18-turned-down-2049160. Acesso em: 28 jul. 2022.

D'ALASSANDRO, Maria Perez Soares; PIRES, Carina Tischler; FORTE, Daniel Neves *et al. Manual de cuidados paliativos.* São Paulo: Hospital Sírio-Libanês; Ministério da Saúde, 2020.

DALLARI, Sueli Gandolfi; NUNES JÚNIOR, Vidal Serrano. *Direito sanitário.* São Paulo: Verbatim, 2010.

DALL'AGNOL, Darlei. *Bioética.* Rio de Janeiro: Jorge Zahar Editor, 2005.

DALL'AGNOL, Darlei. Cuidar e respeitar: atitudes fundamentais na bioética. *In:* PESSINI, Leo; BERTACHINI, Luciana; BARCHIFONTAINE, Christian de P. de (Orgs.). *Bioética, cuidado e humanização*: sobre o cuidado respeitoso. São Paulo: Centro Universitário São Camilo: Edições Loyola: IBCC Centros de Estudos, 2014.

D'ÁVILA, Roberto Luiz. *Um código para um novo tempo. In: Código de ética médica: resolução CFM nº 1.931, de 17 de setembro de 2009 (versão de bolso).* Conselho Federal de Medicina – Brasília: Conselho Federal de Medicina, 2010. Disponível em: https://portal.cfm.org.br/images/stories/biblioteca/codigo%20de%20etica%20medica.pdf. Acesso em: 14 abr. 2021.

DECLARAÇÃO UNIVERSAL DOS DIREITOS DA CRIANÇA (1959). Disponível em: http://lproweb.procempa.com.br/pmpa/prefpoa/cgvs/usu_doc/ev_ta_vio_leg_declaracao_direitos_crianca_onu1959.pdf. Acesso em: 04 jul. 2022.

DIAS, Roger. Brasil completa 100 dias de COVID-19 com maior curva ascendente no mundo. *Estado de Minas Nacional*, 04 jun. 2020. Disponível em: https://www.em.com.br/app/noticia/nacional/2020/06/04/interna_nacional,1153866/brasil-completa-100-dias-de-covid-19-com-maior-curva-ascendente-no-mun.shtml. Acesso em: 14 jun. 2020.

DÍAZ, Elías. *Estado de derecho y sociedad democrática*. Barcelona: Penguin Random House Grupo Editorial, 2014.

DICHER, Marilu; TREVISAM, Elisaide. *A jornada histórica da pessoa com deficiência*: inclusão como exercício do direito *à* dignidade da pessoa humana. Disponível em: http://publicadireito.com.br/artigos/?cod=572f88dee7e2502b. Acesso em: 08 out. 2020.

DINIZ, Debora. Quando a morte **é** um ato de cuidado: obstinação terapêutica em crianças. *Cad. saúde pública*, Rio de Janeiro, n. 22, v. 8, 2006.

DINIZ, Debora; PORTO, Dora. *O que é bioética?* São Paulo: Editora Brasiliense, 2002.

DINIZ, Débora; VÉLEZ, Ana Cristina Gozaléz. Bioética Feminista: a emergência da diferença. *Estudos Feministas*. 6 (2). 1998. Disponível em: https://periodicos.ufsc.br/index.php/ref/article/view/12006/11292. Acesso em: 28 maio 2022.

DINIZ, Maria Helena. *Código civil anotado*. 18. ed. São Paulo: SaraivaJur, 2017.

DINIZ, Maria Helena. *Curso de direito civil brasileiro*: teoria geral do direito civil. 39. ed. São Paulo: SaraivaJur, 2022.

DISTRITO FEDERAL. Poder Judiciário. Tribunal de Justiça do Distrito Federal. *TJ-DF 00164783120168070009 DF 0016478-31.2016.8.07.0009*, Relator: Teófilo Caetano, Data de Julgamento: 14.10.2020, 1ª Turma Cível, Data de Publicação: Publicado no DJE : 23.10.2020. Sem Página Cadastrada.

DOLINGER, Jacob. *Direito internacional privado*: a criança no direito internacional. Rio de Janeiro: Renovar, 2003.

DONG, Yuanyuan *et al*. Epidemiology of COVID-19 among children in China. *Pediatrics*. n. 145, v. 6, 2020.

DURAND, Guy. *Introdução geral* à *bioética*: história, conceitos e instrumentos. Tradução de Nicolás Nyimi Campарário. 2. ed. São Paulo: Centro Universitário São Camilo: Loyola, 2007.

EBERLE, Simone. *A capacidade entre o fato e o direito*. Porto Alegre: Sergio Antonio Fabris Editor, 2006.

ELER, Kalline Carvalho Gonçalves; OLIVEIRA, Aline Albuquerque Sant'Anna de. O assentimento ao consentimento das crianças para participar em pesquisa clínica: por uma capacidade sanitária juridicamente reconhecida. *Pensar*, Fortaleza, v. 24, n. 1, p. 1-13, jan./mar. 2019.

Entenda a doença de Charlie Gard, bebê britânico que está comovendo o mundo. *IG São Paulo*, 05 jul. 2017. Disponível em: https://saude.ig.com.br/2017-07-05/charlie-gard-doenca.html. Acesso em: 09 nov. 2019.

ESTORNINHO, Maria João; MACIEIRINHA, Tiago. *Direito da saúde*. Porto: Universidade Católica Editora, 2014.

FABRO, Roni Edson; RECKZIEGEL, Janaína. Autonomia da vontade e autonomia privada no sistema jurídico brasileiro. *Revista de Direito Brasileira,* v. 8, n. 4, 2014.

FACHIN, Luiz Edson. *Direito civil*: sentidos, transformações e fim. Rio de Janeiro: Renovar, 2015.

FADEN, Ruth R.; BEAUCHAMP, Tom L. *A history of informed consent*. New York: Oxford University Press, 1986. E-book.

FERREIRA, Aurélio Buarque de Holanda. *Novo dicionário da língua portuguesa*. 2. ed. 32. imp. Rio de Janeiro: Editora Nova Fronteira, 1986.

FERREIRA, Esther Angélica Luiz; BARBOSA, Silvia Maria de Macedo; COSTA, Graziela de Aaraújo *et al*. *Mapeamento dos cuidados paliativos pediátricos no Brasil*: 2022. 1. ed. São Paulo: Rede Brasileira de Cuidados Paliativos Pediátricos – RBCPPed, 2022.

FERREIRA FILHO, Manoel Gonçalves. *Comentários à constituição brasileira de 1988*. 2. ed. São Paulo: Saraiva, 1997.

FERREIRA FILHO, Manoel Gonçalves. *Curso de direito constitucional*. 38. ed. São Paulo: 2012.

FERREIRA FILHO, Manoel Gonçalves. *Do processo legislativo*. 6. ed. São Paulo: Saraiva, 2007.

FERREIRA NETTO, Raimundo Gonçalves; CORRÊA, José Wilson do Nascimento. Epidemiologia do surto de doença por coronavírus (COVID-19). *Revista desafios*, v. 7, n. Supl. COVID-19, 2020.

FERRO, Ivis Andrea Marques; DIAS, Lílian Barbosa Ribeiro; FRAGA, Renata Caravaline Carvalhal Fraga. Doenças crônicas e cuidados paliativos. *In:* CABRAL, Hildeniza Boechat; VON-HELD, Adréa Rodrigues; DADALTO, Luciana (Orgns.). *Cuidados paliativos*: estudos acadêmicos transdisciplinares. Campos dos Goytacazes: Brasil Multicultural, 2018. E-book.

FIUZA, César. Dignidade humana, autonomia privada e direitos da personalidade. *In:* FIUZA, César (Org.). *Autonomia privada*: direitos da personalidade. Belo Horizonte: Editora D'plácido, 2015.

FIUZA, César. *Direito civil*: curso completo. 15. ed. Belo Horizonte: Del Rey, 2012.

FRANCHE, Sandra; SCHELL, Matthias. *Soins palliatifs du nouveau-né* à *l'adolescent*. Moulineaux, France: Elsevier Masson, 2019. E-book.

FRANCO, Maria Helena Pereira. Luto em cuidados paliativos. *In:* OLIVEIRA, Reinaldo Ayer de (Coord.). *Cuidado paliativo.* São Paulo: Conselho Regional de Medicina do Estado de São Paulo, 2008.

FÜRST, Henderson. *No confim da vida*: direito e bioética na compreensão da ortotanásia. Belo Horizonte: Letramento: Casa do Direito, 2018.

GABRIELE MUÑIZ, Govanna. Cuidados paliativos em pediatria. *In:* ASTUDILLO, Wilson *et al*. (Eds.). *Medicina paliativa en niños y adolescentes*. San Sebastián – España: Paliativos Sin Fronteras, 2018. E-book.

GARNIER, Marcel *et al*. *Dicionário andrei de termos da medicina*. 2. ed. São Paulo: Andrei Editora, 2008.

GARRAFA, Volnei. Da bioética de princípios a uma bioética interventiva. *Bioética* 2005, v. 13, n. 1, 2005.

GARRAFA, Volnei. Radiografia bioética de um país – Brasil. *Acta bioethica* 2000, año VI, nº 1.

GARRAFA, Volnei; MARTORELL, Leandro Brambilla; NASCIMENTO, Wanderson Flor do. Críticas ao principialismo em bioética: perspectivas desde o norte e desde o sul. *Saúde e sociedade*, São Paulo, v. 25, n. 2, 2016.

GARRAFA, Volnei; PORTO, Dora. Bioética, poder e injustiça: por uma ética de intervenção. *In:* GARRAFA, Volnei; PESSINI, Leo (Orgs.). *Bioética, poder e injustiça*. São Paulo: Edições Loyola, 2003.

GARROS, Daniel; CRUZ, Cíntia Tavares. Cuidados paliativos e o fim da vida em unidade de terapia intensiva pediátrica. *In:* RUBIO, Andreza Viviane; SOUZA, Jussara de Lima e (Eds.). *Cuidado paliativo pediátrico e perinatal*. Rio de Janeiro: Atheneu, 2019.

GEORGE, Francisco; NUNES, Emília. *Pandemias no século XXI*. Disponível em: https://repositorio.ual.pt/handle/11144/1102. Acesso em: 07 jun. 2020.

GODINHO, Adriano Marteleto. *Eutanásia, ortotanásia e diretivas antecipadas de vontade*: o sentido de viver e morrer com dignidade. Curitiba: Juruá, 2016.

GODINHO, Adriano Marteleto. Ortotanásia e cuidados paliativos: o correto exercício da prática médica no fim da vida. *In:* GODINHO, Adriano Marteleto; LEITE, George Salomão; DADALTO, Luciana (Coords.). *Tratado brasileiro sobre o direito fundamental à morte digna*. São Paulo: Almedina, 2017.

GOIÁS. Governo do Estado de Goiás. Lei nº 19.723, de 10 de julho de 2017. Disponível em: https://legisla.casacivil.go.gov.br/api/v2/pesquisa/legislacoes/99038/pdf#:~:text=Institui%20a%20Pol%C3%ADtica%20Estadual%20de,servi%C3%A7os%20correspondentes%20e%20d%C3%A1%20outras. Acesso em: 18 abr. 2021.

GOIÁS. *Lei nº 16.140, 02 de outubro de 2007*. Disponível em: https://legisla.casacivil.go.gov.br/pesquisa_legislacao/86552/lei-16140. Acesso em: 18.04.2021.

GOMES, Ana Luísa Zaniboni; OTHERO, Marília Benso. Cuidados paliativos. *In: Estudos avançados n.*30. v. 88, 2016. Disponível em: http://www.scielo.br/pdf/ea/v30n88/0103-4014-ea-30-88-0155.pdf. Acesso em: 30 jun. 2019.

GOMES, Orlando. *Introdução ao direito civil*. 22. ed. Rio de Janeiro: Forense, 2019. E-book.

GÓMEZ-BATISTE, Xavier *et al*. Development of palliative care: past, present, and future. *In:* MACLEOD, Roderick Duncan; BLOCK, Lieve Van Den (Eds.). *Textbook of palliative care*. Cham, Switzerland, 2019.

GOTTSCHALL, Carlos Antonio Mascia. *Medicina hipocrática*: antes, durante e depois. Porto Alegre: Stampa, 2007.

GUIMARÃES, Regina Maria. Filosofia dos cuidados paliativos. *In:* SALTZ, Ernani; JUVER, Jeane (Orgs.). *Cuidados paliativos em oncologia*. 2. ed. Rio de Janeiro: Ed. Senac Rio de Janeiro, 2014.

HARARI, Yuval Noah. *Na batalha contra o coravírus, faltam líderes à humanidade*. São Paulo: Companhia das Letras, 2020. E-book.

HAUGEN, *Dagny Faksvåg*; NAUCK, Friedemann; CARACENI, Augusto. The core team and the extended team. *In:* CHERNY, Nathan *et al* (Eds.). *Oxford textbook of palliative medicine*. 5th Edition. Oxford, United Kingdom: Oxford University Press, 2015.

HEALY, J. The vegetative state: life, death and consciousness. *JICS*, Volume 11, Number 2, April 2010.

HIMELSTEIN, Bruce P. Palliative care for infants, children, adolescents, and their families. *Journal of palliative medicine*. Volume 9, Number 1, 2006.

HIRSCHHEIMER, Mário Roberto; CONSTANTINO, Clóvis Francisco; OSELKA, Gabriel Wolf. Consentimento informado no atendimento pediátrico. *Revista paulista de pediatria*, n. 28, v. 2, 2010.

HOUAISS, Antonio *et al*. *Dicionário Houaiss da língua portuguesa*. Rio de Janeiro: Objetiva, 2009.

HORTA, Raul Machado. As novas tendências do federalismo e seus reflexos na constituição brasileira de 1988. *Revista do legislativo*, Belo Horizonte, n. 25, jan./mar. 1999.

HORTA, Raul Machado. *Direito constitucional*. 3. ed. Belo Horizonte: Del Rey, 2002.

HOTTOIS, Gilbert; PARIZEAU, Marie-Hélène. *Dicionário de bioética*. Tradução de Maria de Carvalho. Lisboa: Instituto Piaget, 1998.

HUPFFER, Haide Maria; BINEMANN, Cleice. Autonomia da relação médico-paciente sob o aspecto dos cuidados paliativos: um estudo nos códigos de conduta médica do Brasil e Portugal. *In: Revista prâksis*, Novo Hamburgo, a. 16, n. 2, maio/ago. 2019.

HUPSEL, Francisco. *Autonomia privada na dimensão civil-constitucional:* o negócio jurídico, a pessoa concreta e suas escolhas existenciais. Salvador: JusPODIVM, 2016.

IGLESIAS, Simone Brasil de Oliveira; ZOLLNES, Ana Cristina Ribeiro; CONSTANTINO, Clóvis Francisco. Cuidados paliativos pediátricos. *Residência pediátrica*, n. 6 (supl 1), 2016.

IGNACIA DEL RÍO, M.; PALMA, Alejandra. Cuidados paliativos: historia y desarrollo. *Boletín escuela de medicina u. c., pontificia universidad católica de chile*, vol. 32, nº 1, 2007.

INCONTRI, Dora. Equipes interdisciplinares em cuidados paliativos – religando o saber e o sentir. *In:* SANTOS, Franklin Santana (Ed.). *Cuidados paliativos*: diretrizes, humanização e alívio dos sintomas. São Paulo: Atheneu, 2011.

ISSUES IN CLINICAL NEUROSCIENCE: ANA Committee on Ethical Affairs: PVS. *Annals of neurology*, Vol 33, No 4, April 1993.

JAPIASSÚ, Hilton; MARCONDES, Danilo. *Dicionário básico de filosofia*. 5. ed. Rio de Janeiro: Zahar, 2008.

JESUS, Damásio de. *Direito penal vol. 2*: parte especial: crimes contra a pessoa e crimes contra o patrimônio. 36. ed. Atualização de André Estefam. São Paulo: Saraiva Educação, 2020. E-book.

JUNQUEIRA, André. Coronavírus: desafios éticos no tratamento e com os cuidados paliativos. *Veja saúde*, 10 maio 2020. Disponível em: https://saude.abril.com.br/blog/com-a-palavra/coronavirus-tratamento-cuidados-paliativos/. Acesso em: 07 jun. 2020.

Justiça do Reino Unido deixa para famílias decisão de desligar aparelhos em pacientes em estado vegetativo. *Uol Notícias*, 31 jul. 2018. Disponível em: https://noticias.uol.com.br/internacional/ultimas-noticias/2018/07/31/suprema-corte-do-reino-unido-decide-que-eutanasia-pode-ser-realizada-sem-autorizacao-judicial.htm. Acesso em: 16.07.2022.

Justiça manda desligar aparelhos de bebê que vive com doença degenerativa na Inglaterra. *Portal R7 – Fala Brasil*, 21 fev. 2018. Disponível em: https://recordtv.r7.com/fala-brasil/videos/justica-manda-desligar-aparelhos-de-bebe-que-vive-com-doenca-degenerativa-na-inglaterra-06102018. Acesso em: 16 jul. 2022.

KELLEHEAR, Allan. *Uma história social da morte*. Tradução de Luiz Antônio Oliveira de Araújo. São Paulo: Editora Unesp, 2016.

KFOURI NETO, Miguel. A quantificação do dano na ausência de consentimento livre e esclarecido do paciente. *Revista IBERC*, Minas Gerais, v. 2, n. 1, p. 01-21, jan./abr. 2019.

KFOURI NETO, Miguel. *Responsabilidade civil do médico*. 11. ed. São Paulo: Thomson Reuters Brasil, 2021.

KIELING, Felipe. *Menino Archie:* justiça manda desligar aparelhos, e criança morre no Reino Unido. *Jornal da Band*, 07 ago. 2022. Disponível em: https://www.band.uol.com.br/noticias/jornal-da-band/ultimas/menino-archie-justica-manda-desligar-aparelhos-16527202. Acesso em: 04 ago. 2022.

KIPPER, Délio José; PIVA, Jefferson Pedro. Dilemas éticos e legais em pacientes pediátricos. *J Pediatr (Rio J)*, n.74, v. 4, 1998.

KLICK, Jeffrey C.; HAUER, Julie. Pediatric palliative care. *Curr probl pediatr adolesc health care*, July 2010.

KOTTOW, Miguel. História da ética em pesquisa com seres humanos. *Revista eletrônica de comunicação, informação, inovação em saúde*, Rio de Janeiro, v. 2, Sup. 1, Sup.7-Sup.18, dez. 2008.

KOVÁCS, Maria Julia. Cuidando do cuidador profissional. *In:* OLIVEIRA, Reinaldo Ayer de (Coord.). *Cuidado paliativo.* São Paulo: Conselho Regional de Medicina do Estado de São Paulo, 2008.

KOVÁCS, Maria Júlia. *Educação para a morte*: temas e reflexões. São Paulo: Casa do Psicólogo: Fapesp, 2003.

LAGO, Patrícia; PIVA, Jefferson. Cuidados paliativos em UTIs pediátricas. *In:* MORITZ, Rachel Duarte (Org.). *Cuidados paliativos nas unidades de terapia intensiva.* São Paulo: Editora Atheneu, 2012.

LANSDOWN, Gerison. *La evolución de las facultades del niño*. Florencia, Italia: El Centro de Investigaciones de Innocenti de UNICEF, 2005. Disponível em: https://www.unicef-irc.org/publications/pdf/EVOLVING-E.pdf. Acesso em: 20 jul. 2022.

LEONE, Salvino; PRIVITERA, Salvatore; CUNHA, Jorge Teixeira da (Coords.). *Dicionário de bioética*. Aparecida: Editora Santuário, 2001.

LEÓN-JIMENEZ; ERNERSTO, Franco. Tuskegee: más allá del consentimiento informado. *Revista peruana de medicina experimental y salud pública*, n. 2, v. 1, 2016.

LEVETOWN, Marcia; MEYER, Elaine C.; GRAY, Dianne. Communication skills and relational abilities. *In:* CARTER, Brian S.; LEVETOWN, Marcia; FIEBERT, Sarah E. (Eds.). *Palliative care for infants, children, and adolescents*: a practical handbook. 2. ed. Baltimore: The Johns Hopkins University Press, 2011. E-book.

LEVY, Bel. Covid-19: Brasil registra uma morte por dia entre crianças de 6 meses a 5 anos em 2022. *Fiocruz*, 14 dez. 2022. Disponível em: https://portal.fiocruz.br/noticia/covid-19-brasil-registra-uma-morte-por-dia-entre-criancas-de-6-meses-5-anos-em-2022. Acesso em: 12.03.2023.

LIMA, Taísa Maria Macena de Lima; SÁ, Maria de Fátima Freire de. *Ensaios sobre a infância e a adolescência.* 2. ed. Belo Horizonte: Arraes Editores, 2019.

LIMBO, Rana; DAVIES, Betty. Grief and bereavement in pediatric palliative care. *In:* FERREL, Betty R. (Ed.). *Pediatric palliative care.* New York: Oxford University Press, 2016.

LIPPMANN, Ernesto. *Testamento vital*: direito à dignidade. São Paulo: Matrix, 2013.

LÔBO, Paulo. *Direito civil:* volume 1: parte geral. 10. ed. São Paulo: Saraiva Educação, 2021.

LÔBO, Paulo Luiz Netto. Constitucionalização do direito civil. *Revista de informação legislativa,* Brasília ano 36 n. 141, jan./mar. 1999.

LÔBO, Paulo. *Direito civil*: volume 5: famílias. 11. ed. São Paulo: Saraiva Educação, 2021. E-book.

LOCH, Jussara de Azambuja; KIPPER, Délio José; CLOTET, Joaquim. O princípio do respeito à autonomia na práctica pediátrica. *In:* LOCH, Jussara de Azambuja; GAUER, Gabriel José Chittó; CASADO, María. *Bioética, interdisciplinariedade e prática clínica.* Porto Alegre: EDIPUCRS, 2008.

LOMBARD, John. *Law, palliative care and dying*: legal and ethical challenges. New York: Routledge, 2018.

LOPES, José Agostinho. Bioética – uma breve história: de Nuremberg (1947) a Belmont (1979). *Revista médica de Minas Gerais,* n 24. v. 2, 2014.

LOPES, Marcos Thomazin. Admissão e monitorização do paciente pediátrico grave. *In:* LOPES, Marcos Thomazin; TOMA, Edi; MAIA, Magda Maria (Eds.*). Cuidados intensivos pediátricos.* Rio de Janeiro: Atheneu, 2019.

LOPES FILHO, Juraci Mourão. *Competências federativas na constituição e nos precedentes do STF.* 2. ed. Salvador: Editora JusPodivm, 2019.

LOPES JR., Dalmir. *Consentimento informado na relação médico-paciente.* Belo Horizonte: Editora D´plácido, 2018.

LUDVIGSSON, Jonas F. Systematic review of COVID-19 in children show milder cases and a better prognosis adults. *Acta pediatrica.* 2020.

MACIEL, Maria Goretti Sales. Definições e princípios. *In:* OLIVEIRA, Reinaldo Ayer de (Coord.). *Cuidado paliativo.* São Paulo: Conselho Regional de Medicina do Estado de São Paulo, 2008.

MACNAMARA, Katrina. Bases de la atención paliativa en los niños y jóvenes. *In:* ASTUDILLO, Wilson *et al. Medicina paliativa en niños y adolescentes.* San Sebastián, España: Paliativos Sin Fronteras, 2018. E-book.

MADEIRA, Isabel Rey. A bioética pediátrica e a autonomia da criança. *Residência pediátrica,* n. 1. Supl. 1, 2011.

MAGALHÃES, José Luiz Quadros de. *Direito constitucional.* Tomo I. 2. ed. Belo Horizonte: Mandamentos, 2002.

MALUF, Adriana Caldas do Rego Freitas Dabus. *Curso de bioética e biodireito.* 4. ed. São Paulo: Almedina, 2000. E-book.

MALUF, Adriana Caldas do Rego Freitas Dabus. Bioética, biodireito e cuidados paliativos: a importância do tema na pós modernidade. *In:* MALUF, Carlos Alberto Dabus; MALUF, Adriana Caldas do Rego Freitas Dabus; OLIVEIRA, Maria Fernanda Cesar Las Casas de (coordenadores). *Bioética, biodireito e cuidados paliativos.* Londrina: Thoth, 2022. E-book.

MANDETTA, Míriam Aparecida; BALIEIRO, Maria Magda Ferreira Gomes. A pandemia da COVID-19 e suas implicações para o cuidado centrado no paciente e família em unidade pediátrica hospitalar. *Revista da sociedade brasileira de enfermeiros pediatras,* v. 20, p. 77-84, 2020.

MAPELLI JÚNIOR, Reynaldo; COIMBRA, Mário; MATOS, Yolanda Alves Pinto Serrano de. *Direito sanitário*. São Paulo: Ministério Público, Centro de Apoio Operacional das Promotorias de Justiça Cível e Tutela Coletiva, 2012.

MARANHÃO. Assembleia Legislativa. Lei nº 11.123, de 07 de outubro de 2019. Estabelece as Diretrizes Estaduais para a Implementação de Cuidados Paliativos direcionados aos Pacientes com doenças ameaçadoras à vida, e dá outras providências. Disponível em: http://arquivos.al.ma.leg.br:8080/ged/legislacao/LEI_11123. Acesso em: 08 mar. 2022.

MARANHÃO, José Luís de Sousa Maranhão. *O que é morte*. Tatuapé, São Paulo: Editora Brasiliense, 2017. E-book.

MARCOVICI, Michelle; SEVERINI, Rafael da Silva Giannasi. COVID-19 na pediatria. *In:* CORREIA, Vinícius Machado *et al.* (Eds.). *Manual de condutas na COVID-19*. 2. ed. Santana de Paraíba: Manole; São Paulo: SIMM, 2021. E-book.

MARQUES, Heloisa Helena de Sousa; GIBELLI, Maria Augusta Bento Cicaroni; LITVINOV, Nadia. Particularidades da infecção na criança e no recém-nascido e políticas públicas para a contenção da pandemia. *In:* MARQUES, Heloisa Helena de Sousa; CARVALHO, Werther Brunow de; SILVA, Clovis Artur Almeida da (Eds.). *Covid-19 em pediatria/neonatologia*. São Paulo: Editora dos Editores Eireli, 2021.

MARREIRO, Cecília Lôbo. *O direito à morte digna*: uma análise ética e legal da ortotanásia. Curitiba: Appris, 2014.

MARTEL, Letícia de Campos Velho. Limitação de tratamento, cuidado paliativo e suicídio assistido: elementos para um diálogo sobre os reflexos jurídicos da categorização. *In:* BARROSO, Luís Roberto (Org.). *A reconstrução democrática do direito público no Brasil*. Rio de Janeiro: Renovar, 2007.

MARTIN, Leornard M. *A ética do médico diante do paciente terminal*: leitura ética-teológica da relação médico-paciente terminal nos códigos brasileiros de ética médica. Aparecida: Editora Santuário, 1993.

MARTORELL, Gabriela; PAPALIA, Diane E.; FELDMAN, Ruth Duskin. Tradução de M. Pinho; revisão técnica de Denise Ruschel Bandeira. *O mundo da criança*: da infância à adolescência. 13. ed. Porto Alegre: AMGH, 2020. E-book.

MATO GROSSO. Assembleia Legislativa do Estado do Mato Grosso. Lei nº 11.509, de 09 de setembro de 2021. Cria o Programa Estadual de Cuidados Paliativos no âmbito da saúde pública do Estado de Mato Grosso. Disponível em: file:///C:/Users/fabio/Downloads/lei-11509-2021%20(2).pdf. Acesso em: 27 mar. 2022.

MATSUMOTO, Dalva Yukie. Cuidados paliativos: conceito, fundamentos e princípios. *In: Manual de cuidados paliativos*. Rio de Janeiro: Diagraphic, 2009.

MAYARA, Jéssica. Cuidados paliativos são essenciais na pandemia. *Portal Estado de Minas*, 17 maio 2020. Disponível em: https://www.em.com.br/app/noticia/bem-viver/2020/05/17/interna_bem_viver,1147031/cuidados-paliativos-sao-essenciais-na-pandemia.shtml. Acesso em: 14 jul. 2020.

MAZZUOLI, Valerio de Oliveira. *Curso de direito internacional público*. 12. ed. Rio de Janeiro: Forense, 2019.

MAZZUOLI, Valério de Oliveira. *Curso de direito internacional público*. 13. ed. Rio de Janeiro: Forense, 2020.

MAZZUOLI, Valério de Oliveira. *O controle jurisdicional da convencionalidade das leis*. 4. ed. São Paulo: Editora Revista dos Tribunais, 2016.

MEIRELLES, Hely Lopes. *Direito administrativo brasileiro*. 42. ed. São Paulo: Malheiros, 2016.

MELO, Ana Georgia Cavalcante de; CAPONERO, Ricardo. Cuidados paliativos: abordagem contínua e integral. SANTOS, Franklin Santana (Org.). *Cuidados paliativos*: discutindo a vida, a morte e o morrer. São Paulo: Editora Atheneu, 2009.

MELLO, Celso Antônio Bandeira de. *Curso de direito administrativo*. 32. ed. São Paulo: Malheiros, 2014.

MENDES JÚNIOR, João. *As idéias de soberania, autonomia e federação*. p. 251. Disponível em: file:///C:/Users/fabio/Downloads/65150-Texto%20do%20artigo-86182-1-10-20131119%20(1).pdfp. Acesso em: 29 maio 2022.

MINAS GERAIS. Assembleia Legistativa de Minas Gerais. *Lei nº 23.938, de 23 de setembro de 2021*. Estabelece princípios, diretrizes e objetivos para as ações do Estado voltadas para os cuidados paliativos no âmbito da saúde pública. Disponível em: https://www.almg.gov.br/legislacao-mineira/LEI/23938/2021/;PORTAL_SESSIONID=63835C6452172 73B3EC74AAB59D80B3F.worker2. Acesso em: 22 mar. 2022.

MIRAGEM, Bruno. *Teoria geral do direito civil*. Rio de Janeiro: Forense, 2021.

MIRANDA, Pontes de. *Tratado de direito privado*: parte geral 1: introdução; atualizado por Judith Martins-Costa, Gustavo Haical, Jorge Cesa Ferreira da Silva. São Paulo: Revista dos Tribunais, 2012.

MORAES, Ana Clara Rodrigues da Cunha de Sant'Ana. Princípios bioéticos aplicados à luz dos cuidados paliativos. *Revista bioética cremego* (impressão), v. 03, n. 1, 2021.

MORAES, Alexandre de. *Direitos humanos fundamentais*: teoria geral: comentários aos arts. 1º a 5º da Constituição da República Federativa do Brasil: doutrina e jurisprudência. 12. ed. São Paulo: Atlas, 2021.

MORAES, Alexandre de. *Direito constitucional*. 36. ed. São Paulo: Atlas, 2020. E-book.

MORAES, Maria Celina Bodin de. *Na medida da pessoa humana*: estudos de direito civil-constitucional. Rio de Janeiro: Renovar, 2010.

MOREIRA, Raquel Veggi; CABRAL, Hildeniza Lacerda Tinoco Boechat; DADALTO, Luciana. Cuidados paliativos: origem e historicidade. *In*: CABRAL, Hildeniza Boechat; VON-HELD, Andréa Rodrigues; DADALTO, Luciana (Orgs.). *Cuidados paliativos*: estudos acadêmicos transdisciplinares. Campos dos Goytacazes: Brasil Multicultural, 2018.

MOREIRA NETO, Diogo de Figueiredo. Competência concorrente limitada. *Revista de informação legislativa*, Brasília, ano 25, n. 100, out./dez. 1988.

MOTTA, Luís Cláudio de Souza; VIDAL, Selma Vaz; SIQUEIRA-BATISTA, Rodrigo. Bioética: afinal, o que é isso? *Revista brasileira de clínica médica*, São Paulo, n. 10, v. 5, set./out. 2012.

MPF/DF – Resolução que regula a ortotanásia é suspensa. *Portal Migalhas*, 29 out. 2007. Disponível em: https://www.migalhas.com.br/quentes/48092/mpfdf-resolucao-que-regula-a-ortotanasia-e-suspensa. Acesso em: 11 abr. 2021.

MUSTAFA, Aline. Enfim, descanse em paz. *Cremesp – Diário de São Paulo*, 06 dez. 2010. Disponível em: http://www.cremesp.org.br/?siteAcao=Imprensa&acao=crm_midia&id=589#:~:text=O%20ex%2Dgovernador%20de%20S%C3%A3o,paliativos%2C%20e%20morreu%20em%202001. Acesso em: 18 abr. 2021.

NEGRI, Stefania. Saúde e direito internacional: algumas reflexões sobre a tardia afirmação de um direito fundamental. *Bol. saúde*, Porto Alegre, v. 24, n. 2, jul./dez. 2010.

NEIVA, Carolina. Por que cuidados paliativos na pandemia de Covid-19? *Pebmed*, 26 mar. 2020. Disponível em: https://pebmed.com.br/por-que-cuidados-paliativos-na-pandemia-de-covid-19/. Acesso em: 14 jun. 2020.

NERY, Rosa Maria de Andrade; NERY JUNIOR, Nelson. *Instituições de direito civil, volume I, tomo I*: teoria geral do direito privado. São Paulo: Editora Revista dos Tribunais, 2014.

NEVES, Maria do Céu Patrão. A fundamentação antropológica da bioética. *Revista bioética*, v. 4, n. 1, 2023. Disponível em: Disponível em: https://revistabioetica.cfm.org.br/index.php/revista_bioetica/article/view/392/355. Acesso em: 28 jun. 2022.

NUCCI, Guilherme de Souza. *Estatuto da criança e do adolescente comentado*. 4. ed. Rio de Janeiro: Editora Forense, 2018.

NUNES, Rizzatto. *O princípio constitucional da dignidade da pessoa humana*: doutrina e jurisprudência. 3. ed. São Paulo: Saraiva, 2010.

OEA. Declaración Americana de los Derechos y Deberes del Hombre. Disponível em: http://www.oas.org/es/cidh/mandato/Basicos/declaracion.asp. Acesso em: 17 out. 2021.

OLIVEIRA, Aline Albuquerque S. de. Interface entre bioética e direitos humanos: o conceito ontológico de dignidade humana e seus desdobramentos. *Revista Bioética*, v. 15, n. 2, p. 170-85, 2007.

OLIVEIRA, Maria Helena Barros de *et al.* Direitos humanos e saúde: 70 anos após a declaração universal de direitos humanos. *Revista eletrônica de comunicação, informação e inovação em saúde*, v. 4, n.12, out./dez. 2018.

OMS decreta pandemia do novo coronavírus. Saiba o que isso significa. *Veja Saúde*, 11 mar. 2020. Disponível em: https://saude.abril.com.br/medicina/oms-decreta-pandemia-do-novo-coronavirus-saiba-o-que-isso-significa/. Acesso em: 29 jun. 2020.

OPEN SOCIETY. *Cuidados paliativos como un derecho humano*. Disponível em: https://www.opensocietyfoundations.org/uploads/656b2ab4-b9cd-433d-849f-0151bcc8b0a9/palliative-care-human-right-fact-sheet-sp-20161209.pdf. Acesso em: 21 out. 2021.

ORGANIZACIÓN MUNDIAL DE LA SALUD. *Cuidados paliativos*. Disponível em: www.who.int/es/news-room/fact-sheets/detail/palliative-care. Acesso em: 12 set. 2019.

ORLOFF, Stacy F. *et al.* Bereavement. *In:* CARTER, Brian S.; LEVETOWN, Marcia; FRIEBERT, Sarah E. (Eds.). *Palliative care for infants, children, and adolescents: a practical handbook*. 2 nd. Baltimore: The Johns Hopkins University Press, 2011. E-book.

OSELKA, Gabriel. Direitos do paciente e legislação. *Revista da associação médica brasileira*, v. 47, n. 2, 85-109, 2001.

O'TOOLE, Marie T. (Ed.). *Mosby's dictionary of medicine, nursing & health professions*. 9th ed. St. Louis, Missouri: Elsevier Mosby, 2013.

PALMA, Alejandra. Cuidados en la fase terminal. *In:* PALMA, Alejandra; TABOADA, Paulina; NERVI, Flavio. *Medicina paliativa y cuidados continuos*. Santiago, Chile: Ediciones UC, 2010. E-book.

PAPACCHINI, Angelo. *Derecho a la vida*. Cali: Editorial Universidad de Valle, 2010. E-book.

PAPADATOU, Danai; BLEUBOND-LANGER, Myra; GOLDMAN, Ann. The team. *In:* WOLFE, Joanne; HINDS, Pamela; SOURKES, Barbara. *Textbook of interdisciplinary pediatric palliative care*. Philadelphia, PA. 2011.

PAPALIA, Diane E.; FELDMAND, Ruth Duskin. *Desenvolvimento humano*. Tradução de Cristina Monteiro e Mauro de Campos Silva. 12. ed. Porto Alegre: AMGH, 2013.

PARANÁ. Assembleia Legislativa. *Lei nº 20.091, de 19 de dezembro de 2019*. Dispõe sobre a instituição dos preceitos e fundamentos dos Cuidados Paliativos no Paraná. Disponível em: https://bancodeleis.unale.org.br/Arquivo/Documents/legislacao/image/PR/L/L200912019.pdf. Acesso em: 13 mar. 2022.

PARANÁ. Tribunal de Justiça. TJ-PR. *AI: 00206285720218160000 Iporã 0020628-57.2021.8.16.0000* (Acórdão), Relator: Luiz Lopes, Data de Julgamento: 01.08.2021, 10ª Câmara Cível, Data de Publicação: 02.08.2021.

PARANHOS, Flávio R. L. Bioética principialista. *Thaumazein*, Santa Maria, ano VII, v. 10, n. 19, 2017.

PATERSON, Craig. *Assisted suicide and euthanasia*: a natural law ethics approach. New York: Routledge, 2017.

PAZINATTO, Márcia Maria. A relação médico-paciente na perspectiva da Recomendação CFM 1/2016. *Revista bioética*, 2019.

PEREIRA, André Gonçalo Dias. O *consentimento informado na relação médico-paciente*: estudo de direito civil. Coimbra: Coimbra Editora, 2004.

PEREIRA, Caio Mário da Silva. *Instituições de direito civil*: introdução ao direito civil: teoria geral do direito civil, volume I. Revisão e atualização de Maria Celina Bodin de Moraes. 33. ed. Rio de Janeiro: Forense, 2020. E-book.

PEREIRA, Fernanda Brito. "Resgate a infância": a atuação do Ministério Público do Trabalho no enfrentamento do trabalho precoce em Minas Gerais. São Paulo: Editora Dialética, 2022. E-book.

PEREIRA, Sandra Martins. *Cuidados paliativos*: confrontar a morte. Lisboa: Universidade Católica Editora, 2010.

PERLINGIERI, Pietro. *Perfis do direito civil*: introdução ao direito civil-constitucional. 3. ed. Rio de Janeiro: Renovar, 2007.

PESSINI, Leo. A filosofia dos cuidados paliativos: uma resposta diante da obstinação terapêutica. PESSINI, Leo; BERTACHINI, Luciana (Orgs.). *Humanização e cuidados paliativos*. 6. ed. São Paulo: Centro Universitário São Camilo; Edições Loyola, 2014.

PESSINI, Leo. As origens da bioética: do credo bioético de Potter ao imperativo bioético de Fritz Jahr. *Revista bioética* (Impr.), v.1, n. 21, 2013.

PESSINI, Leo; Luciana, Bertachini. Conhecendo o que são cuidados paliativos: conceitos fundamentais. In: BERTACHINI, Luciana; PESSINI, Leo. *Encanto e responsabilidade no cuidado da vida*: lidando com desafios em situações críticas e de final da vida. São Paulo: Paulinas: Centro Universitário São Camilo, 2011.

PESSINI, Leo. *Distanásia*: até quando prolongar a vida. São Paulo: Editora do Centro Universitário São Camilo: Edições Loyola, 2001.

PESSINI, Leo; BERTACHINI, Luciana. *O que entender por cuidados paliativos?* São Paulo: Paulus, 2006.

PESSINI, Leo; BARCHIFONTAINE, Christian de P. de. *Problemas atuais de bioética*. 11. ed. São Paulo: Centro Universitário São Camilo, 2014.

PESSINI, Leo; HOSSNE, William Saad. Terminalidade da vida e o novo código de ética médica. *Revista bioethikos* – Centro Universitário São Camilo, v. 2, n. 4, 2010.

PESSINI, Leo; RICCI, Luiz Antônio Lopes. O que entender por mistanásia? *Tratado brasileiro sobre direito fundamental à morte digna*. São Paulo: Almedina, 2017.

PESSOA, José Hugo de Lins. O atendimento pediátrico. *In:* CONSTANTINO, Clóvis Francisco; BARROS, João Coroliano Rego; HIRSCHHIEIMER, Mário Roberto (Eds.). *Cuidando de crianças e adolescentes sob o olhar da* ética *e da bioética*. São Paulo: Editora Atheneu, 2009.

PILAU SOBRINHO, Liton Lanes. *Direito* à *saúde*: uma perspectiva constitucionalista. Passo Fundo: UFP, 2003.

PINHO, Amanda Andrade Aguiar de *et al*. Repercussão dos cuidados paliativos pediátricos: revisão integrativa. *Rev. bioét.* (Impr.), v. 28, n. 4, p. 710-7, 2020.

PINTO, Carlos Alberto da Mota. *Teoria geral do direito civil*. 4. ed. Coimbra: Coimbra Editora, 2005.

PIOVESAN, Flávia. *Direitos humanos e o direito constitucional internacional*. 19. ed. São Paulo: Saraiva Educação, 2021. E-book.

PITHAN, Lívia Haygert. *A dignidade humana como fundamento jurídico das "ordens de não-ressuscitação" hospitalares*. Porto Alegre: EDIPUCRS, 2004.

PLATÃO. *As leis*. Tradução de Edson Bini. São Paulo: Edipro, 2021. E-book.

PORTO, Celmo Celeno; PORTO, Arnaldo Lemos (Co-editor). *Semiologia médica*. 6. ed. Rio de Janeiro: Guanaba Koogan, 2009.

PORTO, Dora. Bioética de intervenção nos tempos da covid-19. *In:* DADALTO, Luciana (Coord.). *Bioética e covid-19*. Indaiatuba: Editora Foco, 2020. E-book.

PORTO, Dora; GARRAFA, Volnei. Bioética de intervenção: considerações sobre a economia de mercado. *Bioética*, v. 13, n. 1, 2005.

POSNER, Jerome P. *et al*. *Plum and Posner's diagnoses and treatment of stupor and coma*. Fifth edition. New York: Oxford University Press, 2019.

POTTER, Van Rensselaer. *Bioética*: ponte para futuro. Tradução de Diego Carlos Zanella. São Paulo: Edições Loyola, 2016.

PRIETO PARRA, Gloria Inés. Perspectiva bioética del cuidado de enfermería. *Revista Enfermería Universitaria ENEO-UNAM*. Vol 4. No. 3 Año 4 Septiembre-Diciembre 2007.

Protocolo de Manchester: conheça a aplicação, na prática, do processo. *Artmed*, 14 set. 2017. Disponível em: https://www.secad.com.br/blog/enfermagem/protocolo-de-manchester/. Acesso em: 15 jun. 2020.

QUILL, Timothy E.; MILLER, Franklin G. *Palliative care and ethics*. New York: Oxford University Press, 2014.

RADBRUCH, Lukas. Redefining palliative care: a new consensus-based definition. *Journal of pain and symptom management*, v. 60, n. 4, Oct. 2020.

RECANSÉNS SICHES, Luis. *Tratado general de filosofia del derecho*. 19. ed. México, D. F.: Editorial Porrúa, 2008.

REGO, Sergio; PALÁCIOS, Marisa; SIQUEIRA-BATISTA, Rodrigo. Bioética: histórico e conceitos. *In: Bioética para profissionais da saúde* [online]. Rio de Janeiro: Editora FIOCRUZ, 2009. Disponível em: https://books.scielo.org/id/33937/pdf/rego-9788575413906-02.pdf. Acesso em: 18 jul. 2022.

REGO, Sergio; PALÁCIOS, Marisa; SIQUEIRA-BATISTA, Rodrigo. *Bioética para profissionais de saúde*. Rio de Janeiro: Editora FIOCRUZ. 2009. E-book.

REY, Luís. *Dicionário de termos técnicos de medicina e saúde*. 2. ed. Rio de Janeiro: Guanabara Koogan, 2008.

RIBEIRO, Gustavo Pereira Leite. Personalidade e capacidade do ser humano a partir do código civil. *In:* TEIXEIRA, Ana Carolina Brochado Teixeira; RIBEIRO, Gustavo Pereira Leite. *Manual de teoria geral do direito civil*. Belo Horizonte: Del Rey, 2011.

RIBEIRO, Raphael Rego Borges. A passagem do direito civil "tradicional" para o direito civil-constitucional: uma revisão de literatura. *Revista videre*, v. 12, n. 25, set./dez. 2020.

RICCI, Luiz Antônio Lopes. *A morte social*: mistanásia e bioética. São Paulo: Paulus, 2015. E-book.

RICOU, Miguel. Luto. *In:* NUNES, Rui; REGO, Francisca; REGO, Guilhermina (Coords.). *Enciclopédia luso-brasileira de cuidados paliativos*. Coimbra: Almedina, 2018.

RIO GRANDE DO SUL. Assembleia Legislativa. *Lei nº 15.277, de 31 de janeiro de 2019*. Institui a Política Estadual de Cuidados Paliativos e dá outras providências. Disponível em: https://leisestaduais.com.br/rs/lei-ordinaria-n-15277-2019-rio-grande-do-sul-institui-a-politica-estadual-de-cuidados-paliativos-e-da-outras-providencias. Acesso: 28 fev. 2022.

RIO DE JANEIRO. Assembleia Legislativa. *Lei nº 8425, de 1 de julho de 2019*. Cria o programa estadual de cuidados paliativos no âmbito da saúde pública do estado do Rio de Janeiro. Disponível em: http://www3.alerj.rj.gov.br/lotus_notes/default.asp?id=53&url=L2NvbnRsZWkubnNmL2M4YWEwOTAwMDI1ZmVlZjYwMzI1NjRlYzAwNjBkZmZmLzU5ZjAwZmRhN2Y2YThmODE4MzI1ODQyYjAwNjEyZTZlP09wZW5Eb2N1bWVudA==. Acesso em: 04 mar. 2022.

ROBERTO, Luciana Mendes Pereira. *Responsabilidade civil do profissional de saúde & consentimento informado*. 2. ed. 4. reimp. Curitiba: Juruá, 2022.

RODRIGUES, José Carlos. *Tabu da morte*. 2. ed. Rio de Janeiro: Eitora FIOCRUZ, 2006. E-book.

RODRIGUES, Rafael Garcia. A pessoa e o ser humano no código civil: *In:* TEPEDINO, Gustavo (Coord.). *A parte geral do novo código civil*: estudos na perspectiva civil-constitucional. 3. ed. Rio de Janeiro: Renovar, 2007.

RODRIGUES, Renata Lima. *Incapacidade, curatela e autonomia privada*: estudos no marco do estado democrático de direito. 2005. Dissertação (Mestrado) – Pontifícia Universidade Católica de Minas Gerais, Faculdade de Direito, Belo Horizonte, 2005.

RODRIGUES JUNIOR, Otavio Luiz. Autonomia da vontade, autonomia privada e autodeterminação: notas sobre evolução de um conceito na Modernidade e na Pós-modernidade. *Revista de informação legislativa*, Brasília, ano 41, n. 163, jul./set. 2004.

ROLLAND, John S. *Familias, enfermidad y discapacidad*: una propuesta desde la terapia sistémica. Barcelona: Editorial Gedisa, 2000.

ROMÃO, Luis Fernando de França. *A constitucionalização dos direitos da criança e do adolescente*. São Paulo: Almedina Brasil, 2016. E-book.

RORAIMA. Assembleia Legislativa do Estado de Roraima. *Lei nº 1.669, de 25 de abril de 2022*. Estabelece princípios, diretrizes e objetivos para ações do Estado voltadas para os cuidados paliativos no âmbito da saúde pública do Estado de Roraima – Lei Jeová Meio. Disponível em: https://sapl.al.rr.leg.br/media/sapl/public/normajuridica/2022/3951/lei_no_1669_de_1_de_abril_de_2022.pdf. Acesso em: 01 maio 2022.

ROSSA, Paola. Comunicação em cuidados paliativos pediátricos. *In:* CARVALHO, Ricardo. T. *et al.* (Eds.). *Manual de residência de cuidados paliativos*: abordagem multidisciplinar. Barueri: Manole, 2018.

SÁ, Maria de Fátima Freire de; MOUREIRA, Diogo Luna. *Autonomia para morrer*: eutanásia, suicídio assistido, diretivas antecipadas de vontade e cuidados paliativos. 2. ed. Belo Horizonte: Del Rey, 2015.

SÁ, Maria de Fátima Freire de; OLIVEIRA, Lucas Costa de. O caso Charlie Gard: em busca da solução adequada. *Revista m.*, Rio de Janeiro, v. 2, n. 4, p. 456-477, jul./dez. 2017.

SÁFADI, Marco Aurélio; KFOURI, Renato de Ávila. *Dados Epidemiológicos da COVID-19 em Pediatria*: Nota Técnica. Sociedade Brasileira de Pediatria. Março, 2021.

SAMANTA, Jo. Children and euthanasia: Belgium's controversial new law. *Diversity and equality in health and care, n.12, v.1.* 2015.

SANCHO, Nelly Kazan. Oxigenoterapia e ventilação não invasiva. *Centro de Terapia Intensiva,* Hospital Municipal Miguel Couto. Disponível em: http://www.szpilman.com/CTI/protocolos/Oxig%C3%AAnio%20e%20ventila%C3%A7%C3%A3o%20n%C3%A3o%20invasiva.pdf. Acesso em: 16 jun. 2020

SANTORO, Luciano de Freitas. *A morte digna*: o direito do paciente terminal. Curitiba: Juruá, 2012.

SANTOS, André Filipe Junqueira dos; FERREIRA, Esther Amgélica Luiz; GUIRRO, Úrsula Bueno do Prado. *Atlas de cuidados paliativos no Brasil 2019*. Organização de Luciana Massa; coordenação de Stefhanie Piovesan. 1. ed. São Paulo: ANCP, 2020.

SANTOS, Christiane Gouvêa dos; SCHARAMM, Fermin Roland. Bioética em cuidados paliativos: uma questão de direitos humanos e cidadania: *In:* MENDES, Ernani Costa; VASCONCELOS, Luiz Carlos Fadel de (Org.). *Cuidados paliativos*: uma questão de direitos humanos, saúde e cidadania. Curitiba: Editora Appris, 2020.

SANTOS, Danielle Maria Espezim; VERONESE, Josiane Rose Petry. A proteção integral e o enfrentamento das vulnerabilidades infanto-adolescentes. *Revista de direito,* Viçosa, v. 10, n. 02, p. 109-157, 2019.

SANTOS, Eliane Araque dos. Criança e adolescente: sujeitos de direitos. *Inclusão social,* Brasília, v. 2, n. 1, out. 2006/mar. 2007.

SANTOS, Laura Ferreira dos. *A morte assistida e outras questões de fim-de-vida.* Coimbra: Almedina, 2015.

SANTOS, Maria Celeste Cordeiro dos. *O equilíbrio do pêndulo a bioética e a lei*: implicações médico-legais. São Paulo: Ícone Editora, 1998.

SANZ MUÑOZ, Iván *et al. 50 preguntas y respuestas sobre el coronavírus (COVID-19).* Zaragoza, España: Amazing Books, 2020. E-book.

SÃO PAULO. Assembleia Legislativa do Estado de São Paulo. *Lei nº 17.292, de 13 de outubro de 2020.* Institui a Política Estadual de Cuidados Paliativos e dá outras providências. Disponível em: https://www.al.sp.gov.br/repositorio/legislacao/lei/2020/lei-17292-13.10.2020.html#:~:text=O%20GOVERNADOR%20DO%20ESTADO%20DE,doen%C3%A7as%20sem%20possibilidade%20de%20cura. Acesso em: 17 mar. 2022.

SÃO PAULO. *Lei nº 10.241, de 17 de março de 1999.* Dispõe sobre os direitos dos usuários dos serviços e das ações de saúde no Estado. Disponível em: https://www.al.sp.gov.br/repositorio/legislacao/lei/1999/lei-10241-17.03.1999.html. Acesso em: 26 fev. 2022.

SÃO PAULO. Tribunal de Justiça. TJ-SP. *AI: 22503183720218260000 SP 2250318-37.2021.8.26.0000*, Relator: Rubens Rihl, Data de Julgamento: 13.01.2022, 1ª Câmara de Direito Público, Data de Publicação: 13.01.2022.

SARLET, Gabrielle Bezerra Sales. A filiação e a parentalidade no ordenamento jurídico brasileiro: uma análise jurídico-bioética da obstinação terapêutica em crianças. *Direitos fundamentais & justiça*, Belo Horizonte, ano 11, n. 37, jul./dez. 2017.

SARLET, Gabrielle Bezerra Sales. Da ética Hipocrática à bioética: notas acerca da teoria do consentimento livre e esclarecido e o teor da Lei nº 13.146/2015. *Revista da AJURIS* – Porto Alegre, v. 44, n. 1433, dez. 2017.

SARLET, Gabrielle Bezerra Sales; MONTEIRO, Fábio de Holanda. Cuidados paliativos em tempos de pandemia de COVID-19: uma abordagem do cenário brasileiro à luz da bioética e dos direitos humanos e fundamentais. *Revista brasileira de direitos fundamentais & justiça*, n. 14, v. 43, 2021.

SARLET, Ingo Wolfgang. *Dignidade (da pessoa) humana e direitos fundamentais na constituição federal de 1988*. 10. ed. Porto Alegre: Livraria do Advogado, 2015. E-book.

SARLET, Ingo Wolfgang. *A eficácia dos direitos fundamentais*: uma teoria geral dos direitos fundamentais na perspectiva constitucional. 12. ed. Porto Alegre: Livraria do Advogado: Porto Alegre, 2015. E-book.

SARMENTO, Daniel. Os princípios constitucionais da liberdade e da autonomia privada. *In:* PEIXINHO, Manoel Messias; GUERRA, Isabella Franco; NASCIMENTO FILHO, Firly (Orgs.). *Os princípios da Constituição de 1988*. 2. ed. Rio de Janeiro: Lumen Juris, 2006.

SBB. Sociedade Brasileira de Bioética. Nosso histórico. Disponível em: https://www.sbbioetica.org.br/Historico. Acesso em: 19 jul. 2022.

SBP. Sociedade Brasileira de Pediatria. *Cuidados paliativos pediátricos*: o que são e qual a sua importância? Cuidando da criança em todos os momentos. Documento científico, n. 1, fev. 2017.

SBP. Sociedade Brasileira de Pediatria. *Vacinas covid-19 no BRASIL*: uma questão prioritária de saúde pública. Nota de alerta, nº 20, 28 de dezembro de 2021.

SCHREIBER, Anderson. *Manual de direito civil contemporâneo*. 5. ed. rev. e amp. São Paulo: SaraivaJur, 2022. E-book.

SCLIAR, Moacyr. História do conceito de saúde. *Physis: Rev. saúde coletiva,* Rio de Janeiro, v.1, n. 17, 2007.

SEPÚLVEDA, Jorge Adrián Chuck. Bioética en pediatría. *In:* SEPÚLVEDA, Jorge Adrián Chuck (coordinador y autor). *Bioética en pediatría.* 1ª edición. México, DF: Editorial El Manual Moderno, 2015. E-book.

SGRECIA, Elio. *Manual de bioética*: fundamentos da ética biomédica I. Tradução de Orlando Soares Moreira. 4. ed. São Paulo: Edições Loyola, 2013.

SHEN, Kunling *et al.* Diagnosis, treatment, and prevention of novel coronavirus infection in children: experts' consensus statement. *World journal of pediatrics.* Jun; n.13, vol 3, 2020.

SILLMANN, Marina Carneiro Matos. *Competência e recusa de tratamento médico por criança e adolescentes*: um diálogo necessário entre o biodireito e o direito infanto-juvenil. Belo Horizonte: Editora D'Plácido, 2019.

SILLMANN, Marina Carneiro Matos; SÁ, Maria de Fátima Freire de. A recusa de tratamento médico por crianças e adolescentes: uma análise a partir da competência de GILLICK. *Revista brasileira de direito civil em perspectiva*, Minas Gerais, v. 1, n. 2, jul./dez. 2015.

SILVA, José Afonso da. *Comentários constextual à constituição*. São Paulo: Malheiros, 2005.

SILVA, José Afonso da. *Curso de direito constitucional positivo*. 43. ed. São Paulo: Malheiros, 2020.

SILVA, José Afonso da Silva. *O Estado democrático de direito. Revista de direito administrativo*, Rio de Janeiro, jul./set. 1988.

SILVA, José Afonso da. *Processo constitucional de formação das leis*. 2. ed. São Paulo: Malheiros, 2006.

SILVA FILHO, Carlindo de Souza Machado e. O consentimento livre e esclarecido no paciente pediátrico. *Residência pediátrica*, v. 6, n. 3, p. 167-168, 2016.

SIQUEIRA, Flávia. *Autonomia, consentimento e direito penal da medicina*. São Paulo: Marcial Pons, 2019.

SOARES, Flaviana Rampazzo. *Consentimento do paciente no direito médico*: validade, interpretação e responsabilidade. Indaiatuba: Editora Foco, 2021.

SOLARINO, Biagio *et al*. A national survey of italian physicians attitudes towards end-of-life decisions following the death Eluana Englaro. *Intensive care med*, 2011.

SOUSA, Antonio Bonifácio Rodrigues de. *Filosofia da saúde*: fundamentação para uma práxis educativa. Rio de Janeiro: Galenus, 2012.

SOUZA, Sérgio Augusto Guedes Pereira de. *Os direitos da criança e os direitos humanos*. Porto Alegre: Sergio Antonio Fabris Editor, 2001.

STEWART, Moira *et al*. *Medicina centrada na pessoa*: transformando o método clínico. Tradução de Anelise Burmeister, Sandra Maria Mallmann da Rosa; revisão técnica de José Mauro Ceratti Lopes. 3. ed. Porto Alegre: Artmed, 2017. e-PUB.

STOLBERG, Michael. *A history of palliative care, 1500-1970*: concepts, practices, and ethical challenges. Cham, Switzerland: Springer, 2017.

STRECK, Lenio Luiz; OLIVEIRA, Marcelo Andrade Cattoni de. Art. 59. *In:* CANOTILHO, J. J. Gomes *et al*. *Comentários À Constituição do Brasil*. 2. ed. São Paulo: Saraiva Educação, 2018.

TACHIZAWA, Takeshy *et al*. *Cuidados paliativos*: a pessoa, o cuidado e o cuidador. Cascavel: EITOR – OSNI HOSS, 2021. E-book.

TAVARES, André Ramos. *Curso de direito constitucional*. 17. ed. São Paulo: Saraiva Educação, 2019.

TAVARES, José de Farias. *Direito da infância e da juventude*. Belo Horizonte: Del Rey, 2001.

TEIXEIRA, Ana Carolina Brochado. *Saúde, corpo e autonomia privada*. Rio de Janeiro: Renovar, 2010.

TJ-RJ – AI: 00509854120188190000, Relator: Des(a). MARIA AGLAE TEDESCO VILARDO, Data de Julgamento: 14.05.2019, VIGÉSIMA PRIMEIRA CÂMARA CÍVEL.

TEPEDINO, Gustavo; TEIXEIRA, Ana Carolina Brochado. *Fundamentos do direito civil*: direito de família. 1. ed. Rio de Janeiro: Forense, 2020. E-book.

TEPEDINO, Gustavo. *Temas de direito civil*. 2. ed. Rio de Janeiro: Renovar, 2001.

TEPEDINO, Gustavo. O papel atual da doutrina do direito civil entre o sujeito e a pessoa. *In:* TEPEDINO, Gustavo; TEIXEIRA, Ana Carolina Brochado; ALMEIDA, Vitor (Coords.). *O direito civil entre o sujeito e a pessoa*: estudos em homenagem ao professor Stefano Rodotá. Belo Horizonte: Editora Fórum, 2016.

TEPEDINO, Gustavo; OLIVA, Milena Donato. *Fundamentos do direito civil*: teoria geral do direito civil. 3. ed. Rio de Janeiro: Forense, 2022.

THE ECONOMIST. The 2015 quality of death index ranking palliative care across the world: a report by the economist intelligence unit. Disponível em: https://eiuperspectives.economist.com/sites/default/files/2015%20EIU%20Quality%20of%20Death%20Index%20Oct%2029%20FINAL.pdf. Acesso em: 23 abr. 2021.

THE GARDIAN. *Teenager who won right to die*: 'I have had too much trauma. Disponível em: https://www.theguardian.com/society/2008/nov/11/child-protection-health-hannah-jones. Acesso em: 28 jul. 2022.

TIMMS, Olinda. *Biomédical ethics*. New Delhi, India: Elsevier, 2016. E-book.

TOBIN, John. Article 1: the definition of child. *In:* TOBIN, John (Ed.). *The un convention on the rights on the child*: a comentary. New York: Oxford University Press, 2019. E-book.

TOBIN, John; VARADAN, Sheila. Article 5: the right to parental direction and guindance consistent with a child's evolving capacities. *In:* TOBIN, John (Ed.). *The un convention on the rights of the child*: a commetary: New York: Oxford University Press, 2019.

TRONCOSO, Margarita Poblete; ROMERO, Beatriz Parada; SCHNAKE, Marcelo Correa. Reflexão bioética no cuidado da criança em estado terminal. *Revista bioética*. (Impr.), v. 28 n. 2, p. 281-7, 2020.

TSANKOV, Boyan K. *et al.* Severe COVID-19 infection and pediatric comorbities: a systematic review and meta-analysis. *Int J Infect Dis*. 2021.

TWYCROSS, Robert. *Cuidados paliativos*. 2. ed. Tradução de José Nunes de Almeida. Lisboa: Climepsi Editores, 2003.

TWYCROSS, Robert. Principios básicos de medicina paliativa y cuidados paliativos. *In:* PALMA, Alejandra; TABOADA, Paulina; NERVI, Flavio (Eds.). *Medicina paliativa y cuidados continuos*. Santiago, Chile: EDICIONES UC, 2010. E-book.

UN. *Universal Declaration of Human Rights*. Disponível em: https://www.un.org/en/about-us/universal-declaration-of-human-rights. Acesso em: 21 out. 2021.

UN. Convention on the Rights of the Child. Disponível em: https://www.ohchr.org/en/professionalinterest/pages/crc.aspx. Acesso: 17 out. 2021.

UN. International Covenant on Economic, Social and Cultural Rights. *Article 12.2*. Disponível em: https://www.ohchr.org/EN/ProfessionalInterest/Pages/CESCR.aspx. Acesso em: 22 out. 2021.

UN. International Covenant on Civil and Political Rights. Disponível em: https://www.ohchr.org/en/professionalinterest/pages/ccpr.aspx. Acesso em: 22 out. 2022.

UN. Carta de las Naciones Unidas. *Artículo 10*. Disponível em: https://www.un.org/es/about-us/un-charter/full-text. Acesso em: 24 out. 2021.

UNESCO BRASIL. Convenção sobre os Direitos da Criança. Disponível em: https://www.unicef.org/brazil/convencao-sobre-os-direitos-da-crianca. Acesso em: 05 jun. 2022.

UNESCO. Comissão Nacional da Unesco – Portugal. Declaração Universal sobre Bioética e Direitos Humanos. Disponível em: file:///C:/Users/fabio/Downloads/146180por%20(1).pdf. Acesso em: 22 jul. 2022.

VANDEBOS, Gray R. (Org.). *Dicionário de psicologia da APA*. Tradução de Daniel Bueno, Mari Adriana Veríssimo Veronese, Maria Cristina Monteiro; revisão técnica de Maria Lucia Tiellet Nunes, Giana Bitencourt Frizzo. Porto Alegre: Artmed, 2010.

VAQUÉ RAFART, Josep; GIL CUESTA, Julita; BROTONS AGULLÓ, María. Principales características de la pandemia por el nuevo virus influenza A (H1N1). *Med Clin (Barc)*, Vol 13, n. 133, 2009.

VARGAS, Rodrigo Gindre *et al*. Cuidados paliativos e direitos fundamentais. *In:* CABRAL, Hildeniza Boechat; VON-HELD, Andréa Rodrigues; DADALTO, Luciana (Orgs.). *Cuidados paliativos*: estudos acadêmicos transdisciplinares. Campos dos Goytacazes: Brasil Multicultural, 2018. E-book.

VASCONCELOS, Camilla. *Direito médico e bioética*: história e judicialização da relação médico-paciente. Rio de Janeiro: Lumen Juris, 2020.

VASCONCELOS, Fernando Holanda; FREITAS, José Carlos. Filosofia e saúde: as enfermidades do homem em Hipócrates e Platão. *Revista cereus*, v. 4, n. 1, UnirG, Gurupi, TO, Brasil, jan./abr. 2012.

VERONESE, Josiane Petry. Art. 1º. *In:* VERONESE, Josiane Petry; SILVEIRA, Mayra; CURY, Munir. *Estatuto da criança e do adolescente comentado*: comentários jurídicos e sociais. 13. ed. São Paulo: Malheiros, 2018.

VERONESE, Josiane Rose Petry; FALCÃO, Wanda Helena Mendes Muniz. A criança e o adolescente no marco internacional. *In:* VERONESE, Josiane Rose Petry (Aut. e Org.). *O direito da criança e do adolescente*: novo curso – novos temas. 2. ed. Rio de Janeiro: Lumen Juris, 2019.

VERRI, Edna Regina *et al*. Profissionais de enfermagem: compreensão sobre cuidados paliativos pediátricos. *Revista de enfermagem UFPE on line*, Recife, v. 13, n. 1, p. 126-36, jan. 2019.

VIDELA, Mirta. *Los derechos humanos en bioética*: nacer, vivir, enfermar y morir. Buenos Aires: Ad-Hoc, 2007.

VIEIRA, Marcelo de Mello. *Direitos de crianças e de adolescentes à convivência familiar*. 2. ed. Belo Horizonte, São Paulo: D'Plácido, 2020.

VILLAS-BÔAS, Maria Elisa. *Da eutanásia ao prolongamento artificial*: aspectos polêmicos na disciplina jurídico penal do final da vida. Rio de Janeiro: Forense, 2005.

VO, Giau Van *et al*. SARS-CoV-2 (COVID-19): beginning to understand a new virus. *In:* GUEST, Paul C. (Ed.). *Clinical, biological and molecular aspects of covid-19*. Cham, Switzerland: Springer, 2021.

WEICHERT, Marlon Alberto. *Saúde e federação na constituição brasileira*. Rio de Janeiro: Lumen Juris, 2004.

WERNEK, Guilherme Loureiro. A pandemia de COVID-19 no Brasil: crônicas de uma crise sanitária. *Cadernos de saúde pública*, n. 36, v. 5, 2020.

WHO. World Health Organization. Disponível em: https://www.who.int/about/who-we-are/constitution. Acesso em: 01 nov. 2020.

WHO. World Health Organization. *Alocución de apertura del director general de la OMS en la rueda de prensa sobre la COVID-19 celebrada el 11 de marzo de 2020*. Disponível em: https://www.who.int/es/director-general/speeches/detail/who-director-general-s-opening-remarks-at-the-media-briefing-on-covid-19---11-march-2020. Acesso em: 19 ago. 2021.

WHO. World Health Organization. *Constitution of the World Health Organization*. Disponível em: https://apps.who.int/gb/bd/PDF/bd47/EN/constitution-en.pdf?ua=1. Acesso em: 17 out. 2021.

WHO. World Health Organization. *Definition of Palliative Care*. Disponível em: https://www.who.int/cancer/palliative/definition/en/. Acesso em: 12 maio 2020.

WHO. World Health Organization. Expert Committee on Cancer Pain Relief and Active Supportive Care & World Health Organization. (1990). *Cancer pain relief and palliative care*: report of a WHO expert committee [meeting held in Geneva from 3 to 10 July 1989]. World Health Organization. Disponível em: https://apps.who.int/iris/handle/10665/39524. Acesso em: 30 jun. 2019.

WHO. World Health Organization. Health topics. *Cancer*. Disponível em: https://www.who.int/news-room/fact-sheets/detail/cancer. Acesso em: 06 mar. 2022.

WHO. World Health Organization. *COVID-19 Weekly Epidemiological Update*. Edition 133 published 8 March 2023. Disponível em: file:///C:/Users/fabio/Downloads/20230308_Weekly_Epi_Update_133.pdf. Acesso em: 12 fev. 2023.

WHO. World Health Organization. *2010 – India*. Disponível em: https://www.who.int/emergencies/disease-outbreak-news/item/2010_08_06-en. Acesso em: 29.06.2020.

WHO. World Health Organization. *Integrating palliative care and symptom relief into pediatrics:* a WHO guide for health care planners, implementers and managers. Geneva: World Health Organization, 2018.

WHO. World Health Organization. *Novel Coronavirus (2019-nCoV) Situation Report-10*. Disponível em: https://www.who.int/docs/default-source/coronaviruse/situation-reports/20200130-sitrep-10-ncov.pdf?sfvrsn=d0b2e480_2. Acesso em: 02 jun. 2020.

WHO. World Health Organization. *Palliative care*. Disponível em: https://www.who.int/es/news-room/fact-sheets/detail/palliative-care. Acesso em: 12 set. 2019.

WHO. World Health Organization. *Q&A on coronaviruses (COVID-19)*. Disponível em: https://www.who.int/emergencies/diseases/novel-coronavirus-2019/question-and-answers-hub/q-a-detail/q-a-coronaviruses. Acesso em: 09 jun. 2020.

WHPCA. World Hospice Palliative Care Alliance. *Global atlas of palliative care*. 2nd Edition. London, UK 2020.

WILKINSON, Dominic *et al. Ethics, conflict and medical treatment for children*: from disagreement to dissensus. Oxford: Elsevier, 2019.

WITHER, Emily. British teenager wins right to die with dignity. *ABC NEWS*, 11 nov. 2008. Disponível em: https://abcnews.go.com/International/HeartDiseaseNews/story?id=6229156&page=1. Acesso em: 28 jul. 2022.

WOODRUFF, Roger. Palliative care: basic principles. *In:* BURERA, Eduardo *et al* (Eds.). *Palliative care in developing world principles and practice*. International Association for Hospice and Palliative Care. Houston: IAHPC Press, 2004.

WPCA. WHO. *Global atlas of palliative care*. 2nd edition. Disponível em: https://cdn.who.int/media/docs/default-source/integrated-health-services-(ihs)/csy/palliative-care/whpca_global_atlas_p5_digital_final.pdf?sfvrsn=1b54423a_3. Acesso em: 22 out. 2021.

ZANCHI, Marco Túlio; ZUGNO, Paulo Luiz. *Sociologia da saúde*. 3. ed. Caxias do Sul: Educs, 2012.

ZANELLA, Diego Carlos; SGANZERLA, Anor. A bioética de Potter ontem e hoje. *In:* SGANZERLA, Anor; ZANELLA, Diego Carlos (Org.). *A bioética de V. R. Potter*: 50 anos depois. Curitiba: PUCPRESS, 2020. E-book.

ZOBOLI, Elma. O cuidado: no encontro interpessoal o cultivo da vida. *In:* BERTACHINI, Luciana; PESSINI, Leo (Orgs.). *Encanto e responsabilidade no cuidado da vida*: lidando com desafios éticos em situações críticas e de final da vida. São Paulo: Paulina, 2012.

ZOBOLI, Elma Lourdes Campos Pavone; PEGORARO, Priscilla Brandão Bacci. *O mundo da saúde*. São Paulo, n. 2, p. 214-224, 31 abr./jun. 2007.

Esta obra foi composta em fonte Palatino Linotype, corpo 10
e impressa em papel Pólen Bold 70g (miolo) e Supremo 250g
(capa) pela Artes Gráficas Formato.